Markus Weber

Turbo Pascal Tools

**Aus dem Programm
Computerliteratur**

Dynamische Systeme und Fraktale
von K.-H. Becker und M. Dörfler

Methoden der Numerischen Mathematik
von W. Böhm, G. Gosse und J. Kahmann

Statistische Verfahren
von J. Bruhn

Pascal
Algebra-Numerik-Computergraphik
von W. Fedtke

Multivariate Statistik in den Natur- und Verhaltenswissenschaften
von C.-M. Haf und T. Cheaib

Fortgeschrittene Programmiertechniken in Turbo Pascal
von E. Hering und K. Scheurer

Numerische Mathematik
von D. Herrmann

Wahrscheinlichkeitsrechnung und Statistik
von D. Herrmann

Die endliche Fourier- und Walsh-Transformation mit einer Einführung in die Bildverarbeitung
von K. Niederdrenk

Turbo Pascal Tools
von M. Weber

Physikalische Experimente mit dem Mikrocomputer
von K.-D. Tillmann

Vieweg

Markus Weber

Turbo Pascal Tools

**Einsatz von Turbo Pascal
in der naturwissenschaftlichen Praxis**

3., verbesserte und erweiterte Auflage

1. Auflage 1987
2., verbesserte und erweiterte Auflage 1989
3., verbesserte und erweiterte Auflage 1990

Das in diesem Buch enthaltene Programm-Material ist mit keiner Verpflichtung oder Garantie irgendeiner Art verbunden. Der Autor und der Verlag übernehmen infolgedessen keine Verantwortung und werden keine daraus folgende oder sonstige Haftung übernehmen, die auf irgendeine Art aus der Benutzung dieses Programm-Materials oder Teilen davon entsteht.

Der Verlag Vieweg ist ein Unternehmen der Verlagsgruppe Bertelsmann International.

Alle Rechte vorbehalten
© Friedr. Vieweg & Sohn Verlagsgesellschaft mbH, Braunschweig 1990

Das Werk einschließlich aller seiner Teile ist urheberrechtlich geschützt. Jede Verwertung außerhalb der engen Grenzen des Urheberrechtsgesetzes ist ohne Zustimmung des Verlags unzulässig und strafbar. Das gilt insbesondere für Vervielfältigungen, Übersetzungen, Mikroverfilmungen und die Einspeicherung und Verarbeitung in elektronischen Systemen.

Druck und buchbinderische Verarbeitung: Lengericher Handelsdruckerei, Lengerich
Printed in Germany

ISBN   3-528-24543-3

Vorwort zur zweiten Auflage

In den gut zwei Jahren seit Erscheinen der ersten Auflage dieses Buches hat sich auf dem Turbo Pascal-Sektor vieles verändert. In erster Linie sind hier die Compiler-Versionen Turbo Pascal 4.0 und 5.0 zu nennen. Diese bieten, neben dem geänderten äußeren Erscheinungsbild, gegenüber der Version 3.0 auch eine wesentlich bessere Kapazitätsausnutzung des Rechners durch einen intelligenteren und schnelleren Compiler. Zudem können jetzt ganze Segmente in Form von sogenannte Units vorcompiliert abgespeichert und später gelinkt werden. Aus diesen Gründen erschien es mir angebracht, das gesamte Werk vor der zweiten Auflage gründlich zu überarbeiten.

Ich möchte an dieser Stelle vor allem meiner Frau und meiner Tochter dafür danken, daß sie während der Überarbeitungszeit so geduldig auf meine geistige Anwesenheit verzichteten. Außerdem sei an dieser Stelle auch Herrn Dr. Sigfrido Saibene gedankt, der mich in jeder Hinsicht immer tatkräftig und aufopfernd unterstützte.

Garching/München, Februar 1989   *Markus Weber*

Vorwort der ersten Auflage

Ich habe das vorliegende Buch in der Absicht geschrieben, dem experimentell tätigen Naturwissenschaftler eine Reihe von Routinen und Programmen an die Hand zu geben, die er bei der Aufbereitung von Meßergebnissen auf einem Personal Computer benötigt. In der Kürze war es mir leider nicht möglich, all die Themen anzusprechen, die ich gerne behandelt hätte. Ich hoffe, die getroffene Auswahl enthält trotzdem viele interessante Themen.

Ich habe mich bei der Wahl einer geeigneten Programmiersprache für dieses Buch für die Verwendung des Turbo-Pascal Compilers der Firma Borland entschieden. Dieser enthält bereits eine Vielzahl von Befehlen, die über Standard-Pascal hinausgehen und ist andererseits weitgehend zum UCSD-Pascal Standard kompatibel.

Da Pascal von Nikolaus Wirth 1971 ursprünglich als Unterrichtssprache entwickelt wurde, läßt es sich besonders gut zur Demonstration von Programmierprinzipien verwenden. Für den Leser bedeutet die modulare Struktur eine wesentliche Erleichterung, da sich sämtliche Programmschritte fast wie in der theoretischen Formulierung lesen lassen. Gleichzeitig bleibt infolge der guten Strukturierbarkeit eine optimale Übersicht gewahrt.

Die in diesem Band enthaltenen Programme sollen dem Leser, der gerade erst beginnt, sich in die Programmierung von PC's einzuarbeiten, den Einstieg erleichtern und ihn von der Programmierung mehr oder weniger elementarer Routinen befreien. Als Vorbild dienten hier die Programmbibliotheken an den Großrechnern der Universitäten. Der Leser soll aber nicht nur Programme zur Verfügung gestellt bekommen, sondern auch die Möglichkeit diese zu verstehen. Soweit dies möglich ist, wurde deshalb darauf geachtet, die Programme nicht zu speziell auf Turbo Pascal hin zu optimieren und sie auch ausführlich theoretisch zu erläutern. Dabei sollte die Übertragbarkeit auf andere Programmiersprachen gesichert bleiben. Dies war auch ein Grund, warum ich mich für einen Pascal Compiler als Programmiersprache entschieden habe. Die strukturierte Programmierung in Pascal hat sich in den letzten Jahren in fast allen Computerzirkularen als Korrespondenz-Programmiersprache etabliert. Dies ist nicht zuletzt der Einführung von Turbo Pascal zu verdanken, das neben einem günstigen Anschaffungspreis auch noch einen äußerst komfortablen, Wordstar kompatiblen, Editor und eine reichhaltige und offene Programmbibliotek enthält.

Viele Befehle, die Turbo Pascal dem Benutzer zur Verfügung stellt, können von diesem allerdings aus Unkenntnis meist gar nicht genutzt werden. Das heißt nicht, daß sie im Handbuch fehlen würden. Dort werden aber so viele Kenntnisse über Aufbau des Rechners und über das Betriebssystem vorausgesetzt, daß vor allem Anfänger hoffnungslos überfordert sind. Ein Ziel dieses Buches war es daher auch, den Leser mit diesen Kenntnissen zu versorgen, so daß er auch tatsächlich alle zur Verfügung gestellten Befehle ausnutzen kann.

Ein weiteres Anliegen war mir die systematische Darstellung der wichtigsten mathematischen Analysemethoden. Hier sollte in erster Linie die Methode der nichtlinearen

Minimierung, das sogenannte "Fitting", ausgiebig behandelt werden. Ich habe festgestellt, daß die meisten Leute, die mit solchen Programmen zur Datenanalyse arbeiten, nicht wissen, was eigentlich im Rechner abläuft und wie die Ergebnisse zu interpretieren sind. Dabei ist es wichtig, gerade darüber Bescheid zu wissen, da alle diese Programme in der Regel nur unter bestimmten Prämissen einwandfrei arbeiten. Wie gut sich ein gemessenes Spektrum auf diese Weise auswerten läßt, hängt meist stark von der Erfahrung des Benutzers ab. Generell ist auf kein gefittetes Ergebnis absolut Verlaß.

Abschließend werde ich noch die elementarsten Simulationsprinzipien auf der Basis der Monte-Carlo-Methode besprechen. Der Leser soll dabei durch die Verwendung nichtgleichverteilter Zufallszahlen in die Lage versetzt werden, einfache Simulationen selbständig durchzuführen.

Ich möchte mich an dieser Stelle ganz herzlich bei all meinen Freunden und Kollegen bedanken, die zum Gelingen dieses Buches beigetragen haben. Mein besonderer Dank gilt hier Herrn Michael Zelger, der mir über zweieinhalb Jahre, oftmals bis spät in die Nacht, mit Rat und Tat aktiv zur Seite gestanden und als unerbittlicher Diskussionspartner maßgeblich zur Beseitigung der Fehler in den mathematischen Abschnitten des Buches beigetragen hat.

Weiter möchte ich mich ganz herzlich bei Fräulein Barbara Matschke bedanken, die in den Stunden, in denen nichts mehr zu gehen schien, immer für mich da war und auch das gesamte Manuskript kritisch gelesen und mich auf die unverständlichen Passagen aufmerksam gemacht hat.

Meinen Kollegen und Freunden Sigfrido Saibene und Wolfgang Ihra möchte ich sagen, daß ohne ihren unerschütterlichen Glauben an mich dieses Buch wahrscheinlich niemals zustande gekommen wäre. Dasselbe gilt für meine Freunde Ulrich Eschbaumer und Marcus Settles, sowie meine Mutter und Frau Maria Niedermaier. Ich werde Euch das niemals vergessen.

Mein Dank gilt auch Herrn Dr. Tilman Butz und seinen Kollegen vom Institut E15 für nukleare Festkörperphysik der Technischen Universität München, die es mir im Rahmen meiner Arbeit an ihrem Institut ermöglichten, die meisten Programme in diesem Buch zu erstellen.

Zum Schluß noch ein Wort des Dankes nach Wiesbaden an die Mitarbeiter des Vieweg-Verlages, insbesondere an Herrn Wolfgang Dumke und an Frau Gabriele Treiber, die mir in jeder Hinsicht bezüglich meiner vielen Wünsche entgegenkamen.

Garching/München, April 1987 *Markus Weber*

Inhaltsverzeichnis

Vorwort	V
1 Von Pascal bis PASCAL	1
2 Turbo Pascal unter MS-DOS	7
2.1 Speicherverwaltung	8
2.2 Die Register der Prozessoren 8086/8088	10
2.3 Das Speicherformat von Variablen	12
2.4 Variablenübergabe an Unterprogramme	13
2.5 Interrupts	15
2.6 Include-Files	15
2.7 Units	16
3 Allgemeine Utility-Routinen	17
3.1 Unit TYPES	17
3.2 Unit UTIL	20
3.2.1 TIME_OF_DAY	23
3.2.2 DATE	24
3.2.3 TIME_DIFF	24
3.2.4 HEX	25
3.2.5 UPSTRING	28
3.2.6 CHECK_PRINTER_ON	29
3.3 Unit PRINT	29
4 String-Routinen	32
4.1 Unit MENUESTR	32
4.2 EDIT_STRING	38
4.2.1 Tastaturabfrage und Cursorsteuerung	38
4.2.2 Cursorbewegung im String	40
4.2.3 Delete und Backspace/Delete	40
4.2.4 Insert- und Overwritemodus	41
4.3 Schreiben im Grafikmodus	42
4.4 Unit VCHAR	43
5 Variable Speicherverwaltung und DOS-Aufruf	47
5.1 Unit ISTACK	47
5.1.1 Stackinstallation und -verwendung	49
5.2 Unit VARFIELD	51
5.3 DOS-Aufrufe am Beispiel der Unit DDIR	54
5.3.1 ANALYSE_STRING	61
5.3.2 MODIFY	62
5.3.4 DIR	62

6 Elementare Grafikprimitive ... 64
6.1 Der Color-Graphics-Adapter (CGA) ... 64
6.2 Hercules- und EGA-Karte ... 66
6.3 Unit GRAPRIM ... 70
6.3.1 Der Bresenham-Algorithmus ... 72
6.3.2 G_Circle und G_Ellipse ... 80
6.4 Polygonglättung ... 80
6.4.1 Bernstein- und Bezier-Polynome ... 80
6.4.2 Die Bezier-Interpolation ... 81
6.5 Unit BEZIER ... 85
6.6 Autoscaling ... 88
6.6.1 Unit TGRAPH ... 89
6.6.2 Notationsfunktionen ... 96
6.6.3 PLOT_IT ... 98
6.6.4 Das Skalierungsverfahren ... 99

7 Datenpräsentation ... 102
7.1 3D-Repräsentation gitterförmiger Daten ... 102
7.1.1 Rotationsmatrizen ... 102
7.1.2 Zentralprojektionen ... 104
7.1.3 Datenspeicherung ... 105
7.1.4 Hidden Lines ... 106
7.1.5 SCALAWR5.PAS ... 114
7.1.6 Unit PARA3D ... 132
7.1.7 Unit THREED ... 133
7.2 Höhenlinien aus experimentellen Daten ... 146
7.2.1 Binäre Grenzlinien ... 147
7.2.2 Der SCHLUMPF ... 148
7.2.3 Höhenlinien und binäre Gitter ... 151
7.2.4 Glättung von Höhenlinien ... 153
7.2.5 Unit CONT ... 155

8 Spezielle Funktionen ... 173
8.1 Die Prozessoren 80X86 und 80X87 ... 173
8.2 Floating-Point Operationen ... 174
8.2.1 Maschinen-Zahlen ... 174
8.2.2 Fehlerfortpflanzungen ... 176
8.3 Unit COMPLX ... 178
8.4 Komplexe Funktionen ... 189
8.5 Spezielle physikalische Funktionen ... 191
8.5.1 Die Error-Funktion ... 191
8.5.2 Die Kaiser-Bessel-Wichtungsfunktion ... 194
8.5.3 Die Wigner'schen 3j-Symbole ... 196
8.5.4 Legendre-Polynome und Kugelflächenfunktionen ... 196
8.5.5 Die sphärischen Bessel-Funktionen ... 198
8.6 Matrix-Funktionen ... 199
8.6.1 Unit MATRIX ... 199
8.6.2 Das Gauß-Verfahren ... 204
8.6.3 Das Cholesky-Verfahren ... 205

8.6.4 Das Verfahren der Jacobi-Rotationen 208
8.7 Frequenzanalyse mittels FFT 211
    8.7.1 Unit FFTMEM 211
    8.7.2 Fourierreihen 217
    8.7.3 Diskrete Fouriertransformationen 219
    8.7.4 Die schnelle Fouriertransformation FFT 221
    8.7.5 Die Funktion FFT 225
    8.7.6 Wichtung von Fourierdatensätzen 225
    8.7.7 Zero-Padding 228
    8.7.8 Harmonische „Least-Squares"-Fits 229
8.8 Frequenzanalyse mittels MEM 229
    8.8.1 Korrelationsfunktion und Spektralanalyse 230
    8.8.2 Lineare Filter und das ARMA-Modell 233
    8.8.3 Yule-Walker-Gleichungen und Levinson-Durbin-Algorithmus . . . 235
    8.8.4 Die Maximum-Entropy Methode MEM 237
    8.8.5 Ein Vergleich FFT-MEM 238

9 Nichtlineare „Least-Squares"-Fits 244
9.1 Das lineare Ausgleichsproblem 247
9.2 Standard-Minimalisierungsverfahren 250
9.3 Die Taylormethode 251
9.4 Die Gradientenmethode 252
9.5 Das Marquardt-Verfahren 252
9.6 Gewichtetes Fitten 258
9.7 Fehler- und Korrelationsmatrizen 260
9.8 Kontrollen 264
9.9 Freie Parameter 269
9.10 Lineare Fits nach dem Marquardt-Verfahren 271
9.11 Die Units FITPARA, THEORY und FIT2 271
    9.11.1 FITPARA 271
    9.11.2 THEORY 274
    9.11.3 FIT2 276

10 Monte-Carlo Methoden 287
10.1 Randomfunktionen 287
10.2 Unit RNDOM 291
    10.2.1 Die Exponentialverteilung 293
    10.2.2 Die Lorentzverteilung 294
    10.2.3 Die Gaußverteilung 295
10.3 Monte-Carlo Simulationen 297

Anhang A: Die Versionen Turbo Pascal 4.0/5.0 301
Anhang B: Kurzübersicht der ARA Befehle 302
Anhang C: TPLOT2 306
Anhang D: VCHARS.BIN 308
Anhang E: STHVOR.SEQ 310

Literaturverzeichnis 312

Sachregister 315

1 Von Pascal bis PASCAL

Diese Geschichte beginnt, wie so viele andere Geschichten, in grauer Vorzeit, so etwa um das Jahr 5500 vor Christus. Zu dieser Zeit blühten im Nahen Osten die ersten Hochkulturen der Babylonier und Ägypter. Diese, für die damalige Zeit riesigen Reiche mit ihren unzähligen Vasallenstaaten, entwickelten erstmals in der Geschichte zur Verwaltung dieser Ländereien einen umfassenden Beamtenapparat. Dieser hatte nicht zuletzt die Aufgabe die umfangreichen Tributzahlungen der diversen Dependencen zu überwachen. Da dieses Ziel ohne ein funktionierendes Zahlensystem letztlich nicht zu verwirklichen ist, mußten dort fast zwangsweise die ersten Zahlensysteme auftauchen. Dieses Faktum konnte im weiteren Verlauf der Geschichte bei einer Vielzahl von anderen Kulturvölkern überprüft werden. So ist es beispielsweise nicht verwunderlich, daß auch die erst relativ spät und ohne Verbindung zur Alten Welt - was zumindest nach heutigem Kenntnisstand wahrscheinlich erscheint - entstandenen Hochkulturen der Mayas und Azteken in Mittelamerika eigene Zahlensysteme entwickelt hatten. Jede dieser beide Nationen wies ein verwickeltes Bündnis- und Abhängigkeitssystem auf.

Das besondere Merkmal der ersten Zahlensysteme war stets der enge Bezug zur Anzahl der Finger an einer menschlichen Hand. So verwendeten die Ägypter bereits ein Zehnersystem, wohingegen im Weltreich der Römer 2500 Jahre später ein wesentlich primitiveres Fünfersystem verwendet werden sollte. Was die Ägypter und Babylonier den Römern hier voraus hatten war die Kenntnis der Zahl Null, die unabdingbare Voraussetzung für ein vollständiges Zahlensystem ist.

Mit dem Ende der ägyptischen Frühkultur und dem Aufstieg Roms zur weltbeherrschenden Macht endete also vorerst auch die Geschichte des dezimalen Zahlensystems im Mittelmeerraum. Erst im 8. Jahrhundert nach Christus sollte das Dezimalsystem von Händlern aus dem indoasiatischen Raum nach Europa reimportiert werden und dort das römische Zahlensystem verdrängen. Die unter der Herrschaft Roms stagnierende Mathematik konnte sich endlich weiterentwickeln, da das dezimale Zahlensystem mit der vollständigen Integration der Null als Ziffer und Zahl wieder eine einfache Ausführung der vier Grundrechenarten ermöglichte. Dabei liegt der entscheidende Vorteil des Dezimalsystems in der Verwendung eines Stellensystems, in dem jede Stelle mit einer aus 10 möglichen Ziffern besetzt werden kann.

Der Umgang mit Zahlen mußte im Laufe der Zeit auch zur Entwicklung mechanischer Rechenhilfen führen. Das erste dokumentierte Exemplar war der Abakus, der ab etwa 400 vor Christus auf griechischen Vasen zu finden ist. Während sich damit zwar sehr schnell Addieren und Subtrahieren ließ, nahm das Berechnen von Produkten und Quotienten schon wesentlich mehr Zeit in Anspruch. Richard P. Feynman erzählt beispielsweise in seinem Buch „Sie belieben wohl zu scherzen, Mr. Feynman!" eine Anekdote, wie er sich bei einem Aufenthalt in Brasilien ein Rechenduell mit einem Abakusverkäufer lieferte. Während er ihm bei der Addition und Subtraktion langer Zahlen völlig unterlegen war, konnte er ihn beim Berechnen von Quotienten und Quadratwurzeln haushoch schlagen, da er mit Hilfe einiger elementarer Reihen weitere Stellen sehr schnell berechnen konnte, während dieselbe Operation mit dem Abakus wesentlich länger dauerte. Auf diese Weise gelang es ihm schließlich den Abakusverkäufer an der Rand der Verzweiflung zu treiben.

Die entscheidenden Impulse zur Entwicklung von Rechenhilfen kamen aber erst im 16. Jahrhundert durch die Weiterentwicklung der Mathematik. Mit Kopernikus, Galilei und Kepler lebten damals drei Gelehrte, deren theoretische Arbeiten es erforderlich machten, umfangreiche Berechnungen möglichst schnell und präzise durchzuführen. Der entscheidende Schritt hierzu war die Entwicklung der Potenz- und Logarithmengesetze. Das Rechnen mit Potenzen wurde erstmalig von dem deutschen Mathematiker Michael Stifel diskutiert, und der Schweizer Josef Bürgi, der für Johannes Kepler als Rechenmeister tätig war, schuf 1588 eine Logarithmentafel, die er selbst berechnete und für Keplers umfangreiche Berechnungen verwendete. Er weigerte sich jedoch über 30 Jahre, bis ins Jahr 1620, diese Tafeln auch zu veröffentlichen. So blieb der Ruhm, die erste Logarithmentafel publiziert zu haben, dem englischen Mathematiker Lord John Napier of Merchiston. Dieser hatte bereits früher ein System von Rechenstäbchen erfunden, das die Ausführung von Multiplikationen erleichterte. Im Jahr 1594 veröffentlichte er ein Logarithmensystem, das später die Bezeichnung natürlicher Logarithmus erhielt. 1614 ließ er diesem dann ein Buch mit Logarithmen folgen und stellte 1617 schließlich die erste Logarithmentafel vor.

In den folgenden Jahren fand das Rechnen mit Logarithmen schnell allgemeine Verbreitung in der mathematischen Welt und wurde von verschiedenen Leuten weiterentwickelt. So schrieb beispielsweise 1624 der englische Astronom John Briggs Napiers Logarithmentafel auf das Logarithemystem mit der Basis 10 um. Die Engländer Edmund Gunter und William Oughtred griffen dagegen Napiers Idee mit den Rechenstäbchen auf und brachten sie mit den Logarithmentafeln in Verbindung. Daraus entstand schließlich das von Oughtred 1622 vorgestellte Konzept des Rechenschiebers.

Das Konzept der Logarithmen war aber nur die Spitze des Eisbergs, was die Entwicklungen auf dem Gebiet der Rechenhilfen in der Folge umfangreicher mathematischer Forschungen betraf. Wieder war es Johannes Kepler, der den Anstoß zur Entwicklung der ersten funktionstüchtigen Rechen-Maschine gab. Er konfrontierte seine Mitarbeiter immer wieder mit ermüdenden Zahlenberechnungen. Vor allem letztere müssen hocherfreut gewesen sein, als 1623 von dem Tübinger Professor Wilhelm Schickard ein Brief bei Kepler eintraf, in dem er diesem die Entwicklung einer zahnradgetriebenen Rechenmaschine mitteilte. Wie diesem und später folgenden, heute noch teilweise erhaltenen, Briefen zu entnehmen ist, sollte sie die vier Grundrechenarten mit sechs Stellen beherrschen und bereits so weit entwickelt sein, daß sie den automatischen Zehnerübertrag beherrschte.

Der weitere Verlauf der Geschichte wollte es, daß Schickards Rechenmaschine schnell wieder in Vergessenheit geriet. In Europa tobte der Dreißigjährige Krieg, in dessen Wirren Schickards Rechenmaschine zerstört wurde. Erst im 20. Jahrhundert wurden Zeichnungen und Beschreibungen von Schickards Rechenmaschine gefunden, anhand derer sie nachgebaut wurde und bewiesen werden konnte, daß sie tatsächlich funktionierte.

Der Bau der ersten funktionstüchtigen Rechenmaschine wurde deshalb lange Zeit dem französischen Physiker und Mathematiker Blaise Pascal zugeschrieben, der sich in Paris in sicherer Entfernung von den Schlachtfeldern des Dreißigjährigen Krieges

1 Von Pascal bis PASCAL

befand. 1642 konnte der damals erst 19jährige der erstaunten Öffentlichkeit seine achtstellige Rechenmaschine präsentieren, die er für seinen Vater, eine französischen Steuerbeamten, gebaut hatte. Nach über 7000 Jahren waren es also einmal mehr die Beamten und das Geld, die der Entwicklung hier Vorschub leisteten.

Gottfried Wilhelm von Leibniz, neben Sir Isaac Newton einer der Entdecker der Infinitesimalrechnung, war es schließlich, der eine der wesentlichen Grundlagen für die Entwicklung des digitalen Computers schuf. In den Jahren vor 1673 entwickelte er das Konzept einer Rechenmaschine, die auf der Grundlage von sogenannten Staffelwalzen alle vier Grundrechenarten beherrschen sollte. Die Fertigungsmethoden seiner Zeit konnten aber nicht die dafür notwendige Präzision gewährleisten, so daß seine Maschine das Schicksal vieler Rechenmaschinen der damaligen Zeit erlitt und sie niemals die vollständige Funktionstüchtigkeit erlangte. Am 15. März 1679 schrieb Leibniz dann die Arbeit, die die Welt verändern sollte. In „De Progressione Dyadica" entwickelte er alle Grundlagen des dualen Zahlensystems, das sich lediglich auf die Zahlen 0 und 1, oder von Leibniz' philosophischem Standpunkt aus gesehen, Sein oder Nicht-Sein, stützte. Er zeigt in dieser Arbeit, daß in diesem einfachsten aller denkbaren Zahlensysteme auch alle Grundrechenarten und Rechenoperationen am elementarsten gelöst werden können. Damit hatte er eine der wesentlichsten Grundlagen des modernen Computers geschaffen.

Die Zeit war jedoch noch nicht reif für eine duale Rechenmaschine. Unkenntnis und mangelhafte Fertigungsmethoden sollten den Bau einer solchen Rechenmaschine noch bis weit ins 20. Jahrhundert verhindern. Die Entwicklung ging zunächst einen ganz anderen Weg.

Der Italiener Johannes Polenius sowie die Deutschen Antonius Braun und Philipp Matthäus Hahn entwickelten in den Jahren zwischen 1709 und 1774 mechanische Rechenmaschinen, die zum Teil auf Leibniz' erster Rechenmaschine basierten, bis zur Serienreife weiter. Hahns Schwager Schuster war der erste, der dessen Maschine ab 1789 in größerer Stückzahl herstellte. Ihm folgten in den Jahren 1821 und 1878 der Franzose Charles Chavier Thomas und der Deutsche Arthur Burkardt mit eigenen Entwicklungen, die sie industriell fertigten und vertrieben.

Die nächste grundlegende Entwicklung auf dem Weg zum modernen Computer kam aus Frankreich, genauer gesagt aus Lyon. Dort baute der Mechaniker Falcon 1728 eine Vorrichtung in einen Webstuhl ein, die diesen anhand eines Holzbrettchens, das mit einer Lochkombination versehen war, automatisch steuerte. Dies kann als die Geburt der Lochkarte als Daten- und Programmspeicher betrachtet werden. Auch der nächste Schritt in diese Richtung wurde in Frankreich vollzogen. Joseph-Marie Jaquard, setzte Falcons Werk fort und konstruierte 1805 einen von einem Lochkartenprogramm gesteuerten Webstuhl.

Für die Datenverarbeitung wurde die Lochkarte schließlich 1888 von dem Amerikaner Hermann Hollerith entdeckt, dessen elektromechanische Sortier- und Zählmaschine die Auswertung der 11. amerikanischen Volkszählung von 1890 revolutionierte. Der Erfolg war so durchschlagend, daß sich in der Folge alle führenden Industrienationen dazu entschlossen, Holleriths Maschine oder Abwandlungen davon für ihre Volkszählungen zu verwenden.

Bereits im Jahre 1833 hatte der Engländer Charles Babbage einen analytischen Rechenautomaten konstruiert, dessen Verwirklichung jedoch einmal mehr an den fertigungstechnischen Voraussetzungen scheiterte. Seine Konstruktion machte ihn aber

zum geistigen Vater der digitalen Rechenmaschine mit Programmsteuerung.
   Auf der Grundlage von Babbage's Vorarbeiten war es nun nicht mehr schwer, den letzten Schritt zum ersten funktionsfähigen Computer zu tun. 1936 wies der Franzose Valtat auf die Vorteile der Dualzahlen beim Bau von Rechenmaschinen hin und Konrad Zuse begann im selben Jahr in Berlin, zunächst auf rein mechanischer Basis, den Bau einer programmgesteuerten Rechenmaschine, die er ZUSE Z1 nannte. In den folgenden Jahren entwickelte er diesen Prototyp weiter, wobei er immer mehr mechanische Teile durch elektrische ersetzte. Am 12. Mai 1941 konnte er dann endlich mit der ZUSE Z3 die erste funktionsfähige programmgesteuerte digitale Rechenanlage präsentieren. Durch den Zweiten Weltkrieg war der wissenschaftliche Gedankenaustausch zwischen Deutschland und den meisten anderen Industrienationen unterbrochen worden, und so sollte es noch bis zum 7. August 1944 dauern, bis mit dem von Howard Aiken erdachten und gebauten MARK I der erste programmgesteuerte Rechenautomat Amerikas in Betrieb genommen werden konnte. Ab diesem Zeitpunkt verlief die Entwicklung dann sehr stürmisch. Bereits 1906 hatte Robert Lieben den Verstärkereffekt der Gitterelektronenröhre entdeckt, und 1919 entwickelten Eccles und Jordan die Flip-Flop-Schaltung in Röhrentechnik. Damit schufen sie eine der wesentlichen Grundlagen eines vollelektronischen Rechenwerks. Der erste speicherprogrammierte Rechenautomat EDVAC wurde dann 1944 von John von Neumann konzipiert, der damit auch zum Vater des modernen Computers wurde.
   Die Forderungen von Neumanns legten den Weg zum modernen Computer zwar fest, doch mußte noch viel Entwicklungsarbeit investiert werden, um dieses Konzept auch zu verwirklichen. Zunächst wurde 1945 von Eckert und Mauchly mit dem Computer ENIAC die erste vollelektronische Großrechenanlage der Welt in den Vereinigten Staaten entwickelt. Erst der 1946 von Maurice V. Wilken an der Universität von Manchester in England in Röhrentechnik gebaute Rechner EDSAC erfüllte dann aber in vollem Umfang die Kriterien von Neumanns, die vor allem eine interne Programmspeicherung verlangten. Alle bis dahin gebauten Rechenanlagen beruhten auf dem Prinzip des starren Programms, das extern abgespeichert und von einem Rechenwerk abgearbeitet wird. Erst mit der flexiblen internen Programmspeicherung war es möglich, auch Verzweigungen und Schleifen in das Programm aufzunehmen und den Rechner auf der Grundlage logischer Entscheidungen zu programmieren.
Die bis dahin entwickelten Computer repräsentieren die sogenannte erste Generation. Wie bei allen späteren Generationen sollte sich die zweite von der ersten durch einen zunehmenden Miniaturisierungsgrad unterscheiden. Die Grundlage für diese Miniaturisierung stellte der von Bardeen, Brattain und Shockley erfundene Transistor dar. Der erste Computer der zweiten Generation, der im wesentlichen auf Transistorbasis arbeitete, war der am 19. März 1955 von den Bell Telephone Laboratories vorgestellte TRADIC. Ihm folgte im Jahre 1957 mit der Rechenanlage "2002" der Firma Siemens der erste voll transistorbestückte Rechner.
   Der nächste Miniaturisierungschritt bestand dann in der Einführung nurmehr salzkorngroßer Transistoren im Jahre 1962. Im wesentlichen sank dadurch der Platzbedarf und stieg die Rechengeschwindigkeit, während beim Übergang vom Röhren- zum Transistor-Rechner noch die Reduzierung des Leistungsbedarfs im Vordergrund stand. Deshalb verdienen diese Computer auch zu Recht die Ehre, als dritte Generation bezeichnet zu werden.
   Ein zunächst unscheinbares Nebenprodukt, gewonnen aus einem Stoff, den es in nahezu unerschöpflichen Ausmaßen auf der Erde gibt, läutete dann 1968 den Schritt

in die vierte Generation und damit auch zum modernen Computer ein. Bei ihren Bemühungen, einen Menschen auf den Mond zu bringen, sahen sich die Ingenieure und Wissenschaftler der NASA vor die Aufgabe gestellt, möglichst viele Bauteile so weit wie möglich zu verkleinern, um dadurch das Baugewicht der riesigen Saturn-V-Rakete bei gleichem Treibstoffumfang zu reduzieren und dadurch mehr Nutzlast mitführen zu können. (Es kann nahezu als moderne Wissenschaftstragödie angesehen werden, daß die Baupläne dieses Meisterwerks, daß den ersten Menschen auf den Mond gebracht hat, nach dem Abschluß des Apollo-Mondprogramms auf Befehl aus Washington konfisziert wurden und heute verschollen sind.) Bei der Suche nach solchen miniaturisierbaren Größen fiel den Wissenschaftlern ein Halbleiter - Silizium - auf, der sich extrem billig aus Siliziumoxid SiO_2, das im wesentlichen nichts anderes als ganz gewöhnlicher Sand ist, herstellen läßt. Auf der Grundlage eines Halbleiters lassen sich relativ einfach miniaturisierte Schalter bauen, die durch das Anlegen von externer Spannung betätigt werden - das Prinzip des Transistors. Vereinigt man viele solche Schalter, die sich gegenseitig beeinflußen und schalten können, auf einem Siliziumstück, dem sogenannten Chip, so können dadurch, je nach Schaltung, bestimmte logische Operationen ausgeführt werden. Man merkte schnell, daß sich damit auch ganz hervorragend Computer bauen ließen, wobei die Rechengeschwindigkeit durch die Reduzierung der Signallaufzeiten enorm anstieg. Mit der Einführung solcher integrierter Schaltungen wurde der erste Schritt auf dem Weg zum heutigen Computer getan. Die damit eingeleitete Form der Verkleinerung wurde in den folgenden Jahren ständig weitergetrieben und damit die Geschwindigkeit der Rechner immer weiter erhöht, bis man heute langsam aber sicher die Grenzen der physikalisch störungsfreien Miniaturisierung erreicht. Diese Grenzen sind vor allem durch thermische und quantenmechanische Effekte gegeben, die es nicht erlauben, bestimmte Abstände zwischen den Leiterbahnen eines Chips zu unterschreiten, sowie durch die relativ langen Schaltzeiten der Bauelemente auf Siliziumbasis. Wegen ersterem lassen sich infolge von Tunnel- und anderen Effekten die einzelnen Leiterbahnen nicht mehr einwandfrei elektrisch isolieren, beziehungsweise verdampfen diese einfach wegen der Wärmeentwicklung infolge des elektrischen Widerstands. Ein Weg zur Verringerung der Schaltzeiten scheint sich in der Verwendung von Gallium-Arsenid (GaAs) als Halbleiterbasis abzuzeichnen. Damit sollten sich Schaltzeiten in der Größenordnung 1ps (10^{-12}sec) verwirklichen lassen, während die Grenzen der Siliziumschalter bei etwa 1ns (10^{-9}sec) liegen.

Die Entwicklung geht heute weg von der fortschreitenden Miniaturisierung der Chips und hin zu einer Abänderung des durch John von Neumann eingeführten Konzepts des sequentiellen Computers. Das Handicap fast aller heutigen Computer ist der sogenannte von Neumann'sche Flaschenhals, die CPU oder Central Processing Unit. Sie ist das Nadelöhr, das alle Operationen sequentiell hintereinander passieren müssen. Häufig ist es aber möglich, daß mehrere Programmteile parallel verarbeitet werden können. Durch Vernetzung vieler handelsüblicher Prozessoren zu einem parallel verarbeitenden Computer ist es möglich, die Rechengeschwindigkeit praktisch beliebig zu steigern. Der im Mai 1986 von der Thinking Mashines Corporation vorgestellte Parallelcomputer CM (Connection Machine) erreicht mit einer Rechengeschwindigkeit von 7000 MIPS (Million Instructions Per Second) bereits eine höhere Rechengeschwindigkeit als die schnellsten Supercomputer in herkömmlicher Technologie, und das bei einem Preis, der bei 7-20% eines Supercomputers liegt.

Es wird mittlerweile auch schon wieder ganz offen über Computer nachgedacht, die vom Credo der modernen Computerentwickler, dem Dualsystem abweichen und nach dem Dezimalsystem arbeiten sollen. Diese sollen durch die Erzeugung von Mischzuständen ein Aufbrechen des Intervalls 0-1 erlauben und damit Werte im Intervall 0-9 darstellen können. In jedem Fall war und wird die Entwicklung des Computers immer auch eng mit der Entwicklung der Naturwissenschaften verknüpft sein. Heute ist diese Beziehung enger denn je. Die modernen Naturwissenschaften, insbesondere Physik und Chemie, sind heute ohne Computer nicht mehr denkbar.

2 TURBO PASCAL unter MS-DOS

Bei der Verwendung von Turbo Pascal auf Rechnern der IBM-PC Serie, die mit dem Betriebssystem MS-DOS arbeiten, gilt es eine Reihe von Besonderheiten zu beachten, auf die der Benutzer in den Handbüchern zu Turbo Pascal nur sehr unzureichend oder gar nicht hingewiesen wird. Hier können zum Teil nur langjährige Erfahrung oder ein eingehendes Studium der gängigen Literatur weiterhelfen. Andererseits erfordern die meisten Routinen, die sich direkt mit der Systemprogrammierung befassen, umfassende Kenntnisse des Betriebssystems und der Rechnerstruktur. Diese sind verständlicherweise nicht im Turbo Pascal-Handbuch enthalten, da sie dort auch mehr zur Verwirrung als zur Aufhellung beitragen würden. Mit der Einführung der Version Turbo Pascal 4.0 werden mittlerweile umfangreiche Programmbibliotheken zur Verfügung gestellt, die eine ganze Reihe von Systemroutinen als Pascal-Befehle zugänglich machen. Leider haben sich aber auch einige sehr lästige Fehler in dem ansonsten sehr guten Compiler eingeschlichen, die zum Teil in den früheren Versionen nicht vorhanden waren. Diese sollen in der Version 5.0 behoben worden sein, wobei allerdings bis dato nicht klar ist, in wieweit das tatsächlich der Fall ist. Es bleibt deshalb für den Benutzer, der ausgiebig mit Turbo Pascal arbeiten möchte, nach wie vor unerläßlich, sich zumindest in der Programmierung von MS-DOS-Befehlen auszukennen. Darüber hinaus sind auch Kenntnisse über das BIOS (**Basic I/O-System**), das interne Minimalbetriebssystems des Rechners, wünschenswert, da einige Prozeduren neuerdings stark verändert wurden und unerwünschte Nebeneffekte auftreten können. In diesem Fall hilft meist nur noch eine neue Programmierung durch den Benutzer. Diese wurde schon früher durch die Möglichkeiten der Include- und External-Programmierung erleichtert, ist durch die Einführung eines Intel-Code-compatiblen Linkers und den Turbo Pascal-internen Units in der Version 4.0 aber noch wesentlich verbessert worden. Damit ist es nun endlich möglich, Standard-.OBJ-Files in Turbo Pascal einzubinden, solange diese die Besonderheiten der Turbo Pascal-Variablenübergabe berücksichtigen. Letztere unterscheidet sich nämlich beträchtlich von anderen Systemen, wie z.B. dem Microsoft-System (wobei man fast durchweg von einem positiven Unterschied sprechen kann), macht damit aber die Verwendung existierender Bibliotheken unmöglich. Zudem haben sich auch die Übergabeformate gegenüber der Version 3.0 geändert, sodaß Inline- oder External-Codes nur noch bedingt zwischen den Versionen 3.0 und 4.0 transferiert werden können. Die dadurch entstehenden Nachteile werden allerdings durch die Möglichkeit des Linkens mehr als kompensiert.

Die bedeutendste Änderung ist wohl bei der Übergabe von Real-Zahlen an den 8087-Coprozessor aufgetreten. Im Gegensatz zu früher werden die Parameter jetzt *direkt* an den Coprozessor übergeben, was in der Rechengeschwindigkeit fast einen Faktor 3 gegenüber der Version 4.0 einbringt. Allerdings wurden dafür auch einige Nachteile in Kauf genommen. So unterbleibt beispielsweise selbst bei der reinen Pascal-Programmierung eine ausreichende 8087-Stack-Kontrolle. Dies kann dazu führen, daß Programme, die unter der Version 3.0 problemlos liefen, wegen eines

8087-Stack-Überlaufs nicht mehr einwandfrei arbeiten. In der Regel sind dann zu viele Arithmetikoperationen in einer Zeile aufgetreten.

Die zweite bedeutende Änderung ist die Einführung der Turbo Pascal-Units. Da jede von ihnen 64k**Byte** groß werden kann, ist es jetzt möglich, die Programme so groß wie den verfügbaren Speicherplatz zu machen (Zu letzterem muß allerdings in der Regel auf die nicht-interaktive Version von Turbo Pascal zurückgegriffen werden).Da diese zudem vorcompiliert gespeichert werden können, hat sich auch die Übersetzungsgeschwindigkeit wesentlich erhöht.

Zunächst sollen einige technische Dinge besprochen werden, die dazu dienen sollen, die Bedeutung später häufig verwendeter Begriffe eindeutig festzulegen und Mißverständnisse zu vermeiden.

2.1 Speicherverwaltung

Die elementarste Speichereinheit in einem digitalen Computer ist das **Byte**. Als Byte bezeichnet man einen Verband von 8 **Bits**, die man sich bildlich immer als 8 Glühlämpchen vorstellen kann. Für jedes dieser Bits gibt es zwei Zustandsmöglichkeiten, die wir abkürzend durch 0 (Lämpchen ist ausgeschaltet) und 1 (Lämpchen ist eingeschaltet), beziehungsweise wenn es zur Vermeidung von Mißverständnissen notwendig ist, durch O und L charakterisieren wollen. Dies sind die möglichen Ziffern des von Leibniz erfundenen dualen Zahlensystems, d.h. eines Zahlensystems, das mit nur zwei Ziffern auskommt. Ein Byte ist somit nichts anderes als eine achtstellige Dualzahl. (Dualzahlen bezeichnet man oft auch nach dem lateinischen *bis=zweimal* als Binärzahlen.) Da jedes Bit zwei mögliche Zahlen darstellen kann, gibt es also $2^8 = 256$ verschiedene Varianten, wie ein Byte aussehen kann. Diese repräsentieren die ersten 256 Zahlen des Dualsystems und können etwa dazu verwendet werden, die Zahlen 0 bis 255 des dezimalen Zahlensystems darzustellen. Sie können aber auch genausogut zur Codierung von Zeichen durch die sogenannten ASCII-Zahlen (**A**merican **S**tandard **C**ode for **I**nformation **I**nterchange) benützt werden.

Die Stellen einer Dualzahl werden wie die einer Dezimalzahl von rechts nach links durchnumeriert. Es ist wichtig, daß man sich dessen bewußt ist, denn nur so kann man die Bedeutung der Befehle SHL (Shift Left) und SHR (Shift Right) und anderer Bitoperationen verstehen. Die Umrechnung vom Dual- ins Dezimalsystem erfolgt nach der Formel

$$D = \sum_{i=0}^{7} B_i 2^i. \qquad (2.1)$$

wobei D der dezimale Wert und B_i der Wert (0 oder 1) der i-ten Stelle der Dualzahl ist. Die acht Stellen werden von 0 bis 7 durchnumeriert, da sie gleichzeitig der Exponent der Stelle bezüglich der Basis 2 sind.

Ein **Word** ist ein Verband aus zwei Bytes, enthält insgesamt 16 Bits und stellt somit 16-stellige Dualzahl dar. Analog zum Byte lassen sich damit $2^{16} = 65536 = 64k$**Byte** darstellen. Als Kilobyte (griech.:χιλιοι = tausend), kurz 1k**Byte**, bezeichnet man eine Einheit von $2^{10} = 1024$ Bytes. und nicht, wie oftmals fälschlich aufgrund der sonstigen Bedeutung des Zusatzes Kilo angenommen wird, von 1000 Bytes.

Unter einem **Doubleword**, kurz DWord oder deutsch Doppelwort, versteht man dann einen Verband von 2 Wörtern, entsprechend 4 Bytes oder 32 Bits.

2.1 Speicherverwaltung

Ein Wort kann unter anderem zur Darstellung einer **Integerzahl**, d.h. einer ganzen Zahl zwischen -32768 und 32767, verwendet werden. Für die Darstellung beliebiger Zahlen verwendet man in der Regel hingegen **Real**- (6Byte) oder **Doublezahlen** (8Byte (8087)). Mit diesen lassen sich reelle Zahlen zwischen 10^{-38} und 10^{38} (8086-Prozessor) bzw. 4.19×10^{-307} und 1.67×10^{306} (8087-Coprozessor) darstellen. Auf die Beschränkungen bei den Real- und Doublezahlen, die wir im folgenden zusammenfassend als Doublezahl bezeichnen werden, auch als **Floating Point**- oder Gleitkommadarstellung bezeichnet, werden wir im 9. Kapitel noch zurückkommen.

Ein Doppelwort dient i.a. zur Darstellung einer Speicherplatzadresse. Es kann aber auch als sogenannte **Longinteger**-Variable verwendet werden. Diese Variablen erlauben es, Integervariablen zwischen -214748398 und 214748397 darzustellen.

Der Hauptspeicher ist ein Bytefeld, das von 0 an durchnumeriert ist. Die Nummer des Bytes ist eine fünfstellige Hexadezimalzahl (vgl. Abschnitt 3.2.4) und wird als die Position oder Adresse des Bytes im Speicher bezeichnet. Eine solche Adresse wird von den Prozessoren in Form von zwei Wörtern, d.h. einem Doppelwort, dargestellt. Das erste dieser beiden Wörter bezeichnet man als **Segment**, das zweite als **Offset** der Adresse. Das Segment SEG bestimmt die Adresse des Bytes in Einheiten von 16 Bytes. Der Offset OFS übernimmt die Feinbestimmung der Adresse, ausgedrückt als Abstand der Adresse in Bytes von der sogenannten Segmentadresse 16×SEG. Die Multiplikation der vierstelligen Hexadezimalzahl SEG mit 16 macht aus dieser eine fünfstellige Hexadezimalzahl, wobei die Ziffern einfach um eine Stelle nach links verschoben sind (vgl. Multiplikation mit 10 im Dezimalsystem). Da der Offset insgesamt 65536 Werte annehmen kann, ist durch die Angabe der Segmentadresse ein **64kByte** langer Bereich des Hauptspeichers bestimmt. Diesen bezeichnet man auch als Segment des Hauptspeichers, wovon sich letztendlich auch die Bezeichnung Segment für das erste Wort der Speicherplatzadresse ableitet. Der Offset gibt dann einfach an, das wievielte Byte des Segments gemeint ist.

Die Speicherplatzaddresse selbst berechnet sich symbolisch aus Segment und Offset wie folgt:

```
    HHHHh      Segment SEG
  + HHHHh      Offset OFS                                              (2.2)
  ─────────
  = HHHHHh     Adresse 16×SEG+OFS
```

Da die Adresse eine fünfstellige Hexadezimalzahl ist, sind nur solche Werte für SEG und OFS erlaubt, für welche die nach (2.2) berechnete Adresse kleiner oder gleich dem Wert **FFFFh** ist.

Damit ist klar, daß durch die Werte Segment und Offset zwar die Adresse eindeutig bestimmt ist, jedoch nicht umgekehrt. Als Beispiel betrachten wir das Byte, das durch die Angaben Segment=B800h, Offset=0100h spezifiziert ist. Nach (2.2) ist die absolute Adresse des Bytes also

```
    B800h
  + 0100h
  ─────────
  = B8100h
```

Die Angaben Segment=B810h, Offset=0000h oder Segment=A903h, Offset = 0F0Dh spezifizieren jedoch dasselbe Byte und sind damit gleichberechtigt zu der Angabe B800:0100 (Kurzschreibweise von Segment=B800h, Offset=0100h).

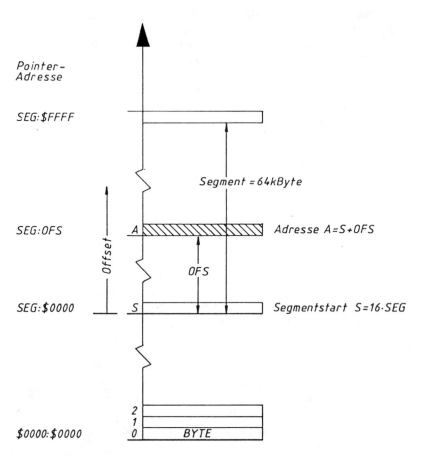

Bild 2-1 *Segment und Offset einer Speicherplatzadresse*

Das Doppelwort, das sich aus Segment und Offset eines Speicherplatzes zusammensetzt, bezeichnet man auch als **Pointer** oder Zeiger auf diesen Speicherplatz. Eine Pointer- oder Zeigervariable in Pascal ist nichts anderes als ein solcher Pointer, wobei dieser auf den Speicherplatz zeigt, ab dem die Variable im Hauptspeicher abgelegt ist.

2.2 Die Register der Prozessoren 8086/8088

Die Prozessoren der Baureihe 8086/8088 haben verschiedene Register, die zur Programmsteuerung und Verarbeitung benötigt werden. Die Kenntnis der Bedeutung der einzelnen Register ist für die Systemprogrammierung, d.h. in erster Linie die Programmierung in Assembler und den Aufruf von Interrupts, unerläßlich.

Das **Codesegment**, kurz CS, gibt an, in welchem Hauptspeichersegments sich der Programmcode des derzeit laufenden Programms befindet. Der **Instruction Pointer**, kurz IP, spezifiziert den Offset des Speicherplatzes, in dem der als nächster zu verarbeitende Befehl innerhalb des Codesegments liegt.

Das **Datensegment**, kurz DS, bestimmt das Segment, in dem sich die vom Programm verwendeten Daten befinden. Das **Source Index Register** SI und das **Destination**

2.2 Die Register der Prozessoren 8086/8088

Index Register DI stellen einen Offset bezüglich DS dar. Sie dienen in erster Linie dem Datenzugriff, können aber auch in begrenztem Umfang für andere Operationen herangezogen werden.

Das **Extrasegment** ES besitzt keine im strengen Sinne vordefinierte Bedeutung. Es dient vor allem dazu, in Assembler kurzfristig auf Daten, die in einem anderen Segment als dem Datensegment liegen, zuzugreifen.

Das **Stacksegment** SS definiert ein Segment, in dem sich der Stack, zu deutsch Stapel, befindet. Dieser wird vom Programm und den Prozessoren dazu verwendet, kurzzeitig Daten zwischenzuspeichern. Ein Byte oder Wort kann mit der Operation **PUSH** auf den Stack transferiert und mit **POP** von diesem zurückgeholt werden. Da der Stack eine stapelartige Struktur hat, kann mit diesen Operationen immer nur auf die zu oberst liegenden Bytes zugegriffen werden. Wo sich diese Spitze des Stacks innerhalb des Stacksegments befindet, wird durch den sogenannten **Stackpointer** SP angegeben. Dieser ist ein Offset, der sich auf SS bezieht. Aus technischen Gründen beginnt der Stack am Ende des Stacksegments bei SS:FFFF und wächst nach unten. Wird beispielsweise mit PUSH ein Byte auf den Stack übertragen, so wird der Stackpointer um 1 erniedrigt und das Byte anschließend an der Stelle SS:SP abgelegt. Umgekehrt wird bei POP das Byte von der Adresse SS:SP geholt und anschließend der Stackpointer um 1 erhöht. Werden diese Operationen mit einem Wort ausgeführt, so ändert sich der Stackpointer jeweils um 2 Einheiten.

Die Besonderheit des Stacks ist, daß er sich nicht merkt, was zuletzt auf ihn transferiert wurde. Es können aber generell nur Worte, d.h. 2 Bytes auf ihn übertragen werden. Beim Arbeiten mit dem Stack muß somit sorgfältig darauf geachtet werden, daß alle Daten in der umgekehrten Reihenfolge, in der sie auf den Stack gebracht wurden, zurückgeholt werden. Insbesondere müssen insgesamt immer gleichviele Bytes „gepusht" und „gepoppt" werden, da die Prozessoren den Stack auch als Ablageplatz für die Rücksprungadressen der Unterprogramme verwenden. Zeigt der Stackpointer beim Rücksprung aus einem Unterprogramm nicht auf dieselbe Adresse wie beim Einstieg, so wird ein falscher Wert als Rücksprungadresse angenommen. Dies kann zum sofortigen Absturz des Programms führen. Allerdings wurde dieses Problem in Turbo Pascal 4.0 bereits weitgehend entschärft. Hat man sich keinen anderen Faux-Pas geleistet, so erkennt der Compilercode in der Regel die falsche Rücksprungadresse, unterbricht das laufende Programm und gibt eine Fehlermeldung aus. Generell gilt, daß der Stackpointer niemals größer als am Beginn des Unterprogramms werden darf. Auf Daten oberhalb der so festgelegten Speicheradresse sollte nur mit Hilfe des **Basepointers** BP zugegriffen werden.

Der Basepointer ist ein Offset bezüglich SS, der es erlaubt, beliebige Speicherplätze innerhalb des Stacksegments anzusprechen. Er kann beispielsweise dazu verwendet werden, auf dynamische Variablen zuzugreifen. Diese werden, ebenso wie die meisten Variablen, die vom Haupt- an ein Unterprogramm übergeben werden sollen, von Turbo Pascal auf dem Stack abgespeichert.

Die Prozessoren der Baureihe 8086/8088 besitzen 4 Arbeitsregister. Arithmetische und logische Operationen können mit jedem dieser Register ausgeführt werden. Für bestimmte Operationen sind jedoch nur spezielle Register erlaubt. Welches Register für welche Operation vorgeschrieben ist, kann jedem Buch über Assemblerprogrammierung entnommen werden. Die einzelnen Register sind

- der **Akkumulator** AX
- das **Base Register** BX
- das **Count Register** CX
- das **Data Register** DX

Jedes dieser Register kann ein Doppelwort aufnehmen. Die beiden Bytes des Words, kurz als **High-** und **Lowbyte** des Words bezeichnet, lassen sich auch getrennt ansprechen. Das Highbyte von AX, das die Bits Nr.8-15 enthält, erhält man beispielsweise durch AH, das Lowbyte, das die Bits Nr.0-7 enthält, durch AL.

Ferner unterscheidet man noch 8 sogenannte **Flags**. (Flag läßt sich sinngemäß etwa mit Signalzeichen ins Deutsche übersetzen.) Ein Flag ist jeweils ein Bit und kann damit nur die Werte 1 und 0, die man hier als Flag gesetzt oder nicht gesetzt bezeichnet, annehmen. Die 8 Flags sind zu einem Byte zusammengefaßt und bilden das sogenannte Flagregister. Ein Flag signalisiert, ob bei der letzten Operation, bei der es verändert werden konnte, ein bestimmtes Ereignis eingetreten ist oder nicht. Die Flags haben also die Bedeutung einer Booleschen Variablen auf Maschinenebene. Man unterscheidet:

- Auxiliary Flag AF
- Zero Flag ZF
- Sign Flag SF
- Parity Flag PF
- Overflow Flag OF
- Direction Flag DF
- Interrupt Enable Flag IF
- Trap Flag TF

2.3 Das Speicherformat von Variablen

Für die meisten Programme in diesem Buch ist es notwendig, das Speicherformat der einzelnen Variablentypen zu kennen. Dieses richtet sich dabei nach der Intel-Konvention, so genannt nach dem Hersteller der Prozessoren der 8086/8088-Reihen. Danach belegt ein Byte einen Speicherplatz und ein Wort zwei Speicherplätze, wobei das Lowbyte zuerst abgespeichert wird. Das bedeutet, das Lowbyte wird an der Stelle SEG:OFS, das Highbyte an der Stelle SEG:OFS+1 abgespeichert. Analog wird ein Doppelwort als Low- und Highword abgespeichert, wobei das Lowword wieder zuerst kommt und für die einzelnen Wörter jeweils die Wortkonvention gilt. Das vierte Byte des Doppelworts, d.h. die Bits Nr.24-31, wird also an der höchsten Stelle im Speicher, d.h. an der Stelle SEG:OFS+3, abgelegt. Es enthält die höchsten Stellen des Doppelworts und wird deshalb auch als höchstwertiges oder **Most Significant Byte** MSB bezeichnet. Das erste Byte heißt analog niederwertigstes oder **Least Significant Byte** LSB. Die Intel-Konvention besagt dann allgemein, daß die Bytes einer Variablen immer in der Reihenfolge ihrer Wertigkeit abgespeichert werden, d.h. zuerst das LSB und zuletzt das MSB.

Für die Speicherung von Variablen in Turbo Pascal gelten die folgenden Regeln:

Variablen vom Typ Byte oder Char werden gleichbehandelt und als Bytes abgespeichert. Integervariablen sind mit einem Wort identisch und werden ebenso wie Wordvariablen nach dem Wordformat abgespeichert. Realzahlen (8086) werden wie folgt abgespeichert:

SEG:OFS	Exponent
OFS+1	LSB der Mantisse
.	.
.	.
OFS+5	MSB der Mantisse

Die Bedeutung der Begriffe Exponent und Mantisse wird in Kapitel 9 noch zu besprechen sein. Für 8087-Doublezahlen gilt dieselbe Konvention, nur daß 8 Bytes verwendet werden und die Aufteilung der insgesamt zur Verfügung stehenden Bits zwischen Exponent und Mantisse anders ist.

Ein String, d.h. eine Zeichenkette, wird gemäß folgendem Format abgespeichert:

SEG:OFS	aktuelle Länge L des Strings
OFS+1	erstes Zeichen
.	.
.	.
OFS+L	letztes Zeichen
OFS+L+1	unbenützt
.	.
.	.
OFS+M	unbenützt; M = definierte Maximallänge

Boolesche Variablen werden als Byte abgespeichert, wobei der Wert True als 1, der Wert False als 0 abgespeichert wird.

Felder werden gemäß der Wertigkeit der Indizes abgespeichert, wobei der zuletzt stehende Index der niederwertigste Index ist. Für ein Feld A: array [0..10,0..10] heißt das, daß zunächst die Elemente A[0,0] bis A[0,10], danach die von A[1,0] bis A[1,10], usw. abgespeichert werden.

2.4 Variablenübergabe an Unterprogramme

Variablen können an Unterprogramme übergeben und von diesen verändert wieder zurückerhalten werden. Wird eine Variable mit der Option **VAR** vor dem eigentlichen Namen der Variablen übergeben, so wird die entsprechende Variable nach Beendigung des Unterprogramms gemäß den Anweisungen im Unterprogramm verändert an das Hauptprogramm zurückübergeben. Fehlt diese Option, so wird diese Variable nicht zurückgegeben. Als Beispiel soll hier die Prozedur TEST, die wie folgt definiert ist, dienen:

```
procedure TEST (var A: byte; B: byte);
begin
  B := 2*B;
  A := A+B;
end;
```

Baut man diese Prozedur in das Programm

```
var E,F: byte;

begin
  E := 2;
  F := 3;
  TEST(E,F);
  writeln(E:4,F:4);
end.
```

ein, so werden die Werte E=8 und F=3 ausgedruckt, da die Variable A in der Prozedur TEST als veränderlich definiert wurde, während dies bei B wegfiel.

Die Variablen werden vom Haupt- an das Unterprogramm mittels des Stacks übergeben. Generell gilt hier: Wird eine Variable mit der Option VAR an das Unterprogramm übergeben, so wird ein Pointer, der auf die entsprechende Variable zeigt, übergeben. In unserem Beispiel ist das die Variable E. Im anderen Fall wird der Wert der Variablen selbst, in unserem Beispiel der Wert 3 für die Variable F, übergeben.

Die Übergabe an das Unterprogrann erfolgt derart, daß die zu übergebenden Werte, sei es als Pointer oder tatsächlicher Wert, in der Reihenfolge, in der sie im Prozedurkopf definiert wurden, auf den Stack übertragen werden. Danach wird der Instruction Pointer IP auf den Stack übertragen und mit der Ausführung des Unterprogramms begonnen. Eine Abweichung von dieser Regel gilt für Felder (in diesem Sinne sind auch Strings zu betrachten), Records und Doublezahlen. In den ersten beiden Fällen wird jeweils nur die Adresse, an der die entsprechende Variable gespeichert ist, auf den Stack übertragen, während die Doublezahlen direkt auf den 8087-Stack „gepusht" werden.

Der Zugriff auf die übergebenen Variablen erfolgt in Assembler dann über den Basepointer. Unser kleines Testprogramm TEST würde in Assemblerprogrammierung, d.h. als External-File, wie folgt aussehen:

```
CODE SEGMENT

ASSUME CS:CODE;

PUBLIC TEST

TEST PROC FAR
    PUSH BP             ; Sichere alten Basepointer
    MOV  BP,SP          ; Lade BP mit dem Wert des Stackpointers
    MOV  BX,[BP+6]      ; Lade BX mit B
    SHL  BX,1           ; B := B*2
    PUSH ES             ; Sichere Extrasegment ES
    LES  SI,[BP+8]      ; Lade Pointer auf A in ES:SI
    MOV  AX,ES:[SI]     ; Lade A in AX von der Speicherstelle ES:SI
    ADD  AX,BX          ; A := A+B;
    MOV  ES:[SI],AX     ; Gib berechneten Wert in A zurück
    POP  ES             ; Hole altes Extrasegment zurück
    POP  BP             ; Hole alten Wert von BP zurück
    RETF 06             ; Gehe zurück ins Hauptprogramm und lösche
```

2.6 Include Files

```
       TEST ENDP         ; dabei den übergebenen Wert von B (2 Bytes)
                         ; und den Pointer auf A (4 Bytes) vom Stack

       CODE ENDS
       END
```

Es ist entscheidend, daß B als Wort, d.h. als ein aus zwei Bytes bestehender Ausdruck, auf dem Stack abgespeichert wird, obwohl B als Byte definiert wurde. Dasselbe gilt für Variablen vom Typ Char. Ansonsten werden die Variablen gemäß dem bereits an früher Stelle angegebenen Format, mit Ausnahme der Doublezahlen, auf dem Stack abgespeichert. Da der Stack jedoch von oben nach unten wächst, hat das höchstwertige Byte jetzt nicht mehr den höchsten Offset bezüglich SS, sondern den niedrigsten.

Mit einem Assembler-Programm kann aus dem obigen Programm dann ein linkbares OBJ-Code-File erzeugt werden, das durch folgende Direktiven in Turbo Pascal eingebunden werden kann:

        {$L TST.OBJ}

        prozedure TEST(var A:byte; B:byte); external;

Dabei wurde davon ausgegangen, daß das OBJ-Code-File den Namen TST.OBJ trägt.

2.5 Interrupts

Eine spezielle Form des Unterprogrammaufrufes sind die Interrupts. Bei ihnen handelt es sich in der Regel um Teile des Betriebssystems, die vom Benutzer angesprochen werden können. Die Interrupts sind durchnumeriert. Sollen Parameter an den Interrupt übergeben werden, so kann das nur mit Hilfe der Register erfolgen.

Interrupts können auch durch den Benutzer frei definiert werden, soweit sie vom Betriebssystem nicht für anderweitige Aufgaben vorgesehen sind. So benützt etwa das im späteren Zusammenhang öfter angesprochene Grafikpaket ARA (Applied Raster-Algorithms) den Interrupt 45h.

Von Turbo-Pascal aus werden die Interrupts mit dem Befehl INTR angesprochen. Damit der Compiler die Übergaberegister richtig initialisieren kann, ist ein entsprechender Record notwendig. Dieser ist in der Turbo Pascal-Unit DOS bereits als Registers definiert. Deklariert man die Variable MSRec: Registers, so können die vom Interrupt benötigten Register gesetzt werden, indem den entsprechenden Variablen von MSRec die entsprechenden Werte zugewiesen werden. Der Aufruf des Interrupts erfolgt in der Form INTR(Nummer_des_Interrupts,MSRec).

Die vier Arbeitsregister AX, BX, CX, DX können auch innerhalb von MSRec als AH, AL, BH usw. angesprochen werden. Soll beispielsweise das Register AH mit dem Wert 3 geladen werden, so geschieht das über MSRec.AH := 3;. Will man AX dagegen mit dem Wert 197 laden, so schreibt man MSRec.AX := 197;.

2.6 Include-Files

In den folgenden Kapiteln soll die Programmierung von Utility-Routinen behandelt werden. Turbo Pascal bot hier mit der Option, Prozeduren und Funktionen als Include-Files zu deklarieren, schon immer besonders günstige Voraussetzungen. Häufig verwendete Routinen brauchten nur ein einziges Mal programmiert zu werden und konnten dann in jedes Programm eingebunden werden. Der Benutzer wurde damit in die Lage versetzt, sich sein eigenes System zu schaffen, das ganz auf seine Bedürfnisse abgestimmt war. Mittlerweile haben die Include-Files aber erheblich an Bedeutung verloren. Da sie nur in uncompilierter Version abgespeichert werden können und im selben Segment wie das Mutterprogramm liegen müssen, sind sie den neueingeführten Units haushoch unterlegen. Sie werden folglich nur noch selten verwendet, da ihr zeitaufwendiges Mitcompilieren bei der Programmentwicklung nicht sonderlich gefragt ist.

2.7 Units

Units sind selbständige Programmsegmente, die in sich geschlossen sind. Sie benötigen für ihr Arbeiten keinerlei Informationen aus dem Hauptprogramm außer den Parametern, die im Prozedurkopf an sie übergeben werden. Sie können separat compiliert und als TPU-Files (Turbo Pascal Unit) vorcompiliert abgespeichert werden. Das erspart dem Compiler viel Arbeit, da er nur noch den fertigen Code zu laden hat und diesen nicht auch noch verarbeiten muß. Alle im folgenden besprochenen Utility-Programme sind deshalb soweit wie möglich als Units aufgebaut.

Ein großes Gebiet der Utility-Programme ist dem Bereich der interaktiven Grafik und der benutzerorientierten Bildschirmausgabe gewidmet. Hier sollen die von Turbo Pascal 4.0 nicht mehr unterstützte grafikfähige Stringausgabe sowie die Algorithmen für einige der einfachsten Grafikfunktionen besprochen werden. Außerdem werden einige Verfahren zur graphischen Datenaufbereitung behandelt.

Ein weiterer großer Unterpunkt wird sich mit der Definition häufig verwendeter mathematischer Funktionen befassen. Hier kommen die in vielen Anwendungsbereichen vertretenen komplexen Funktionen zur Sprache. Leider lassen sich diese Funktionen in Turbo Pascal nur unter Zuhilfenahme einiger unsauberer Tricks als Funktionen definieren. Da dies in Turbo Pascal eine zeitaufwendige Programmierung erfordert, soll im letzten Kapitel dann noch die direkte Programmierung mathematischer Routinen in Assembler behandelt werden.

Alle folgenden Utility-Routinen sind, da es selten vorkommt, daß nur eine von ihnen allein verwendet wird, nach ihrer Funktion geordnet in Programmpakete zusammengefaßt.

3 Allgemeine Utility-Routinen

Dieses Kapitel beschäftigt sich mit Prozeduren, die sich inhaltlich nicht unbedingt einem der anderen großen Abschnitte angliedern lassen. Sie eignen sich aber hervorragend, wichtige Programmierprinzipien zu erläutern, auf die im folgenden immer wieder zurückgegriffen werden wird.

3.1 Unit TYPES

Da viele der Utility-Routinen, besonders für die Übergabe vom Haupt- zum Unterprogramm, vordefinierte Variablen oder Variablentypen benötigen, sind diese alle in einer Unit mit der Bezeichnung TYPES zusammengefaßt. Die Bedeutung der einzelnen Variablen wird bei der Behandlung der verschiedenen Utility-Routinen besprochen werden. Benützt eine von diesen einen oder mehrere der in TYPES definierten Variablentypen, so erscheint bei der Interfacedeklaration Uses Types. Gleichzeitig stehen die in TYPES definierten Datenformate auch dem Benutzer zur Verfügung.

Des weiteren enthält TYPES auch einige kurze Hilfsroutinen, die zum Teil wegen der geänderten Bildschirmausgaberoutinen in Turbo Pascal 4.0 notwendig geworden sind. Diese werden wir nach dem Programmlisting kurz besprechen.

```pascal
Unit TYPES;
interface
Uses DOS;
Type StackType    = record
                      Stack_Setup : boolean;
                      StackSize,
                      StackPointer : word;
                      Save_Area    : array [0..1] of integer;
                    end;
     Str255 = string[255]; Str64 = string[64];
     Str32  = string[32];  Str16 = string[16];
     Screenpoint = record
                     x,y:integer;
                   end;
     Complex    = string[16];
     BezierType = (Smooth,Exact);
     Pal_Select = (Default, Natural_Spectrum, Mandelbrot, Colors3,
                   Lightning, Shade_it, Back_foreground);
     Vector_Chars = record
                      CharOfs: array [0..127] of integer;
                      VChar  : array [0..1023] of byte;
                    end;
```

```
              Stack_Area      = ^StackType;
   Var   Stack            : Stack_Area;
         MSrec            : Registers;
         VChars           : ^Vector_Chars;
      Const Month          : array [1..12] of string[3] =
                              ('Jan','Feb','Mar','Apr','May',
                               'Jun','Jul','Aug','Sep','Oct',
                               'Nov','Dec');
         MaxStackSize   : word = $FFEB;
         Actual_Page    : word = 0;
         Act_Page_Plot  : word = 0;          { Actual_Page shl 8 }
         ActualXLength  : integer = 639;
         ActualYLength  : integer = 199;
         MinXPos        : integer = 0;
         MaxXPos        : integer = 639;
         MinYPos        : integer = 0;
         MaxYPos        : integer = 349;
         Plotter        : boolean = false;
         VCharAvail     : boolean = false;
         Pal_Val        : array [0..16] of byte =
                            (  0,  1,  2,  3,  4,  5,  6,  7,
                              56, 57, 58, 59, 60, 61, 62, 63, 0 );
   function RSTR (r: double; a,b: integer): str255;
   function ISTR (i: integer; a: integer): str255;
   function STRR (s:str255; var ok: boolean): double;
   function STRI (s:str255; var ok: boolean): integer;
   function FORMAT_NUM_STRING (st:str255): str255;

   implementation

   function FORMAT_NUM_STRING (st:str255): str255;

   var pos: integer;
       len: byte absolute st;

   begin
    pos := 1;
    if len>0 then                            { Beginn der Zahl suchen}
      while st[pos]=' ' do pos := succ(pos);
    st := copy(st,pos,len);                  { neues Format }
    format_num_string := st;
   end;

   function RSTR (r: double; a,b: integer): str255;
   var s: str255;
   begin
    str(r:a:b,s);
    rstr := s;
   end;
```

3.1 Unit TYPES

```pascal
function ISTR (i: integer; a: integer): str255;
var s: str255;
begin
 str(i:a,s);
 istr := s;
end;

function STRR (s:str255;var ok: boolean): double;
var r: double;
    k: integer;
begin
 s := format_num_string(s);
 val(s,r,k);
 ok := (k=0);
 if ok then strr := r else strr := 0;
end;

function STRI (s:str255; var ok: boolean): integer;
var i,k: integer;
begin
 s := format_num_string(s);
 val(s,i,k);
 ok := (k=0);
 if ok then stri := i else stri := 0;
end;
end.
```

Die Funktion **RSTR** dient der formatierten Ausgabe einer Doublezahl, da in Turbo Pascal neuerdings die Bildschirmausgabe von alphanumerischem Text durch eine interne Routine übernommen wird. Diese ist erheblich schneller als die normale DOS-Routine, unterstützt aber die Textausgabe im Grafikmodus nicht mehr. Zudem enthält die write(1st,...)-Routine Fehler und arbeitet auch nur auf dem Drucker mit der Priorität 0. Um diese Fehler zu umgehen und auch die Ausgabe auf Drucker mit anderen Prioritäten zu unterstützen werden in der Unit **PRINT** zwei neu write-Routinen besprochen werden. Dabei handelt es sich um reine Pascal-Routinen. Für diese ist aber nur die Übergabe von Strings, nicht aber die von Formatierungsbefehlen erlaubt. Um dennoch ein formatiertes Schreiben zu ermöglichen, benötigt man die Pascal-Funktion **RSTR**, die diese Aufgabe übernimmt und als Ergebnis einen entsprechend formatierten String ausgibt. Dabei ist das Ergebnis, das man durch RSTR(r,10,3) erhält identisch mit der formatierten Ausgabe r:10:3. Die Funktion **ISTR** ist die Analogie zu **RSTR** für die formatierte Ausgabe von Intergerzahlen.

Die Funktion **FORMAT_NUM_STRING** ist eine Hilfsroutine zu den Funktionen **STRR** und **STRI**, die die Umkehrung von **RSTR** und **ISTR** darstellen. Da die Val-Routine einen Fehler produziert, wenn vor der ersten Ziffer im String noch führende Leerstellen enthalten sind, muß dieser vor der Auswertung durch Val in der Regel noch entsprechend verkürzt, sprich formatiert werden. Diese Beseitigung führender Leerstellen übernimmt **FORMAT_NUM_STRING**.

STRR wandelt einen numerischen String in eine Doublezahl, **STRI** in eine Integerzahl (soweit dies überhaupt möglich ist) um. Diese Funktion wird insbesondere im Zusammenhang mit der später zu besprechenden Funktion **EDIT_STRING** von Interesse sein. Dabei erledigen beide Funktionen selbständig die entsprechende Formatierung des Strings durch **FORMAT_NUM_STRING** vor der eigentlichen Auswertung. Beide Funktionen geben neben dem normalen Funktionsergebnis auch noch den booleschen Wert **ok** aus, der der Kontrolle dient, ob bei der Auswertung des nach **FORMAT_NUM_STRING** verbleibenden Strings irgendwelche Fehler aufgetreten sind.

3.2 Unit UTIL

Die Unit UTIL enthält einige häufig benötigte Prozeduren und Funktionen. Die Funktionen **TIME_OF_DAY** und **DATE** sind zwar mittlerweile auch in Standard-Turbo Pascal-Routinen enthalten, werden hier aber nochmals neu definiert. Zum einen soll damit die Implementierung von DOS-Routinen in Turbo Pascal demonstriert werden, zum anderen wird von der Funktion **TIME_DIFF** ein String mit der Startzeit benötigt, der das gleiche Format wie der als Ergebnis von **TIME_OF_DAY** definierte String hat.

```
unit UTIL;

interface

Uses CRT,Dos,Types;
function TIME_OF_DAY:str16;
function TIME_DIFF (old_time: str16):str16;
function DATE:str255;
function HEX(i: word):str255;
function UPSTRING ( st:str255 ):str255;
function CHECK_PRINTER_ON (printer: integer): boolean;

implementation

function TIME_OF_DAY:str16; { Tageszeit HH:MM:SS:hh }

var  t:string[4];
     st: string[20];
begin
 MSRec.ah := $2C;                  { MS-Function Call }
 intr($21,MSRec);
 with MSRec do
 begin
  str(ch,st);                      { Wandeln in String }
    if ch<10 then st := '0'+st;    { Stunden; evtl. führende 0 }
  str(cl,t);
    if cl<10 then t := '0'+t;      { Minuten }
  st := st+':'+t;
  str(dh,t);
    if dh<10 then t := '0'+t;      { Sekunden }
  st := st+':'+t;
  str(dl,t);
    if dl<10 then t := '0'+t;      { 1/100 Sekunden }
  st := st+':'+t;
 end;
```

Unit UTIL   21

```
Time_of_day := st;
end;
function TIME_DIFF (old_time: str16):str16;
var       h,min,sec,hsec,
    h_old,min_old,sec_old,
              hsec_old,
                     c: integer;
                     t: string[4];
                    st: str16;
begin
 MSRec.ah := $2C;                    { MS-Function Call }
 intr($21,MSRec);
val(copy(old_time,1,2),h_old,c);
val(copy(old_time,4,2),min_old,c);
val(copy(old_time,7,2),sec_old,c);
val(copy(old_time,10,2),hsec_old,c);
with MSRec do
 begin
  h := ch;
  min := cl;
  sec := dh;
  hsec := dl;
 end;
  if hsec<hsec_old then            { Zeitsubtraktion ausführen }
   begin
    hsec := hsec+100-hsec_old;
    sec_old := succ(sec_old);
   end
  else hsec := hsec-hsec_old;
  if sec<sec_old then
   begin
    sec := sec+60-sec_old;
    min_old := succ(min_old);
   end
  else sec := sec-sec_old;
  if min<min_old then
   begin
    min := min+60-min_old;
    h_old := succ(h_old);
   end
  else min := min-min_old;
  if h<h_old then h := h+24-h_old
  else h := h-h_old;

   str(h,st);                       { Wandeln in String }
    if h<10 then st := '0'+st;      { Stunden; evtl. führende 0 }
```

```
    str(min,t);
      if min<10 then t := '0'+t;      { Minuten }
      st := st+':'+t;
    str(sec,t);
      if sec<10 then t := '0'+t;      { Sekunden }
      st := st+':'+t;
    str(hsec,t);
      if hsec<10 then t := '0'+t;     { 1/100 Sekunden }
      st := st+':'+t;
  Time_Diff := st;
end;

function DATE: str255;               { Datum TT.MM.JJ }
var  t:string[4];
     st:string[20];
begin
  MSRec.ah := $2A;                   { vgl. Time_of_day }
  intr($21,MSRec);
  with MSRec do
  begin
    str(dl,st);
      if dl<10 then st := '0'+st;    { Tag }
    st := st+'-'+month[dh];          { Monat }
    str(cx,t);
    st := st+'-'+t;                  { Jahr }
  end;
  Date := st;
end;

function HEX(i: word): str255;
const h: array[0..15] of char =
('0','1','2','3','4','5','6','7','8','9','A','B','C','D','E','F');
var hs: string[4];
begin
  hs := h[(i and $F000) shr 12];     { 1. Stelle }
  hs := hs+h[(i and $0F00) shr 8];{ 2. Stelle }
  hs := hs+h[(i and $00F0) shr 4];{ 3. Stelle }
  hs := hs+h[(i and $000F)];         { 4. Stelle }
  hex := hs;
end;

function UPSTRING ( st:str255 ): str255;
var i: integer;
begin
  for i := 1 to ord(st[0]) do st[i] := upcase(st[i]);
  upstring := st;
end;
```

```
function CHECK_PRINTER_ON (printer: integer): boolean;
var k: boolean;
begin
  MSRec.ax := $1100;              { Equipment-Check: }
  intr($11,MSRec);                { Zahl der vorhandenen Druckerports }
  k := (printer<(MSRec.ax shr 14));
  if k then                       { Falls vorhanden }
   with MSRec do                  { Check Printer Status }
    begin
      ax := $0200;
      dx := printer;
    end;
   intr($17,MSRec);
   k := ((msrec.ax and $2900) <> 0);
   check_printer_on := not k;
end;

end.
```

3.2.1 TIME_OF_DAY

Die Funktion TIME_OF_DAY soll die Systemtageszeit liefern und ist bereits ein erstes Beispiel, für das eine der Variablendeklarationen aus TYPES verwendet werden muß. Sinnvollerweise soll die Funktion TIME_OF_DAY einen String ergeben, da man dann die Zeitinformation sofort in einen anderen String einbauen oder ohne weitere Modifikationen ausgeben kann (z.B. writeln(Time_of_day);). Die Übergabe eines Funktionsergebnisses erfolgt, wenn es sich nicht um eine der elementaren Datentypen Byte, Integer, Word, LongInt, Boolean oder Char handelt, wie bei der Var-Deklaration über den Stack (siehe Handbuch). Dabei wird für das Funktionsergebnis beim Aufruf der Funktion von Turbo Pascal eine Adresse auf dem Stack gespeichert, an der das Funktionsergebnis intern zwischengespeichert wird. (Das ist einer der wesentlichen Unterschiede zur Version 3.0.) Dieses Verfahren kann vom Compiler aber nur dann zufriedenstellend erledigt werden, wenn das Funktionsergebnis eine genau vordefinierte Länge hat, da sonst das Memory-Management nicht mehr zu beherrschen ist. Das Funktionsergebnis muß also eine typisierte Variable mit genau definierter Länge sein. Der Compiler akzeptiert also nur typisierte Variablen als Funktionsergebnis, in diesem Beispiel STR16, was einem String der Länge 16 entspricht. Eine zusätzliche Einschränkung ergibt sich aus der Kompatibilität zu Standard-Pascal: Als Funktionsergebnis sind grundsätzlich nur Strings zugelassen. Einen vernünftigen Grund dafür gibt es aber wohl nicht, da in anderen Progrmmiersprachen, wie z.B. C, auch frei definierte Variablentypen als Funktionsergebnis zugelassen sind. Hier wäre es wünschenswert, wenn die Kompatibilität zu Standard-Pascal endlich ganz aufgegeben würde.

Die zweite Variable, die in TYPES vordefiniert wurde, ist MSRec. Sie dient dazu die Register für den Aufruf von DOS-Interrupts vorzubesetzen und von dort Variablen zu erhalten. Zur Bestimmung der Systemzeit kann auf einen solchen DOS-Interrupt zurückgegriffen werden. Da das dazu nötige Verfahren relativ allgemeingültig ist, sollen an dieser Stelle einige allgemeine Bemerkungen über DOS-Funktionsaufrufe gemacht werden:
Sämtliche BIOS- und residenten DOS-Funktionen sind über Interrupts ansprechbar.

Diese sind zur Unterscheidung durchnumeriert. Eine besondere Bedeutung kommt dem Interrupt 21h zu. Über ihn können die residenten MS-DOS-Funktionen angesprochen werden. Diese sind ebenfalls durchnumeriert, und die dem DOS-Funktionsaufruf entsprechende Nummer, sowie die nötigen Übergabeparameter, werden mit Hilfe der Register AX, BX, CX, DX usw. übergeben, indem diesen vor Aufruf des Interrupts die entsprechenden Werte zugewiesen werden. In ihnen erhält man nach erfolgter Ausführung auch das Funktionsergebnis zurück. Die Belegung der einzelnen Register unterliegt keiner festen Regel und ist für jeden Aufruf dem technischen Handbuch von Microsoft zu entnehmen. Gemeinsam ist allen Funktionsaufrufen nur, daß die Nummer des DOS-Befehls im Register AH übergeben wird.

In Turbo Pascal werden die zum Aufruf eines Interrupts nötigen Register in dem Record MSRec zusammengefaßt. Übergabeparameter sind die Nummer des Interrupts (im Fall der Bestimmung der Tageszeit ist es der Interrupt 21h) und eben MSRec, in dem die Register dem Funktionsaufruf entsprechend vorher gesetzt werden müssen. Im Falle der Systemzeitabfrage wird als Übergabeparameter nur die Funktionsnummer 2Ch benötigt. Nach erfolgter Befehlsausführung sind die Register CX und DX entsprechend der Systemzeit gesetzt. Es gilt

CH :Stunden
CL :Minuten
DH :Sekunden
DL :$\frac{1}{100}$-Sekunden.

Diese Information muß nun noch in einen String umgesetzt werden. Dabei ist dafür zu sorgen, daß führende Nullen ergänzt werden. Man erhält so die Systemzeit in der Form HH:MM:SS:hh.

3.2.2 DATE

Die Bestimmung des Systemdatums erfolgt nach genau demselben Muster wie bei der Funktion TIME_OF_DAY. Die Nummer des Funktionsaufrufes ist hier 2Ah und die Registerbelegung bei der Rückkehr in Pascal ist wie folgt:

CX :Jahr
DH :Monat
DL :Tag.

Die Information wird wieder zu einem Ausgabestring zusammengesetzt, wobei der Monat durch eine Abkürzung, bestehend aus 3 Buchstaben, entsprechend der Definition der globalen Konstanten Month in TYPES, ersetzt wird. Das Ergebnis hat dann die Form TT-MMM-JJJJ.

3.2.3 TIME_DIFF

Eine Reihe von Anwendungen erfordert es mit dem Computer Zeitschaltungen vorzunehmen. Für solche Anwendungen kann man auf die Funktion TIME_DIFF zurückgreifen. Sie soll bei Angabe eines Zeitnullpunktes t_{old} die Differenz zwischen der momentanen Systemzeit und diesem Zeitnullpunkt als String der Form HH:MM:SS:hh liefern. Damit können dann sehr einfach Zeitvergleiche, bezogen auf diesen Zeitnullpunkt, ausgeführt werden. Hierzu sei das folgende Beispiel betrachtet: Nehmen wir an, der Zeitnullpunkt sei 12:00:00:00. Das Programm soll solange weiterarbeiten, bis der Zeitpunkt 15:24:45:00 erreicht ist. Die Zeitdifferenz $t_{stop} - t_{old}$ ist 03:24:45:00. Mit Hilfe des Ergebnisses der Funktion TIME_DIFF kann dann getestet werden, ob diese Zeitdifferenz überschritten ist. Betrachtet man nämlich den

String '03:24:45:00', der die gewünschte Arbeitszeit darstellt, so kann diese über TIME_DIFF('12:00:00:00') mit der seit dem Zeitpunkt 12:00:00:00 verstrichenen Zeit mittels einer einfachen Stringungleichung verglichen werden. Es gilt nämlich, daß der Boolesche Ausdruck

'03:24:45'<TIME_DIFF('12:00:00:00')

solange den Wert FALSE annimmt, bis die momentane Zeitdifferenz kleiner als die vorgegebene ist. Dies folgt aus den Vergleichseigenschaften für Strings. Werden zwei Strings, z.B. die beiden Namen 'Müller' und 'Maier' miteinander verglichen, z.B. durch ein „<", so führt das System diesen Vergleich in der folgenden Art und Weise durch: Beginnend bei der ersten Stelle der beiden Strings vergleicht es solange die ASCII-Codes der jeweiligen Buchstaben, bis kein Gleichheitszeichen mehr gilt. Der Wert des booleschen Ausdrucks (string1[i]<string2[i]) bestimmt dann das Ergebnis der Stringvergleichsoperation. Für das Beispiel ('Müller'<'Maier') würde sich dieser Vergleich dann folgendermaßen abspielen: Das erste Zeichen beider Strings ist ein 'M'. Hier ist also noch keine Unterscheidung möglich. Die zweiten Zeichen sind ein 'ü' und ein 'a'. Der ASCII-Code für 'ü' ist 129, der von 'a' ist 97. Damit ergibt der Vergleich ('ü'<'a') den Wert FALSE und damit auch der Vergleich ('Müller'<'Maier').

Auf diese Weise können also z.B. Namen alphabetisch geordnet werden. Man kann aber auch zwei Strings der Form '03:45:24:00' und '02:12:56' miteinander vergleichen. Da die Ziffern 0..9 auch im ASCII-Code in dieser Reihenfolge auftauchen, ergibt ein Vergleich dieser beiden Strings dasselbe Ergebnis, das man bei einem Vergleich der beiden Uhrzeiten erhielte.

Wie sieht nun die praktische Verwirklichung der Funktion TIME_DIFF aus? Übergabeparameter ist der Zeitnullpunkt t_{old}, der etwa durch einen Aufruf der von TIME_OF_DAY erhalten werden kann. Zu berechnen ist die Zeitdifferenz zwischen dem Zeitnullpunkt t_{old} und der momentanen Systemzeit t. Es gilt zu berücksichtigen, daß nur Zeitdifferenzen innerhalb von 24 Stunden berechnet werden können. Ist die Zeit t kleiner als t_{old}, z.B t_{old}=12:00:00:00 und t=09:00:00:00, so wird automatisch angenommen, daß t einen Tag später als t_{old} liegt. In diesem Fall ist die Zeitdifferenz also nicht -3 Stunden, sondern (24-3) Stunden = 21 Stunden. Die Berücksichtigung dieses Umstandes kann dadurch erreicht werden, daß t durch t+24 Stunden ersetzt wird.

Völlig analoge Überlegungen gelten für Minuten und Sekunden. Hier gilt es lediglich zu beachten, daß bei den Sekunden bzw. Minuten 60 Sekunden (Minuten) hinzuaddiert werden und dies durch eine Erhöhung des Minuten- bzw. Stundenwertes um 1 wieder ausgeglichen werden muß.

Man hat so erreicht, daß nur positive Zeitdifferenzen betrachtet werden. Die Zeitdifferenz Δt kann dann durch das übliche Subtraktionsverfahren berechnet und im Format HH:MM:SS:hh ausgegeben werden.

3.2.4 HEX

Die System- oder Assemblerprogrammierung erfolgt in einem speziellen Zahlensystem, dem sogenannten Hexadezimalsystem (griech.: εκκαιδεκα = 16). (Warum gerade dieses Zahlensystem für die Systemprogrammierung so brauchbar ist, wird sich gleich zeigen.) Es ist deshalb oftmals störend, wenn man bei der Programmierung in Pascal einen hexadezimalen Ausdruck erst in eine Dezimalzahl umwandeln muß oder umgekehrt, da man sich an die eine oder andere Schreibweise gewöhnt hat. Die Umwandlung einer Hexadezimalzahl in einen dezimalen Ausdruck bereitet dabei keine Schwierigkeiten, da Turbo Pascal auch die hexadezimale Notation beherrscht und diese wahlweise zusammen mit der dezimalen verwendet werden kann. Die hexadezimale Schreibweise muß lediglich durch ein führendes $-Zeichen gekennzeichnet werden, z.B $00F0. Schwieriger wird es, wenn eine normale Integer- oder Wordzahl als Hexadezimalzahl ausgegeben werden soll.

Eine hexadezimale Ziffer ist, wie der Name schon sagt, eine von 16 möglichen Ziffern, die einen Wert zwischen 0 und 15 symbolisieren. Als Ziffern werden die dezimalen Ziffern von 0 bis 9, sowie die Buchstaben A, B, C, D, E, F verwendet. Diese Notation hat folgenden Zweck: Ein Byte, bestehend aus 8 Bits, läßt sich in zwei Gruppen zu je 4 Bits unterteilen. Jede dieser beiden Gruppen zu je 4 Bits kann einen Wert zwischen 0 und $2^4 - 1 = 15$ darstellen. Dies heißt aber nichts anderes, als daß jede der beiden Gruppen durch eine hexadezimale Ziffer dargestellt werden kann. Ein Byte läßt sich also als zweistelliger, ein Wort als 4-stelliger hexadezimaler Ausdruck darstellen.

Die hexadezimale Notation hat noch einen weiteren Vorteil. In ihr lassen sich einzelne Bits besonders leicht setzen oder löschen, da man sich nur die Ziffern von 4 Bits merken muß. Hier gilt:

Bitnummer	Hexadezimale Ziffer
0	1
1	2
2	4
3	8

Soll beispielsweise ein Byte B erzeugt werden, in dem das sechste Bit, d.h. das Bit mit der Nummer 5, gesetzt ist, so läßt sich das dadurch erreichen, daß das Byte auf den Wert 20h (=$20) gesetzt wird, weil das sechste Bit (die Bitnummern beginnen bei 0!) das zweite Bit der zweiten Viergruppe ist. Bei diesem Verfahren wird aber vorausgesetzt, daß die restlichen Bits von B nicht interessieren, da diese bei der Operation gelöscht werden. Soll zwar das sechste Bit von B gesetzt, die restlichen Bits aber nicht gelöschten werden, so muß man B mit dem Wert 20h mittels eines logischen ODER verknüpfen. Die Wirkung dieses logischen ODER läßt sich am besten in einer halbbinären Schreibweise verstehen:

```
     1101 0011    ; Byte B   = D3h
OR   0010 0000    ; 6-tes Bit = 20h
   ─────────────
=    1111 0011    ; Byte B'  = F3h
```

Die Verknüpfung OR bewirkt, daß das sechste Bit im Summenbyte B' genau dann gesetzt wird, wenn es in mindestens einem der beiden verknüpften Bytes gesetzt ist.

Will man testen, ob ein bestimmtes Bit (beispielsweise das sechste Bit im Summenbyte B') gesetzt ist, so kann das durch die Verknüpfung von B' mit dem Wert 20h mittels eines logischen UND bewerkstelligt werden. In halbbinärer Notation ergibt das die Darstellung

```
      1111 0011    ; Byte B'   = F3h
AND   0010 0000    ; 6-tes Bit = 20h
    ─────────────
=     0010 0000    ; Byte B"   = 20h
```

3.2.4 HEX

Das logische **AND** bewirkt, daß ein Bit im Summenbyte nur dann gesetzt wird, wenn es in einem der beiden Operanden gesetzt ist. Das Bit ist also genau dann gesetzt, wenn der Ausdruck für das Summenbyte einen Wert annimmt, der von Null verschieden ist.

Mit dieser Verknüpfung läßt sich auch ein bestimmtes Bit löschen. Soll z.B. das sechste Bit von B' gelöscht werden, so geschieht dies, indem B' mit dem Wert FFh-20h = DFh „geANDet" wird.

```
      1111 0011    ; Byte B'     = F3h
AND   1101 1111    ; 5-tes Bit   = DFh
    ─────────
  =   1101 0011    ; Byte B"=B   = D3h
```

Die AND-Verküpfung des subtrahierten Wertes FFh-20h mit B' setzt gerade alle Bits außer dem sechsten.

Die Verknüpfung **XOR** (Exklusives Oder) hat die Eigenschaft, daß sie ein Bit im Summenbyte nur dann setzt, wenn es im ersten *oder* im zweiten Operanden, nicht aber in beiden (=exklusiv: ausschließend; von lateinisch *excludere*=aussperren) gesetzt ist. Am leichtesten einsichtig wird die Wirkung dieser Verknüpfung an einem Beispiel:

```
      1101 0011
XOR   0111 0110
    ─────────
  =   1010 0101
```

Das Besondere an der Verknüpfung XOR ist die Tatsache, daß ihre zweimalige Anwendung wieder den Ausgangsoperanden ergibt. Verknüpft man also den zweiten Operanden aus dem obigen Beispiel über XOR mit dem Summenwert, so ergibt sich wieder der erste Operand.

```
      1010 0101
XOR   0111 0110
    ─────────
  =   1101 0011
```

Diese Eigenschaften macht die Verknüpfung XOR zu einem beliebten und vielseitigen Hilfsmittel in der Computergrafik. An dieser Stelle sei aber noch auf eine andere interessante Vrrwendungsmöglichkeit für die Verknüpfung hingewiesen. Wenn ein Byte, das den Wert FFh besitzt (das ist ein Byte, in dem alle Bits gesetzt sind) über ein XOR mit einem Byte B verknüpft wird, so ist das Ergebnis gerade das Bitinverse von B.

```
      1101 0011
XOR   1111 1111
    ─────────
  =   0010 1100
```

Zum Abschluß sollen jetzt noch die Befehle **SHR** (**SH**ift **R**ight) und SHL (**SH**ift **L**eft) besprochen werden. Durch den Befehl B := B SHR n wird das gesamte Bitmuster von B um n Bits nach rechts verschoben. Dieser Befehl ist somit äquivalent zu B := B DIV $\{2^n\}$. (Die geschweifte Klammer um den Ausdruck 2^n soll darauf hinweisen, daß es sich dabei um keinen Pascal Befehl handelt und an seiner Stelle ein entsprechender dezimaler Ausdruck mit dem Wert 2^n stehen muß.)

Ein Beispiel: Durch den Befehl B := B SHR 2 wird das Bitmuster von B um zwei Positionen nach rechts verschoben, wobei die beiden links frei werdenden Bits mit Nullen gefüllt werden.

```
            1101 0011      ; Byte B  = D3h
SHR 2 =     0011 0100      ; Byte B' = 34h
```

SHL n ist die Umkehrung von **SHR n** und entspricht der Operation „$\times 2^n$".

Diese Befehle sollen jetzt verwendet werden, um einen Word-Ausdruck formal in einen Hexadezimalausdruck umzuwandeln. Das Ergebnis soll ein String der Länge 4 sein, der die hexadezimale Zahl in der Form $H_1 H_2 H_3 H_4$ enthält. Dazu werden zunächst die hexadezimalen Ziffern als ein Feld H aus 16 Zeichen definiert, das die Ziffern 0...9 bzw. A...F enthält. Ist der dezimale Wert der hexadezimalen *Ziffer* gegeben, z.B. A=10, so ergibt sich die hexadezimale Ziffer aus dem Feld H einfach durch H[10].

Da ein Word-Wert durch eine vierstellige Hexadezimalzahl dargestellt werden kann, müssen vier 4-Bit-Gruppen untersucht werden. Die erste Stelle ist dabei wie folgt zu ermitteln:

Sei I der auszugebende Word-Wert. Wenn dieser mit F000h, d.h. einem Word,in dem genau die vier höchstwertigen Bits gesetzt sind, mittels eines logischen UND verknüpft wird, so ergibt sich ein Summenword, in dem nur diejenigen der vier höchstwertigen Bits gesetzt sind, die auch in I gesetzt sind. Betrachten wir beispielsweise den Wert E3A7h, dann läßt sich diese Operation in halbbinären Schreibweise folgendermaßen ausdrücken

```
        1110 0011 1010 0111    ; I =  E3A7h
AND     1111 0000 0000 0000    ;      F000h
      ─────────────────────
    =   1110 0000 0000 0000    ;      E000h
```

Wird dieser Wert jetzt noch um drei 4-Bit-Gruppen, also um 12 Bits, nach rechts verschoben, so bleibt nur nocht ein Wert zwischen 0 und 15, der genau dem Ziffernwert der führenden Stelle von I in hexadezimaler Notation entspricht. In diesem Falle ist das E.

```
            1110 0000 0000 0000    ; E000h
SHR 12 =    0000 0000 0000 1110    ; 000Eh
```

Die führende Ziffer H_1 ergibt sich folglich durch die Operation:

```
H1 := H[ (I AND $F000) SHR 12 ];
```

Die restlichen drei Stellen erhält man analog hierzu durch

```
H2 = H[ (I AND $0F00) SHR 8 ];
H3 = H[ (I AND $00F0) SHR 4 ];
H4 = H[ (I AND $000F)       ];
```

3.2.5 UPSTRING

Neben der Turbo Pascal-Funktion UpCase benötigt man, besonders zum Vergleich mit Schlüsselwörtern, die Funktion UPSTRING, wenn dabei Groß- und Kleinschreibung außer acht gelassen werden soll. Sie liefert als Funktionsergebnis einen String, der nur aus großgeschriebenen Zeichen besteht. Hierzu kann natürlich wieder die Funktion UpCase zu Hilfe genommen werden. Ein String der Länge N ist ja nichts anderes als ein Feld, bestehend aus N+1 Zeichen. Das nullte Zeichen (Byte) enthält, unabhängig von N, die momentane Länge M des Strings. (Die Stringlängendeklarierung mit N ist als Maximallänge zu verstehen. Die momentane Länge M kann alle Werte zwischen 0 und N annehmen, aber keine Werte, die größer als N sind.)

3.2.6 CHECK_PRINTER_ON

Spricht man ein externes Gerät von Turbo Pascal aus an, so resultiert das in einer Fehlermeldung, wenn das Gerät nicht angeschlossen oder vorhanden ist. Solche Fehlermeldungen lassen sich mit Hilfe der Compileroption {$I-} zwar unterdrücken, sind manchmal aber einfach nicht brauchbar. Dies ist insbesondere dann der Fall, wenn sich die Fehlerunterdrückung auf ein External-File bezieht. Ein Beispiel wäre hier etwa ein External-File, das eine Hardcopy des Bildschirms produziert. In diesem Fall ist die Fehlermeldungsunterdrückung nicht möglich, da diese nur auf Turbo Pascal-interne Befehle wirkt. Hier ist es also sinnvoll, vor Aufruf der eigentlichen Prozedur zu prüfen, ob diese überhaupt ausgeführt werden kann. Die Prozedur CHECK_PRINTER_ON verwendet dafür die DOS-Interrupts 11h (Equipment-Check) und 17h (Printer I/O). Mit Hilfe des ersten stellt sie fest, ob für den Drucker PRN überhaupt ein Druckerport installiert wurde. Ist dies der Fall, so überprüft sie mit dem zweiten, ob der Drucker empfangsbereit ist. Ist auch das der Fall, so liefert sie als Ergebnis TRUE, ansonsten immer FALSE.

3.3 Unit PRINT

Das Thema Druckeransteuerung wurde bereits in der Einleitung zu diesem Kapitel angesprochen. Wie gesagt ist die Turbo Pascal-interne Routine nicht mehr einwandfrei. Zudem erscheint es wünschenswert, neben dem Drucker mit der höchsten Priorität auch noch andere Drucker auf dieselbe Art und Weise wie den Primärdrucker ansprechen zu können. Zu diesem Zweck wurde die folgende Unit PRINT entworfen. Sie übernimmt anstelle der Standard-Unit Printer die Ansprache des Druckers.

```
Unit PRINT;

interface

Uses Crt,Dos,Types;

procedure PWRITE(prn: integer; s: str255);
procedure PWRITELN(prn: integer; s: str255);

implementation

var  printer: integer;

procedure SEND(q:char);            { Schickt ein Zeichen }
                                   { über Druckerport PRN }
label exit;

var i: integer;

begin
 repeat                            { Warte bis Drucker bereit }
  with MSRec do
  begin
   ax := $0200;
   dx := printer;                  { Welcher Drucker ? }
  end;
  intr($17,msrec);
```

```
    if keypressed then goto exit;{ Erlaube User-Interrupt ! }
   until (msrec.ah=144);          { Teste ob Drucker bereit }
   with MSRec do                  { Schicke Zeichen }
    begin
     ax := ord(q);                { AH=0, AL=Ascii(Zeichen) }
     dx := printer;               { Welcher Drucker ? }
    end;
   intr($17,msrec);
  exit:
  end;

procedure PWRITE(prn: integer; s: str255); { Schickt String an Drucker }
                                           { PRN ohne CR/LF }
 label re_do;

 var i,j,k: integer;
         q: char;

 begin
  printer := prn;               { Welcher Drucker ? }
  for i := 1 to ord(s[0])do     { Ganzen String schicken }
   begin
    RE_DO:
    send(s[i]);                 { Einzelnes Zeichen schicken }
    if (msrec.ax and $2900) <> 0 then { Wurde Zeichen akzeptiert ? }
     with msrec do              { Falls nicht stelle Fehler fest: }
      begin
       write('Printer ',ah);    { Welcher Drucker }

       for j := 0 to 7 do       { Welcher Fehler }
        begin
         k := $0100 shl j;
         if (ax and k)<>0 then
         begin
          case j of
           0: write('Time-out');
           3: write('IO-Error');
           5: write('Paper out');
          end;
         end;
        end;

       writeln('. Check connection!');
       writeln('Abort, Retry?'); { Was tun ? }
       repeat q := readkey until upcase(q) in ['A','R'];
       if upcase(q)='R' then goto re_do;
       halt;
      end;
   end;
  end;
 end;
```

3.3 Unit PRINT

```
procedure PWRITELN(prn: integer; s: str255); { Schickt String an Drucker }
                                              { PRN mit CR/LF }
begin
 pwrite(printer,s);
 send(#10);send(#13);
 end;

end.
```

Die Prozedur **PWRITE** schickt einen String an den Drucker mit der Nummer **PRN**, wozu sie sich eines BIOS-Interrupts, nämlich des Interrupts 17h, bedient. Ihre logische Struktur unterscheidet sich von der der Turbo Pascal-Routine write(lst,...); wie folgt: Das Schicken eines einzelnen Zeichens wird von der Subroutine **SEND** übernommen. Diese wartet solange, bis der angesprochene Drucker empfangsbereit ist, oder eine Taste gedrückt wird. Die Standard-Prozedur writeln(lst,...) würde hier bei einem nicht empfangsbereiten Drucker entweder sofort das Programm unterbrechen (ohne Unterdrückung der Fehlermeldung) oder einfach zum nächsten Zeichen übergehen (mit Unterdrückung der Fehlermeldung). In beiden Fällen handelt es sich in der Regel nicht um wünschenswerte Ergebnisse.

Ist der Drucker nicht empfangsbereit und die Routine **SEND** registriert eine gedrückte Taste, so wird die Ausführung von **SEND** abgebrochen. Diese verwendet zur Kommunikation mit dem Printer-Interrupt den in **TYPES** definierten Record **MSRec**. Das Register **AX** in diesem enthält nach der Rückkehr vom Printer-Interrupt den Printer-Status, anhand dessen **SEND** entscheidet, ob der Drucker empfangsbereit ist. Da **MSRec** eine globale Variable ist, bleibt sie auch beim Verlassen von **SEND** erhalten und kann in **PWRITE** weiterverarbeitet werden. Dort wird deshalb nach jedem **SEND** anhand von **AX** untersucht, ob das Zeichen auch tatsächlich geschickt wurde. Ist dies nicht der Fall, so wird der Druckvorgang unterbrochen, und eine entsprechende Fehlermeldung abgegeben, allerdings ohne das eigentliche Programm zu unterbrechen. Der Benutzer wird dann gefragt, wie der weitere Verlauf zu gestalten ist. (*Es bleibt zu bemerken, daß in der abgedruckten Version für die Ausgabe der Fehlermeldung die Pascal-Prozedur* writeln *verwendet wird. Diese arbeitet aber nicht in den Grafikmodi! Man erhält in diesem Fall keine Fehlermeldung. Um das zu vermeiden muß entweder die DOS-Routine zum Schreiben von Strings oder eine geeignete eigene Routine verwendet werden.*)

PWRITELN unterscheidet sich von **PWRITE** nur dahingehend, daß am Ende des Strings ein CR/LF geschickt wird.

4 String-Routinen

Bei der Datenverarbeitung wird heute, besonders im technisch-wissenschaftlichen Bereich, in zunehmendem Maße auch auf die Möglichkeiten der graphischen Darstellung zurückgegriffen. Oftmals können bei den entsprechenden Programmen eine Vielzahl von Parametern vom Benutzer variiert werden. Das ist insbesondere dort der Fall, wo der verstärkte Einsatz von interaktiver Computergrafik forciert wird – und das sind heute fast alle Einsatzbereiche des Computers. Die Betonung liegt dabei auf dem magischen Wort „*interaktiv*". Man kann zwischen verschiedenen Graden unterscheiden, in denen die Fähigkeit zum interaktiven Arbeiten ausgebildet ist. Die primitivste Form ist die Übergabe der nötigen Parameter beim Programmaufruf, indem diese hinter dem Filenamen spezifiziert werden. Vor Beendigung des Programms ist dann keine Änderung mehr möglich. Im eigentlichen Sinne kann man hier also gar nicht von interaktivem Arbeiten reden. Dies ist erst ab einem Niveau möglich, bei dem online, d.h. während der Programmausführung, Parameter durch den Benutzer geändert werden können. Dabei muß in der Regel zwar die Darstellung nach erfolgter Änderung neu berechnet werden, das Programm muß aber nicht mehr verlassen werden. Der höchste Integrationsgrad, die Realtime-Reaktion des Rechners auf benutzergesteuerte Eingaben, z.B. mit Maus, Digitizer, Trackball und ähnlichem, ist beim technischen Standard der heutigen PC's nur für primitivste Grafikformen verwirklicht. Für derartige Aufgaben sind diese einfach bei weitem zu langsam. Aber auch auf modernen Supercomputern ist ein wirkliches interaktives graphisches Arbeiten nur in begrenztem Umfang möglich, da der zur Berechnung der einzelnen Bilder nötige Rechenaufwand immer noch zu immens ist. Eine weitere Verbesserung versprechen hier erst die Parallelrechner der nächsten Generation.

4.1 Unit MENUESTR

Zum interaktiven Ändern von Parametern kann in den einfachsten Fällen ein Cursor oder etwa eine Maus dienen. Eine Reihe von Parametern, z.B. Zahlen, müssen aber explizit über die Tastatur eingegeben werden. Eine **Readln**-Abfrage ist in Turbo Pascal 4.0 aber nur noch im Textmodus möglich und wird in den verschiedenen Grafikmodi nicht mehr unterstützt, wenn man nicht auf die schnelle CRT-Ausgabe-Unit zugunsten der langsamen und weniger vielseitigen CON-Ausgabe verzichten will. Sollen mehrere Parameter nacheinander auf einen neuen Wert gebracht werden, so ist es zudem nur möglich, diese der Reihe nach alle auszudrucken und jewelis abzufragen, ob er geändert werden soll oder nicht. Dieses Verfahren stellt an den Benutzer aber hohe Anforderungen, da es ein gehöriges Maß an Konzentration verlangt, wenn die Bearbeitung schnell vor sich gehen soll. Meistens passiert es dann, daß ein Parameter übersehen wird, und die ganze Prozedur wiederholt werden muß. Wer einmal unter einem derartigen Programm gelitten hat, wird die Vorteile eines Menüs zu schätzen wissen. Im Rahmen eines solchen können z.B. alle möglichen Parameter auf dem Bildschirm gezeigt werden und der Benutzer wählt dann mit einer Maus die für ihn

4.1 Unit MENUESTR

wichtigen Parameter daraus aus und ändert sie. Für die Unterstützung derartiger Operationen wurde die Unit **MENUESTR** entwickelt.

```
Unit MENUESTR;

interface

Uses CRT,Types,ARA;

function EDIT_STRING (          st: str255;
                                color,
                      cur_pos_f_end,
                            max_len: integer;
                             insert: boolean;
                       var ret_code: integer): str255;

procedure DRAWSTRING (s:str255; x,y,color,mode: integer);

implementation

function EDIT_STRING (          st: str255;
                                color,
                      cur_pos_f_end,
                            max_len: integer;
                             insert: boolean;    { Insertmodus }
                       var ret_code: integer): str255;

var     x,y,                       { Bildschirmkoordinaten }
     xb,yb,
       pos: integer;               { Position im String }
       len: byte absolute st;      { Länge des Strings }
         q: char;
    cursor: boolean;               { Nur Cursorbewegung }
        sh: str255;                { Hilfs-String }

    procedure MGOTOXY (x,y:integer); { Hilfroutine zur }
                                     { Cursorbewegung }
    var a,b: integer;
    begin
      if (xb>0) and (yb>0) then      { Cursor clear }
        begin
          a := pred(xb) shl 3;
          b := yb*14-1;
          draw(a,b,a+8,b,color or $0300);
        end;
      a := pred(x) shl 3;            { Cursor set }
      b := y*14-1;
      draw(a,b,a+8,b,color or $0300);
      xb := x; yb := y;
      g_gotoxy(x,y);
    end;
```

```
            procedure MWRITE(s: str255);       { Hilfroutine zum Schreiben }
            var a,b,l: integer;                { mit Cursorbewegung }
            begin
              a := pred(xb) shl 3;
              b := yb*14-1;
              l := ord(s[0])-1;
              draw(a,b,a+8,b,color or $0300);
              b := b-13;
              g_write(s);
              xb := xb+1;
              a := pred(xb) shl 3;
              b := yb*14-1;
              draw(a,b,a+8,b,color or $0300);
            end;

begin
 if keypressed then q := readkey; { Bufferflush }
 xb := -1; yb := -1;
 fillchar(st[len+1],255-len,32);
 mgotoxy(g_wherex,g_wherey);
 y := g_wherex;                          { Stringanfang }
 if len>max_len then len := max_len;
 mwrite(st);                             { String schreiben }
 if len=0 then x := g_wherex
 else
  if (cur_pos_f_end>=0) then             { Bildschirmkoordinaten }
   begin
    if (cur_pos_f_end<len) then  { (>=0 vom Ende) }
     x := g_wherex-1-cur_pos_f_end
    else x := y;
   end
  else                                   { (<0 vom Anfang) }
   if abs(cur_pos_f_end)<max_len then
    x := y-(1+cur_pos_f_end)
   else x := y+max_len-1;

 if x<1 then x := 1;
 y := g_wherey;                          { ermitteln }

 if cur_pos_f_end>=0 then
  begin
   pos := len-cur_pos_f_end;             { Cursor vom Stringende }
   if pos<1 then pos := 1;
  end
 else
  begin
   pos := abs(cur_pos_f_end);            { Cursor vom Stringanfang }
   if pos>max_len then pos:= max_len;
  end;
```

4.1 Unit MENUESTR

```pascal
  mgotoxy(x,y);                      { Cursor positionieren }

repeat
 q := readkey;                       { Keyboardabfrage }
 cursor := (q=#0);                   { Character lesen }
 if cursor then q := readkey;        { Cursor- oder Steuerkommando }
 if cursor and (q in                 { Ja: welches ? }
 [#59,#60,#61,#62,#63,#64,#65,
  #66,#67,#68,                       { Funktionstasten }
  #117,                              { CTRL End, Abbruchtaste }
  #71,#72,#73,                       { Home, Cursor Up, Pg Up }
  #79,#80,#81])                      { End, Cursor Down, Pg Dn }
 then
  begin
   ret_code := ord(q);
   q := #13;
  end
 else

 begin
  case q of
  #75: if pos>1 then                 { Cursor nach links }
        begin
         pos := pred(pos);           { neue Position }
         x := pred(x);               { Neue Cursorposition }
         mgotoxy(x,y);               { Cursor dorthin }
        end;

  #77: if pos<max_len then           { Cursor nach rechts }
        begin
         pos := succ(pos);
         x := succ(x);
         mgotoxy(x,y);
        end;

  #82: insert := insert xor true;    { Insert/Overwrite }

  #83: if pos<=len then              { Delete }
        begin
         sh := copy(st,pos+1,len-pos); { zu verschiebender }
                                       { Teilstring }
         len := pos-1;                 { Original an augen- }
                                       { blicklicher Position }
                                       { um 1 Zeichen verkürzen }

         st := st+sh;                  { neuer String }
         mwrite(sh+#32);               { verschobenen Teil }
                                       { schreiben }
         if pos>len then st := st+#32; { Letztes Stringzeichen }
         mgotoxy(x,y);                 { Cursor positionieren }
        end;
```

```
#8: if pos>1 then                       { Backspace delete }
      begin
        if pos<len+2 then               { Im String ? }
        begin                           { Ja }
          sh := copy(st,pos,len-pos+1); { zu verschiebender }
                                        { Teilstring }
          len := pos-2;                 { Original verkürzen }
          st := st+sh;                  { neuer String }
        end
        else sh := '';
        x := pred(x);                   { neue Cursorposition }
        pos := pred(pos);               { neue Stringposition }
        mgotoxy(x,y);                   { Cursor positionieren }
        mwrite(sh+#32);                 { verschobenen Teil }
                                        { schreiben }
        mgotoxy(x,y);                   { Cursor positionieren }
      end;
#13: ret_code := 79;                    { Bearbeitung beendet }

else if (q<>#13)                        { Zeichen einfügen }
        and not cursor
        and (pos<=max_len) then
      begin
        if (pos>len) then               { Hinter dem Stringende }
         begin
          fillchar(st[len+1],pos-len,32); { mit Blanks füllen }
          len := pos;                   { neue Länge }
         end;
        if insert then                  { Insertmodus ? }
        begin                           { Ja }
          if (len<max_len)
          and (len>0) then              { Im erlaubten Bereich }
           begin
            sh := copy(st,pos,len-pos+1); { zu verschiebender }
                                        { Teilstring }
            len := pos-1;               { Original verkürzen }
            st := st+q+sh;              { neuer String }
            mwrite(q+sh);               { Schreiben }
            pos := succ(pos);           { neue Stringposition }
            x := succ(x);               { neue Cursorposition }
            mgotoxy(x,y);               { Cursor positionieren }
           end

          else
            if len=0 then               { erstes Zeichen ! }
             begin
              st := q; mwrite(q);       { Zeichen austauschen }
              pos := pos+2;             { neue Position }
              x := x+1;
```

4.1 Unit MENUESTR

```
                    mgotoxy(x,y);              { Cursor positionieren }
                  end
                else
                  if pos=len then              { letztes Zeichen }
                    begin
                      st[len] := q; mwrite(q); { Zeichen austauschen }
                      mgotoxy(x,y);            { Cursor positionieren }
                    end;
              end
            else                               { Overwritemodus }
            begin
              if len=0 then                    { erstes Zeichen }
                begin
                  len := 1;
                  pos := 1;
                end;
              st[pos] := q; mwrite(q);         { Zeichen austauschen }
              if pos<max_len then              { im erlaubten Bereich }
                begin
                  pos := succ(pos);            { neue Position }
                  x := succ(x);
                end;
              mgotoxy(x,y);                    { Cursor positionieren }
            end;
          end;
      end; { case ... }
    end; { else case ... }
  until q=#13;                                 { Bearbeitung beendet }
  while (len>0) and (st[len]=#32) do           { rechtsbündig }
    len := pred(len);                          { formatieren }
  edit_string := st;
  mgotoxy(-1,-1);
end;

procedure DRAWSTRING (s:str255; x,y,color,mode: integer);

type Character = array [0..7] of byte;
     Char_set = array [0..127] of character;

var   i,j,
      c,l: integer;
      len: byte absolute s;       { Länge des Strings }
   n_char: ^Char_set;             { 8x8 ASCII-Zeichen 0..127 }
begin
  n_char := ptr($F000,$FA6E);     { BIOS-Adresse des Fonts }
  for l := 1 to len do            { Schreiben: }
    for i := 0 to 7 do            { Lesen des i. Bytes B des Bitmusters }
      begin
```

```
      c := n_char^[ord(s[l]),i];
      for j := 7 downto 0 do        { Schreiben des j. Bits von B }
        begin                       { entsprechend der Schreibrichtung MODE }
          if (c and 1) <> 0 then    { Nur gesetzte Punkte zeichnen }
            case mode of
              1: plot(x+(l-1)*8+j,y+i,color);
              2: plot(x+(len-1)*8-(l-1)*8+j,y-i,color);
              3: plot(x+i,y-((l-1)*8+j),color);
              4: plot(x-i,y+(l-1)*8+j,color);
            end;
          c := c shr 1;             { Nächstes Bit }
        end;
    end;
end;

end.
```

4.2 EDIT_STRING

Die Prozedur EDIT_STRING wurde in der vorliegenden Version zum Editieren von Strings der Maximallänge 255 im Grafikmodus geschrieben. (Man sollte sich aber auf die Maximallänge 80 (= 1 Bildschirmzeile) beschränken, da ein zwei- oder mehrzeiliges Editieren nicht unterstützt wird.) Dazu werden zwei Hilfsprozeduren, MGOTOXY und MWRITE, verwendet. Sie erledigen im wesentlichen die Cursorbewegung auf dem Bildschirm. Der Cursor wird als Strich unter den jeweils aktiven Buchstaben gezeichnet. MGOTOXY und MWRITE verwenden dazu die Funktionen DRAW, G_GOTOXY und G_WRITE des ARA-Grafikpakets. ARA wurde speziell für den Einsatz auf der EGA-Karte konzipiert, und die entsprechenden Befehle können deshalb unter Umständen nicht allgemein verwendet werden. Eine entsprechende Übertragung auf andere Grafiksysteme muß anhand des Befehlslistings von ARA im Anhang vorgenommen werden (siehe auch Kapitel 6). EDIT_STRING kann aber leicht so umgeschrieben werden, daß es zumindest im normalen Textmodus arbeitet. Dazu müssen lediglich die Prozeduren MGOTOXY und MWRITE entfernt werden und alle entsprechenden Aufrufe dieser Prozeduren mit der *Find and Replace*-Option (^QA) des Turbo Pascal-Editors durch gotoxy und write ersetzt werden. Außerdem müssen die ARA-Befehle G_WHEREX und G_WHEREY durch wherex und wherey ersetzt werden. EDIT_STRING ist damit zwar seiner eigentlichen Aufgabe beraubt, bietet gegenüber der normalen Readln-Prozedur noch immer eine Reihe von Vorteilen, da es wesentlich stärker an einem Editor als einer Eingabe-Prozedur orientiert ist.

4.2.1 Tastaturabfrage und Cursorsteuerung

Die Tastaturabfrage kann über den Befehl q := readkey; erfolgen, wobei q ein Character ist. Dieser Character enthält einen für die gedrückte Taste spezifischen Code, anhand dessen diese identifiziert werden kann. (Ein Listing aller möglichen Codes findet sich im Anhang des Turbo Pascal-Handbuches.) Die Tastaturabfrage über readkey hat den Vorteil, daß kein automatisches Terminalecho erfolgt, d.h. das Zeichen wird nur gelesen, nicht aber auf den Bildschirm ausgegeben. Insbesondere kann damit in Kombination mit keypressed ein bedingtes Löschen des Tastaturpuffers

4.2.2 Cursorbewegung im String

ausgeführt werden. Ein solch bedingtes Löschen wird am Anfang von EDIT_STRING durchgeführt, da der Tastaturpuffer solange erhalten bleibt, bis er durch eine Keyboardabfrage gelöscht wird. Wurde also vor Aufruf von EDIT_STRING ausversehen eine Taste gedrückt, so wird diese als erstes Zeichen nach dem Aufruf registriert, wenn kein vorheriger Buffer-Clear erfolgt ist.

Einer besonderen Behandlung bedürfen die Steuertasten, zu denen auch die Cursortasten gehören. Sie sind generell durch einen zweiteiligen Code gekennzeichnet. Dabei liefert **readkey** bei allen Steuertasten zunächst den Character q=#0. Bei sofortiger Wiederholung der Abfrage erhält man dann einen Code zurück, der die Identifizierung der Steuertasten ermöglicht. Durch dieses Verfahren können Steuertasten und normale Tasten sofort unterschieden und getrennt behandelt werden. Eine Prozedur, die eine Abfrage auf Steuertasten enthält, muß also prinzipiell der folgenden Form genügen:

```
q := readkey;
if q=#0 then
  begin
    q := readkey;
       .
    { Prozedur zur Behandlung der Steuertasten}
       .
  end;
```

Die Codes der Tasten zur Cursorsteuerung können dem folgenden Diagramm entnommen werden.

$\leftarrow$ 8

Home $_{71}$ $\uparrow$ $_{72}$ PgUp $_{73}$

$\leftarrow$ $_{75}$ $\rightarrow$ $_{77}$

End $_{79}$ $\downarrow$ $_{80}$ PgDn $_{81}$

Ins $_{82}$ Del $_{83}$

Der Index ist dabei jeweils der Code, den man bei der zweiten Abfrage von **readkey** erhält.

An dieser Stelle sei noch auf die Handhabung der Insert-Taste hingewiesen. Mit ihr kann zwischen den Modi *Insert* und *Overwrite* hin- und hergeschaltet werden. Zur Charakterisierung, in welchem Modus man sich gerade befindet, wird die boolesche Variable INSERT verwendet. Eine Variable vom Typ **boolean** wird, wie bereits früher erwähnt, als Byte gespeichert. Dem Wert TRUE entspricht der Wert 1, dem Wert FALSE eine 0. Wird ein Byte B, das den Wert 0 oder 1 hat (z.B. die boolesche Variable INSERT), mit einem anderen Byte, das den Wert 1 besitzt (der Ausdruck TRUE), mittels eines logischen XOR wie folgt verküpft

    insert := insert xor true;

so kann, wie bereits in Abschnitt 3.2.4 gezeigt, zwischen den beiden Werten TRUE und FALSE hin- und hergeschaltet werden. (In der Computerterminologie bezeichnet man so etwas als *toggle switch*.) Hat INSERT vorher den Wert 0 (FALSE), so hat es anschließend den Wert 1 (TRUE). Entsprechend wird aus einer 1 (TRUE) eine 0 (FALSE).

4.2.2 Cursorbewegung im String

Der zu bearbeitende String wird als Variable ST an die Prozedur EDIT_STRING übergeben. Von dieser wird er an der augenblicklichen Cursorposition auf den Bildschirm geschrieben. Dies ermöglicht es, die Positionierung des Strings wie auch sonst mit G_GOTOXY (bzw. gotoxy) vorzunehmen. Danach werden die Bildschirmkoordinaten X und Y des Cursors bestimmt, und dieser mit MGOTOXY(X,Y) auf das durch die Angabe Cur_Pos_f_end (Cursor position from end of string) spezifizierte Zeichen gesetzt. Ist Cur_Pos_f_end Null, so wird der Cursor auf das letzte geschriebene Zeichen gesetzt. Wird ein negativer Wert übergeben, so wird die Angabe als Cur_Pos_f_begin behandelt, d.h. die Angabe Cur_Pos_f_end = -1 setzt den Cursor auf das erste Zeichen des Strings. Liegt das durch Cur_Pos_f_end definierte Zeichen außerhalb der definierten Grenzen des Strings, so wird der Cursor auf das erste (=zu weit links) bzw. das letzte Zeichen (=zu weit rechts) gesetzt. Mit Hilfe der Tasten ← und → kann der Cursor dann zwischen dem Beginn des Strings und der durch MAX_LEN definierten maximalen Länge des Strings hin und her bewegt werden. Die Angabe MAX_LEN ist vor allem beim Editieren in Bildschirmmasken mit begrenztem Platzangebot für den einzelnen String von Nutzen, da sie ein Überschreiben der Maske verhindert.

Die Cursorbewegung erfolgt im Programm mit Hilfe der MGOTOXY-Prozedur. Die Variablen X und POS müssen dazu lediglich sukzessive erhöht bzw. erniedrigt werden. POS dient dabei zur Angabe der Position des Cursors innerhalb des Strings, d.h. an welcher Stelle des Strings, gemessen ab dem ersten Zeichen, sich der Cursor gerade befindet, während X die zugehörige Bildschirmkoordinate ist.

Wird der Cursor nach oben oder unten bewegt, so beendet EDIT_STRING die Behandlung des Strings und springt ins Hauptprogramm zurück. Als Returncode wird dann 80 oder 72, der Tastaturcode für Cursor-Down bzw. Cursor-Up, zurückgegeben. Neben dem Ausstieg über die Cursortasten existieren noch eine Reihe weiterer Tasten, die zum Abbruch der Stringbearbeitung führen (siehe Unit-Listing in Abschnitt 4.1). Returncode ist der Tastaturcode der jeweiligen Taste, die zum Abbruch geführt hat. Dadurch wird eine detaillierte Abbruchbehandlung im Hauptprogramm möglich, da jede Abbruchtaste vom Benutzer mit einer anderen Bedeutung belegt werden kann.

4.2.3 Delete und Backspace/Delete

Beim Editieren von Strings kommt den Löschtasten Delete und Backspace/Delete eine zentrale Bedeutung zu, da erst sie eine komfortable Stringbearbeitung erlauben. Zunächst soll nun die Implementierung der *Delete*-Taste behandelt werden. Wird diese gedrückt, so soll das augenblicklich unter dem Cursor befindliche Zeichen gelöscht, und der Rest des Strings um ein Zeichen nach links verschoben werden, womit der String insgesamt um ein Zeichen verkürzt wird. Bei diesem Befehl, ebenso wie bei den folgenden, muß die Stringlänge immer wieder kontrolliert und dementsprechend häufig bestimmt werden. Hierzu kann ein Turbo Pascal-spezifischer Trick angewendet werden, der die Kontrolle der Stringlänge wesentlich erleichtert. Die augenblickliche Länge des Strings ist in Turbo Pascal im 0-ten Byte des Strings gespeichert und kann Werte zwischen 0 und 255 annehmen. Diese Länge läßt sich mit Hilfe des Befehls length(ST) oder direkt über ord(ST[0]) bestimmen und kann durch die Anweisung ST[0] := chr(L); auf den Wert L gesetzt werden. Dieses Verfahren ist, solange man nur *einen* String betrachtet, zu umständlich und rechenzeitintensiv. Der Zugriff auf die Stringlänge läßt sich wesentlich vereinfachen, wenn man eine Bytevariable LEN mit Hilfe der **absolute**-Option auf denselben Speicherplatz wie ST[0] legt.

```
LEN: byte absolute ST;
```

Dadurch hat `LEN` immer automatisch die Länge des Strings `ST` und letztere kann über `LEN := L` auf den Wert L gesetzt werden.

Bei der Ausführung des Delete-Befehls gilt es darauf zu achten, daß eine Delete-Operation nur innerhalb des Strings ausgeführt werden kann. Die Cursor-Position `POS` muß deshalb auf jeden Fall kleiner oder gleich der Stringlänge sein. Ist diese Bedingung erfüllt, so muß zur Ausführung des Delete-Kommandos lediglich noch der Teilstring, der von der Position `POS+1` bis zum Ende des Strings bei `LEN` läuft, um ein Zeichen nach links auf die Position `POS` verschoben werden. Das kann wie folgt implementiert werden: Zunächst wird der zu verschiebende Teil des Strings in einen Hilfsstring kopiert und der ursprüngliche String `ST` auf die Länge `POS-1` verkürzt. Damit endet `ST` dann eine Position vor dem zu löschenden Zeichen. Fügt man an den so verkürzten String den kopierten Teilstring wieder an, so ist das gewünschte Zeichen gelöscht worden. (Bei der Programmierung des Delete-Befehls wurde bewußt auf eine Ausführung mit Hilfe des Move-Befehls verzichtet, da sich bei dem besprochenen Verfahren die Stringlänge automatisch reguliert).

Die Ausführung des *Backspace/Delete*-Kommandos verläuft völlig analog, wobei allerdings zusätzlich die Cursorposition um eins nach links verschoben werden muß. Außerdem wird nicht das Zeichen unter dem Cursor, sondern das Zeichen links neben der aktuellen Cursorposition gelöscht.

4.2.4 Insert- und Overwritemodus

Neue Zeichen können nach unterschiedlichen Verfahren in den String eingefügt werden. Im Insert-Modus wird der String an der Cursorposition aufgespalten und das eingegebene Zeichen dort in den String eingefügt. Im Overwrite-Modus muß dagegen nur das Zeichen an der Cursorposition durch das von der Tastatur empfangene ersetzt werden.

Zunächst soll der einfachere Fall des Overwrite-Modus betrachtet werden. Das neue Zeichen kann in den String durch `ST[POS] := q` eingefügt werden. Zusätzlich muß der Cursor um ein Zeichen nach rechts bewegt werden, wobei dies nur dann erlaubt ist, wenn das durch `MAX_LEN` definierte Ende des Strings noch nicht erreicht ist. Ist dieses erreicht, soll der Cursor einfach über dem gegenwärtigen Zeichen stehen bleiben.

Etwas komplizierter ist die Behandlung des Insert-Modus. Wie bei der Behandlung des Delete-Kommandos nimmt man hier zuerst wieder eine Aufspaltung des Strings an der Stelle `POS` vor. Der Teilstring zwischen den Stellen `POS` und `LEN` wird dazu wieder in einen Hilfsstring kopiert und der ursprüngliche String auf die Länge `POS-1` verkürzt. Diese zwei Teile können dann wieder mittels einer einfachen Stringverknüpfung, zusammen mit dem neuen Zeichen, zum neuen String montiert werden. Dabei ist wieder zu beachten, daß dies nur möglich ist, solange der resultierende String maximal die Länge `MAX_LEN` hat. Ist dies nicht der Fall, da nämlich der ursprüngliche String bereits die Länge `MAX_LEN` hat, so muß die Annahme des Zeichens verweigert werden.

Sowohl beim Insert- als auch beim Overwrite-Modus ist darauf zu achten, daß man mit dem Cursor über das aktuelle Ende des Strings an der Position `LEN` hinausfahren und dort in einigen Zeichen Abstand neue Zeichen anfügen kann, wenn `LEN` nicht bereits den Wert `MAX_LEN` erreicht hat. Sobald die aktuelle Cursorposition `POS` hinter dem Stringende `LEN` liegt und ein neues Zeichen eingegeben wird, müssen daher die Stellen zwischen den Positionen `LEN+1` und `POS` mit Blanks aufgefüllt werden. Dies kann z.B.

mit Hilfe der Funktion `FillChar` erfolgen. Die Stringlänge muß in diesem Fall mit Hilfe von `LEN := POS` explizit neu gesetzt werden, da `FillChar` die Stringlänge nicht verändert.

Die Prozedur `EDIT_STRING` enthält bereits alle wesentlichen Komponenten eines vollwertigen Editors. Ein solcher kann mit `EDIT_STRING` leicht erstellt werden. Vom Überprogramm muß dazu lediglich noch über `G_WHEREX` (`WhereX`) und `G_WHEREY` (`WhereY`) die entsprechende Cursorsteuerung bei Zeilensprüngen übernommen werden.

4.3 Schreiben im Grafikmodus

Sollen Strings im Grafikmodus ausgegeben werden, so erfordert dies in der Regel das Setzen einzelner Bits in Übereinstimmung mit einem vorgegebenen Bitmuster, das den sogenannten Font definiert. Turbo Pascal 4.0 stellt hier eine Reihe von Routinen zur Verfügung, sodaß dieses Kapitel auf den ersten Blick uninteressant und überflüssig erscheinen mag, weshalb wir uns im folgenden auch nur auf das Wesentliche beschränken werden. Da für einige Anwendungen die Möglichkeiten der graphischen Stringdarstellung unter Umständen aber nicht ausreichen, soll wenigstens das Prinzip besprochen werden, um dem Benutzer das Erstellen eigener Zeichensätze zu ermöglichen. Als Beispiel soll die Ausgabe von Strings im 8×8-Bit-Font, dem Standard-DOS-Font behandelt werden.

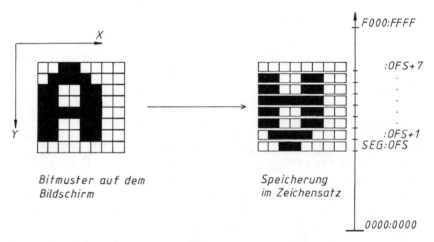

Bild 4-1 *Speicherung eines Zeichens im Zeichensatz*

Für das Schreiben von Strings im Grafikmodus wird das Bitmuster eines kompletten Zeichensatzes von 128 Zeichen benötigt. Im Fall des 8×8-Fonts sind das jeweils 8 Bytes je Zeichen. Diese befinden sich ab der Speicherstelle `F000:FA6E` im BIOS des Betriebssystems. Der Zeichensatz enthält die ersten 128 ASCII-Zeichen. Wird ein Zeichen mit einem ASCII-Code größer als 127 geschrieben, so erscheint auf dem Bildschirm in der Regel ein recht wirres Punktemuster. Die Ursache dafür ist, daß die zweite Hälfte des ASCII-Zeichensatzes, die Zeichen mit Codes von 128 bis 255, standardmäßig für die Grafikmodi nicht vorgesehen ist. Es gibt allerdings die Möglichkeit, diese Zeichen hinzuzufügen. Der Interrupt-Pointer `1Fh`, der an den Stellen `7Ch` - `7Fh` in der Interrupttabelle abgespeichert ist, muß dazu auf einen Speicherbereich zeigen, in dem sich der Bitmustercode für die Zeichen 128 bis 255 befindet. Normalerweise ist er nicht initialisiert und zeigt somit auf 0000:0000. Versucht man, ein Zeichen mit einem ASCII-Code von mehr als 127 zu schreiben, so interpretiert der Rechner diesen Pointer als einen Zeiger auf 0000:0000 und besorgt sich aus dem so markierten Speicherbereich die nötigen Bitmusterinformationen. Auf dem Bildschirm erscheint dann ein Bild von 8 Bytes aus dem Beginn des RAM. (Bei Verwendung einer EGA-Karte wird der Pointer während der Boot-Prozedur auf einen Bereich im ROM der EGA-Karte gesetzt, die den 8×8-Font der ASCII-Zeichen 128 bis 255 enthält.)

Das Bitmuster eines Zeichens ist im Zeichensatz wie in Bild 4-1 dargestellt gespeichert.

Das Schreiben im Grafikmodus übernimmt in unserem Beispiel die Prozedur DRAW-STRING. Sie erlaubt dem Benutzer, im Grafikmodus an *beliebiger* Stelle auf dem Bildschirm, in einer der 4 Richtungen 1,2,3 oder 4 zu schreiben. Die Richtung 1 ist dabei die normale Schreibrichtung, während die anderen durch entsprechende Rotation um 90° im mathematisch positiven Sinn aus dieser hervorgehen. DRAWSTRING verwendet zum Schreiben die Funktion PLOT, wodurch die Übertragbarkeit auf jede Grafikkarte gewährleistet ist. (In der angedruckten Version werden die Zeichen 128-255 **nicht** unterstützt.)

4.4 Unit VCHAR

Ein wesentlich vielseitigeres Arbeiten als mit den Bitmuster-Fonts kann mit sogenannten Vektorzeichen erzielt werden. Bei diesen werden nicht mehr einzelne Punkte eines vorgegebenen Rasters gezeichnet, sondern bestimmte Punkte dieses Rasters in einer genau definierten Folge durch Linien verbunden. Die Vorteile liegen auf der Hand: Im Gegensatz zum Bitmusterzeichensatz kann mit einem Vektorzeichensatz in jeder beliebigen Richtung mit frei definierten Einheitsachsen und beliebiger Größe ohne Verlust der Auflösung oder zeitintensive Skalierungstransformationen geschrieben werden.

```
Unit VCHAR;

interface

Uses Types,ARA;

function ENABLE_VCHARS: boolean;
procedure DRAW_V_STRING(    x,y: integer;
                            e1x,e1y,
                            e2x,e2y,
                            size: real;
                            s: str255;
                            color: integer);

implementation

function ENABLE_VCHARS: boolean;

var c: file of vector_chars;
    k: boolean;
```

```
begin
 getmem(VChars,1280);
 assign(c,'VCHARS.BIN');
 {$i-}
 reset(c);
 {$i+}
 k := (ioresult=0);
 if k then read(c,VChars^);
 close(c);
 enable_vchars := k;
end;

procedure DRAW_V_STRING(      x,y: integer;
                              e1x,e1y,
                              e2x,e2y,
                                size: real;
                                  s: str255;
                              color: integer);

var i: integer;
    r: real;

    procedure DRAW_VCHAR(nr: integer);

    label exit;

    var ofs,a,b,p,q: integer;

    begin
    with VChars^ do
     begin
      ofs := charofs[nr];
      if vchar[ofs]=$FF then goto exit;    { End of Char ? }
      a := vchar[ofs] shr 4;               { Move to 1st position }
      b := vchar[ofs] and $0F;
      p := round(x+e1x*size*(i*8+a)+e2x*size*b);
      q := round(y+e1y*size*(i*8+a)+e2y*size*b);
      movep(p,q);
      while vchar[ofs]<>$FF do             { While not EoC }
       begin
        if vchar[ofs] = $FE then           { Move to next position }
         begin
          ofs := succ(ofs);
          if vchar[ofs]=$FF then goto exit;
          a := vchar[ofs] shr 4;
          b := vchar[ofs] and $0F;
          p := round(x+e1x*size*(i*8+a)+e2x*size*b);
          q := round(y+e1y*size*(i*8+a)+e2y*size*b);
          movep(p,q);
         end
        else
```

4.4 Unit VCHAR

```
            begin                         { Draw from last position }
              a := vchar[ofs] shr 4;
              b := vchar[ofs] and $0F;
              p := round(x+e1x*size*(i*8+a)+e2x*size*b);
              q := round(y+e1y*size*(i*8+a)+e2y*size*b);
              reldraw(p,q,color);
            end;
            ofs := succ(ofs);
          end;
        end;
      exit:
      end;
  begin
    if not VCharAvail then
      VCharAvail := Enable_VChars;
    r := sqrt(sqr(e1x)+sqr(e1y));
    e1x := e1x/r;
    e1y := e1y/r;
    r := sqrt(sqr(e2x)+sqr(e2y));
    e2x := e2x/r;
    e2y := e2y/r;
    if VCharAvail then
      for i := 0 to ord(s[0])-1 do
        draw_VChar(ord(s[i+1]));
  end;
end.
```

Der in der Unit **VCHAR** verwendete Vektorzeichensatz arbeitet nach folgendem Prinzip. Die Koordinaten der Punkte eines Zeichens werden sequentiell in der Reihenfolge, in der sie miteinander verbunden werden sollen, abgespeichert. Um den Speicherbedarf möglichst gering zu halten, werden dabei die x- und y-Koordinaten in *einem* Byte abgespeichert. Die 4 höchstwertigen Bits definieren die x-Koordinate, die 4 niederwertigsten die y-Koordinate. Damit sind im Prinzip jeweils 16 Koordinatenwerte für x und y möglich. Neben den Koordinaten müssen allerdings auch noch zwei elementare Operationen codiert werden: **EoC** für Endes des Zeichens und **MnP** für die Bewegung an einen neuen Punkt, ohne diesen mit dem vorhergehenden zu verbinden. Diese werden bei dem vorliegenden Verfahren durch die zwei höchsten Werte, die ein Byte annehmen kann, codiert: **EoC = FFh, MnP = FEh**. Damit sind für x zwar immer noch Werte zwischen 0 und 15, für y aber nur noch zwischen 0 und 13 möglich. Der Zeichensatz **VCHARS.BIN** (siehe Anhang) nützt diesen Bereich nicht ganz aus. In der x-Richtung werden lediglich 8 Punkte, in der y-Richtung 12, verwendet. Er ist mit dem einfachsten Zeichensatz, der für gewöhnlich auf Plottern verfügbar ist, identisch.

Da bei den Vektorzeichen im Gegensatz zu den Bitmap-Zeichen kein einheitlicher vordefinierter Speicherbedarf je Zeichen existiert, werden die Anfangsadressen eines jeden Zeichens innerhalb des Fonts in einer Offset-Tabelle am Anfang des Fonts gespeichert. **VCHARS.BIN** unterstützt nur die ASCII-Zeichen 0..127.

Die Zeichen werden wie folgt gezeichnet: Ist der Wert des Bytes, das ein Koordinatenpaar (x,y) enthält, kleiner als **FEh**, so wird mit **RELDRAW** (siehe Anhang ARA) eine

Linie vom letzten gezeichneten Punkt zum Punkt (x,y) gezeichnet. Ist der Bytewert
FEh, so wird das nächste Byte gelesen, und dessen Inhalt definiert einen neuen Punkt
(x,y), der nicht mit dem letzten gezeichneten verbunden wird. Dasselbe gilt auch,
wenn es sich um den ersten Punkt des Zeichens handelt. Ein solcher Punkt wird dann
durch MOVEP als neuer Anfangspunkt definiert. Falls schließlich der Bytewert FFh ist,
wird das Zeichnen des gegenwärtigen Zeichens beendet.

Die Größe der Zeichen kann durch Angabe des multiplikativen Faktors SIZE: real
beliebig variiert werden. Dabei ist SIZE = 1 die Größe, die durch die möglichen
Koordinaten, in diesem Fall also 8 und 12 Punkte, gegeben ist.

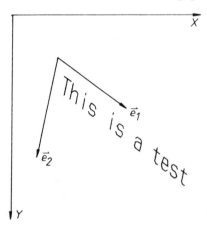

Bild 4-2

Zur Definition der Schreibrichtung dienen die Vektoren $\vec{e}_1$ und $\vec{e}_2$. Es muß sich dabei
nicht um Einheitsvektoren handeln. So ist zum Beispiel die Angabe $\vec{e}_1 = (10, 1)$
identisch mit der Angabe $\vec{e}_2 = (1, 0.1)$. Die Vektoren $\vec{e}_1$ und $\vec{e}_2$ werden vor dem
eigentlichen Schreibvorgang immer durch

$$\begin{pmatrix} e_{1x} \\ e_{1y} \end{pmatrix}^0 = \frac{1}{\sqrt{e_{1x}^2 + e_{1y}^2}} \begin{pmatrix} e_{1x} \\ e_{1y} \end{pmatrix}$$

$$\begin{pmatrix} e_{2x} \\ e_{2y} \end{pmatrix}^0 = \frac{1}{\sqrt{e_{2x}^2 + e_{2y}^2}} \begin{pmatrix} e_{2x} \\ e_{2y} \end{pmatrix}$$

auf die Länge 1 skaliert. Dies ermöglicht zum einen eine einfache Richtungsdefinition
und verhindert zum anderen eine explizite Größenabhängigkeit der Zeichen von der
Länge der Richtungsvektoren.

Die Funktion ENABLE_VCHARS versucht den Vektorzeichensatz zu laden. Kann dieser
nicht gefunden werden, so gibt sie als Resultat FALSE aus. Sie *kann* vom Benutzer
selbst aufgerufen werden, muß aber nicht. Die Prozedur DRAW_V_STRING ruft automatisch ENABLE_VCHARS auf, wenn der Wert der in TYPES definierten Variablen VCharA-
vail nicht den Wert TRUE besitzt. Kann der Zeichensatz nicht gefunden werden, so
unterbleibt eine Ausgabe des Strings.

5 Variable Speicherverwaltung und DOS-Aufruf

5.1 Unit ISTACK

Ein interessantes Problem ist die kurzfristige Zwischenspeicherung von Daten, ohne dafür neue Variablen definieren zu müssen. Zu diesem Zweck soll jetzt das Konzept eines Integer-Stacks entwickelt werden, auf dem Integerwerte, wie der Name besagt, stapelartig zwischengespeichert werden. Jeder neu hinzugekommene Wert wird dabei 2 Bytes über dem vorhergehenden gespeichert. Der sogenannte StackPointer zeigt hierbei jeweils auf den Speicherplatz, auf dem der nächste Wert gespeichert wird. Die besprochene Methode unterscheidet sich somit wesentlich von dem im ersten Kapitel besprochenen Register-Stack und ist vom Aufbau her mehr mit dem Heap verwandt, der in Turbo Pascal zur Variablenspeicherung dient. Der wesentliche Unterschied zwischen dem hier besprochene Integer-Stack und dem internen Register-Stack ist neben der Tatsache, daß der StackPointer auf den nächsten leeren und nicht auf den letzten besetzten Speicherplatz zeigt, daß der Integer-Stack von *unten* nach *oben* wächst.

Was das Stack-Konzept von anderen Speichermethoden unterscheidet, ist der gebundene Zugriff auf gespeicherte Werte, der nicht in beliebiger Reihenfolge erfolgen kann. Es kann jeweils nur der Wert zurückgeholt werden, der zuoberst, d.h. unmittelbar unter dem StackPointer, auf dem Stapel liegt. Ist dies erfolgt, so wird der Wert vom Stack gelöscht, indem der StackPointer um 2 erniedrigt wird. Der Platz kann somit wieder zur Speicherung verwendet werden. Prinzipiell zählt nur das als gespeichert, was unterhalb des Stackpointers liegt. Man kann deshalb den Stack nur von oben nach unten abarbeiten, muß sich aber auch nicht um den Speicherplatz und die zugehörige Adressverwaltung kümmern.

Der Stack selbst ist ein Speicherplatzbereich, der an der Stelle `SEG:OFS` im Hauptspeicher des Rechners beginnt und die Länge `StackSize` hat. Der StackPointer ist ein Word-Ausdruck (*kein* Adresspointer), der die Länge des momentan benützten Teils des Stacks ab `SEG:OFS` in Bytes angibt. Das Abspeichern und Holen von Integerwerten erfolgt mit Hilfe der Funktionen `PUSH` und `POP`.

```
Unit ISTACK;

interface

Uses Types,ARA;

procedure SETUPSTACK (var Stack: Stack_Area; Size:word);
procedure REMOVE_STACK (var Stack: Stack_Area);
procedure CLEARSTACK (var Stack: Stack_Area);
procedure PUSH (var Stack: Stack_Area; i: integer);
procedure POP (var Stack: Stack_Area; var i: integer);
```

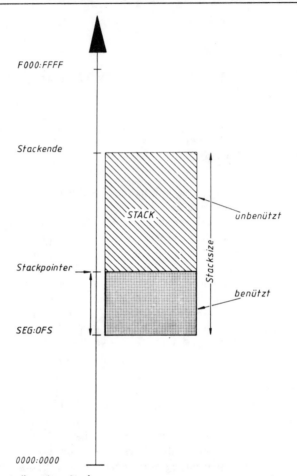

Bild 5-1 *Schematischer Aufbau eines Stacks*

```
implementation
procedure SETUPSTACK (var stack: Stack_Area; Size:word);
begin
 if (size=0) or (size>Maxstacksize) then
  size := MaxStacksize;
 size := size+5;                    { 5 Bytes für Stackinfo }
 getmem(Stack,size);                { Speicherplatzreservierung }
 with stack^ do
  begin
   Stackpointer := 0;               { Zeiger initialisieren }
   Stack_Setup := true;             { Stack vorhanden }
   StackSize := Size-5;
  end;
end;
```

5.1.1 Stackinstallation und -verwendung

```pascal
procedure REMOVE_STACK (var Stack: Stack_area);
begin
 freemem(Stack,Stack^.Stacksize+5);   { Stack beseitigen }
end;

procedure CLEARSTACK (var Stack: Stack_Area);
begin
 Stack^.StackPointer := 0;             { Stackpointer rücksetzen }
end;

procedure PUSH (var Stack: Stack_Area; i: integer);  { Integer auf Stack }
begin
 with Stack^ do
  begin
   if StackPointer<StackSize then      { Stackpointer im Stackbereich ? }
    begin                              { Ja }
     Save_Area[StackPointer] := i;     { Wert auf Stack }
     StackPointer := StackPointer+2;   { Stackpointer erhöhen }
    end
   else
    begin                              { Nein }
     g_writeln('');                    { Fehlermeldung }
     g_writeln('Stackoverflow-Error. Program aborted.');
     halt;
    end;
  end;
end;

procedure POP (var Stack: Stack_Area; var i: integer);  { Integer vom Stack }
begin
 with Stack^ do
  begin
   if StackPointer<>0 then             { Falls nicht leer }
    begin
     StackPointer := StackPointer-2;   { Stackpointer erniedrigen }
     i := Save_Area[StackPointer];     { Wert vom Stack }
    end
   else
    begin                              { Sonst Fehlermeldung }
     g_writeln('');
     g_writeln('Stack was empty. Program aborted.');
     halt;
    end;
  end;
end;
```

5.1.1 Stackinstallation und -verwendung

Für den Stack wird Platz im Hauptspeicher benötigt, der von anderen Variablen nicht benützt werden darf, d.h. er muß für den Stack reserviert sein. Eine solche Reservierung kann mit der Funktion GetMem vorgenommen werden. Sie erlaubt es, für eine

Pointervariable Speicherplatz in bestimmter Größe zu reservieren. Der Variablentyp muß dazu in keiner Beziehung zur Größe des reservierten Speicherplatzes stehen. So können beispielsweise für die Pointervariable P: ^byte problemlos 32kByte reserviert werden.

Ein ganz anderes Problem ist allerdings der Speicherplatzzugriff, der z.B. über die Methode der variablen Pointerfelder erfolgen kann. Dabei wird von der Möglichkeit Gebrauch gemacht, mit Hilfe einer Compileroption den sogenannten **Range-Check**, der überprüft, ob ein Array-Index im vorher definierten Bereich liegt, auszuschalten. Ist dieser ausgeschaltet, so kann man beliebige Feldindizes ansprechen, auch solche außerhalb der festgelegten Grenzen. Dabei muß aber dann darauf geachtet werden, daß auf diese Weise nicht unabsichtlich andere Variable, die auf den so angesprochenen Speicherplätzen abgelegt sind, verändert werden. Auf diese Weise kann beispielsweise ein 32kByte umfassendes Integerarray angesprochen werden:

```
Type DblInt = array [0..1] of integer;

Var  P:   ^DblInt;
     i,a: integer;
     .
     .
     .
     i := 10;
     P^[i] := a;
     .
     i := 12;
     b := P^[i];
```

Wesentlich ist dabei, daß die Feldindizes niemals direkt angesprochen werden dürfen, z.B als P^[10], da sich die **Range-Check**-Option nur auf variable Indizes bezieht, deren Wert zum Compilierungszeitpunkt nicht festgelegt werden kann. Wird jedoch ein expliziter Wert außerhalb der definierten Grenzen (10) angegeben, so erhält man eine Compiler-Fehlermeldung, da es sich bei der **Range-Check**-Option um eine Laufzeit-, nicht aber Compilierungsoption handelt.

Die Prozedur SETUPSTACK reserviert für die Variable STACK vom Typ STACK_AREA (Definition siehe Unit TYPES) Speicherplatz in der Größe STACKSIZE. Die Werte der Record-Variablen STACKPOINTER und STACK_SETUP werden nach erfolgter Reservierung auf die Werte 0 und TRUE gesetzt.

REMOVE_STACK hebt die mit GetMem getroffene Speicherplatzreservierung mittels Free-Mem wieder auf. Die Variable STACK wird anschließend vom System wieder als nicht dimensioniert geführt.

Neben der totalen Beseitigung des Stacks mit REMOVE_STACK ermöglicht die Prozedur CLEARSTACK das Löschen des gesamten Stacks. Dazu muß lediglich der Wert des Stackpointers auf Null zurückgesetzt werden. Die gespeicherten Daten sind dann zwar nicht physikalisch gelöscht, für den Rechner aber praktisch nicht mehr existent.

Nachdem der Stack einmal installiert wurde, können mit den Prozeduren PUSH und POP Integerwerte auf den Stack transferiert oder von diesem zurückgeholt werden.

Die Prozedur PUSH übernimmt den Transfer des Wert auf den Stack. Dazu muß sie zunächst prüfen, ob auf dem Stack noch genügend Platz vorhanden ist, um den Wert auch tatsächlich dort abzuspeichern. Ist der vorhandene Speicherplatz nicht ausreichend, so wird eine Fehlermeldung ausgegeben und das Programm unterbrochen. Ist dies nicht der Fall, wird der Wert `SAVE_AREA[STACKPOINTER] := i;` auf dem Stack abgelegt und `STACKPOINTER` um 2 erhöht.

Der gespeicherte Wert kann mit `POP` wieder vom Stack geholt werden. Dies ist natürlich nur dann sinnvoll, wenn tatsächlich ein Wert auf dem Stack liegt. Unter der Voraussetzung, daß der Wert des Stackpointers von Null verschieden ist, wird der Wert in der umgekehrten Reihenfolge wie bei `PUSH` wieder vom Stack geholt, andernfalls wird das Programm mit einer Fehlermeldung unterbrochen.

5.2 Unit VARFIELD

Der Stack ist ein Konzept, das sich gut auf eindimensionale Felder variabler Länge anwenden läßt. Wesentlich häufiger werden allerdings variable zweidimensionale Felder benötigt. Anhand der Unit `VARFIELD` soll einerseits demonstriert werden, wie solche implementiert werden, andererseits, wie externe Assembler-Files gelinkt werden können.

Die Link-Facility des Turbo Pascal-Compilers ist grundsätzlich eine sehr lobenswerte Modellpflegemaßnahme. Sie ist aber auch mit einigen sehr einschneidenden Nachteilen für den Benutzer verbunden. Zum einen müssen die External-Files die Turbo Pascal spezifischen Übergabeformate für Prozedurparameter verwenden, zum anderen sind die notwendigen OBJ-Files praktisch nur noch mit Hilfe eines Assemblers zu erzeugen. Aus dem ersten Grund können also praktisch keine Bibliotheksprogramme anderer Herrsteller verwendet werden. Das folgende Assemblerprogramm dient als Source-Code für die Generierung eines Intel-OBJ-Files mit einem der handelsüblichen Assembler.

```
; Es wird angenommen, daß das erzeugte OBJ-File nach dem
; Assemblerlauf den Namen VARFIELD.OBJ besitzt

code segment
assume cs:code

public SET_DIM, ASET, AGET

INIT_BP macro
  push bp                    ; Save BP-Register
  mov  bp, sp                ; Load it with stackpointer SP
  add  bp, 6                 ; Point to first stored value
endm

RESET_BP macro
  pop bp                     ; Reset BP_Register
endm

SET_DIM proc far
        init_bp              ; Initialize BP-Register
        mov  ax, [bp]        ; Load maximum second index
        push ds              ; Save DS
        push si              ; Save SI
        lds  si, [bp+2]      ; Load pointer to arraymemory
```

```
                inc    ax                    ; Linesize : 0..max. second index
                mov    ds:[si], ax           ; Store linesize as first word of array
                pop    si                    ; Restore SI
                pop    ds                    ; Restore DS
                reset_bp                     ; Reset BP-Register
                ret    06                    ; Return and remove 6 Bytes from stack
SET_DIM endp

ASET proc far
                init_bp                      ; Initialize BP-Register
                push   ds                    ; Save DS
                push   si                    ; Save SI
                lds    si, [bp+6]            ; Load pointer to arraymemory
                mov    ax, [bp+4]            ; Load line-number i
                mul    word ptr ds:[si]      ; i*line_size
                add    ax, [bp+2]            ; add j
                shl    ax, 1                 ; Multiply by 2 for integers stored
                add    ax, 2                 ; Add 2 to offset, due to line_size
                mov    bx, ax                ; stored at offset 0; Save offset in BX
                mov    ax, [bp]              ; Load value to store
                mov    ds:[si+bx], ax        ; Store it
                pop    si                    ; Restore SI
                pop    ds                    ; Restore DS
                reset_bp                     ; Reset BP-Register
                ret    0Ah                   ; Return and remove 10 Bytes from stack
ASET endp

AGET proc far
                init_bp                      ; Initialize BP-Register
                push   ds                    ; Save DS
                push   si                    ; Save SI
                lds    si, [bp+4]            ; Load pointer to arraymemory
                mov    ax, [bp+2]            ; Load lie-number i
                mul    word ptr ds:[si]      ; i*line_size
                add    ax, [bp]              ; add j
                shl    ax, 1                 ; Multiply by 2 for integers stored
                add    ax, 2                 ; Add 2 to offset for line_size
                mov    bx, ax                ; Save offset in BX
                mov    ax, ds:[si+bx]        ; Get your value
                pop    si                    ; Restore SI
                pop    ds                    ; Restore DS
                reset_bp                     ; Reset BP-Register
                ret    06h                   ; Return and remove 6 Bytes from stack
AGET endp

code ends
end
```

Die Prozeduren in Units werden grundsätzlich über Intersegment-Sprünge, kurz Far-Calls, im Gegensatz zu den als Near-Calls bezeichneten Intrasegmentsprüngen, ange-

5.2 Unit VARFIELD

sprochen. In diesem Fall werden sowohl Rücksprungsegment als auch Rücksprungoffset als letzte Werte nach den Prozedurparametern auf dem Stack abgelegt. Der Zugriff auf die Parameter erfolgt über das BP-Register, da SP für solche Operationen nicht zur Verfügung steht, und das zu BP gehörige Segment immer das Stacksegment SS ist. Um den Zugriff auf die Parameter möglichst einfach zu gestalten, wird BP wie folgt initialisiert: Zunächst muß der alte Wert von BP durch PUSH BP auf dem Stack gesichert werden. Damit liegen dann unterhalb des Offsets des letzten Parameters 6 Bytes, 4 Bytes für die Rücksprungadresse der Prozedur und 2 Bytes für den Inhalt des gesicherten BP-Registers. Dieses zeigt also auf den ersten Parameter, wenn man es zuvor durch MOV BP,SP mit dem Wert des Stackpointers SP lädt, und anschließend mit ADD BP,6 sechs hinzuaddiert. Nach erfolgter Initialisierung können dann die Parameter über das BP-Register angesprochen werden. Dabei gilt es zu beachten, daß der Parameter, der als letzter im Prozedurkopf auftaucht, an der Stelle SS:BP abgelegt wird, und alle anderen in entsprechendem Abstand *darüber*.

VARFIELD behandelt frei dimensionierbare zweidimensionale Integer-Felder A_{ij}; $i,j = 0\ldots$. Zur Charakterisierung genügt hier die Angabe des maximalen Zeilenindex j_{max}, da damit der Speicherbedarf pro Zeile eindeutig auf $(j_{max}+1) \times 2$ Bytes festgelegt ist. Der Offset des Array-Elements A_{ij} ist also

$$Ofs = \Big((j \times (j_{max}+1)) + i\Big) \times 2. \tag{5.1}$$

Zunächst muß mit dem Turbo Pascal-Befehl GetMem für eine beliebige Pointervariable A, z.B. A: ^integer;, der benötigte Speicherplatz reserviert werden. Dabei sollte immer der maximal benötigte Bedarf reserviert werden, da die Felddimensionen dann noch frei definiert werden dürfen. Diese müssen aber dann so gewählt werden, daß die angesprochenen Elemente immer innerhalb des gewählten Speicherbereichs liegen. Bei den Funktionen ASET und AGET (Beschreibung siehe unten) findet ebenso wie bei den variablen Pointerfeldern (Abschnitt 5.1.1) **kein Range-Check** bezüglich des Zeilenindex i statt. Der benötigte Speicherbedarf berechnet sich dann mittels

$$\text{Speicherbedarf} = i_{max} \times j_{max} \times 2 + 2. \tag{5.2}$$

Dabei sind für i_{max} und j_{max} nicht die tatsächlichen Maximalwerte einzusetzen, sondern die Kombination der von der Problemstellung her möglichen Paarungen (i,j), die den maximalen Speicherbedarf besitzt. Der letzte Term „+2" in (5.2) ist dabei der Speicherbedarf für den Integer-Wert, der j_{max}, die maximale Zeilendimension enthält. Dieser Wert wird durch SET_DIM in den ersten zwei Bytes des reservierten Speicherbedarfs abgelegt, da er von AGET und ASET zur Berechnung des korrekten Offsets benötigt wird. Diese berücksichtigen dies, indem sie zu dem nach (5.1) berechneten Offset Ofs noch 2 Bytes für j_{max} addieren.

ASET setzt dann ein Array-Element auf einen bestimmten Wert, während dieser von AGET den Turbo Pascal-Spezifikationen für die Parameterübergabe gemäß im Register AX zurückgegeben wird.

Das folgende Listing enthält die Turbo Pascal Deklaration der Funktionen sowie die zugehörige Linkanweisung.

```
Unit VARFIELD;

{ D must appear as pointer in these procedures, e.g. x^. }
interface

procedure set_dim (var d; i:integer);
procedure aset (var d; i,j,val: integer);
function  aget (var d; i,j: integer): integer;

implementation

{$L varfield}

procedure set_dim (var d; i:integer);              external;
procedure aset (var d; i,j,val: integer);          external;
function  aget (var d; i,j: integer): integer;     external;

end.
```

5.3 DOS-Aufrufe am Beispiel der Unit DDIR

Mit der Version 4.0 hat Borland endlich einen der größten Mißstände des Turbo Pascal Compilers beseitigt – die bisher fehlenden Funktionen zum Lesen eines Directory wurden implementiert. Der Grund, warum diese hier nochmals behandelt werden sollen, ist folgender: Bei den Funktionen, die im weitesten Sinn zum Erstellen eines Directory gehören, treten fast alle speziellen Formate auf, die für die DOS-Aufrufe allgemein benötigt werden. Zum anderen kann man davon ausgehen, daß die Wirkung der einzelnen Befehle allgemein bekannt ist, da sie zu den ersten gehören, die man als DOS-Benutzer lernt. Die nötigen Informationen können dem „Technical Reference Manual„ von Microsoft (MIC83) entnommen werden, einem allerdings nicht ganz billigen Werk.

```
Unit DDIR;

interface

Uses Crt,DOS,Types,ARA;

function  ACTUAL_DRIVE: char;
function  ACTUAL_DIRECTORY: str128;
procedure SET_ACTUAL_DRIVE (drive: char);
function  CHANGE_DIRECTORY (path: str128): boolean;
procedure BYTES_FREE (drive: char);
procedure ANALYSE_STRING (    A_str: str255;
                          var B_str: str255;
                          var   id: byte;
                          var drive: char);
procedure MODIFY (var ft,st:str255; id: byte);
procedure DIR (search_string:str255);

implementation
```

5.3 DOS-Aufrufe am Beispiel der Unit DDIR

```
function ACTUAL_DRIVE: char;
begin
 MSRec.ah := $19;
 intr($21,MSRec);
 Actual_Drive := chr(MSRec.al+65); { AX=0 => Laufwerk A }
end;

function ACTUAL_DIRECTORY: str128;

var path: str128;
    q: char;

begin
 q := actual_drive;                 { Welches Laufwerk ? }
 path[0] := #64;                    { max. Stringlänge = 64 Byte }
 with MSRec do                      { (Wird von DOS nicht gesetzt !) }
  begin
   ah := $47;                       { Hole Directory }
   dx := ord(q)-64;                 { Laufwerk }
   ds := seg(path[1]);              { Pfadadresse }
   si := ofs(path[1]);
  end;
 intr($21,MSRec);

 if (MSRec.flags and 1)=0 then      { Gefunden: Carry not set }
  begin
   path[0] := chr(pos(#0,path)-1);  { Stringlänge }
   actual_directory := q+':\'+path; { Vollständiger Pfad }
  end
 else actual_directory := 'Invalid drive.';
end;

procedure SET_ACTUAL_DRIVE (drive: char);
begin
 drive := upcase(drive);
 with MSRec do
  begin
   ah := $0E;                       { Setze Laufwerk }
   dx := ord(drive)-65;             { Laufwerk A => DX=0 }
  end;
 intr($21,MSRec);
end;

function CHANGE_DIRECTORY (path: str128): boolean;

var len: byte absolute path;
    i: integer;

begin
 while path[len]=#32 do len := pred(len); { Finde Pfadende }
 while (path[1]=#32) and (len>0) do       { Führende Blanks }
```

```
     begin                              { beseitigen}
      move(path[2], path[1], len);
      len := pred(len);
     end;
   path := path+#0;                     { DOS Stringende }
   with MSRec do
    begin
     ah := $3B;                         { Change Dir }
     ds := seg(path[1]);                { Pfadadresse }
     dx := ofs(path[1]);
    end;
   intr($21,MSRec);
   change_directory := (MSRec.ax<>3);
  end;

  procedure BYTES_FREE (drive: char);

  var k: longint;

  begin
   drive := upcase(drive);
   with MSRec do
    begin
     ah := $36;                         { Bytes free }
     dx := ord(drive)-64;               { Laufwerk A => DX=1 }
    end;
   intr($21,MSRec);

   with MSRec do                        { Ausgabe }
    begin k := ax*(cx*bx); end;
   writeln(k:8,' bytes free.');
  end; { Bytes_free }

  procedure ANALYSE_STRING (    A_str: str255;
                            var B_str: str255;
                            var     id: byte;
                            var drive: char);

  var i,j,k: integer;
      len_A: byte absolute A_str;

  begin
   fillchar (B_str,255,0);              { B_str löschen }

   if A_str[len_a-1]='/' then           { Blockausgabe oder Paging ? }
    begin                               { (nicht beides!) }
     if upcase(A_str[len_A])='P'        { Paging }
      then id := 3
      else id := 1;                     { Blockausgabe }
     len_A := len_A-2;                  { Um 2 Zeichen verkürzen }
    end
```

5.3 DOS-Aufrufe am Beispiel der Unit DDIR

```
     else id := 2;                         { normale Ausgabe }
     if A_str[len_A]='\'then              { Subdirectory ohne Angabe }
      A_str := A_str+'*.*';
     if len_A<>0 then
      begin
       if (A_str[2] = ':') and             { Laufwerkangabe aber }
          (len_A=2) then                   { keine Suchangaben }
           B_str := A_str+'*.*'
       else
         move(A_str,B_str,len_A+1);  { sonst von A_str übernehmen }
      end
     else B_str := '*.*';                  { falls gar keine Angaben }
     if B_str[2]=':' then                  { Laufwerksangabe }
      drive := B_str[1]
     else drive := actual_drive;           { keine Laufwerksangabe }
    end;

procedure MODIFY (var ft,st:str255; id: byte);
var i,DayMonth,
    Years,
    Time_L,
    Time_H,
    Len1,
    Len2,Len3,
    FileType  : integer;
          len: byte absolute st;
          ost: array [0..255] of byte
                 absolute st; { Adj. Bytearray }
            s: string[14];
begin
 move(ft,st,255);                          { String kopieren }
 textcolor(yellow); g_textcolor(yellow);{ Farbmarkierung setzen }
 if (ost[22] and 16)<>0 then
   textcolor(7); g_textcolor(7);           { Subdirectory }
 if (ost[22] and 7)<>0 then
   textcolor(15); g_textcolor(15);         { Hidden und System }
 DayMonth := ost[25];                      { Fileinformationen }
 Years := ost[26];
 Time_L := ost[23];
 Time_H := ost[24];
 len1 := ost[27];
 len2 := ost[28];
 len3 := ost[29];
 FileType := ost[22];
 len := 0;                                 { Länge = 0 }
 i := 31;                                  { Start der Fileinformationen }
```

```
while st[i]<>#0 do                    { Filenamen, beendet durch #0 }
begin
  if st[i]='.' then                   { Dateikennung erreicht ? }
    while len<8 do                    { Ja! Dann Filenamen }
      st := st+#32;                   { evtl. mit Blanks auffüllen }
  st := st+st[i];                     { ansonsten anfügen }
  i := i+1;
end;
while len<16 do st := st+#32;         { Formatieren }

if (id>1) and ((FileType and 16)=0) then { Fileinformation ausweisen }
begin                                 { in Abhängigkeit von ID }
  str((len1+256.0*len2+65536.0*len3):8:0,s); { Länge }
  st := st+s+' ';                     { an String anfügen }

  str((DayMonth and 31),s);           { Datum: Tag }
  if (DayMonth and 31)<10 then        { evtl. führende Null }
    st := st+'0'+s+'-'
  else st := st+s+'-';

  if odd(Years) then                  { Monat: 3 höchstwertige }
    i := DayMonth shr 5+8             { Bits bilden Monat }
  else i := DayMonth shr 5;
  st := st+month[i]+'-';              { Zusammenfügen }

  str((Years shr 1 +1980),s);         { Jahre }
  st := st+s;

  i := (Time_L+Time_H*256) shr 5;     { Uhrzeit }

  Time_H := i shr 6;                  { Stunden }
  str(Time_H,s);
  if Time_H<10 then
    st := st+' 0'+s+':'
  else st := st+' '+s+':';            { evtl. führende Null }

  Time_L := i and 63;                 { Minuten }
  str(Time_L,s);
  if Time_L<10 then st := st+'0'+s    { evtl. führende Null }
  else st := st+s;
  st := st+#10+#13;
end;   { if id ... }

if (id>1) and (FileType=16) then      { Subdirectory }
begin
  st := st+'<Dir>';
  fillchar(st[len+1],40-len,32);      { Mit Blanks füllen }
  len := 40;
  st := st+#10+#13;                   { Mit CR/LF beenden }
end;
end;
```

5.3 DOS-Aufrufe am Beispiel der Unit DDIR

```pascal
procedure DIR (search_string:str255);
  var   FCB,                    { File Control Block }
     str,ed: str255;
     counter,
           i: integer;
More_Files: boolean;
         id: byte;
          q,
      drive: char;
begin
 fillchar (str,255,0);          { Puffer löschen }
 with MSRec do                  { Puffer definieren (Fileinfos) }
  begin                         { DOS-Aufruf }
   ah := $1A;
   ds := seg(str);              { Adresse des Puffers. Enhält }
   dx := ofs(str)+1;            { nach DIR-Aufruf Filenamen }
  end;
 intr($21,MSRec);               { Zusatzinformation }
 Analyse_string (Search_string, { Suchstring aufbereiten und }
                 FCB,           { FCB erstellen }
                 id,drive);
 with MSRec do                  { Ersten Eintrag suchen }
  begin                         { DOS-Aufruf }
   ah := $4E;
   ds := seg(FCB);              { Adresse des FCB }
   dx := ofs(FCB)+1;
   cx := $37;
   intr($21,MSRec);
   More_Files := (ax=0);        { Weiter Files vorhanden ? }
  end;
 if (MSRec.ax<>18) then         { Falls Eintrag gefunden }
  begin                         { Ausgeben: Verwende }
   modify(str,ed,id);           { Information aus Puffer STR nach ED }
   write(ed);                   { (STR muß erhalten bleiben für DOS-FindMore }
   counter := 1;                { Zähler initialisieren (/P) }
   textcolor(yellow);
  end;
 while More_Files do            { Weitere Einträge suchen }
  begin                         { falls vorhanden }
   with MSRec do                { DOS-Aufruf }
    begin
     ah := $4F;
     ds := seg(FCB);
     dx := ofs(FCB)+1;
     cx := $37;
     intr($21,MSRec);
```

```
            More_Files := (ax=0);    { Weiter Files vorhanden ? }
          end;

        if More_Files then
          begin                      { Ausgeben }
            modify(str,ed,id);write(ed);
            textcolor(yellow);
            counter := succ(counter);
            if (id=3) and (counter=20) then
              begin
                writeln('More...');
                q := readkey;
                counter := 0;
              end;
          end;
      end;  { while }
    writeln;
    Bytes_free(drive);
  end;  { of Dir }

end.
```

Es erübrigt sich fast, die folgenden fünf Funktionen zu kommentieren, da sie praktisch aus den reinen DOS-Aufrufen bestehen.

Die Funktion **ACTUAL_DRIVE** liefert als Ergebnis ein Zeichen, das für das aktuelle Laufwerk steht. Dieses ist dasjenige Laufwerk, auf das der Rechner bei einer normalen Diskettenoperation zugreift, wenn das Argument der aufrufenden Funktion nicht eine Laufwerksspezifizierung enthält. Es gilt zu bemerken, daß die Nummer des Laufwerks von DOS-Funktion zu DOS-Funktion verschieden codiert wird: In der Regel wird Laufwerk A als 0 codiert, in einigen Fällen aber auch als 1. Diese variierende innere Struktur des Betriebssystems ist ein deutliches Zeichen dafür, daß das Betriebssystem seit der ersten Version immer wieder erweitert und überarbeitet wurde, wobei allerdings die ursprünglichen Normen teilweise nicht mehr beachtet wurden.

ACTUAL_DIRECTORY bestimmt das aktuelle Inhaltsverzeichnis des momentan aktiven Laufwerks. Als Ergebnis wird ein String ausgegeben, der nach DOS-Spezifikation maximal 64 Bytes lang ist. Hier liegt einer der wesentlichen Unterschiede zwischen DOS- und Turbo Pascal-Definitionen. In DOS beginnt im Gegensatz zu Turbo Pascal ein String mit dem ersten Zeichen und wird durch ein Byte mit dem Wert 0 beendet. Es existiert also keine unmittelbar abrufbare Information über die Länge des Strings. Man muß deshalb bei der Übergabe von Strings von Turbo Pascal an DOS und umgekehrt Vorsicht walten lassen. Für den Aufruf der DOS-Funktion 47h (=Get Current Directory) muß **DS:SI** auf eine Speicherstelle zeigen, die nach Beendigung des Aufrufs den aktuellen Pfad enthält. Der Pfad ist dabei ein String im DOS-Format, sodaß **DS:SI** also auf **PATH[1]** zeigen muß. Ist nach der Rückkehr das **Carry-Flag** nicht gesetzt, so konnte der Pfad bestimmt werden. In diesem Fall muß der Pfad-String jetzt noch vom DOS- ins Turbo Pascal-Format umgewandelt werden. Dazu genügt es, in **PATH[0]** die aktuelle Länge des Strings zu schreiben. Diese kann sehr einfach über die Turbo Pascal-Funktion **POS** bestimmt werden. Diese arbeitet aber nur innerhalb der durch **PATH[0]** definierten Stringlänge. Da diese aber noch nicht

5.3.1 ANALYSE_STRING

gesetzt ist, muß sie, am besten vor dem DOS-Aufruf, auf den maximal möglichen Wert 64 gesetzt werden.

Mit der Prozedur SET_ACTUAL_DRIVE kann das aktuelle Laufwerk selektiert werden. Übergabeparameter ist ein Zeichen, das für das entsprechende Laufwerk steht, beispielsweise SET_ACTUAL_DRIVE ('A').

Für die Implementierung der Funktion CHANGE_DIRECTORY muß das Verfahren, das bei ACTUAL_DIRECTORY angewandt wurde, umgekehrt werden. Dazu muß lediglich am Ende des String mit PATH := PATH+#0 das DOS-Zeichen für Stringende angefügt werden. Das Ergebnis der Funktion ist TRUE, wenn der Wechsel vorgenommen werden konnte.

Die Prozedur BYTES_FREE liefert schließlich die Anzahl der auf der spezifizierten Diskette noch vorhandenen ungenützten Bytes. Sie wird am Ende der Prozedur auf dem Bildschirm ausgedruckt und nicht an das Hauptprogramm zurückgegeben. Dies kann aber leicht geändert werden. In diesem Fall muß aber auch die Prozedur DIR modifiziert werden.

5.3.1 ANALYSE_STRING

Abschließend behandeln wir jetzt die Funktion DIR. Da es sich dabei um eine relativ komplexe Funktion handelt, empfiehlt es sich, einzelne, öfters benötigte Teile, in Form von separaten Prozeduren zusammenzufassen. Die erste davon ist ANALYSE_STRING.

Für den Aufruf der DOS-Funktionen 4Eh (Find first entry) und 4Fh (Find next entry), die das Suchen von Einträgen im Directory übernehmen, benötigt man einen sogenannten File-Control-Block, kurz FCB. In ihm muß genau definiert sein, wonach in welchem Directory zu suchen ist. Die dafür vorgeschriebene Form ist

(Laufwerk):(Pfad)(Suchattribute).

Die Angabe des Laufwerks ist dabei optional. Ist kein Laufwerk angegeben, so wird angenommen, daß das aktuelle Laufwerk gemeint ist. Sollen beispielsweise im Laufwerk C im Subdirectory TURBO alle Files mit der Dateikennung „.SYS" gesucht werden, so müßte der FCB die Form

C:\TURBO*.SYS

haben.

Normalerweise möchte man diese komplette Angabe möglichst vermeiden und mit der vom DOS bekannten Art des DIR-Aufrufs arbeiten. Dabei sollen auch die Optionen /P und /W für eine paginierte oder blockförmige Ausgabe vorhanden sein. Diese haben im FCB nichts zu suchen, da sie vom Programm verwaltet werden müssen.

Die Prozedur ANALYSE_STRING erstellt aus den Angaben, die im String A_STR enthalten sind, den korrekten FCB und ermittelt die Kenngröße ID, die sie auf einen den Optionen entsprechenden Wert setzt. (Es wird nur /W *oder* /P, nicht aber die Kombination von beiden unterstützt.) Zusätzlich wird das zu verwendende Laufwerk ausgegeben, da dieses für die Operation BYTES_FREE benötigt wird.

Der vollständige FCB ist nach Beendigung von ANALYSE_STRING im String B_STR enthalten. Da der FCB nach der Rückkehr von der DOS-Funktion Find_First eine Reihe von Parametern enthält, die von Find_Next benötigt werden, darf er nicht verändert werden und muß daher vor einer Auswertung kopiert werden.

Für die Kenngröße ID der Ausgabeoption gelten die folgenden Werte:

1 für blockförmige Ausgabe (/W)
2 für normale Ausgabe
3 für paginierte Ausgabe (/P)

5.3.2 MODIFY

Neben ANALYSE_STRING zur Aufbereitung des Suchstrings wird noch die Prozedur MODIFY für die Aufbereitung des FCB nach erfolgtem DOS-Aufruf benötigt. Der Inhalt des FCB wird von den DOS-Funktionen in den String FT geschrieben, der als Datenpuffer für die DOS-Funktionen dient. Da dieser nicht verändert werden darf, wird er als erstes in einen anderen String ST kopiert.

Die Informationen über Länge des Files, Erstellungsdatum und -zeit, Subdirectory- und Hidden/System-Kennung sind an verschiedenen Positionen des Strings ST gespeichert. Diese können der Prozedur MODIFY entnommen werden.

Der eigentliche Filename beginnt erst an der Position 31 des Strings und endet wieder mit einem Zeichen mit dem ASCII-Code 0. Dieser wird an den Anfang von ST kopiert und gleichzeitig so formatiert, daß für den Filenamen 8 und für die Dateikennung 3 Zeichen zur Verfügung stehen. Hierfür wird der Filename, sollte er weniger als 8 Zeichen enthalten, mit Blanks bis zum Beginn der Dateikennung aufgefüllt und der gesamte String durch Auffüllen mit Blanks auf die Länge 16 gebracht. Soll die Ausgabe in Blockform erfolgen, so kann der Aufbereitungsvorgang hier abgebrochen werden. Wurde eine andere Option gewählt, so werden die restlichen der durch den Interruptaufruf erhaltenen Fileinformationen noch an diesen String angehängt. Insgesamt erhält man durch MODIFY einen String, der mit Hilfe von Write auf den Bildschirm geschrieben werden kann. Soll die Ausgabe nicht in Blockform erfolgen, so werden anschließend noch die restlichen Fileinformationen angehängt.

Zusätzlich wird die Farbe verändert, wenn es sich um ein Subdirectory, ein verstecktes oder ein System-File handelt. Letztere werden trotz Hidden-Kennung angezeigt.

5.3.3 DIR

Nach diesen Vorarbeiten kann jetzt die Programmierung der Funktion DIR angegangen werden. Für den Aufruf der DOS-Funktion Find_First und Find_Next muß dazu der String STR, der als File-Control-Block verwendet werden soll, als FCB-Puffer für diese Funktionen deklariert werden, was mit Hilfe der DOS-Funktion 1Ah erfolgen muß.

Nachdem der Puffer definiert ist, wird von ANALYSE_STRING aus den Angaben der Übergabevariablen SEARCH_STRING der korrekte FCB erstellt, und mit Find_First kann dann der erste passende Directory-Eintrag gesucht werden. Dazu müssen die Register – wie aus dem Programm zu ersehen – gesetzt sein. Das Register CX enthält die Spezifikation, welche Arten von Dateien auch tatsächlich angezeigt werden sollen. Die Bedeutung der einzelnen Bits von CX kann der folgenden Tabelle entnommen werden.

5.3.3 DIR

Bitnummer	hex.Wert	Bedeutung
0	01	Die Datei kann nur gelesen werden (READ ONLY)
1	02	Die Datei wird nicht angezeigt (HIDDEN)
2	04	Es handelt sich um eine Systemdatei (SYSTEM)
3	08	Der Eintrag beinhaltet den Namen der Diskette (VOLUME)
4	10	Der Eintrag bezeichnet ein Subdirectory (DIR)
5	20	Datei wurde korrekt bearbeitet (ARCHIV)
6,7	30,40	nicht belegt

Ein Wert von CX = 37h bedeutet also, daß alle Dateien angezeigt werden, wobei der Name der Diskette (Volume) nicht ausgegeben wird. Hat das Register AX nach der Rückkehr vom Interrupt den Wert 0, so existieren noch weitere Dateien. Hat es den Wert 18, so wurde eine entsprechende Datei nicht gefunden. In diesem Fall bleibt der Datenpuffer leer.

Solange der Wert von AX also ungleich 18 ist, konnte noch ein Eintrag gefunden werden und es können auch noch weitere existieren. In diesem Fall wird die Variable MORE_FILES auf den Wert TRUE gesetzt und der gefundene Eintrag nach vorhergehender Aufbereitung mit MODIFY ausgegeben. Gleichzeitig wird die Variable COUNTER, die für die paginierte Ausgabe benötigt wird, initialisiert. Danach wird mit Find_Next nach weiteren Einträgen gesucht und ansonsten genauso wie bei Find_First verfahren. Zum Abschluß der Prozedur DIR wird dann durch die Funktion BYTES_FREE noch die Anzahl der leeren Bytes auf der Diskette ausgegeben.

6 Elementare Grafikprimitive

Die Bezeichnung „Elementare Grafikprimitive" leitet sich von der englischen Bezeichnung „graphic primitives" für grundlegende graphische Funktionen ab. Dazu gehören im wesentlichen die Operationen *Punkt Setzen*, *Linie* und *Ellipse/Kreis*, wobei hier nur Bitmap-Operationen, d.h. in erster Linie Pixelgrafiken, betrachtet werden sollen. Damit hat die Operation *Punkt Setzen* eine zentrale Bedeutung, da sie von allen anderen Grafikroutinen verwendet wird. Gott sei Dank besitzen heute fast alle gängigen Grafikkarten – am weitesten verbreitet sind hier die CGA-, EGA- und VGA-Karte – ein eigenes BIOS, das das Punktsetzen im Grafikmodus übernimmt. Eine Ausnahme bildet die Hercules-Karte, die etwas Vergleichbares nicht aufzuweisen hat. Sie unterscheidet sich vom Aufbau her aber nicht wesentlich von den anderen Karten. Im folgenden soll kurz die prinzipielle Arbeitsweise einer Grafikkarte am Beispiel der einfachsten Karte, der CGA-Karte erläutert, sowie die wesentlichen Unterschiede von EGA- und Hercules-Karte zu dieser kurz erläutert werden.

6.1 Der Color-Graphics-Adapter (CGA)

Der Color-Graphics-Adapter, kurz CGA-Karte, ist die älteste Version einer Grafikkarte für den IBM-PC. Sie war lange als Standardausstattung vorgesehen und ihr BIOS ist bereits Bestandteil des normalen Rechner-BIOS. Damit können auch eine Reihe von elementaren Operationen von DOS-Funktionen übernommen werden.

Im Gegensatz zu anderen Grafiksystemen, wie z.B. den Vektorgrafik-Bildschirmen, arbeiten die handelsüblichen Systeme heute durchwegs mit sogenannten Bitmap-Grafiken (FOL84). Die Vektorgrafik-Bildschirme waren die ersten Grafikbildschirme überhaupt. Sie arbeiteten noch nach dem Fluoreszenzprinzip, bei dem ein Elektronenstrahl auf einen Bildschirm, der mit einer fluoreszierenden Schicht bedeckt ist, gelenkt wird. Durch Stöße mit den Elektronen werden Atome dieser Schicht energetisch angeregt, die die so aufgenommene Energie stochastisch verzögert in Form von Lichtquanten wieder abgeben. Punkte und Linien, die der Elektronenstrahl überstrichen hat, werden auf diese Weise sichtbar. Diese Bildschirme sind vom Prinzip her einfache Kathodenstrahlröhren (CRT=*Cathode Ray Tube*), wie sie beispielsweise auch lange Zeit in Oszilloskopen eingesetzt wurden. Ihre Verwendbarkeit wurde im wesentlichen von der Zeit bestimmt, die die Schicht nach der Anregung durch die Elektronen noch nachleuchtete. Da es sich bei der Abregung physikalisch um einen statistischen Zerfallsprozeß handelt, gehorcht die abgestrahlte Intensität einem Zeitgesetz der Form $\mathcal{N}e^{-t/\tau}$, wobei τ die Zeit ist, in der die Intensität auf den Wert $1/e$ abgefallen ist. Ist diese sogenannte mittlere Lebensdauer des angeregten Niveaus lang, so hält auch der Nachleuchteffekt lange an. Andererseits darf sie nicht zu lange sein, da der Faktor $\mathcal{N}$, der die maximale Intensität unmittelbar nach dem Elektronenbeschuß zur Zeit $t = 0$ angibt, bei gleicher Anzahl von angeregten Atomen, mit $1/\tau$ abnimmt. Bei den Vektorgrafikbildschirmen waren die Anzahl N der Atome und

6.1 Der Color-Graphics-Adapter (CGA)

τ so hoch, daß eine halbe Minute nach der Anregung noch einwandfrei zu erkennen war, wo der Elektronenstrahl die Fluoreszenzschicht getroffen hatte.

Der große Vorteil dieser Bildschirme war die hohe Auflösung bei gleichzeitigem minimalem Aufwand, da ein Bildschirmspeicher praktisch nicht notwendig war. Der Nachteil war, daß das Bild nach einiger Zeit vom Bildschirm verschwand und praktisch keine farbigen, flächenfüllenden Grafiken erzeugt werden konnten. Dieser Nachteil war einer der Hauptgründe, warum diese Bildschirme heute fast ganz verschwunden sind.

Bitmap-Systeme besitzen einen eigenen Bildschirmspeicher (Refresh-Buffer), in dem die Grafiken abgespeichert werden. Dessen Inhalt wird vom sogenannten Video-Controller mit einer bestimmten Taktfrequenz ausgelesen und auf dem Bildschirm dargestellt. Dazu werden die Grafiken in Rasterpunkte, sogenannte Pixels (abgeleitet vom englischen *picture elements*), zerlegt. Mit der Rasterung handelte man sich aber auch lange Zeit krasse Qualitätseinbußen in der Auflösung der Grafiken ein, die erst mit der VGA-Karte weitgehend beseitigt wurden. Einem Pixel entspricht in den einfachsten Versionen der Grafikkarten gerade ein Bit im Bildschirmspeicher. Ist dieses Bit gesetzt, so ist auch das Pixel gesetzt und umgekehrt. Damit ist aber auch klar, wie farbige Grafiken erzeugt werden können: Verwendet man mehr als ein Bit für die Speicherung der Pixels, so kann neben der Information, ob das Pixel gesetzt ist, gleichzeitig auch noch Farbinformationen über das Pixel gespeichert werden.

Bei den älteren Bitmap-Systemen war die Auflösung noch so gering, daß sie keine ernsthafte Konkurrenz zu den Vektorbildschirmen darstellen konnten. Mit fortschreitender Miniaturisierung konnten mittlerweile auch große Bildschirmspeicher auf relativ kompaktem Raum zusammengefaßt werden, so daß heute die Auflösung in der Regel so gut ist, daß die Vorteile der Farbigkeit die Nachteile der Aulösung bei weitem aufwiegen. Alle modernen Grafikbildschirme arbeiten deshalb nach dem Bitmap-Prinzip.

Die CGA-Karte stellt einen Kompromiß dar: Ihre Auflösung von 640×200 Pixels ist eher in der unteren Auflösungsklasse anzusiedeln, zumal sie in dieser Auflösung nur monochrome Grafiken erlaubt. Andererseits ist sie der Vorgänger der EGA- und VGA-Karte und besitzt bereits viele strukturell-logische Eigenheiten, die sich auch bei den Folgeversionen in gleicher oder ähnlicher Form wiederfinden. Sie besitzt drei verschiedene Betriebsmodi: Den alphanumerischen zur Textdarstellung, den sogenannten GraphColor-Mode, der bei einer Auflösung von 320×200 Pixeln, Grafiken in 4 verschiedenen Farben ermöglicht, sowie den Hires-Modus für die Darstellung monochromer Grafiken mit einer Auflösung von 640×200 Punkten. Im letzteren wird je Pixel ein Bit im Bildschirmspeicher beansprucht. Der Bildschirmspeicher muß also mindestens $(640 \times 200)/8 = 16000$ Bytes umfassen. Da dies eine für den Rechner ungünstige Speichereinheit darstellt, wird der Bildschirmspeichers auf eine Länge von **16kByte** = 16384 Bytes dimensioniert, wobei allerdings (im Grafikmodus) nur 16000 Bytes tatsächlich genutzt werden.

Die Pixels werden zeilenweise ab der Hauptspeicheradresse **B800:0000** gespeichert, wobei diese Adresse der linken oberen Ecke des Bildschirms entspricht. Die Y-Koordinate verläuft somit von oben nach unten. Zusätzlich wird noch zwischen Zeilen mit gerader und ungerader Y-Koordinate unterschieden (sogenannter Odd/Even-Betrieb). Zeilen mit gerader Y-Koordinate werden in der ersten Hälfte des Bildschirmspeichers bei **B800:0000** abgespeichert, Zeilen mit ungerader in der zweiten Hälfte ab **BA00:0000**. Diese Betriebsart wurde bei den Folgeversionen EGA und VGA wieder

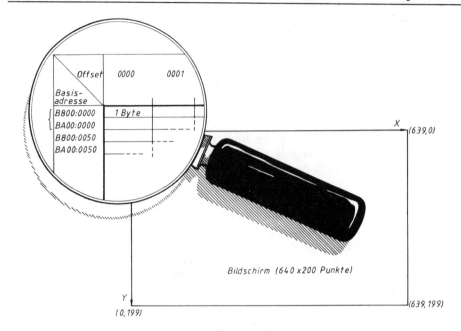

Bild 6-1 *Schematischer Aufbau des Bildschirmspeichers einer CGA-Karte*

aufgegeben. In diesen ist der Aufbau des Bildschirmspeichers rein sequentiell, kann aber bei Wunsch softwaremäßig auf Odd/Even-Betrieb umgestellt werden.

Die Speicheradresse des ersten Bytes einer Zeile wird im folgenden als die Basisadresse der Zeile bezeichnet, so daß die Bytes der Zeile anhand eines Offsets bezüglich dieser Adresse, der Werte zwischen 0 und 79 (=4Fh) annehmen kann, charakterisiert werden können. Der Bildschirm gliedert sich somit in Doppelzeilen, in denen die Basisadressen zweier aufeinanderfolgender Zeilen jeweils denselben Offset bezüglich der Adressen B800:0000 und BA00:0000 haben. Die Zeilen mit den Y-Koordinaten 2 und 3 haben beispielsweise beide den Offset 50h bezüglich ihrer jeweiligen Basisadresse. Die Wahl dieser Struktur war jedoch nicht willkürlich, sondern hatte technische Hintergründe, die in erster Linie aus Timing-Problemen resultierten.

Jede Zeile enthält 80 Bytes, was bei 8 Bits je Byte einer Zahl von 640 Bits bzw. Pixeln je Zeile entspricht. Bei der Berechnung der Bitposition und des Byteoffsets eines Pixels mit der X-Koordinate x ist zu beachten, daß der Index der Bits von rechts nach links verläuft, während der der Bytes von links nach rechts verläuft. Das höchstwertige Bit eines Bytes besitzt also die niedrigste X-Koordinate. Das Bit 7 des zweiten Bytes einer Zeile entspricht also einem X-Wert von $(2 \times 8 - 1) - 7 = 8$, und nicht dem Wert 8+7=15.

6.2 Hercules- und EGA-Karte

Über die Hercules-Karte gibt es nicht viel zu sagen, zumal in der Version 4.0 von Turbo Pascal mittlerweile ein entsprechender Grafiktreiber vorhanden ist. Sie erlaubt nur einfarbige Grafiken mit einer höheren Auflösung als die CGA-Karte, wobei sie ebenfalls die Odd/Even-Addressierung verwendet.

6.2 Hercules- und EGA-Karte

Bei der EGA-Karte ist eine maximale Auflösung von 640×350 Punkten in 16 Farben auf zwei Grafikseiten möglich, wobei die 16 Farben frei aus einer Palette von 64 Farben zusammengestellt werden können. Die Farbinformation der Pixels wird in 4 sogenannten Farbebenen abgespeichert. Diese sind hardwaremäßig so angelegt, daß sie für den Rechner alle an derselben Speicheradresse A000:0000 (Page 0) bzw. A800:0000 (Page 1) liegen. Welche Farbebene beschrieben oder jeweils gelesen wird, muß durch entsprechendes Setzen spezieller EGA-Register geregelt werden. Für die Operation *Punkt Setzen* braucht man sich darüber keine Gedanken zu machen, da diese im EGA-eigenen BIOS enthalten ist. Dieses ersetzt beim „Booten" des Systems den Video-Interrupt 10h des Rechner-BIOS, wodurch die EGA-Karte zum CGA-Standard compatibel wird, und keinerlei Sofwareanpassung für CGA-Programme (mit gewissen Einschränkungen) vorgenommen werden muß. Die folgende Tabelle ist ein Befehls-Listing dieses wichtigen Interrupts in der Form, wie er auf der CGA- bzw. EGA-Karte verfügbar ist.

Tabelle 6.1: VIDEO-I/O INT 10h (HOF85)

AH	Funktion
00h	Setzt den Betriebsmodus, der durch AL spezifiziert wird. Die mit einem * versehenen Modi sind im CGA Modus nicht verfügbar. Angaben in [...] sind EGA-Modifikationen eines bereits vorhandenen CGA-Modus. Alphanumerische Modi: **AL** = 00h: 40×25 BW (Black and White) [16 Colors] **AL** = 01h: 40×25 16 Colors **AL** = 02h: 80×25 BW [16 Colors] **AL** = 03h: 80×25 16 Colors **AL** = 07h: 80×25 3 Colors Hercules-Auflösung* Grafik-Modi: **AL** = 04h: 320×200 4 Colors **AL** = 05h: 320×200 BW [4 Colors] **AL** = 06h: 640×200 BW [4 Colors] **AL** = 0Dh: 320×200 16 Colors* **AL** = 0Eh: 640×200 16 Colors* **AL** = 0Fh: 640×350 3 Colors* **AL** = 10h: 640×350 16 Colors*
01h	Setzt den Cursor-Typ **CH**: Startlinie für Cursor (0..31) **CL**: Endlinie für Cursor (0..31)
02h	Setzt Cursor-Position **DH,DL**: Zeile,Spalte **BH**: Bildschirmseite
03h	Liest Cursor-Position **BH**: Bildschirmseite Bei der Rückkehr: **DH,DL**: Zeile,Spalte **CH,CL**: gesetzter Cursor-Typ

04h Liest Position des Light-Pen
       Bei der Rückkehr:
       AH = 00h: Nicht aktiv
       AH = 01h: Alphanumerische Modi: DH,DL: Zeile,Spalte
                   Grafik-Modi: CH [CX],BX: Y-, X-Koordinate
05h Wählt aktive Bildschirmseite
       AL = neue Bildschirmseite
06h Verschiebt aktive Bildschirmseite nach oben (Scroll Up)
       AL: Zahl der Zeilen
           An der Unterseite des Fensters neu eingefügte Zeilen werden
           mit Blanks aufgefüllt (AL = 0: Fenster komplett löschen)
       CH,CL: Zeile, Spalte der linken oberen Ecke des Fensters
       DH,DL: Zeile, Spalte der rechten unteren Ecke des Fensters
       BH: Attribut des Blanks (Farbe)
07h Verschiebt aktive Bildschirmseite nach unten (Scroll Down)
       Parameter wie bei AH = 07h
08h Liest Zeichen/Attribut an der gegenwärtigen Cursor-Position
       BH: Bildschirmseite
       Bei der Rückkehr:
       AL: gelesenes Zeichen
       AH: Attribut (nur alphanumerische Modi)
09h Schreibt Zeichen/Attribut an der gegenwärtigen Cursor-Position
       BH: Bildschirmseite
       CX: Zahl der zu schreibenden Zeichen
       AL: zu schreibendes Zeichen
       BL: Attribut (alpha) oder Farbe (graphics)
           Bit 7 gesetzt: Zeichen wird XOR auf Bildschirm gebracht
0Ah Schreibt Zeichen nur an gegenwärtiger Cursor-Position
       BH: Bildschirmseite
       CX: Zahl der zu schreibenden Zeichen
       AL: zu schreibendes Zeichen
0Bh Setzt Farbpalette (CGA compatible Modi)
       BH: Color ID (0..127)
       BL: Farbwert, der für Color ID verwendet werden soll
           Color ID = 0: Hintergrundfarbe (0-0F)
           Color ID = 1: Setzt verwendete Palette
                   0: Grün/Rot/Gelb
                   1: Cyan/Magenta/Weiß
0Ch Schreibt Pixel
       BH: Bildschirmseite
       DX: Y-Koordinate
       CX: X-Koordinate
       AL: Farbwert
           Ist Bit 7 gesetzt, so wird der Farbwert mit dem
           gegenwärtigen Farbwert des Pixels ge"XOR't".

6.2 Hercules- und EGA-Karte

0Dh Liest Pixel
   DX: Y-Koordinate
   CX: X-Koordinate
   Bei der Rückkehr: **AL**: Farbwert des Pixels

0Eh Schreibt Zeichen auf aktuelle Bildschirmseite (TTY-Emulation)
   AL: zu schreibendes Zeichen
   BL: Vordergrundfarbe im Grafikmodus

0Fh Liefert den gegenwärtigen Videostatus
   AL: gegenwärtig gesetzter Modus (vgl. AH = 00)
   AH: Zahl der Zeichenspalten auf dem Bildschirm
   BH: aktive Bildschirmseite

10h Setzt Paletten-Register*
   AL=0: Setzt einzelnes Register
      BL: Registernummer
      BH: Zu setzender Wert
   AL=1: Setzt Overscan-Register
      BH: Zu setzender Wert
   AL=2: Setzt Palette und Overscan
      ES:DX: Pointer auf 17Bytte-Array
   AL=3: Toggle Intensity/Blinking Bit
      0: Blinken
      1: Intensität

11h Zeichensatzfunktionen (kein Kommentar)*

12h Wählt alternative Funktionen*
   BL = 10h: Liefert EGA-Informationen
      BH = 0/1: Color Mode/Mono Mode
      BL = Memory: 0:64KB, 1:128KB, 2:192KB, 3:256KB
      CH,CL: Feature Bits, Switch Settings
   BL = 20h: Wähle alternative Print Screen-Routine

13h Write String *
   CR, LF, BackSpace und Glocke werden als Kommandos betrachtet und sind keine druckbaren Zeichen
   ES:BP: Pointer auf zu schreibenden String
   CX   : Zahl der Zeichen im String
   DH,DL: Zeilen- und Spaltenposition, ab der der String geschrieben werden soll
   BH   : Bildschirmseite

```
AL = 0:  String = (Char,Char,...)
         BL: Attribut
         Cursor wird nicht bewegt
AL = 1:  String = (Char,Char,...)
         BL: Attribut
         Cursor wird bewegt
AL = 2:  String = (Char,Attr,Char,Attr,...)
         Cursor wird nicht bewegt
AL = 3:  String = (Char,Attr,Char,Attr,...)
         Cursor wird bewegt
```

Mit Hilfe dieses Interrupts können die wichtigsten elementaren, den Bildschirm betreffenden Operationen ausgeführt werden. Für eine spezielle Programmierung der EGA-Karte ist jedoch ein Listing der EGA-Register unerläßlich. Dieses kann entweder der in Tabelle 6.1 genannten Quelle oder dem Benutzerhandbuch der EGA-Karte, in dem dieses in der Regel auch enthalten ist, entnommen werden. Da die Beschreibung allerdings sehr dürftig ist, hier einige Erläuterungen zum Umgang mit den Registern:

Bei den Registern der EGA-Karte handelt es sich durchwegs um Flip-Flop-Register. Dabei wird jedem Register nicht nur *eine* Bedeutung zugeordnet, sondern ein ganzer Befehlssatz, ähnlich wie bei einem DOS-Interrupt. Die Register gliedern sich logisch immer in Zweiergruppen: Das Register mit der Portadresse `PORT` ist das Selektionsregister. Der Bytewert, der in dieses geschrieben wird, bestimmt die Funktion. Das Register mit der Adresse `PORT+1` ist das Schreibregister, in welches das Argument der Funktion geschrieben wird. Das Registerpaar 3C4h, 3C5h ist beispielsweise das sogenannte *Sequencer*-Paar. Es kennt die fünf Befehle 0:Reset, 1:Clocking Mode, 2:Map Mask, 3:Character Map Select, 4:Memory Mode. Der wichtigste Befehl ist 2:Map Mask. Über ihn kann gesteuert werden, welche Farbebenen in der Folge beschrieben werden sollen. Dazu muß in das Selektionsregister, z.B. mittels `port[$3C4] := 2`, die Nummer der Map Mask-Funktion geschrieben werden. Durch das Register 3C5h muß der Karte jetzt mitgeteilt werden, welche der 4 Farbebenen beschrieben werden sollen. Die Bits 0 bis 3 des Bytes, das auf diesen Port geschrieben wird, sind dabei den Farbebenen 0 bis 3 zugeordnet. Ist das entsprechende Bit gesetzt, so wird die Ebene in der Folge beschrieben, ansonsten nicht. Durch `port[$3C5] := 9` werden auf diese Weise dann beispielsweise die Farbebenen 0(1) und 3(8) aktiviert. Schreibt man anschließend mit `mem[$A000:0000] := 255` auf das erste Byte der ersten Bildschirmseite, so erscheint in der linken oberen Ecke ein 8 Pixel langer Strich in der Farbe 9, das ist in der Standardpalette ein helles Blau. Es gilt zu beachten, daß die Farbebenen 0 und 3 solange aktiviert bleiben, bis sie durch einen andern Aktivierungsbefehl wieder deaktiviert werden.

6.3 Unit GRAPRIM

Die in der Unit `GRAPRIM` enthaltenen Proceduren und Algorithmen sind alle bereits in Standard-Turbo Pascal-Units oder in ARA enthalten. Sie brauchen also im Prinzip nicht nochmals implementiert werden. Sie sollen aber hier nochmals explizit behandelt werden, da nicht die Implementierung in Turbo Pascal, sondern die Algorithmen selbst interessant sind. In Kapitel 7 wird beispielsweise der Algorithmus zum Ziehen

6.3 Unit GRAPRIM

einer Linie teilweise zweckentfremdet implementiert werden, um verdeckte Linien aus dreidimensionalen Darstellungen zu beseitigen. Ähnliche Anwendungen sind auch bei den Kreis- und Ellipsenalgorithmen denkbar. Es handelt sich dabei um spezielle Algorithmen, die eigens für Pixelgrafiken geschrieben wurden und deren spezielle Eigenheiten berücksichtigen und ausnutzen. Eine sehr ergiebige Quelle für solche Routinen ist beispielsweise (FOL84).

```
Unit GRAPRIM;
interface
Uses Types,ARA;
procedure G_ELLIPSE (mx,my:integer;a,b: longint; color:integer);
procedure G_CIRCLE (mx,my,r,color:integer);
implementation
  procedure G_ELLIPSE (mx,my:integer;a,b: longint; color:integer);
  { mx,my: Mittelpunkt, a,b: Länge der Haupt(x)- und Nebenachse(y) in Pixels }
  var x,y,d: longint;
  procedure SCREEN_PLOT (x,y: integer);
  begin
   plot(mx+x,my-y,color);      { Symmetrie ausnützen }
   plot(mx+x,my+y,color);
   plot(mx-x,my-y,color);
   plot(mx-x,my+y,color);
  end;
  begin
   x := 0;
   if b<0 then                 { Kreis }
    begin
     b := a; y := trunc(b);
     a := 2*a*a; b := b*b;     { a^2, b^2 }
    end
   else
    begin                      { Ellipse }
     y := trunc(b);
     a := a*a; b := b*b;       { a^2, b^2 }
    end;
   d := 2*a*(sqr(y)-y)+a+2*b*(1-a); { Entscheidungsvariable initialisieren }
   screen_plot(x,y);
    while a*y>b*x do
      begin
       if d<0 then
        begin
         d := d+2*b*(2*x+3);
         x := x+1;
        end
```

```
      else
       begin
        d := d+2*b*(2*x+3)-4*a*(y-1);
        y := y-1;
        x := x+1;
       end;
    screen_plot(x,y);
   end;

   d := 2*a*(y*(y-2)+1)+b*(2*x*(x+1)+1)-2*a*b; { d neu initialisieren }
   while y>0 do
    begin
      if d<0 then
       begin
        d := d+2*a*(-2*y+3)+4*b*(x+1);
        x := x+1;
        y := y-1;
       end
      else
       begin
        d := d+2*a*(-2*y+3);
        y := y-1;
       end;
     screen_plot(x,y);
    end;
end;
procedure G_CIRCLE (mx,my,r,color:integer);
begin
 G_Ellipse(mx,my,r,-1,color);
end;
end.
```

6.3.1 Der Bresenham-Algorithmus

Der Algorithmus zum Zeichnen eines Kreises bzw. einer Ellipse beruht auf einem Verfahren, das 1977 von J.E.Bresenham (BRE65,BRE77) vorgeschlagen wurde und theoretisch wesentlich allgemeiner formuliert werden kann, als dies für das Zeichnen eines Kreises notwendig ist. Da er sich z.B. auch sehr gut zur Verwirklichung der Funktion DRAW eignet und in Kapitel 7 auch auf ein ähnliches Problem angewendet werden wird, soll zunächst die allgemeine Basis des Algorithmus beschrieben werden.

Eine einfache Möglichkeit der Definition eines Kreises bzw. einer Ellipse erhält man, wenn man die Parameterform einer Ellipse betrachtet. Dabei kann man sich natürlich auf die Erzeugung von Ellipsen beschränken, da der Kreis ja lediglich ein Spezialfall der Ellipsen mit $a = b = r$ ist.

Die Parameterform der Ellipse lautet

$$\begin{pmatrix} x \\ y \end{pmatrix} = \begin{pmatrix} m_x \\ m_y \end{pmatrix} + \begin{pmatrix} a \cos \varphi \\ b \sin \varphi \end{pmatrix} \qquad (6.1)$$

6.3.1 Der Bresenham-Algorithmus

wobei $\vec{M} = (m_x, m_y)$ der Mittelpunkt ist und a und b die Längen der beiden Halbachsen sind.

Diese Form der Darstellung ist in der Regel bereits gut für die Programmierung geeignet, weist aber einige programmtechnische Unzulänglichkeiten auf. In erster Linie sind dafür die Rechengeschwindigkeit und -genauigkeit bei der Berechnung des Sinus und Kosinus verantwortlich. Letzteres führt in der Regel dazu, daß Kreise und Ellipsen, die nach diesem Algorithmus erstellt wurden, in der Bitmap-Darstellung nicht ausreichend glatt wirken. Außerdem sollen die gezeichneten Punkte dicht liegen, d.h. zwischen den berechneten Punkten sollen keine Lücken liegen. Dies ist bei der parametrisierten Form (6.1) aber nur durch kleine Schrittweiten $\Delta\varphi$ zu erreichen, wobei die einzelnen Punkte auch noch durch Linien miteinander verbunden werden müssen, um eine Abhängigkeit der Schrittweite $\Delta\varphi$ von a und b weitgehend zu vermeiden. Dies führt zur Verschwendung von Rechenzeit oder eckigen Kurvenformen, je nach Wahl von $\Delta\varphi$, und man muß sich deshalb nach geeigneteren Algorithmen umschauen.

Die Parameterform (6.1) ist aber keineswegs ohne jegliche Bedeutung, denn sie ist nach wie vor die einfachste Möglichkeit, Ellipsen, deren Hauptachsen nicht in Richtung der Koordinatenachsen liegen, zu erzeugen. In diesem Fall schreibt man (6.1) am besten in der äquivalenten Form

$$\vec{r} = \vec{M} + a\cos\varphi\,\vec{e}_1 + b\sin\varphi\,\vec{e}_2 \tag{6.2}$$

wobei $\vec{e}_1$ und $\vec{e}_2$ Einheitsvektoren in Richtung der Hauptachsen darstellen.

Im folgenden sollen nur Ellipsen behandelt werden, deren Hauptachsen in Richtung der Koordinatenachsen liegen. In diesem Spezialfall wird die allgemeine Ellipsengleichung besonders einfach und kann als zweite Darstellungsmöglichkeit verwendet werden.

$$\frac{(x - m_x)^2}{a^2} + \frac{(y - m_y)^2}{b^2} = 1 \tag{6.3}$$

Wenn wir uns vorläufig auf den Spezialfall des Kreises mit $a = b = r$ beschränken, so liefert Auflösen von (6.3)

$$y = \sqrt{r^2 - x^2} \tag{6.4}$$

Dabei wurde ohne Beschränkung der Allgemeinheit angenommen, daß der Mittelpunkt $\vec{M} = (0,0)$ ist.

Soll nach diesem Algorithmus in einer Pixelgrafik ein Kreis berechnet werden, so läßt man x in der Regel in ganzzahligen Schritten von 0 bis r laufen. Dieses Verfahren ist stellenweise wesentlich genauer als die parametrisierte Form, aber wie man an Bild 6-2 erkennen kann, immer noch nicht befriedigend.

Es kann nun natürlich argumentiert werden, daß ein Achtel des Kreises mit dem gewünschten Bild übereinstimmt und man den Rest mit Hilfe von Spiegelungen erhalten kann. Dieses Argument ist richtig, läßt sich aber nicht auf Ellipsen anwenden. Hier muß mindestens eine Viertelellipse berechnet werden, bevor man die Symmetriebeziehungen anwenden kann. Zudem ist es für einen Kreis auch nur richtig, solange der vertikale und der horizontale Abstand zweier Pixel gleich ist, und keine sogenannte *Aspect Ratio* zur Formkorrektur verwendet werden muß.

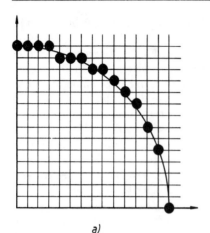 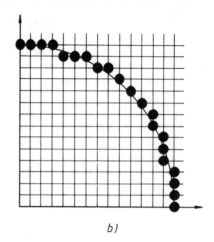

Bild 6-2 *(a) nach Gleichung (6.4) berechneter Kreis*
(b) gewünschtes Bild

Der Bresenham-Algortihmus erlaubt es, eine Viertelellipse in der Form von Bild 6-2 (b) zu bestimmen. Die restlichen drei Viertel können dann über die Symmetriebeziehungen ermittelt werden.

Um die wesentliche Idee des Algorithmus zu verstehen, soll zunächst ein besonders einfaches Beispiel betrachtet werden, die Erzeugung einer Linie zwischen zwei Punkten. Das Hauptargument, das für den Bresenham-Algorithmus spricht, ist seine Schnelligkeit und und die Tatsache, daß in den meisten Fällen auf die Verwendung von Realarithmetik verzichtet werden kann.

Nehmen wir an, es soll eine Linie zwischen den Bildschirmpunkten $\vec{A} = (a_1, a_2)$ und $\vec{B} = (b_1, b_2)$ gezogen werden. Die Steigung der Geraden ist dann

$$m = \frac{\Delta y}{\Delta x} = \frac{b_2 - a_2}{b_1 - a_1} \qquad (6.5)$$

Ohne Beschränkung der Allgemeinheit können folgende Annahmen getroffen werden:

i) $A = (0,0)$
ii) $\Delta x, \Delta y \geq 0$
iii) $0 \leq m \leq 1$

Punkt i) ist unmittelbar einsichtig. Die Punkte ii) und iii) ergeben sich aus der Überlegung, daß $\vec{A}$ und $\vec{B}$, ebenso wie x und y, stets vertauschbar sind. Damit läßt sich immer sicherstellen, daß ii) und iii) erfüllt sind.

Der letzte gezeichnete Punkt der Linie sei $P = (x, y)$ (vgl. Bild 6-3). Im allgemeinen wird er nicht auf dem exakten Verlauf der Geraden liegen, sondern lediglich der ihr am nächsten liegende Punkt an der Stelle x sein. Da die Steigung der Geraden kleiner als 1 ist, muß der nächste Punkt der Linie einer der beiden Punkte Q oder R sein. Welcher von beiden der nächste ist, entscheidet sich anhand der Abstände q und r. Ist q kleiner als r, so wird Q der nächste Punkt sein, im anderen Fall wird es R.

Aus Bild 6-3 ergibt sich für q und r (inklusive Vorzeichen):

$$q = \frac{\Delta y}{\Delta x}(x+1) - (y+1) \qquad (6.6)$$

6.3.1 Der Bresenham-Algorithmus

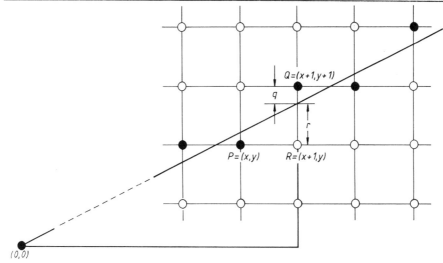

Bild 6-3

$$r = \frac{\Delta y}{\Delta x}(x+1) - y \tag{6.7}$$

Mit diesen Gleichungen gilt für die Summe δ aus beiden:

$$\delta = q + r = 2\frac{\Delta y}{\Delta x}(x+1) - 2y - 1 \tag{6.8}$$

Anhand dieser Größe kann nun entschieden werden, ob Q oder R zu wählen ist. Das Kriterium $q < r$ und damit die Wahl des Punktes Q entspricht genau dem Fall, daß δ größer als 0 ist. Dieses Kriterium gilt auch dann noch, wenn (6.8) mit Δx multipliziert wird, da Δx nach Voraussetzung positiv ist. Man kann folglich eine Größe d, die man nach Bresenham auch als Entscheidungsvariable bezeichnet, wie folgt definieren:

$$d = \Delta x \delta = 2\Delta y(x+1) - 2\Delta x\, y - \Delta x \tag{6.9}$$

Der Vorteil in der Verwendung von d anstelle von δ als Entscheidungsvariable ergibt sich aus der Tatsache, daß zur Berechnung von d nur reine Integerarithmetik verwendet werden muß. Dies wirkt sich naturgemäß äußerst positiv auf die Rechenzeit aus.

Die Berechnung von d_{i+1} für den aktuellen Punkt P_{i+1} vereinfacht sich nochmals beträchtlich, wenn d_{i+1} aus dem letzten Wert d_i berechnet wird.

Wurde anhand von d_i der Punkt Q als Folgepunkt gewählt, so gilt für d_{i+1}:

$$\begin{aligned} d_{i+1} &= 2\left(\Delta y(x+2) - (y+1)\Delta x\right) - \Delta x \\ &= d_i + 2(\Delta y - \Delta x) \end{aligned} \tag{6.10}$$

Wurde R gewählt, so gilt:

$$\begin{aligned} d_{i+1} &= 2\left(\Delta y(x+2) - y\Delta x\right) - \Delta x \\ &= d_i + 2\Delta y \end{aligned} \tag{6.11}$$

Den Startwert d_1 für die Folge d_i erhält man aus (6.9), indem man den Startpunkt $(0,0)$ für (x,y) einsetzt. Damit ergibt sich für d_1:

$$d_1 = 2\Delta y - \Delta x \qquad (6.12)$$

Der Algorithmus von Bresenham ermöglicht also das Zeichnen einer Linie mit reiner Integerarithmetik. Es erscheint unmittelbar einleuchtend, daß der Algorithmus von seiner Idee her, der Verwendung von Entscheidungsvariablen, auch auf andere Kurvenformen als Geraden verallgemeinert werden kann. Diese Annahme ist auch korrekt und der Algorithmus läßt sich tatsächlich auf eine Vielzahl von Kurvenformen verallgemeinern. Man kann in der Regel sogar davon ausgehen, daß sich die Entscheidungsvariablen mit einfacher Integerarithmetik abrechnen lassen. Einen der wesentlichen Gründe, warum der Algorithmus dennoch einigen Einschränkungen in seiner technischen Anwendbarkeit unterliegt, sieht man allerdings erst auf den zweiten Blick. Das Problem liegt in erster Linie darin, die Zahl der möglichen Folgepunkte auf zwei zu begrenzen.

Für den relativ einfachen Fall der Ellipse kann der Bresenham-Algorithmus mit verhältnismäßig geringem Aufwand verallgemeinert werden. Ausgangspunkt ist die allgemeine Ellipsengleichung (6.3), wobei ohne Beschränkung der Allgemeinheit $m_x = m_y = 0$ gesetzt werden kann.

$$b^2 x^2 + a^2 y^2 = a^2 b^2 \qquad (6.13)$$

oder kurz

$$\beta x^2 + \alpha y^2 = \alpha \beta, \qquad (6.14)$$

wobei α und β positive Konstanten sind.

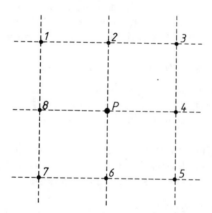

Bild 6-4

Wenn P der letzte gesetzte Punkt der Ellipse ist, so muß, wie bereits gesagt, zunächst die Zahl der mögliche Folgepunkte auf zwei reduziert werden. Beschränkt man sich auf die Betrachtung des ersten Quadranten und nimmt an, daß das dortige Ellipsenviertel von links nach rechts berechnet werden soll, so kommen von vornherein nur die Punkte 4, 5 und 6 als Folgepunkte von P in Frage.

6.3.1 Der Bresenham-Algorithmus

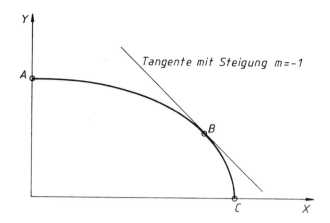

Bild 6-5 *Die Ellipse ist im ersten Quadranten eine monoton fallende Funktion von x. Der Punkt B ist der Punkt, in dem die Steigung der Tangente gerade −1 wird.*

Die Punkte 1, 8 und 7 kommen nicht in Frage, da der Ellipsenbogen von links nach rechts berechnet wird. Das ist aber nur möglich, da die Ellipse im ersten Quadranten eine Funktion und keine Relation ist, und somit eine eindeutige Beziehung zwischen x- und y-Werten besteht. Die Punkte 2 und 3 kommen dann nicht in Frage, da diese Funktion im ersten Quadranten streng monoton fallend ist.

Zwischen den Punkten A und B ist die Steigung der Tangente zwischen 0 und −1, zwischen B und C kleiner als −1. Daher kommen zwischen A und B nur noch die Punkte 4 und 5 in Frage, zwischen B und C dagegen nur noch 5 und 6. Damit ist jetzt die Anzahl der möglichen Folgepunkte in jedem der Abschnitte AB und BC soweit reduziert, daß jeweils nur noch eine Entscheidung zwischen zwei möglichen Folgepunkten getroffen werden muß. An diesem Punkt kann man jetzt versuchen, den Bresenham-Algorithmus auf das Zeichnen von Ellipsen zu übertragen.

Bei der Entscheidung zwischen den beiden möglichen Folgepunkten betrachtet man zunächst den Abschnitt AB. Dazu bezeichnen wir den Punkt 4 mit Q und den Punkt 5 mit R.

Ein Fehlerterm $D(x,y)$ und eine Entscheidungsvariable $d(P)$ können dann wie folgt definiert werden:

$$D(x,y) = \beta x^2 + \alpha y^2 - \alpha\beta \qquad (6.15)$$
$$d(P) = D(Q) + D(R) \qquad (6.16)$$

Anhand der Entscheidungsvariablen d kann jetzt ermittelt werden, welcher der Punkte Q oder R, zu wählen ist. Hierzu muß man sich lediglich die Bedeutung der Größen $D(x,y)$ und $d(P)$ überlegen.
Mit Gleichung (6.15) gilt:

$$\frac{D}{\alpha\beta} = \frac{x^2}{\alpha} + \frac{y^2}{\beta} - 1 = \left(\frac{x}{\sqrt{\alpha}}\right)^2 + \left(\frac{y}{\sqrt{\beta}}\right)^2 - 1 \qquad (6.17)$$

Führt man eine lineare Eichtransformation auf elliptische Koordinaten durch

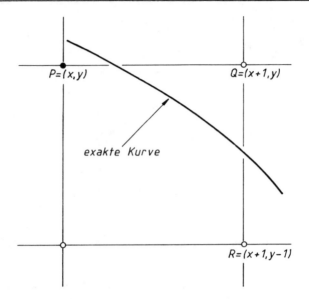

Bild 6-6

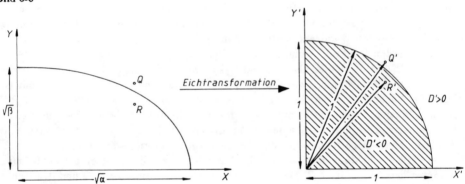

Bild 6-7 *Ellipse in Normal- und elliptischen Koordinaten*

$$x \to x' = \frac{x}{\sqrt{\alpha}} \qquad (6.18a)$$

$$y \to y' = \frac{y}{\sqrt{\beta}} \qquad (6.18b)$$

so steht auf der rechten Seite von (6.17), wenn man $D = 0$ setzt, gerade die Abstandsformel eines Einheitskreises. Die Größe

$$D' = (x')^2 + (y')^2 - 1 \qquad (6.19)$$

ist positiv für alle Punkte $H = (x', y')$, die außerhalb des Einheitskreises liegen, und negativ für alle Punkte innerhalb. Die Größe $(x')^2 + (y')^2$ ist gerade das Quadrat des

6.3.1 Der Bresenham-Algorithmus

Abstands R_H des Punktes H vom Ursprung. Damit ist aber D' das Abstandsquadrat des Punktes H vom Einheitskreis.

Für $d'(P') = D'(Q') + D'(R')$ gilt somit:

$d' < 0$: Q' liegt näher am Einheitskreis
$d' \geq 0$: R' liegt näher am Einheitskreis

Dies ist aber gerade wieder die aus dem Bresenham'schen Algorithmus bekannte Form für eine Entscheidungsvariable. Da d lediglich über die lineare Eichtransformation $D = \alpha\beta D'$ mit D' zusammenhängt, gelten dieselben Kriterien wie für d', Q' und R' auch für d, Q und R. Darin äußert sich das fundamentale Prinzip, daß die Ellipse ein affines Bild des Kreises ist.

Damit kann also die folgende Entscheidungsregel formuliert werden:

Ist $d < 0$, so wähle Q als Folgepunkt, sonst wähle R.

d_{i+1} kann wieder mit Hilfe der Differenz $\Delta = d_{i+1} - d_i$ bestimmt werden, wobei d_{i+1} der Wert von d am Folgepunkt ist. Es gilt:

$$d(P) = D(Q) + D(R) \\ = 2\left(\beta(x+1)^2 + \alpha(y^2 - y - \beta)\right) + \alpha \tag{6.20}$$

War Q der Folgepunkt, so wird d_{i+1} zu

$$d_{i+1} = 2\left(\beta(x+2)^2 + \alpha(y^2 - y - \beta)\right) + \alpha \\ = d_i + 2\beta(2x+3) \tag{6.21}$$

War der gewählte Punkt R, so wird d_{i+1} zu

$$d_{i+1} = 2\left(\beta(x+2)^2 + \alpha(y^2 - y - \beta) - 2\alpha(y-1)\right) + \alpha \\ = d_i + 2\beta(2x+3) - 4\alpha(y-1) \tag{6.22}$$

Den Startwert d_1 erhält man wieder durch Einsetzen des Startpunktes $(0, b)$ in (6.20). Es ergibt sich:

$$d_1 = 2\left(\beta + \alpha(b^2 - b - \beta)\right) + \alpha \tag{6.23}$$

Die Formeln (6.21)-(6.23) sind nur anwendbar, solange die Steigung der Tangente zwischen 0 und -1 liegt. Diese wird kleiner als -1, wenn gilt:

$$\alpha y < \beta x \tag{6.24}$$

Dieses Ergebnis erhält man durch implizite Differentiation von Gleichung (6.14) nach x mit der Nebenbedingung $y' < -1$.

Ab diesem Punkt kommen nur noch die Punkte 5 und 6 als Folgepunkte von P in Frage. Bezeichnet man den Punkt 5 wieder mit R, den Punkt 6 wieder mit S, so kann $d(P)$ jetzt durch

$$d(P) = D(R) + D(S) \tag{6.25}$$

definiert werden. Durch vollkommen analoge Argumentation erhält man für d_{i+1} die Formeln

$$d_{i+1} = d_i + 2\alpha(3 - 2y) \qquad \text{für } S \text{ Folgepunkt} \qquad (6.26)$$
$$d_{i+1} = d_i + 2\alpha(3 - 2y) + 4\beta(x + 1) \qquad \text{für } R \text{ Folgepunkt} \qquad (6.27)$$

6.3.2 G_Circle und G_Ellipse

Im Fall des Kreises gilt normalerweise $a = b = 1$. Bei den meisten Grafikkarten ist der Abstand zweier Pixel in x- und y-Richtung jedoch verschieden. In der Regel ist der x-Abstand geringer als der y-Abstand, was wieder in erster Linie technisch bedingt ist. Bei der CGA-Karte ist die Auflösung im Hires-Modus in x-Richtung ungefähr doppelt so hoch wie in y-Richtung. In diesem Fall setzt man einfach $a = 2b$ und erhält somit einen Kreis. Bei der EGA-Karte verhalten sich die Abstände dagegen eher wie $1:\sqrt{2}$. Für einen Kreis müßte man also $a = \sqrt{2}b$ setzen. Dies ist aber nicht möglich, da für a nur Integerwerte zugelassen sind. In diesem speziellen Fall kann man das Problem aber beseitigen, da man für die Bestimmung der Entscheidungsvariablen nur die Quadrate $\alpha = a^2$ und $\beta = b^2$ benötigt. Damit kann α durch $\alpha = 2a^2$ auf den korrekten Wert gesetzt werden. Beim Aufruf wird der EGA-Kreis daher durch den Wert $b = -1$ codiert. Dieser Wert wird unter normalen Umständen niemals angenommen, womit eine Abfrage auf diesen Wert problemlos möglich wird. Ist $b = -1$, so nimmt der Algorithmus an, daß es sich um einen Kreis mit Radius a handelt und berechnet α und β entprechend anders als bei einer Ellipse.

6.4 Polygonglättung

In der Fachliteratur läuft das Glätten von Polygonzügen unter der Bezeichnung Smoothing (engl.: *smooth* = glatt). Hier hat sich das Verfahren der Bezier-Interpolation durchgesetzt, das sich sowohl zur Glättung von Polygonzügen als auch von mehrdimensionalen Flächen verwenden läßt. An dieser Stelle soll nur das Glätten von Polygonzügen behandelt werden, da dieses Problem bei der Behandlung der Höhenlinienkarten auftreten wird.

Das Glätten eines Polygonzuges entspricht der Verallgemeinerung eines Interpolationsproblems, denn ein Polygonzug ist im Grunde nichts anderes als eine Interpolation erster Ordnung (lineare Interpolation) zwischen mehreren Stützpunkten. Läßt man auch höhere Ordnungen zu, so wird man einen glatteren Verlauf für die Interpolation erhalten. Das erste Problem ist somit das Auffinden einer geeigneten Ordnung, die einerseits so klein wie möglich sein soll, um den Rechenaufwand in vertretbaren Grenzen zu halten, andererseits aber bestimmte Eigenschaften aufweisen soll.

6.4.1 Bernstein- und Bezier-Polynome

Die hier wiedergegebene Darstellung der Bezier-Interpolation findet sich in so gut wie allen Büchern über Grundlagen der Computergrafik. Die Ableitungen im folgenden richten sich im wesentlichen nach (HAR83, FOL84, WEB85).

Für die Herleitung der Formeln der Bezier-Interpolation geht man zweckmäßigerweise von einer speziellen Darstellung der Zahl 1 aus. Es gilt die elementare Gleichung

$$1 = ((1-u) + u)^n = \sum_{r=0}^{n} \binom{n}{r} (1-u)^{n-r} u^r = \sum_{r=0}^{n} B_r^n(u) \qquad (6.28)$$

6.4.2 Die Bezier-Interpolation

Die Summanden $B_r^n(u)$ sind die sogenannten Bernstein-Polynome r-ter Ordnung zum Grad n. Sie weisen eine Reihe von elementaren Eigenschaften auf, die sie für die Glättung von Polygonzügen interessant machen.

Das Bernstein-Polynom $B_r^n(u)$ ist im Intervall [0, 1] durchgehend positiv und besitzt nur an der Stelle $u = \frac{r}{n}$ ein Maximum. Außerdem hat es an der Stelle $u = 0$ eine r-fache, an der Stelle $u = 1$ eine (n-r)-fache Nullstelle. Aufgrund der letzten beiden Eigenschaften sind die n+1 Bernstein-Polynome vom Grad n linear unabhängig, denn keine Linearkombination aus den $B_r^n(u)$ kann an den Stellen $u = 0$ und $u = 1$ eine r- bzw. (n-r)-fache Nullstelle aufweisen. Die $B_r^n(u)$ bilden somit eine Basis des Vektorraums der Polynome vom Grad n.

Wählt man speziell n=3, so erhält man das sogenannte Bezier-Polynom $P(u)$ durch

$$P(u) = \sum_{i=0}^{3} b_i B_i^3(u). \tag{6.29}$$

Die Koeffizienten b_i bezeichnet man als Bezier-Punkte oder Bezier-Koordinaten des Polynoms $P(u)$. Da das Bezierpolynom ein Polynom vom Grad 3 ist, wird eine Interpolation mit Hilfe von $P(u)$, aufgrund der Basiseigenschaften der Bernstein-Polynome, ähnliche Eigenschaften wie eine Splinefunktion haben. Insbesondere wird, wenn auch nicht in der ursprünglichen Strenge, die Minimumseigenschaft der Splinefunktion gelten. Diese stellt sicher, daß das Bezier-Polynom die glattest mögliche interpolierende Polynomfunktion ist (STO83). Der Vorteil der Bezier-Polynome ist, daß für die Bestimmung der Koeffizienten b_i des gesuchten Polynoms $P(u)$ nicht wie bei der Bestimmung der Splinefunktionen ein lineares Gleichungssystem gelöst werden muß.

Die Bezier-Polynome sind allerdings nicht identisch mit den Splinefunktionen. Diese stellen einen selbstkonsistenten Satz von Funktionen dar, bei dem nur die Stetigkeit der Funktionen und ihrer Ableitungen an den Stützstellen gefordert wird. Damit sind die Ableitungen an diesen Stellen letztendlich nur durch die Randbedingungen des Problems bestimmt. Bei den Bezier-Polynomen werden diese, wie wir sehen werden, vorgegeben, und ihre Stetigkeit muß nicht extra sichergestellt werden. Die Eigenschaft, daß das Bezier-Polynom unter diesen Bedingungen das glattest mögliche Interpolationspolynom darstellt, bleibt davon aber unberührt, da Polynome höherer Grade stark zu oszillatorischem Verhalten neigen.

Die Bezier-Koordinaten b_i bilden zusammen mit den Stellen $N_i = \frac{i}{3}$, an denen die Bernstein-Polynome $B_i^3(u)$ ihr Maximum annehmen, die Punkte (N_i, b_i) des sogenannten Bezier-Polygons. Die wesentliche Eigenschaft dieses Polygons ist, daß es mit dem zugehörigen Bezier-Polynom (6.29) in den Punkten $(0, b_0)$ und $(1, b_3)$ bis zur zweiten Ableitung übereinstimmt.

Das Bezier-Polynom stellt also eine Glättung des Bezier-Polygons dar, wobei es in den Randpunkten bis zur zweiten Ordnung mit dem Polygon identisch ist. Diese Eigenschaft kann nun dazu verwendet werden, allgemeine Polygone mit Hilfe der Bezier-Polynome zu glätten.

6.4.2 Die Bezier-Interpolation

Betrachtet sei ein Polygonzug, der aus den Punkten $(k, d_k), k = 0, 1, 2 \ldots N$, bestehe. Dieser soll mit Hilfe der Bezier-Polynome geglättet werden. Dazu muß jeweils zwischen zwei aufeinanderfolgenden Punkten (k, d_k) und $(k + 1, d_{k+1})$ mit Hilfe des Bezier-Polynoms (6.29) interpoliert und die Bezier-Koordinaten b_i in diesem Bereich

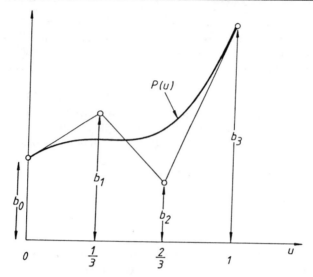

Bild 6-6 *Bezier-Polygon und zugehöriges Bezierpolynom*

geeignet bestimmt werden. Im folgenden wird hierbei zwischen zwei den Versionen *Smooth* und *Exact* unterschieden. Bei der Version *Smooth* wird der Polygonzug als Ganzes geglättet, d.h. es wird nicht gefordert, daß die geglättete Kurve durch die Punkte (k, d_k) verläuft. Bei der Version *Exact* ist dies sichergestellt. Generell ist aber die mit der exakten Version erzielte Glättung nicht so gut wie die mit *Smooth* erzielte.

Für die Bestimmung der Bezier-Koordinaten b_i betrachten wir den Abschnitt zwischen den Punkten $(k-1, d_{k-1})$ und $(k+2, d_{k+2})$ des zu interpolierenden Polygons. Da im Bereich $[k, k+1]$ interpoliert werden soll, ersetzen wir die Gerade zwischen den Punkten (k, d_k) und $(k+1, d_{k+1})$ durch ein Bezier-Polygon mit den Punkten $(k+\frac{i}{3}, b_i)$. Die Wahl der b_i entscheidet darüber, wie die Glättung letztendlich aussieht. Um den stetigen Übergang des Bezier-Polynoms P_k zwischen k und $k+1$ in die anschließenden Bezier-Polynome P_{k-1} und P_{k+1} zu gewährleisten, müssen Annahmen über die Größe von b_0 und b_3, sowie die Steigung des Polynoms in diesen Punkten getroffen werden.

Im Fall der exakten Version sind die Größen b_0 und b_3 bereits durch d_k und d_{k+1} vorgegeben, da nur so sichergestellt werden kann, daß das Bezier-Polynom auch durch diese Punkte verläuft. Die Steigung des Bezier-Polynoms in den Randpunkten b_0 und b_3 des Bezier-Polygons ist durch die Steigungen der Verbindungsgeraden zwischen b_0 und b_1 bzw. zwischen b_2 und b_3 gegeben. Damit sind also auch b_1 und b_2 eindeutig bestimmt. Nimmt man an, daß die Steigung in diesen Punkten gerade der Steigung der Verbindungsgeraden zwischen d_{k-1} und d_{k+1} bzw. zwischen d_k und d_{k+2} entsprechen soll, so stellt dies gleichzeitig sicher, daß die Ableitung des Bezier-Polynoms P_k in den Randpunkten stetig in die Ableitungen von P_{k-1} bzw. P_{k+1} übergeht.

Im Fall der Version *Smooth* trifft man dieselbe Annahme für die Steigung in den Punkten b_0 und b_3, gibt in diesem Fall aber die Bezier-Koordinaten b_1 und b_2 durch die Werte der Verbindungsgeraden zwischen den Punkten (k, d_k) und $(k+1, d_{k+1})$ an den Stellen $k+\frac{1}{3}$ und $k+\frac{2}{3}$ vor. Damit sind dann auch wieder b_0 und b_3 eindeutig bestimmt. Die Stetigkeit des Bezier-Polynoms in den Randpunkten bis in die erste

6.4.2 Die Bezier-Interpolation

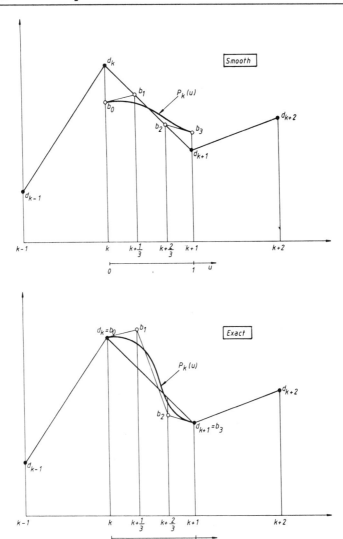

Bild 6-9 *Bestimmung der Bezier-Koordinaten b_i*

Ordnung bleibt dadurch unangetastet.

Für die b_i ergeben sich damit folgende Formeln:

Smooth   **Exact**

$b_0 = \frac{1}{6}(d_{k-1} + 4d_k + d_{k+1})$ $b_0 = d_k$ (6.30)

$b_1 = \frac{1}{3}(2d_k + d_{k+1})$ $b_1 = \frac{1}{6}(-d_{k-1} + 6d_k + d_{k+1})$ (6.31)

$b_2 = \frac{1}{3}(d_k + 2d_{k+1})$ $b_2 = \frac{1}{6}(d_k + 6d_{k+1} - d_{k+2})$ (6.32)

$b_3 = \frac{1}{6}(d_k + 4d_{k+1} + d_{k+2})$ $b_3 = d_{k+1}$ (6.33)

Setzt man dies in (6.29) ein und sortiert nach den d_k, so läßt sich P_k in der Form

$$P_k(u) = \sum_{i=0}^{3} d_{k-1+i} D_i(u) \qquad 0 \le u \le 1 \tag{6.34}$$

schreiben. Die $D_i(u)$ sind einfache Polynome in u, für die folgende Beziehungen gelten:

Smooth   **Exact**

$$D_0(u) = \tfrac{1}{6}(1-u)^3 \qquad D_0(u) = -\tfrac{u}{2}(1-u)^2 \tag{6.35}$$

$$D_1(u) = \tfrac{u^2}{2}(u-2) + \tfrac{4}{5} \qquad D_1(u) = 1 + \tfrac{u^2}{2}(3u-5) \tag{6.36}$$

$$D_2(u) = \tfrac{u}{2}(1+u-u^2) + \tfrac{1}{6} \qquad D_2(u) = \tfrac{u}{2}(1+4u-3u^2) \tag{6.37}$$

$$D_3(u) = \tfrac{1}{6}u^3 \qquad D_3(u) = \tfrac{1}{2}(u-1)u^2 \tag{6.38}$$

Damit hat man eine Interpolationsformel für die graphische Glättung von Polygonzügen. Gleichung (6.34) läßt sich auf jede Koordinate getrennt anwenden, wobei d_{k-1+i} durch den Wert der j-ten generalisierten Koordinate q_{k-1+i} zu ersetzen ist. Für das zweidimensionale Problem gilt somit die in u parametrisierte Gleichung der geglätteten Kurve:

$$\begin{pmatrix} x(u) \\ y(u) \end{pmatrix} = \begin{pmatrix} x_{k-1} & x_k & x_{k+1} & x_{k+2} \\ y_{k-1} & y_k & y_{k+1} & y_{k+2} \end{pmatrix} \begin{pmatrix} D_0(u) \\ D_1(u) \\ D_2(u) \\ D_3(u) \end{pmatrix} \tag{6.39}$$

Die Gleichungen (6.34)-(6.38) gelten nur, wenn 4 Punkte d_{k-1} bis d_{k+2} zur Verfügung stehen. Im speziellen gelten sie also nicht für den Anfang und das Ende des Polygonzuges, d.h. zwischen den Punkten d_0 und d_1 bzw. zwischen d_{N-1} und d_N. Es genügt hier, das Problem zwischen den Punkten d_0 und d_1 zu lösen, da das Problem zwischen d_{N-1} und d_N dann durch die Ersetzung

$$d_N \to d_0, d_{N-1} \to d_1, d_{N-2} \to d_2$$

gelöst wird. Die speziellen Formeln für die Interpolation zwischen d_0 und d_1 erhält man aus der Randbedingung $b_0 = d_0$, die sowohl für die Version *Smooth* als auch für die Version *Exact* bei einem offenen Polygonzug gelten muß. Handelt es sich um einen geschlossenen Polygonzug, so gelten die periodischen Randbedingungen $d_{k+N} = d_k$ und das Problem kann komplett durch die Gleichungen (6.34)-(6.38) gelöst werden.

Für die Anfangs- und Endinterpolation ergibt sich unter Berücksichtigung der Randbedingung:

$$P_{0/N-1}(u) = \sum_{i=0}^{2} d_{i/N-i} D_i^0(u) \tag{6.40}$$

Smooth   **Exact**

$$D_0^0(u) = u(\tfrac{u^2}{6} - 1) + 1 \qquad D_0^0(u) = 1 + \tfrac{u}{2}(u^2 - u - 2) \tag{6.41}$$

$$D_1^0(u) = -u(\tfrac{u^2}{3} - 1) \qquad D_1^0(u) = u(1 + u - u^2) \tag{6.42}$$

$$D_2^0(u) = \tfrac{1}{6}u^3 \qquad D_2^0(u) = \tfrac{u^2}{2}(u-1) \tag{6.43}$$

6.5 Unit BEZIER

Die folgenden Funktionen BEZ1 bis BEZ3 sind die Polynome D_0^0 bis D_2^0. Die Interpolation selbst wird von den Prozeduren B_DRAW3CURVE und B_DRAW4CURVE übernommen. Übergabeparameter sind die Bildschirmkoordinaten in Form von Variablen vom Typ SCREENPOINT (vgl. Unit TYPES), sowie die Angabe SMOOTH oder EXACT.

In Bild 6-10 sieht man nochmals die unterschiedliche Wirkung von *Smooth* und *Exact*. Welcher von beiden Versionen der Vorzug zu geben ist, hängt vom einzelnen Problem und den Vorlieben des Benutzers ab.

B_DRAW3CURVE übernimmt die Interpolation zwischen d_0 und d_1 bzw. zwischen d_{N-1} und d_N. Letztere erfolgt, indem man die Punkte in der rückläufigen Reihenfolge angibt. Die Interpolation zwischen den anderen Punkten des Polynoms wird von B_DRAW4CURVE übernommen. Die Schrittweite Δu wird dabei aus der Summe $\Delta x + \Delta y$ der zwei zentralen Interpolationspunkte geschätzt und variiert entsprechend mit dem Abstand der Punkte. Da die interpolierte Kurve zum Teil beträchtlich von der linearen Interpolation abweicht, ist die Bestimmung der Schrittweite Δu aus der modifizierten Dreiecksungleichung, wie es oben geschieht, einer Bestimmung aus $\sqrt{\Delta x^2 + \Delta y^2}$ vorzuziehen.

Die Funktionen B_DRAW3CURVE und B_DRAW4CURVE sind im ARA-Grafikpaket bereits unter den Namen Draw3Curve, Draw4Curve sowie als Kombifunktion DrawCCurve enthalten.

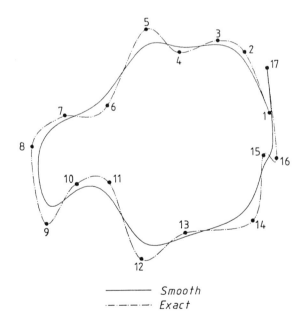

Bild 6-10

```
Unit BEZIER;

interface

Uses Types,ARA;
```

```
function BEZ1 (u:double;selector: Beziertype):double;
function BEZ2 (u:double;selector: Beziertype):double;
function BEZ3 (u:double;selector: Beziertype):double;
function BEZ4 (u:double;selector: Beziertype):double;
function BEZ31 (u:double;selector: Beziertype):double;
function BEZ32 (u:double;selector: Beziertype):double;
function BEZ33 (u:double;selector: Beziertype):double;
procedure B_DRAW3CURVE (d1,d2,d3:screenpoint;selector: Beziertype;
                        color:integer);
procedure B_DRAW4CURVE (d1,d2,d3,d4:screenpoint;selector: Beziertype;
                        color: integer);

implementation

function BEZ1 (u:double;selector: Beziertype):double;
begin
 if selector=Smooth then
  bez1 := (1-u)*(1-u)*(1-u)/6
 else
  bez1 := -(1-u)*(1-u)*u/2;
end;

function BEZ2 (u:double;selector: Beziertype):double;
begin
 if selector=Smooth then
  bez2 := u*u*(u/2-1)+4/6
 else
  bez2 := 1+u*u*(-5+3*u)/2;
end;

function BEZ3 (u:double;selector: Beziertype):double;
begin
 if selector=Smooth then
  bez3 := u*(1+u*(1-u))/2+1/6
 else
  bez3 := u*(1+u*(4-3*u))/2;
end;

function BEZ4 (u:double;selector: Beziertype):double;
begin
 if selector=Smooth then
  bez4 := u*u*u/6
 else
  bez4 := -(1-u)*u*u/2;
end;

function BEZ31 (u:double;selector: Beziertype):double;
begin
 if selector=Smooth then
  bez31 := u*(u*u/6-1)+1
 else
```

6.5 Unit BEZIER

```pascal
    bez31 := 1+u*(-1+u*(-1+u))/2);
end;

function BEZ32 (u:double;selector: Beziertype):double;
begin
  if selector=Smooth then
   bez32 := -u*(u*u/3-1)
  else
   bez32 := u*(1+u*(1-u));
end;

function BEZ33 (u:double;selector: Beziertype):double;
begin
  if selector=Smooth then
   bez33 := u*u*u/6
  else
   bez33 := -(1-u)*u*u/2;
end;

procedure B_DRAW3CURVE (d1,d2,d3:screenpoint;selector: Beziertype;
                        color:integer);

var u,ustep: double;
          c: array[1..3] of double;
        x,y: integer;

  procedure TRANSFORM;

  begin
    c[1] := bez31(u,selector);                  { Berechne Polynome }
    c[2] := bez32(u,selector);
    c[3] := bez33(u,selector);
     x := trunc(c[1]*d1.x+c[2]*d2.x+c[3]*d3.x); { Berechne Koordinate }
     y := trunc(c[1]*d1.y+c[2]*d2.y+c[3]*d3.y);
  end;

begin
 u := 0;
 ustep := abs(d2.x-d1.x)+abs(d2.y-d1.y)+6;      { Schätze benötigte }
 ustep := 3/ustep;                              { Punktzahl }

 repeat                                         { Wiederhole: Zeichnen }
  transform;                                    { Berechne Koordinaten }
  if u=0 then movep(x,y)                        { Anfangspunkt ? }
  else reldraw(x,y,color);                      { Sonst verbinde }
  u := u+ustep;                                 { nächster Parameterwert }
 until u>1;                                     { bis am Endpunkt }
 u := 1;
 transform;
 reldraw(x,y,color);                            { Verbinde zum Endpunkt }
end;   { of b_draw3curve }
```

```
procedure B_DRAW4CURVE (d1,d2,d3,d4:screenpoint;selector: Beziertype;
                        color: integer);
{ Vgl. B_Draw3curve }
var u,ustep: double;
        c: array[1..4] of double;
    x,y: integer;
  procedure TRANSFORM;
  begin
    c[1] := bez1(u,selector);
    c[2] := bez2(u,selector);
    c[3] := bez3(u,selector);
    c[4] := bez4(u,selector);
    x := trunc(c[1]*d1.x+c[2]*d2.x+c[3]*d3.x+c[4]*d4.x);
    y := trunc(c[1]*d1.y+c[2]*d2.y+c[3]*d3.y+c[4]*d4.y);
  end;
begin
  u := 0;
  ustep := abs(d3.x-d2.x)+abs(d3.y-d2.y)+6;
  ustep := 3/ustep;
  repeat
    transform;
    if u=0 then movep(x,y)
           else reldraw(x,y,color);
    u := u+ustep;
  until u>1;
  u := 1;
  transform;
  reldraw(x,y,color);
end;   { of b_draw4curve }
end.
```

6.6 Autoscaling

Eines der am häufigsten auftretenden Probleme bei der graphischen Darstellung von Meßwerten und Ähnlichem ist die Skalierung. Als ersten Ansatz verwendet man hierzu in der Regel einen sogenannten Autoscale-Algorithmus. Dieser bestimmt automatisch die Skalierung so, daß die Meßwerte bei der Darstellung innerhalb eines vordefinierten Rahmens bleiben. Im einfachsten Fall ist dieser Rahmen beispielsweise der Bildschirm. Für die EGA-Karte mit einer Auflösung von 620×350 Punkten würde ein typischer Autoscale-Algorithmus dann etwa so aussehen:

```
var i         : integer;
    MinX,MinY,
    MaxX,MaxY,
        ScaleX,
        ScaleY: double;
```

6.6.1 Unit TGRAPH

```
begin
...
{ Die Zugriff auf die Daten soll in Form der Pointer }
{ X^ und Y^ erfolgen, wobei der Index i von }
{ 0 bis N laufen kann.}
...
  MinX := X^[0]; MaxX := X^[0];        { Minimax }
  MinY := Y^[0]; MaxY := Y^[0];
  for i := 1 to N do
    begin
      if X^[i]<MinX then MinX := X^[i];
      if X^[i]>MaxX then MaxX := X^[i];
      if Y^[i]<MinY then MinY := Y^[i];
      if Y^[i]>MaxY then MaxY := Y^[i];
    end;
  ScaleX := 619/(MaxX-MinX);
  ScaleY := 349/(MaxY-MinY);
{ Funktion zeichnen }
movep(round(ScaleX*X^[0]),349-round(ScaleY*Y^[0]));
for i := 1 to N do
  reldraw(round(ScaleX*X^[i]),349-round(ScaleY*Y^[i]),12);
...
```

Die einzelnen Punkte werden dabei durch Linien miteinander verbunden. Der Algorithmus kann meistens sogar noch einfacher gestaltet werden, da sich die x-Werte (inklusive einem eventuellen Offset) in der Regel nur um einen Skalenfaktor von i unterscheiden. In diesem Fall erübrigt sich eine x-Skalierung.

Das Problem der Meßwertskalierung ist also relativ einfach zu behandeln. Ein wesentlich komplexeres Problem ist dagegen die automatische Beschriftung im Zusammenhang mit Autoscale-Algorithmen. Eine einfache Lösung ist die Unterteilung des Intervalls $Min - Max$ durch äquidistante Skalenpunkte in gleichgroße Teilabschnitte. In der Regel ergeben sich für die Skalierung dann an diesen Teilstrichen krumme Skalenwerte, die nochdazu meistens von Grafik zu Grafik variieren, so daß die Betrachtung der Grafik mühselig und ein Vergleich verschiedener Grafiken äußerst schwierig wird.

Das Problem der krummen Skalenwerte kann man zwar umgehen, indem man den Skalenabstand entsprechend vorgibt. In diesem Fall ist der Algorithmus allerdings nicht mehr absolut selbständig, da die Skalenabstände vom Benutzer definiert werden müssen.

6.6.1 Unit TGRAPH

Die Unit TGRAPH enthält eine Autoscale-Prozedur, die selbständig eine optimale Skalenbeschriftung und Skalenweite bestimmt. Die Skalenweite wird dabei so bestimmt, daß sich an den Skalenpunkte stets „runde" Werte ergeben. Zusätzlich bestimmt der Algorithmus die wissenschaftlichen Vorsätze der Einheiten so, daß immer mit der gerade günstigsten Einheit gearbeitet wird. Einen Wert von 3×10^{-8} Volt würde der Algorithmus dann beispielsweise automatisch als 30 nVolt (Nano-Volt) schreiben, wenn die sich aus dem Gesamtbild ergebende günstigste Einheit in der Größenordnung $\mathcal{O}(10^{-9})$ wäre.

```
unit TGRAPH;
{ When used with GrahWindow(50,1,629,282) the following
  conventions apply: }
{ X_screen := round(10+(X^[i]-MinX-OfsX)*ScaleX); }
{ Y_screen := round(270-(Y^[i]-MinY-OfsY)*ScaleY); }

interface

uses Crt,Types,ARA;

var MinX,MinY,           { Allow public access to these variables ! }
    OfsX,
    OfsY,
    ScaleX,
    ScaleY    : double;

procedure DRAW_XY_GRAPH(var x1,y1,err1;
                        N,Mode: integer;
                        Title,
                        XText,YText: str128;
                        unitX,unitY: str32);

implementation

procedure DRAW_XY_GRAPH(var x1,y1,err1;
                        N,Mode: integer;
                        Title,
                        XText,YText: str128;
                        unitX,unitY: str32);

type data      = array [0..1] of double;
     str_double = record              { Stretched double }
                    mant,             { Mantisse }
                    xp10,             { 10er-Potenz von X }
                    sc_xp10: double;  { Wissensch. 10er-Potenz von X }
                    xp,               { Exponent von X }
                    sc_xp: integer;   { Wiss. 10er-Exponent von X }
                  end;

var i,j       : integer;
    X,Y,Err   : ^data;
    MaxX,MaxY,
    DiffX,
    DiffY,
    MarkX,
    MarkY,
    r,s,t     : double;
    XPot,
    YPot      : str_double;
    st        : str255;
    OfsX_T,
    OfsY_T    : str32;
```

6.6.1 Unit TGRAPH

```pascal
{ Vorsätze zur Bezeichnung von Zehnerpotenzen beliebiger Einheiten }
const sc_char: array [-6..6] of string[1] =
              ('a','f','p','n','f','m','',
               'k','M','G','T','P','E');

function RTRUNC(r: double): double;
var s: str255;
    c: integer;
begin
 str(r-4.99999999999999E-1:0:0,s);
 val(s,r,c);
 Rtrunc := r;
end;

procedure MANT_EXP10(r: double;var x: str_double);
var s: string[23];
    c: integer;
begin
 str(r,s);
 with x do
  begin
    val(copy(s,19,23),xp,c);    { Exponent zur Basis 10 }
    val(copy(s,1,17),mant,c);   { Mantisse zur Basis 10 }
    val('1E'+istr(xp,0),xp10,c);{ 10^xp; genauer als exp(xp*ln(10) ! }
    if xp<0 then                { Wiss. Notierung vorzeichengerecht }
      sc_xp := 3*((xp-2) div 3)
    else
      sc_xp := (xp div 3)*3;
    val('1E'+istr(sc_xp,0),sc_xp10,c);{ 10^sc_xp }
  end;
end;

procedure ADJ_SC_NOT(var X: str_double);
var c: integer;
begin
 with X do                  { Wissensch. Notierung korrigieren }
  begin
    sc_xp := sc_xp-3;
    val('1E'+istr(sc_xp,0),sc_xp10,c);{ 10^sc_xp }
  end;
end;

function OFFSET(var OfsR: double; UnitT: str32;
                      min,max: double):str32;
var dx,mi,ma,rr: str_double;
             r: double;
             c: integer;
          OfsT: str32;
```

```
begin
 mant_exp10(min,mi);                    { Größenordnungen }
 mant_exp10(max,ma);
 mant_exp10(max-min,dx);
 if (ma.xp>dx.xp) or (mi.xp>dx.xp) then { O(DiffX)<max[O(Min),O[Max] }
  begin
   str(min,OfsT); OfsT[0] := #17;       { Mantisse von Min }
   val(OfsT+'E'+istr(mi.xp-dx.xp-1,0),r,c);
   r := rtrunc(r);                      { r := trunc(Min/(dx.xp10*10)) }
   mant_exp10(r,rr); str(r,OfsT); OfsT[0]:=#17;
   OfsT := OfsT+'E'+istr(rr.xp+dx.xp+1,0); { OfsR := 1*dx.xp10*10 }
   val(OfsT,OfsR,c);
   str(OfsR,OfsT);                      { OfsR in Standardformat ! }
     c := 17;                           { OfsT kontrahieren }
     while OfsT[c]='0' do dec(c);
     OfsT[0] := chr(c); OfsT := OfsT+OfsT[18]+OfsT[19];
     c := 20;
     while (OfsT[c]='0') and (c<24) do inc(c);
     if c=24 then OfsT := OfsT+'0'
     else repeat OfsT := OfsT+OfsT[c]; inc(c) until c=24;
   OfsT := OfsT+UnitT;
  end
 else
  begin
   OfsR := 0;                           { O(DiffX) ist maximal }
   OfsT := '-';
  end;
 Offset := OfsT;
end;

function SC_TEXT ( X: str_double; unitT: str32; OfsR: double): str128;
var c: integer;
begin                           { Achsbeschriftung: Falls keine Einheit }
 with X do                      { angegeben ist oder der Bereich der }
  begin                         { wissenschaftlichen Vorsätze nicht }
   c := sc_xp div 3;            { ausreicht, wird [*10E..] ausgegeben. }
   if (unitT[0]=#0) or (abs(c)>6) then
    SC_Text := ' [*10E'+istr(sc_xp,0)+unitT+']'
   else
    SC_Text := ' ['+sc_char[c]+unitT+']';
  end;
end;

procedure PLOT_IT(i,mode: integer);
var a,b,c,d: integer;           { Plotten mit Fehlern in 8 verschiedenen }
begin                           { Punktmarkierungsarten }
 a := round(10+(X^[i]-MinX-OfsX)*ScaleX);
 b := round(270-(Y^[i]-MinY-OfsY)*ScaleY);
 c := round(270-(Y^[i]+Err^[i]-MinY-OfsY)*ScaleY);
```

6.6.1 Unit TGRAPH

```
      d := round(270-(Y^[i]-Err^[i]-MinY-OfsY)*ScaleY);
      case mode of
       0: circle(a,b,2,12);
       1: begin
            movep(a,b-2);
            reldraw(a-2,b,12);
            reldraw(a,b+2,12);
            reldraw(a+2,b,12);
            reldraw(a,b-2,12);
          end;
       2: begin
            movep(a-2,b-2);
            reldraw(a-2,b+2,12);
            reldraw(a+2,b+2,12);
            reldraw(a+2,b-2,12);
            reldraw(a-2,b-2,12);
          end;
       3: begin
            movep(a,b-2);
            reldraw(a-2,b+2,12);
            reldraw(a+2,b+2,12);
            reldraw(a,b-2,12);
          end;
       4: begin
            movep(a,b+2);
            reldraw(a+2,b-2,12);
            reldraw(a-2,b-2,12);
            reldraw(a,b+2,12);
          end;
       5: begin
            movep(a-2,b-2);
            reldraw(a+2,b+2,12);
            reldraw(a-2,b+2,12);
            reldraw(a+2,b-2,12);
            reldraw(a-2,b-2,12);
          end;
       6: begin
            draw(a-2,b-2,a+2,b+2,12);
            draw(a-2,b+2,a+2,b-2,12);
          end;
       7: begin
            draw(a,b-2,a,b+2,12);
            draw(a-2,b,a+2,b,12);
          end;
       else draw(a-1,b,a+1,b,12);
      end;
     draw(a,c,a,d,12);
    end;
```

```
begin
 fillscreen(0); graphwindow(0,0,639,349); { Clear screen }
 select_colors(Default);

 X := Ptr(seg(x1),ofs(x1));      { Zugriff auf Daten }
 Y := Ptr(seg(y1),ofs(y1));      { über variable Pointerfelder }
 Err := Ptr(seg(err1),ofs(err1));

 MinX := X^[0]; MaxX := X^[0]; { Minimax }
 MinY := Y^[0]; MaxY := Y^[0];
  for i := 1 to N do
   begin
    if X^[i]<MinX then MinX := X^[i];
    if X^[i]>MaxX then MaxX := X^[i];
    if Y^[i]<MinY then MinY := Y^[i];
    if Y^[i]>MaxY then MaxY := Y^[i];
   end;
 DiffX := MaxX-MinX;              { X-Differenz }

 mant_exp10(DiffX,XPot);
 s := XPot.xp10;   { Zehnerpotenz der Differenz bestimmt Skalenweite }
 if DiffX/s<=3 then MarkX := 0.5*s { -30: 5er-Schritte }
 else
  if DiffX/s<=6 then MarkX := s{ 30-60: 10er-Schritte }
   else MarkX := 2*s;            { 60-100: 20er-Schritte }
 OfsX_T := Offset(OfsX,UnitX,MinX,MaxX);
 MaxX := MaxX-OfsX; MinX := MinX-OfsX;
 r := rtrunc(MaxX/MarkX+0.5)*MarkX; { Min,Max in [MarkX]-Einheiten }
 s := rtrunc(MinX/MarkX+0.5)*MarkX;
 if MarkX<XPot.sc_xp10 then adj_sc_not(XPot);

 if r>MaxX then MaxX := r;       { Eventuell Min,Max neu festlegen, }
 if s<MinX then MinX := s;       { falls in [MarkX]-Einh. außerhalb }
 DiffX := MaxX-MinX;             { Neues DiffX }
 ScaleX := 560/DiffX;            { X-Skalierung }

 box(50,0,629,282,15);           { Rahmen }
 t := s;
 XText := XText+sc_text(XPot,UnitX,OfsX);
 gwrite(XText,330-4*ord(XText[0]),302,14,1);

 while t<=MaxX do                { Grobmarkierung (beschriftet) }
  begin
   i := round(60+(t-MinX)*ScaleX);
   draw(i,275,i,282,15);
   draw(i,0,i,7,15);
   str(round(t/XPot.sc_xp10),st);
   gwrite(st,i-4*ord(st[0]),287,14,1);
   t := t+MarkX;
  end;

 MarkX := MarkX/5;               { Feinmarkierung (unbeschriftet) }
```

6.6.1 Unit TGRAPH

```
  repeat t := t-MarkX; until t<=MaxX; { in 1/5-Schritten }
 while t>=MinX do           { restliche Markierungen }
  begin
    i := round(60+(t-MinX)*ScaleX);
    draw(i,279,i,282,15);
    draw(i,0,i,3,15);
    t := t-MarkX;
  end;

 DiffY := MaxY-MinY;        { Selbes Verfahren für Y-Achse }
 mant_exp10(DiffY,YPot);
 s := YPot.xp10;
 if DiffY/s<=3 then MarkY := 0.5*s
 else
  if DiffY/s<=6 then MarkY := s
  else MarkY := 2*s;
 OfsY_T := Offset(OfsY,UnitY,MinY,MaxY);
 MaxY := MaxY-OfsY; MinY := MinY-OfsY;

 r := rtrunc(MaxY/MarkY+0.5)*MarkY;
 s := rtrunc(MinY/MarkY+0.5)*MarkY;
 if MarkY<YPot.sc_xp10 then adj_sc_not(YPot);

 if r>MaxY then MaxY := r;
 if s<MinY then MinY := s;
 DiffY := MaxY-MinY;
 ScaleY := 260/DiffY;
 OfsY_T := Offset(OfsY,UnitY,MinY,MaxY);
 t := s;
 YText := YText+sc_text(YPot,UnitY,OfsY);
 gwrite(YText,0,143+4*ord(YText[0]),14,2);
 while t<=MaxY do
  begin
    i := round(272-(t-MinY)*ScaleY);
    draw(50,i,57,i,15);
    draw(629,i,622,i,15);
    str(round(t/YPot.sc_xp10),st);
    gwrite(st,48-8*ord(st[0]),i-7,14,1);
    t := t+MarkY;
  end;

 MarkY := MarkY/5;
 repeat t := t-MarkY; until t<=MaxY;
 while t>=MinY do
  begin
    i := round(272-(t-MinY)*ScaleY);
    draw(50,i,53,i,15);
```

```
    draw(629,i,626,i,15);
    t := t-MarkY;
   end;
 st := 'X-Offset: '+OfsX_T+'    Y-Offset: '+OfsY_T;
 gwrite(st,50,320,14,1);         { Offsets }
 gwrite(Title,50,335,9,1);       { Titel }

 graphwindow(50,1,629,282);      { Punkte einzeichnen }
 for i := 0 to N do
  plot_it(i,mode);               { Punktmarkierungsart ist MODE }
 graphwindow(0,0,639,349);       { Rücksetzen des Windows }
end;
end.
```

6.6.2 Notationsfunktionen

Für die Wahl einer günstigen Skalierung ist es unerläßlich, eine reelle Zahl in ihre Mantisse und ihren Exponenten bezüglich der Basis 10 zu zerlegen. Dies ist ein alles andere als triviales Problem (auch wenn die Lösung so erscheinen mag), da im Rechner die **real**- und **double**-Zahlen zwar in Mantisse/Exponent-Schreibweise gespeichert und verarbeitet werden, aber eben mit 2 als Basis und nicht mit 10.

Man kann sich jetzt eine Reihe von Verfahren ausdenken, die die Zerlegung in Mantisse und Exponenten im Dezimalsystem übernehmen. Die mit Abstand am einfachsten implementierbare, wenn auch nicht schnellste Lösung, ergibt sich, wenn man bereit ist, einen kleinen Umweg einzuschlagen.

Turbo Pascal stellt in einer normalen **write**-Routine jede **real**- oder **double**-Zahl, solange keine Formatierungsbefehle angegeben werden, in der gewünschten Form dar. Dabei beginnt die Mantisse nicht, wie sonst üblich (siehe Kapitel 8), mit der ersten Nachkommastelle, sondern mit der ersten Vorkommastelle. Das kann man jetzt ausnutzen, um eine reelle Zahl in die gewünschte Form zu bringen. (Die folgenden Überlegungen gelten für **double**-Zahlen, können aber leicht auch auf **real**-Zahlen abgewandelt werden.) Eine **double**-Zahl wird, sofern keine Formatierung angegeben wird, als 23-stelliger String ausgegeben. Dabei sind die Stellen 1-17 die 16-stellige Mantisse inklusive dem Vorzeichen, und die Stellen 19-23 der 4-stellige Exponent, ebenfalls inklusive dem Vorzeichen. Läßt man also durch **str(r,s)** die **double**-Zahl in einen String s der Länge 23 umwandeln, so kann die Mantisse/Exponent-Zerlegung durch ein **Val** in Kombination mit dem **Copy**-Befehl extrahiert werden.

Ist der Exponent xp der Zahl bekannt, so kann daraus auch der Wert 10^{xp} berechnet werden. Dieser wird später zum Abdividieren bei der Skalierung benötigt. Zweckmäßigerweise berechnet man diesen ebenfalls über den Umweg mit **Val** durch **Val('1E'+istr(xp,0),xp10,c)**, da dieses Verfahren sicherstellt, daß xp10 anschließend auch tatsächlich den Wert 10^{xp} besitzt. Würde der Wert mittels xp10 := exp(xp*ln(10)) berechnet, so könnten sich bei der Berechnung von ln 10 und der Exponentialfunktion numerische Rundungsfehler ergeben. Dies ist bei reinen Berechnungen in der Regel unrelevant, da 1E-10 und 9.99999999999E-0011 für den Rechner faktisch den gleichen Wert repräsentiern. Sehr ärgerlich wird diese kleine Abweichung aber in dem Augenblick, wenn diese Zahl später wieder in einen String umgewandelt

6.6.2 Notationsfunktionen

werden soll. Der Umweg über die Val-Prozedur stellt sicher, daß dies nicht passiert. (Man beachte dazu auch die Beschreibung der Prozedur OFFSET weiter unten.)

Für die Skalierungsbeschriftung ist es zudem notwendig, den Exponenten der wissenschaftlichen Notation zu kennen. Bei diesem wird als Exponent sc_xp immer ein Vielfaches von 3 verwendet. Er kann mit der Operation (xp div 3)*3 sehr leicht bestimmt werden, da dabei immer der Divisionsrest abgeschnitten wird. Vorsicht ist allerdings geboten, wenn der Exponent xp negativ wird. Bei der Division -5 div 3 ergibt sich der Wert -1, ebenso wie sich bei 5 div 3 der Wert 1 ergibt. Da der wissenschaftliche Exponent aber immer so gewählt werden muß, daß $10^{xp} \geq 10^{sc\_xp}$, muß das Verfahren für negative Exponenten so abgewandelt werden, daß sich nicht -3 als wissenschaftlicher Exponent von -5 ergibt, sondern -6. Dies kann durch sc_xp := ((xp-2) div 3)*3 geschehen.

Alle bislang besprochenen Funktionen sind in der Prozedur MANT_EXP10 zusammengefaßt. Die Ergebnisse werden in einem Record ausgegeben, der die Bezeichnung str_double für *stretched-double* trägt.

Unter gewissen Voraussetzungen wird es erforderlich, die Form der wissenschaftlichen Notation zu korrigieren. Dazu muß der wissenschaftliche Exponent sc_xp und der zugehörige Wert sc_xp10 um 3 nach unten geändert werden. Dies übernimmt die Prozedur ADJ_SC_NOT. Das Verfahren wird hier deshalb als Prozedur definiert, da es mehr als einmal benötigt wird. Ein solcher Modular-Aufbau ist immer dann vorzuziehen, wenn ein spezielles Verfahren häufig, aber nicht *sehr* häufig verwendet wird. Im ersten Fall spart es nämlich Speicherplatz, strukturiert das Programm besser und macht es damit leichter lesbar. Im zweiten Fall wirkt sich eine modulare Programmierung negativ auf die Programmlaufzeit aus, da zuviel Zeit für die Parameterübergabe verschwendet wird.

Eine weitere Notationsfunktionen ist SC_TEXT. Mit ihr werden die Strings erstellt, die zur Einheitenbeschriftung der Achsen verwendet werden. Dazu gelten die folgenden Regeln:

Wurde beim Aufruf der Funktion DRAW_XY_GRAPH für den jeweiligen Einheitentext UnitX bzw. UnitY ein leerer String übergeben, so erfolgt die Angabe der Einheiten grundsätzlich in der Form [*1E*sc_xp* UnitT], wobei UnitT für UnitX bzw. UnitY steht. Wurde dagegen eine Einheit angegeben, z.B. „Volt", so versucht SC_TEXT zunächst, den der wissenschaftlichen Notation entsprechenden Vorsatz zu bestimmen. Die gebräuchlichen Vorsätze sind dazu in dem Feld SC_CHAR zusammengefaßt. Es handelt sich dabei um ein Feld mit Elementen vom Typ string[1]. Diese Art der Speicherung ist notwendig, da es keinen Character gibt, der eine Analogie zu einem leeren String wäre. Genau das braucht man aber für den Fall, daß kein Vorsatz benötigt wird (Feldelement 0). Es ist dann einfacher die Speicherung in der aufwendigeren Form string[1] vorzunehmen, als in der Prozedur SC_TEXT eine Fallunterscheidung durchzuführen.

Existiert kein passender Vorsatz (|sc_xp div 3|> 6), so erfolgt die Ausgabe ebenfalls in der Exponentenschreibweise, ansonsten durch Anfügen des entsprechenden Vorsatzes an UnitT.

Eines der am schwierigsten automatisch zu lösenden Probleme ist folgendes: Angenommen man betrachtet 100 Meßpunkte, deren x-Werte alle zwischen 5120.2 und 5121.3 liegen. In diesem Fall ist die Größenordnung der minimalen bzw. maximalen x-Werte $\mathcal{O}(10^3)$, während die Größenordnung der Differenz der beiden Extremwerte nur $\mathcal{O}(10^{-1})$ ist. Da, wie noch weiter unten zu erläutern sein wird, die letzte Größenordnung für die Skalierungsweite ausschlaggebend ist, wird die Beschriftung der Skalenpunkte problematisch: Der Algorithmus würde bei diesem Problem 10^{-3} als Exponenten der wissenschaftlichen Schreibweise bestimmen. Damit würde die Beschriftung aller Skalenpunkte aber durchgehend 7 Ziffern groß, da sich 5120.2 bei dieser Einheit als 5120200×10^{-3} schreiben würde. Um dies zu vermeiden, wäre es in diesem Fall günstig, von allen Werten einen Offset von 5120 abzuziehen und nur noch das verbleibende Differenzintervall 0.2...0.3 darzustellen.

Diese Aufgabe wird von der Prozedur OFFSET übernommen. Der entscheidende Punkt ist, an welcher Dezimalstelle der Wert von *Min* abzuschneiden ist, um einen vernünftigen Offset zu erhalten. Diese wird logischerweise durch $\mathcal{O}(\text{DIFFX})$ bestimmt. Wenn man letztere mit 10^k bezeichnet, so ist die relevante Größenordnung, bei der *Min* abzuschneiden ist, 10^{k+1}. Im vorliegenden Beispiel wäre das gerade $10^0 = 1$. Der korrekt abgeschnittenen Wert von *Min* ergibt sich folglich durch

$$\text{OFS} = \widetilde{Min} = trunc\left[\frac{Min}{10^{k+1}}\right] \times 10^{k+1}. \tag{6.44}$$

Die Berechnung dieser Größe ist ein typisches Beispiel dafür, wo man mit den kleinen Rundungsfehlern des Rechners böse ins Schleudern gerät. Die direkte Berechnung von OFS nach (6.44) produziert praktisch immer, solange nicht alle Größenordnungen bei 1 liegen, Rundungsfehler, die zu völlig falschen Ergebnissen führen. Im obigen Beispiel machen sich diese bei der Berechnung der *trunc*-Argumentes am deutlichsten bemerkbar. Bei der Wahl von $k = -1$ treten praktisch keine Rundungsfehler auf und es ergibt sich 5120 als Resultat der *trunc*-Prozedur. Geht man aber zu kleineren Größenordnungen ($k < -1$), so kommt man sehr rasch (bereits bei $k = -3$) an die Grenzen der Rechengenauigkeit (8087!), und man erhält 5119, da der Rechner bei der Division den Wert 5119.9999... berechnet hat. Hier hat die Anwendung der *trunc*-Prozdur fatale Folgen. Dieses Problem ließe sich beispielsweise durch die Verwendung von BCD-Zahlen (*Binary Coded Decimals*) umgehen. Da diese in der Version 4.0 aber nicht mehr vorhanden sind, muß man versuchen, solange wie möglich nur mit den dezimalen Ziffern der Mantisse und des Exponenten zu rechnen. Die Version der Berechnung, die in OFFSET abgedruckt ist, mag zwar umständlich erscheinen, ist aber numerisch wesentlich genauer als alle direkten Methoden (vorausgesetzt, man ist nicht bereit mehr Aufwand als nötig zu investieren). Trotzdem kann auch hier der Aufruf der *trunc*-Prozedur im Prinzip nicht umgangen werden. Zur Vermeidung von Überlauffehlern wird dazu die Prozedur RTRUNC verwendet, die die *trunc*-Prozedur mit Hilfe der Stringverarbeitung löst. Glücklicherweise tritt der hier behandelte Spezialfall in der Praxis fast nicht auf, da man hier in der Regel sowieso nur die Abweichungen von einem Offset betrachtet, und somit dem Algorithmus die bereits subtrahierten Werte anbietet. (*Auf die Problematik der Rundungsfehler wird in Kapitel 8 noch genauer eingegangen.*)

6.6.3 PLOT_IT

Die Prozedur PLOT_IT erledigt das Zeichnen eines Funktions- bzw. Meßpunktes. Dazu muß der Parameter MODE, der Werte zwischen 0 und 7 annehmen darf, beim Aufruf von DRAW_XY_GRAPH entsprechend spezifiziert werden. Liegt der MODE-Parameter nicht in diesem Bereich, so wird der Punkt grundsätzlich als kurze horizontale Linie markiert.

6.6.4 Das Skalierungsverfahren

Im anderen Fall ergeben sich je nach Wahl von MODE unterschiedliche Markierungsarten für die Punkte.

Zusätzlich zu den Punkten werden auch die Fehlerbalken als entsprechende Striche nach unten bzw. oben eingezeichnet.

6.6.4 Das Skalierungsverfahren

Zunächst wird der Bildschirm gelöscht und die Pointervariablen auf die Adressen der Übergabeparameter x1, y1 und err1 gelegt. Der Zugriff erfolgt dann wieder über variable Pointerfelder (siehe Kapitel 5). Danach werden nach dem bereits weiter oben beschriebenen Verfahren aus den Werten X und Y die Werte von MINX, MINY, MAXX und MAXY bestimmt. Anhand dieser Werte ist nun eine erste Orientierung bezüglich der zu wählenden Skalierung möglich. Im folgenden soll dies am Beispiel der X-Skalierung untersucht werden.

Zunächst ermittelt der Algorithmus die Differenz der Minimal- und Maximalwerte DIFFX. Ihr Wert ist die einzige Möglichkeit, anhand dessen eine automatische Bestimmung der Skalenweite durchgeführt werden kann. Dazu wird zuerst die Größenordnung $U = \mathcal{O}(\text{DIFFX})$ mit Hilfe der Funktion MANT_EXP10 bestimmt. Diese ist gerade durch den Wert $s = 10^{xp}$=xp10 gegeben. Eicht man DIFFX jetzt mit U in Einheiten dieser Größenordnung, so können sich für den umgeeichten Wert Δ definitionsgemäß nur mehr Werte zwischen 1 und 9.99999... ergeben. Anhand dieses Wertes kann jetzt eine Entscheidung getroffen werden, wie groß die Skalenweite zu wählen ist, damit sich eine vernünftige Skalierung ergibt. Ist Δ kleiner gleich 3, so ist es sinnvoll, die Markierung in $\frac{s}{2}$ Schritten vorzunehmen. Im Bereich $3 < \Delta \leq 6$ ist es dagegen besser, eine $1s$-Skalierung zu verwenden. Ist Δ schließlich größer als 6, so wird der Abstand der einzelnen Skalenpunkte zu klein für eine $1s$-Skalierung, und man verwendet zweckmäßigerweise nur noch eine Schrittweite von $2s$. Die so ermittelte Schrittweite wird als MARKX gespeichert, da sie die Grundlage für die endgültige Skalierung bildet. Der entscheidende Punkt bei der Ermittlung der Schrittweite ist, daß nicht die absolute Differenz DIFFX für ihre Bestimmung maßgeblich ist, sondern in erster Linie ihre Mantisse. Ist die so ermittelte Schrittweite MARKX jedoch kleiner als die wissenschaftliche Größenordnung 10^{sc-xp} von DIFFX, so müßten bei der Skalierung gebrochene Skalenwerte in Kauf genommen werden. Da aber für diese besser nur Integerwerte verwendet werden, empfiehlt es sich hier mit dem in ADJ_SC_NOT beschriebenen Verfahren den Wert des wissenschaftlichen Exponenten sc_xp und des zugehörigen Wertes sc_xp10=10^{xp} entsprechend nach unten zu korrigieren. Damit wird beispielsweise aus 0.5 die gleichwertige Schreibweise 500×10^{-3}.

Als nächstes bestimmt man die Werte, die in Einheiten der Skalenweite MARKX den Werten MINX und MAXX am nächsten liegen. Sie sind definiert als

$s = round(\frac{MaxX}{MarkX}) \times MarkX$
$r = round(\frac{MinX}{MarkX}) \times MarkX.$

Liegt r unterhalb von MINX, so nimmt man eine Korrektur von MINX vor, indem man MINX auf den Wert r setzt. Dasselbe gilt, wenn s oberhalb von MAXX liegt. Dadurch wird der Gesamtdarstellungsmaßstab so gewählt, daß die tatsächlichen Minimal- bzw. Maximalwerte jeweils einen minimalen Abstand zu den minimalen bzw. maximalen Skalenpunkten haben.

Ein Beispiel: Ist der Minimalwert -3×10^{-3} und der Skalenschritt MarkX = 100, so läßt man die Skala sinnvollerweise bei 0 beginnen und nicht bei -100, nur weil dann der

Minimalwert innerhalb der Skala läge. Dies wird gerade durch das obige Verfahren sichergestellt.

Da sich **MINX** und **MAXX** also eventuell geändert haben, muß die Differenz DIFFX neu berechnet werden. Aus ihrem Wert berechnet sich jetzt der Skalenfaktor für die X-Achse gemäß

$$ScaleX = \frac{560}{DiffX}.$$

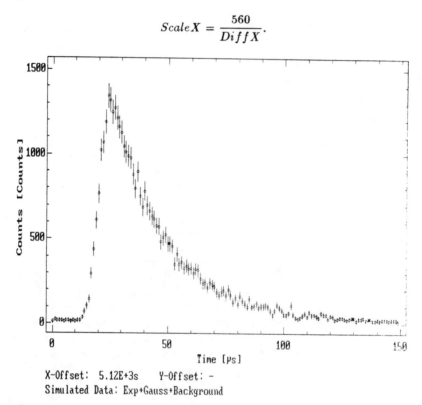

Bild 6-11 *Beispiel eines Meßpunkteplots, der mit der Prozedur DRAW_XY_GRAPH erstellt wurde*

Auf den Wert 560 kommt man wie folgt: In X-Richtung stehen insgesamt 640 Punkte zur Verfügung. Für den String, der zur Beschriftung der Y-Achse verwendet wird, benötigt man 14 Punkte (Höhe eines Zeichens im EGA-8x14-Font), für die Beschriftung der Y-Skalenpunkte insgesamt $4 \times 8 = 32$ Punkte, da diese bei dem beschriebenen Skalierungsverfahren maximal 4 Ziffern lang wird. Damit wird also für die Beschriftung der Y-Achse insgesamt ein Raum von 46 Punkten benötigt. Sinnvollerweise beginnt man dann die Grafik beim x-Wert 50 und es verbleiben $640 - 50 = 590$ Punkte. Da aber die Skalenstriche der Y-Achse auch noch etwas Platz benötigen, läßt man links und rechts 10 Punkte frei, womit dann noch 570 Punkte verbleiben. Schließlich kann die Beschriftung des maximalen X-Skalenpunktes wieder 4 Ziffern lang werden, wovon 2 rechts vom Skalenstrich liegen würden. Damit werden rechts vom letzten Skalenstrich noch mindestens 16 Punkte benötigt. 10 davon sind bereits durch die Einrückung für die Y-Skalenstriche vorhanden. Für die restlichen 6 rückt

6.6.4 Das Skalierungsverfahren

man dann nochmals 10 Punkte ein, was zu einem verfügbaren Platz von 560 Punkten führt.

Damit sind die wesentlichen Schwierigkeiten nun behoben. Zunächst wird die X-Achse in Schritten von `MARKX` skaliert und beschriftet, und anschließend dann eine Feinskalierung mit `MARKX/5` durchgeführt. Für die Y-Achse verfährt man anschließend vollkommen analog. An dieser Stelle ist es dann auch, vor Beginn der Beschriftung, mit `OFFSET` eine eventuelle Nullpunktskorrektur vorzunehmen. Die so ermittelten Offsets werden unter der Grafik, zusammen mit dem Namen der Grafik, ausgedruckt.

Da häufig, neben den Meßwerten selbst, auch noch andere Dinge in eine Grafik eingezeichnet werden sollen, müssen bestimmte Größen der Prozedur frei zugänglich sein. Es sind dies `MINX`, `MINY`, `OFSX`, `OFSY`, `SCALEX` und `SCALEY`. Der Punkt (x,y) in der Grafik befindet sich dann an der Bildschirmposition

$$(x,y) = (round(10+(x-\text{MINX}-\text{OFSX})\text{SCALEX}), round(270-(y-\text{MINX}-\text{OFSY})\text{SCALEY})).$$

Dabei wurde angenommen, daß mit `GraphWindow(50,1,629,282)` ein entsprechendes Grafikfenster gesetzt wurde, wodurch sich der Ursprung $(0,0)$ an die Position $(50,1)$ verschiebt.

7 Datenpräsentation

7.1 3D-Repräsentation gitterförmiger Daten

Neben den Höhenliniendarstellungen, die in Abschnitt 7.2 behandelt werden, findet man auch häufig die Darstellung von Daten in Form von sogenannten Netzgrafiken (FOL84, WEB85). Sie erlauben infolge ihrer Plastizität oftmals eine bessere Beurteilung der Höhenverhältnisse in einem Datensatz. (Im folgenden wird der Einfachheit halber die z-Koordinate eines Datensatzes als Höhe bezeichnet.) Um diese dreidimensionale Wirkung zu erzielen, müssen verdeckte Linien, in der Fachsprache als „Hidden Lines" bezeichnet, aus der Darstellung beseitigt werden. Der Nachteil dabei ist allerdings, daß oftmals große Datenmengen infolge einer solchen Verdeckung verloren gehen. Dies kann zum Teil durch die freie Rotierbarkeit der Daten wieder ausgeglichen werden, die Allumfassendheit der Höhenliniendarstellung läßt sich aber nicht erreichen.

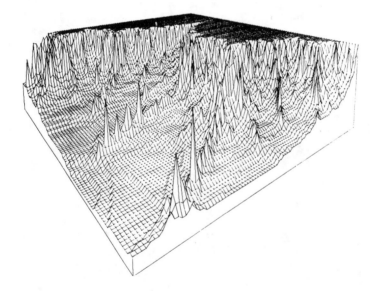

Bild 7-1 *Ausschnitt aus der Mandelbrotmenge $x_{i+1}=x_i^2+c$. Im hinteren Teil sind deutlich die Konturen des Apfelmännchens zu erkennen (PEI84, PEI86).*

7.1.1 Rotationsmatrizen

Für die Darstellung von Daten in Form von Netzgrafiken werden zwei elementare mathematische Operationen benötigt:
- Die Drehung eines Vektors mit Hilfe von Rotationsmatrizen
- Die Projektion eines Vektors in eine Ebene

7.1.1 Rotationsmatrizen

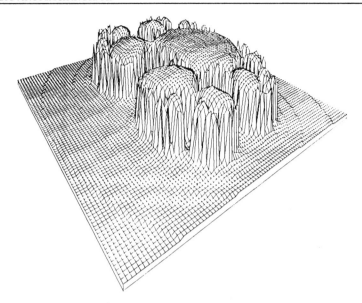

Bild 7-2 *Dreidimensionale Darstellung der Konvergenz-/Divergenzgeschwindigkeit einer thermodynamischen Renormierungsgruppe (PEI84, PEI86).*

An dieser Stelle soll keine ausführliche Ableitung der hierfür benötigten Formeln gebracht werden. Eine solche ist in jedem Buch über elementare Computergrafik zu finden (z.B. FOL84). Die folgende Ableitung beschränkt sich somit auf das Allernötigste.

$\vec{r}$ sei ein Ortsvektor in einem dreidimensionalen kartesischen Koordinatensystem. Es sollen nur Drehungen dieses Vektors um die x-, y- und z-Achse betrachtet werden. Man kann zeigen (GOL83), daß sich mit Hilfe von 3 Drehungen um zwei dieser Achsen, jede beliebige Drehung eines Vektors $\vec{r}$ erzielen läßt (Eulersche Winkel).

Den um einen bestimmten Winkel um diese Achsen gedrehten Vektor $\vec{r}'$ erhält man aus dem ursprünglichen Vektor $\vec{r}$ durch eine Orthonormaltransformation

$$\vec{r}' = R_i\,\vec{r} \quad ; i = x, y, z \tag{7.1}$$

Für die Drehungen um die einzelnen Achsen sind die Transformationsmatrizen R_i gegeben durch (WEB85)

$$R_x = \begin{pmatrix} 1 & 0 & 0 \\ 0 & \cos\alpha & -\sin\alpha \\ 0 & \sin\alpha & \cos\alpha \end{pmatrix} \tag{7.2a}$$

$$R_y = \begin{pmatrix} \cos\beta & 0 & \sin\beta \\ 0 & 1 & 0 \\ -\sin\beta & 0 & \cos\beta \end{pmatrix} \tag{7.2b}$$

$$R_z = \begin{pmatrix} \cos\gamma & -\sin\gamma & 0 \\ \sin\gamma & \cos\gamma & 0 \\ 0 & 0 & 1 \end{pmatrix} \tag{7.2c}$$

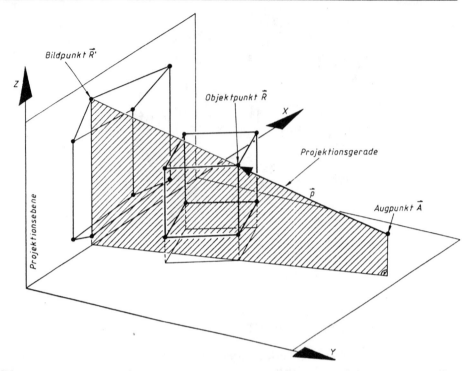

Bild 7-3

Für die Erzeugung von Netzgrafiken werden nur zwei Drehungen benötigt: Eine Drehung um die x-Achse, um die Darstellung geeignet zu kippen, und eine Drehung um die z-Achse, um die Daten von der richtigen Position aus zu betrachten.

Bei der Kombination von Rotationsmatrizen ist es, wie bei allen Matrizenmultiplikationen, von entscheidender Bedeutung, in welcher Reihenfolge sie angewandt werden, da Matrizenmultiplikationen im allgemeinen nicht kommutativ sind. Damit die Darstellung auch tatsächlich die gewünschte Neigung aufweist, muß folglich *zuerst* um die z-Achse und anschließend um die x-Achse gedreht werden. Damit erhält man für die gewünschte Rotationsmatrix

$$R = \begin{pmatrix} \cos\gamma & -\sin\gamma & 0 \\ \cos\alpha\sin\gamma & \cos\alpha\cos\gamma & -\sin\alpha \\ \sin\alpha\sin\gamma & \sin\alpha\cos\gamma & \cos\alpha \end{pmatrix} \quad (7.3)$$

7.1.2 Zentralprojektionen

Der zweite wichtige Punkt, die Projektion, kann durch eine Betrachtung der Zentralprojektion abgehandelt werden, da der Spezialfall der Parallelprojektion darin als Grenzfall eines unendlich fernen Projektionszentrums enthalten ist. Dabei soll ein Objekt, gegeben durch die Ortsvektoren $\vec{r}_i$, in eine der Koordinatenebenen, z.B. die xz-Ebene projiziert werden. Bei der Zentralprojektion hängt hierbei die Richtung des Projektionsvektors $\vec{p}$ stets von der Position $\vec{a}$ des Projektionszentrums (dem Auge eines imaginären Betrachters) ab. Die Projektionsrichtung $\vec{p}$ ist dann durch den Differenzvektor $\vec{p} = \vec{r} - \vec{a}$ von Objektvektor $\vec{r}$ und Augenvektor $\vec{a}$ definiert.

7.1.3 Datenspeicherung

Damit gilt für die Projektionsgerade $\vec{g}(\lambda)$:

$$\vec{g}(\lambda) = \vec{a} + \lambda \vec{p} \tag{7.4}$$

Den projizierten Punkt $\vec{r}'$ erhält man durch die Bedingung

$$g_y(\lambda) = 0. \tag{7.5}$$

Damit ergibt sich sofort

$$g_y = 0 \Leftrightarrow a_y + \lambda p_y = 0 \rightarrow \lambda = -\frac{a_y}{p_y} = -\frac{a_y}{r_y - a_y} \tag{7.6a}$$

Einsetzen in Gleichung (7.4) liefert

$$\begin{aligned} g_{x/y} &= a_{x/y} - \frac{a_y}{r_y - a_y}(r_{x,z} - a_{x,z}) \\ &= \frac{1}{r_y - a_y}\left(r_y a_{x/z} - a_{x/z} a_y - r_{x/z} a_y + a_{x/z} a_y\right) \\ &= \frac{1}{r_y - a_y}\left(r_y a_{x/z} - r_{x/z} a_y\right) \end{aligned} \tag{7.6b}$$

und für die Projektion in die xz-Ebene ergibt sich somit die Projektionsgleichung

$$\vec{r}' = \frac{1}{r_y - a_y} \begin{pmatrix} -a_y & a_x & 0 \\ 0 & 0 & 0 \\ 0 & a_z & -a_y \end{pmatrix} \begin{pmatrix} r_x \\ r_y \\ r_z \end{pmatrix}. \tag{7.6}$$

Im Programm wird diese Form nicht verwendet, sondern eine etwas geänderte Projektionsformel. Eine ausführliche Begründung für ihre Verwendung wird in Abschnitt 7.1.4 angegeben.

7.1.3 Datenspeicherung

Die Daten, die die Grundlage der Darstellung bilden, sollen in einem zweidimensionalen Feld, bestehend aus x- und y-Koordinate, abgespeichert werden. Dazu ist es notwendig, daß die Daten in Form eines in x- und y-Richtung jeweils äquidistanten Gitters vorliegen. Des weiteren ist der maximale Speicherplatz, der ohne größeren Aufwand beansprucht werden kann, gerade 64kByte. Um möglichst viele Datenpunkte unterbringen zu können, muß das Speicherfeld also zwei Forderungen erfüllen: Erstens sollen die Daten, ohne Verlust der Auflösung, mit minimalem Platzaufwand gespeichert werden, zweitens sollen sich auch die projizierten Daten im selben Speicherbereich ablegen lassen, um nicht unnötig Speicherplatz zu verschwenden.

Aufgrund der ersten Forderung bietet sich eine Speicherung in Form eines Integerfeldes an. Daß dabei keine Einbußen bei der Auflösung erlitten werden, wenn z.B. Real-Daten in Integer-Daten umgewandelt werden müssen, ist einfach zu sehen: Nützt man den gesamten Integerbereich von 65536 möglichen Höhendifferenzierungen aus, gegebenenfalls mit Hilfe einer Eichskalierung, so hat man rechnerisch immer noch eine um den Faktor 10 bessere Auflösung als man sie in der Darstellung überhaupt erreichen kann. Auf dem EGA-Bildschirm können beispielsweise unmöglich mehr als 350 Höhendifferenzierungen dargestellt werden, weil die Auflösung des Bildschirms nur 350 Punkte in y-Richtung beträgt. Selbst mit einem Plotter wird man nicht mehr als ungefähr 3000 Höhendifferenzierungen darstellen können. Gute Plotter können den Stift zwar auf 0.01 mm oder genauer plazieren, allerdings ist die Breite der gezeichnete Linie in der Regel nicht kleiner als 0.5mm, so daß dieser Wert theoretisch bleibt.

Sollte die Integer-Auflösung tatsächlich einmal nicht mehr ausreichen (was nicht zu erwarten ist), so kann immer noch auf eine Longinteger-Speicherung zurückgegriffen werden. Der damit gewonnene Platzvorteil ist immer noch vom Faktor 2 gegenüber der Speicherung mit Doublezahlen, die 8 Bytes im Gegensatz zu den 4 Bytes bei Longinteger-Daten benötigen. Man sollte sich dabei aber der Tatsache bewußt sein, daß man die Höhendifferenzierung zwar darstellen, als Betrachter einer solch dreidimensionalen Darstellung aber derart minimale Höhenunterschiede auf gar keinen Fall mehr erkennen kann.

Wie sich bei der Behandlung der „Hidden Lines" gleich zeigen wird, ist es aus Rechenzeitgründen vorzuziehen, die Daten nach dem Laden bereits in der endgültigen Form, d.h. rotiert und projiziert, abzuspeichern. Dazu müssen jeweils die Bildschirm-Koordinaten (Plotter-Koordinaten) x_{scr} und y_{scr} gespeichert werden. Mit Hilfe der Unit VARFIELD kann für x_{scr} und y_{scr} jeweils ein FFF0h Bytes großes Feld *beliebiger* Dimensionen beansprucht werden. Die Dimensionen unterliegen nur der Beschränkung, daß das Produkt $Dim_x \times Dim_y \times 2$ maximal den Wert FFF0h-2= FFEEh annehmen darf. Für die Bewältigung des Programms benötigt der Rechner bei dieser Dimensionierung dann aber einen Hauptspeicher von mindestens 512kByte, wenn das Programm noch online in den Speicher compiliert werden soll, da die beiden Felder jeweils 64kByte, das Programm etwa 40kByte und der Compiler nocheinmal gut 150kByte benötigen.

7.1.4 Hidden Lines

Die wesentliche Schwierigkeit bei der Erstellung von Netzgrafiken ist die Beseitigung verdeckter Linien. Aufgrund unterschiedlicher Höhen werden sich bei Teilen der Grafik optische Verdeckungen ergeben. Es gilt ein Kriterium zu finden, das eine Entscheidung zuläßt, *wann* eine Linie verdeckt wird. Dazu geht man von folgender trivialer, aber elementarer Erkenntnis aus: Eine weiter vom Betrachter entfernte Fläche kann niemals eine näher beim Betrachter liegende Fläche verdecken, wohl aber umgekehrt. Jeder Algorithmus, der die Verdeckung von Linien berücksichtigen soll, wird also stets zunächst die näherliegenden und später die entfernteren Linien zeichnen. (Diese Forderung ist lediglich bei plottercompatiblen Algorithmen zwingend, wenn keine aufwendige Zwischenspeicherung vorgenommen werden soll.)

Bei Netzgrafiken läßt sich ein solcher Algorithmus relativ einfach implementieren, da hier keine Tiefensortierung der Linien vorgenommen werden muß. Die Entfernung der jeweiligen Linien vom Betrachter läßt sich vielmehr bereits aus der Kenntnis der Drehwinkel ermitteln, da die Entfernungen vor dem Drehen ja bekannt sind.

Um das Verständnis zu erleichtern sollen zunächst nur quadratische Gitter behandelt werden, d.h. Gitter, in denen $Dim_x = Dim_y$ gilt. Hier kann man sich sogar auf die Behandlung eines Spezialfalles beschränken. Die Verallgemeinerung auf beliebig dimensionierte Gitter ist dann nicht mehr schwer.

Die z-Achse verlaufe senkrecht durch den Mittelpunkt des quadratischen Gitters. Bei jeder Drehung um ein Vielfaches von $\frac{\pi}{2}$ um diese Achse wird das Gitter auf sich selbst abgebildet. Man kann also durch geeignete Abspeicherung der Daten die Drehung auf eine Drehung zwischen den Winkeln $-\frac{\pi}{4}$ und $\frac{\pi}{4}$ beschränken.

7.1.4 Hidden Lines

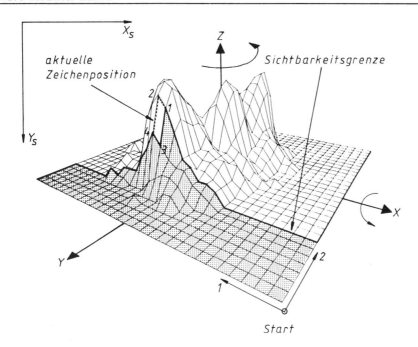

Bild 7-4 *1: Primäre Zeichenrichtung, 2: Sekundäre Zeichenrichtung. Der schattierte Bereich ist bereits gezeichnet. Neu gezeichnete Punkte, deren Bildschirmkoordinate y_{sc} an der Stelle x_{sc} größer als der y_{sc}-Wert der Sichtbarkeitsgrenze an dieser Stelle ist, sind unsichtbar. Als nächstes wird das markierte Quadrat an der aktuellen Zeichenposition gezeichnet. Die Zahlen 1-4 geben die Nummern der einzelnen Punkte in der Definition an, in der sie später im Programm verwendet werden.*

Um die verdeckten Linien zu unterdrücken, definiert man jetzt eine Sichtbarkeitsgrenze. Darunter ist folgendes zu verstehen: Es wurde bereits gesagt, daß das Gitter in einer Reihenfolge gezeichnet werden muß, in der man sich von naheliegenden zu entfernten Gitterquadraten bewegt. In der Sprache des projizierten Gitters bedeutet das, daß man sich von den tiefliegenden Gitterpunkten zu den höherliegenden vorarbeiten muß. (Es werden nur Neigungen des Gitters berücksichtigt, die den Betrachter von oben auf das Gitter blicken lassen.) In der in Bild 7-4 dargestellten Drehsituation läßt sich das erreichen, indem man das Gitter zeilenweise von unten nach oben abarbeitet. Eine Zeile ist dabei durch die primäre Zeichenrichtung definiert. Wie man sich leicht überlegen kann, ist diese als die dem Betrachter zugewandte Frontseite des Gitters definiert. Diese Seite hat eine besondere Eigenschaft: Zeichnet man das Gitter in Zeilen, die parallel zu dieser Seite des Gitters verlaufen, so bewegt man sich in der geforderten Art und Weise von nahen zu fernen Punkten. Die gezeichneten projizierten Gitterquadrate definieren somit eine Obergrenze, unterhalb derer keine der später gezeichneten Linien mehr sichtbar sein kann. Dies ist die sogenannte Sichtbarkeitsgrenze.

Wie sieht nun die praktische Implementierung dieser Sichtbarkeitsgrenze aus? Auf dem Bildschirm besteht eine Linie aus einer Folge von aneinandergereihten Punkten. Beim Plotter wird zwar eine physikalische Linie gezeichnet, doch ist durch die Positionierungsgenauigkeit ebenfalls eine Rasterung vorgegeben. Damit kann ein Plotter ebenfalls als Bildschirm mit lediglich besserer Auflösung betrachtet werden. Man kann also eine Sichtbarkeitsgrenze definieren, indem zu jeder möglichen x-Koordinate ein Sichtbarkeitswert definiert wird. Ist ein y-Wert größer als dieser Wert, so ist der entsprechende Punkt sichtbar, ansonsten nicht. Damit ist dann das Problem der verdeckten Linien gelöst. Es muß nur für jedes Rasterelement der Linie untersucht werden, ob es sichtbar ist oder nicht. Bevor wir uns jetzt mit dem „Hidden Line"-Algorithmus beschäftigen, wie angekündigt noch einige Worte zum Projektionsverfahren:

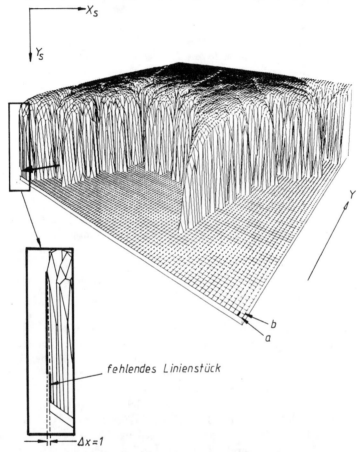

Bild 7-5 *Projektionsbedingte Fehler*

Betrachtet man Bild 7-5 genauer, so erkennt man in dem markierten Gebiet linksaußen eine Linie, die nicht durchgezogen ist. Für das Verständnis des folgenden ist es wichtig, daß man sich klar macht, daß es sich dabei um eine Linie handelt, die zu dem rechts unten markierten kurzen Linienstück äquivalent ist. Ebenso wie dieses führt sie von einem Gitterpunkt mit der Y-Koordinate a zu einem Gitterpunkt mit der Y-Koordinate b. Bei dem kurzen Linienstück ist aber die Bildschirm-Koordinate $X_s(a)$ des Endpunktes auf der Linie $Y = a$ kleiner als die Bildschirm-Koordinate $X_s(b)$, während dies bei der unvollständigen Linie, wie in der Vergrößerung markiert,

7.1.4 Hidden Lines

offensichtlich nicht der Fall ist. Dabei wurde die Linie bewußt in einer Rasterform gezeichnet, in der der obere und untere Linienteil jeweils senkrecht mit einer gegenseitigen Verschiebung $\Delta x = 1$ verlaufen. Der Algorithmus zur Beseitigung der verdeckten Linien geht davon aus, daß die Annahme $X_s(a) \leq X_s(b)$ **immer** erfüllt ist. In der Regel trifft das auch zu. In einigen Fällen kann es aber passieren, daß $X_s(a) > X_s(b)$ gilt, und damit diese Annahme verletzt wird. Die Ursache liegt in der Verwendung der Zentralprojektion: Wenn man Bild 7-3 betrachtet, so sieht man, daß die näherliegende Frontfläche des Würfels in der Projektion wesentlich größer erscheint als die entferntere. Dies resultiert aus der Tatsache, daß die näherliegende Fläche einen größeren Raumwinkel $d\omega$ als die entferntere einnimmt. Überträgt man diese Erkenntnis jetzt auf das Zeichnen der Netzgrafiken, so kann es insbesondere bei großen Neigungen der Netzebene, hoher Anzahl der Datenpunkte ($\Rightarrow$ kleine Abstände $\Delta X, \Delta Y$), und wenn Punkte mit stark unterschiedlichen Z-Werten verbunden werden sollen, dazu kommen, daß ein Punkt $(X(b), Y(b))$, für dessen Projektion $(X_s(b), Y_s(b))$ eigentlich gelten sollte $X_s(b) > X_s(a)$, aufgrund eines hohen Z-Werts und der Neigung der Ebene räumlich näher beim Betrachter liegt als der Punkt $(X(a), Y(a))$. Er wird daher wesentlich stärker nach außen projiziert werden als dieser. In dem oben gezeigten Beispiel ist gerade das passiert. Bei Verwendung einer Parallelprojektion anstelle der Zentralprojektion würde dieses Problem nicht auftreten. Das sich ergebende Bild würde optisch aber wesentlich schlechter wirken als die Zentralprojektion, da der Eindruck der Tiefe verloren ginge.

Mit Hilfe der letzten Bemerkung kann das Problem aber mit relativ einfachen Mitteln behoben werden: Da in erster Linie auf die optische Erscheinung des Bildes Wert gelegt wird, kann man auch zu einem Projektionsverfahren übergehen, daß mathematisch nicht mehr so sauber ist wie die Zentralprojektion. Das ist möglich, solange keine optisch sofort erkennbaren Abweichungen von der Zentralprojektion auftreten. Das folgende Verfahren hat sich in der Praxis als besonders einfach und gangbar erwiesen: Für die Bestimmung der Bildschirmkoordinate x_{scr} wird anstelle des Punktes (x, y, z) der Punkt

$$\left(x, y, \frac{z}{1 + \frac{1}{40} MaxDim}\right); \quad MaxDim = Max(Dim_x, Dim_y)$$

verwendet. Dadurch werden alle Linien in Z-Richtung, wie in Bild 7-5 angedeutet, etwas nach innen gedreht. Diese Drehung wird um so stärker bemerkbar, je größer die maximale Dimension wird und je kleiner damit der Abstand Δ_{scr} zweier Gitterpunkte auf dem Bildschirm wird. Mathematisch handelt es sich bei diesem Verfahren gerade um eine Interpolation zwischen Zentral- und Parallelprojektion für die Projektion der x_{scr}-Koordinate. Bei der Parallelprojektion werden alle Punkte gerade so behandelt, als wenn sie für die x_{scr}-Projektion dieselbe Z-Koordinate $z = 0$ hätten.

Als nächstes soll jetzt die Implementierung der Sichtbarkeitsgrenze behandelt werden. Um das Verfahren zu beschleunigen, wird hierzu der Bresenham-Algorithmus etwas abgewandelt, da er zum Berechnen der Elemente einer Linie nach wie vor das schnellste Verfahren ist.

```
{ Listing der Subroutinen aus DHIDE4.PAS }
var upper_border: array [0..1920] of integer;
procedure INIT_BORDERS;
```

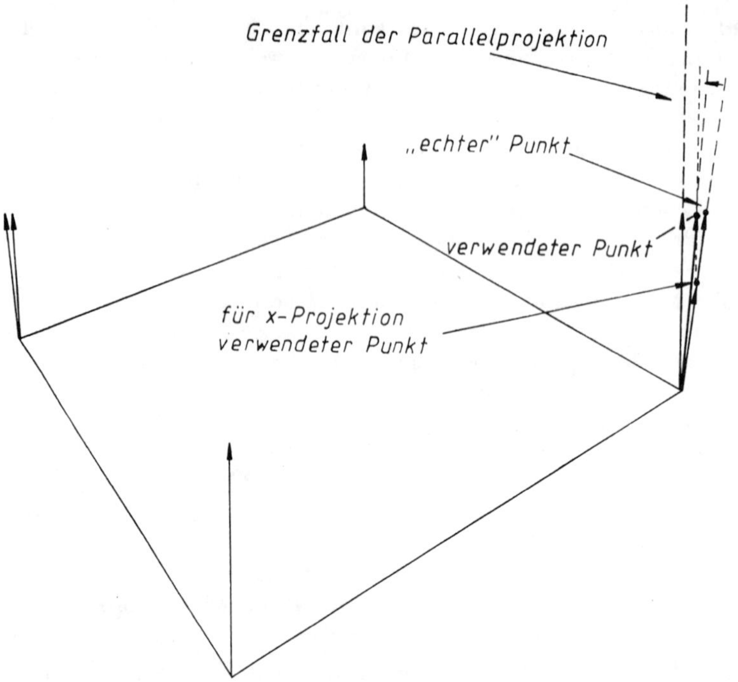

Grenzfall der Parallelprojektion

„echter" Punkt

verwendeter Punkt

für x-Projektion
verwendeter Punkt

Bild 7-6

```
var i: integer;
begin
 for i := 0 to 1920 do
   upper_border[i] := 2670;
end;

procedure HDRAW (x1,y1,x2,y2,color: integer; exception:boolean);

var dx,dy,d,
    incr1,
    incr2,
     dir,
     max,
     min,
    sx,sy,     { Start }
    ax,ay,
     x,y,
     xend: integer;
    hideu,
    hidel,
      fin,
      alt: boolean;
  procedure XCHG (var x,y: integer);
  var k: integer;
```

7.1.4 Hidden Lines

```
  begin
   k := x; x := y; y := k;
  end;

begin
 dx := abs(x2-x1);                        { Init of line procedure }
 dy := abs(y2-y1);
 if not( (dx=0) and (dy=0) ) then
  begin
   if exception then                      { No hidden line criterium }
    ddraw(x1,y1,x2,y2,color);
   alt := (dx<dy);
   if alt then
    begin
     xchg(dx,dy);
     xchg(x1,y1);
     xchg(x2,y2);
    end;
   if x2<x1 then
    begin
     xchg(x1,x2);
     xchg(y1,y2);
    end;

   d := dy shl 1-dx;
   incr1 := dy shl 1;
   incr2 := (dy-dx) shl 1;

   if y2<y1 then
    begin
     dir := -1;
      if alt then
       begin
        x := y2; y := x2;
       end
      else
       begin
        x := x2; y := y2;
       end;
     xend := x1;
    end
   else
    begin
     dir := 1;
      if alt then
       begin
        x := y1; y := x1;
       end
      else
```

```
         begin
           x := x1; y := y1;
           end;
         xend := x2;
       end;
      hideu := (y>upper_border[x]);      { Check visibility of 1. point }
      max := y;                          { Init max }
      ax := x; ay := y;                  { Save first point }
      if not hideu then                  { If 1.point istn't visible, }
       begin                             { store it in S too. }
        sx := x; sy := y;
       end;

      repeat                             { Line algorithm }
       if not alt then x := x+dir
       else y := y+dir;
       if d<0 then d := d+incr1
       else
        begin
         if alt then x := succ(x)
         else y := succ(y);
         d := d+incr2;
        end;

      if x<>ax then                      { If new column init max }
       begin                             { to new value and set }
        if max<upper_border[ax] then     { upper_border to new }
         upper_border[ax] := max;        { value. }
        max := y;
       end
      else                               { If same column determine }
       begin                             { just min and max. }
        if y<max then max := y;
        if y>min then min := y;
       end;

{ CHECK UPPER BORDER -- VISIBILITY CHECK }

      if y<=upper_border[x] then         { Present point visible: }
       begin
        if hideu then                    { If last point was hidden, }
         begin                           { save the present point as }
          sx := x;                       { starting point of your line }
          sy := y;                       { and reset hideu to visible. }
          hideu := false;
         end;
       end
      else                               { Present point invisible: }
       if not hideu then                 { If last point was visible, }
```

7.1.4 Hidden Lines

```
            begin                         { draw your line to present }
              if not exception then       { position and reset hideu }
                ddraw(sx,sy,ax,ay,color); { to invisible }
              hideu := true;
            end;
          ax := x;                        { Store your present point }
          ay := y;
          if alt then fin := (y=xend)     { End of Line-Check }
          else fin := (x=xend);
        until fin;
                                          { Final Check: }
        if not hideu then                 { If last point of line was }
          if not exception then           { visible don't forget to }
            ddraw(sx,sy,x,y,color);       { draw your line ! }
        if max<upper_border[x] then upper_border[x] := max;
      end;
    end;
```

Die oben definierte Prozedur **HDRAW** zeichnet die Verbindungsgerade zweier Gitterpunkte unter Berücksichtigung der Sichtbarkeitsgrenze. Als Teilproblem muß dabei ein Punkt A (x_{scr}-Koordinate x_0) mit einem Punkt B (x_{scr}-Koordinate x_0+1) verbunden werden. Für die Lage der Punkte A und B in Bezug auf die Sichtbarkeitsgrenze sind folgende Situationen möglich:

1) A und B liegen oberhalb der Sichtbarkeitsgrenze
2) A und B liegen unterhalb der Sichtbarkeitsgrenze
3) A liegt unterhalb, B oberhalb
4) A liegt oberhalb, B unterhalb

In den Fällen 1 und 2 ergeben sich keine Probleme, da im Fall 1 einfach die Verbindungsgerade A-B gezeichnet werden kann, während sie im Fall 2 gar nicht sichtbar wird. Problematisch sind allein die Fälle 3 und 4. Hier ist die Verbindungsgerade nur teilweise sichtbar und es muß der Schnittpunkt aus Sichtbarkeitsgrenze und Verbindungsgerade bestimmt werden.

Wie bereits früher erwähnt, genügt eine Rasterbehandlung der einzelnen Linien vollkommen. Bild 7-7 zeigt eine Ausschnittsvergrößerung für das Schnittproblem mit der Sichtbarkeitsgrenze. Zunächst soll der Fall betrachtet werden, daß die Linie in Richtung des Pfeils a gezeichnet wird. Dies entspricht dem Fall 3) der obigen Aufzählung. **HDRAW** beginnt unten mit dem „Hidden"-Teil und vergleicht bei jedem ermittelten Rasterpunkt den y-Wert des Punktes mit dem für die x-Koordinate gültigen Sichtbarkeitswert. Ist dieser größer (in Bildschirmkoordinaten läuft y von oben nach unten!) als der Sichtbarkeitswert, so ist der Punkt verdeckt. Sobald ein Rasterpunkt der Linie mit dem gültigen Sichtbarkeitswert identisch ist, merkt sich der Algorithmus diesen Wert als Startpunkt (S_x, S_y) einer sichtbaren Linie. Gleichzeitig merkt er sich diesen Punkt als letzten Arbeitspunkt (A_x, A_y) und setzt die Variable **MAX** auf den Wert A_y. Diese soll letztendlich, wie in Bild 7-7 markiert, die y-Koordinate des am höchsten liegenden Pixels eines vertikalen Linienelements annehmen. Beim nächsten Punkt, im Fall a ist das das zweite ausgefüllte Karo von unten, führt er dann drei Tests durch:

114   7 Datenpräsentation

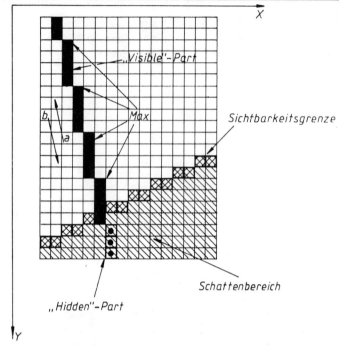

Bild 7-7 *Ausschnitt zur Ermittlung des Schnittpunkts mit der Sichtbarkeitsgrenze*

Zunächst testet er, ob der Punkt über der Sichtbarkeitsgrenze liegt. Ist dies der Fall, so vergleicht er die x-Koordinate x des Pixels mit der letzten Arbeits-x-Koordinate A_x. Sind diese identisch, so ersetzt er die Werte in (A_x, A_y) durch (x, y) und merkt sich damit den momentanen Punkt als letzten Arbeitspunkt. Außerdem vergleicht er als drittes den Wert von y mit **MAX**. Ist diese kleiner als **MAX**(Pixel liegt höher), so ersetzt er den Wert in **MAX** durch y. Sind x und A_x hingegen verschieden, so setzt er den Sichtbarkeitswert, der zur x-Koordinate A_x gehört, auf den neuen Wert **MAX**. Dadurch wird der Sichtbarkeitswert immer korrekt auf das jeweils obere Ende eines vertikalen Linienelements gesetzt. Anschließend wird (A_x, A_y) wieder durch (x, y) und **MAX** durch y ersetzt und das nächste Linienelement bestimmt.

Der bislang behandelte Fall beschreibt eine auftauchende Linie. Im Fall b wird eine verschwindende Linie beschrieben. Das Verfahren ist mit dem von Fall a identisch, nur daß jetzt, sobald ein Pixel nicht mehr sichtbar ist, eine Linie vom gemerkten Startpunkt (S_x, S_y) zum letzten sichtbaren Arbeitspunkt (A_x, A_y) gezeichnet wird.

7.1.5 SCALAWR5.PAS

Die folgende Subroutine ist als eigenes Include-File abgespeichert, um die Gliederung der anschließend gedruckten **Unit THREED** (Three D = 3D) nicht zu beeinträchtigen. Sie übernimmt nach erfolgtem Zeichnen die Beschriftung der Achsen. Die Skalenpunkte werden dabei wie folgt beschriftet: Die z-Achse wird an drei Skalenpunkten, z_{min}, z_{max} und $(z_{max} + z_{min})/2$ beschriftet. Es werden soviele Nachkommastellen geschrieben, wie sie durch die Variable **DIGITS** in der später gedruckten **Unit PARA3D** definiert werden.

Bei x- und y-Achse werden die Skalenpunkte so gewählt, daß der Abstand gerade

7.1.5 SCALAWR5.PAS

$10^{-digits}$ beträgt und sich gerade auf die durch DIGITS bestimmte Stelle genaue Skalenpunkte ergeben. Der erste und letzte Skalenpunkt werden jeweils nicht gezeichnet, da an diesen Punkten die Skalenbeschriftungen dazu neigen, sich an der Grenze x/y-Achse zu überlappen.

```pascal
function ENABLE_VCHARS: boolean;
var c: file of vector_chars;
    k: boolean;
begin
 getmem(VChars,1280);
 assign(c,'VCHARS.BIN');
 {$i-}
 reset(c);
 {$i+}
 k := (ioresult=0);
 if k then read(c,VChars^);
 close(c);
 enable_vchars := k;
end;

procedure SCALE_AND_WRITE;
var sc_vec: array [1..2] of screenpoint;
        xs: array [1..4] of screenpoint;
    last_x: screenpoint;
    e1,e2,p: vector;
         i: integer;
    hd,min,
    dim_x,
    dim_x2,
    dim_y,
    dim_y2,
      r,s,
     step,
    lower,
       rr,
    discr,
    convers,
    xtstart,
    ytstart,
    ztstart: double;
        st: string[80];

 procedure MOVEPV (x:vector);
 begin
  rot_pro(x,last_x.x,last_x.y);
 end;

 procedure RELDRAWPV (x:vector; color: integer);
```

```
   var x1: screenpoint;
 begin
  rot_pro(x,x1.x,x1.y);
    ddraw(last_x.x,last_x.y,x1.x,x1.y,color);
  last_x := x1;
 end;

 procedure DRAWPV(x1,y1,z1,x2,y2,z2:real;color:integer);
 var  v1,v2: screenpoint;
           p: vector;
 begin
  p[1] := x1; p[2] := y1; p[3] := z1;
  rot_pro(p,v1.x,v1.y);
  p[1] := x2; p[2] := y2; p[3] := z2;
  rot_pro(p,v2.x,v2.y);
    ddraw(v1.x,v1.y,v2.x,v2.y,color);
 end;

 procedure DRAW_PV_STRING( x,e1,e2: vector;
                                 size: real;
                                    s: str255;
                                color: integer);

 var i,k: integer;
       r: real;

  procedure DRAW_VCHAR(nr: integer);

  label exit;

  var ofs,a,b,k: integer;
              y: vector;
  begin
  with VChars^ do
   begin
    ofs := charofs[nr];
    if vchar[ofs]=$FF then goto exit;
    a := vchar[ofs] shr 4;
    b := vchar[ofs] and $0F;
    for k := 1 to 3 do
      y[k] := x[k]+e1[k]*size*(i+a/8)+e2[k]*size*b/8;
    movepv(y);
    while vchar[ofs]<>$ff do
     begin
      if vchar[ofs] = $FE then
       begin
        ofs := succ(ofs);
        if vchar[ofs]=$FF then goto exit;
        a := vchar[ofs] shr 4;
        b := vchar[ofs] and $0F;
        for k := 1 to 3 do
```

7.1.5 SCALAWR5.PAS

```pascal
            y[k] := x[k]+e1[k]*size*(i+a/8)+e2[k]*size*b/8;
          movepv(y);
         end
        else
         begin
          a := vchar[ofs] shr 4;
          b := vchar[ofs] and $0F;
          for k := 1 to 3 do
            y[k] := x[k]+e1[k]*size*(i+a/8)+e2[k]*size*b/8;
          reldrawpv(y,color);
         end;
        ofs := succ(ofs);
      end;
    end;
   exit:
   end;

 begin
  if not VCharAvail then
    VCharAvail := enable_VChars;

  r := sqrt(sqr(e1[1])+sqr(e1[2])+sqr(e1[3]));
  for k := 1 to 3 do e1[k] := e1[k]/r;
  r := sqrt(sqr(e2[1])+sqr(e2[2])+sqr(e2[3]));
  for k := 1 to 3 do e2[k] := e2[k]/r;
  if VCharAvail then
    for i := 0 to ord(s[0])-1 do
      draw_VChar(ord(s[i+1]));
 end;


procedure GETBORDER;
begin
 case select of
   0: begin
        xs[1].x := aget(xb^,0,0);         xs[1].y := aget(yb^,0,0);
        xs[2].x := aget(xb^,0,ydim);      xs[2].y := aget(yb^,0,ydim);
        xs[3].x := aget(xb^,xdim,ydim);   xs[3].y := aget(yb^,xdim,ydim);
        xs[4].x := aget(xb^,xdim,0);      xs[4].y := aget(yb^,xdim,0);
      end;
   1: begin
        xs[4].x := aget(xb^,0,0);         xs[4].y := aget(yb^,0,0);
        xs[1].x := aget(xb^,0,ydim);      xs[1].y := aget(yb^,0,ydim);
        xs[2].x := aget(xb^,xdim,ydim);   xs[2].y := aget(yb^,xdim,ydim);
        xs[3].x := aget(xb^,xdim,0);      xs[3].y := aget(yb^,xdim,0);
      end;
   2: begin
        xs[3].x := aget(xb^,0,0);         xs[3].y := aget(yb^,0,0);
        xs[4].x := aget(xb^,0,ydim);      xs[4].y := aget(yb^,0,ydim);
        xs[1].x := aget(xb^,xdim,ydim);   xs[1].y := aget(yb^,xdim,ydim);
```

```
            xs[2].x := aget(xb^,xdim,0);     xs[2].y := aget(yb^,xdim,0);
          end;
       3: begin
            xs[2].x := aget(xb^,0,0);        xs[2].y := aget(yb^,0,0);
            xs[3].x := aget(xb^,0,ydim);     xs[3].y := aget(yb^,0,ydim);
            xs[4].x := aget(xb^,xdim,ydim);  xs[4].y := aget(yb^,xdim,ydim);
            xs[1].x := aget(xb^,xdim,0);     xs[1].y := aget(yb^,xdim,0);
          end;
     end;
  end;

{ MAIN SCALE_AND_WRITE }

begin
 getborder;
 step  := exp(-digits*ln(10));           { Scaling step-width }
 discr := 0.1*step;                      { Scale discriminator }
 dim_x := xdim*scx;  dim_y := ydim*scy;
 dim_x2 := dim_x/2; dim_y2 := dim_y/2;
 xtstart := m_s*ord( x_text[0] )/2;
 ytstart := m_s*ord( y_text[0] )/2;
 ztstart := m_s*ord( z_text[0] )/2;

 ddraw(lp[2].x,lp[2].y,lp[3].x,lp[3].y,l_c);
 ddraw(xs[2].x,xs[2].y,lp[2].x,lp[2].y,l_c);
 ddraw(xs[3].x,xs[3].y,lp[3].x,lp[3].y,l_c);

 { Z-AXIS DESCRIPTION }

     if wt<=0 then
      begin
       if lp[1].x<lp[2].x then              { Base Line }
         ddraw(lp[1].x,lp[1].y,lp[2].x,lp[2].y,l_c);
          case select of
           0: begin
               if lp[1].x<lp[2].x then   { Select correct coordinate }
                 p[2] := -dim_y2
               else
                 p[2] := dim_y2;
               drawpv(-dim_x2,p[2],zmin,-dim_x2,p[2],zmax,l_c);
               e1[1] := 1; e1[2] := 0; e1[3] := 0;  { Script vectors }
               e2[1] := 0; e2[2] := 0; e2[3] := -1;
               min := -dim_x2-1;              { Position of Axis-Text }
               for i := 0 to 2 do             { Scale z-axis: }
                begin
                  hd := (zmax-zmino)/2*i+zmino;
                  drawpv(-dim_x2,p[2],hd,-dim_x2-0.5,p[2],hd,l_c);
                  p[3] := hd+s_s*6/8;
                  str(z_min_T+(i/2)*(z_max_T-z_min_T):0:digits,st);
                  p[1] := -dim_x2-1-s_s*ord(st[0]);
```

7.1.5 SCALAWR5.PAS

```pascal
          if p[1]<min then min := p[1]-0.5;
          draw_pv_string(p,e1,e2,s_s,st, s_c);
         end;
        p[1] := min-m_s*14/8; p[3] := -ztstart; { Axis-Text }
        e1[1] := 0; e1[2] := 0; e1[3] := 1;
        e2[1] := 1; e2[2] := 0; e2[3] := 0;
        draw_pv_string(p,e1,e2,m_s,z_text,m_c);
       end;

   1: begin
        if lp[1].x<lp[2].x then
          p[1] := -dim_x2
        else
          p[1] := dim_x2;
        drawpv(p[1],dim_y2,zmin,p[1],dim_y2,zmax,l_c);
        e1[1] := 0; e1[2] :=-1; e1[3] := 0;
        e2[1] := 0; e2[2] := 0; e2[3] := -1;
        min := dim_y2+1;
        for i := 0 to 2 do
         begin
          hd := (zmax-zmino)/2*i+zmino;
          drawpv(p[1],dim_y2,hd,p[1],dim_y2+0.5,hd,l_c);
          p[3] := hd+s_s*6/8;
          str(z_min_T+(i/2)*(z_max_T-z_min_T):0:digits,st);
          p[2] := dim_y2+1+s_s*ord(st[0]);
          if p[2]>min then min := p[2]+0.5;
          draw_pv_string(p,e1,e2,s_s,st, s_c);
         end;
        p[2] := min+m_s*14/8; p[3] := -ztstart;
        e1[1] := 0; e1[2] := 0; e1[3] := 1;
        e2[1] := 0; e2[2] :=-1; e2[3] := 0;
        draw_pv_string(p,e1,e2,m_s,z_text,m_c);
       end;

   2: begin
        if lp[1].x<lp[2].x then
         drawpv(dim_x2,dim_y2,zmin,dim_x2,dim_y2,zmax,l_c);
        if lp[1].x<lp[2].x then
          p[2] := dim_y2
        else
          p[2] := -dim_y2;
        drawpv(dim_x2,p[2],zmin,dim_x2,p[2],zmax,l_c);
        e1[1] :=-1; e1[2] := 0; e1[3] := 0;
        e2[1] := 0; e2[2] := 0; e2[3] := -1;
        min := dim_x2+1;
        for i := 0 to 2 do
         begin
          hd := (zmax-zmino)/2*i+zmino;
          drawpv(dim_x2,p[2],hd,dim_x2+0.5,p[2],hd,l_c);
```

```
              p[3] := hd+s_s*6/8;
              str(z_min_T+(i/2)*(z_max_T-z_min_T):0:digits,st);
              p[1] := dim_x2+1+s_s*ord(st[0]);
              if p[1]>min then min := p[1]+0.5;
              draw_pv_string(p,e1,e2,s_s,st, s_c);
             end;
           p[1] := min+m_s*14/8; p[3] := -ztstart;
           e1[1] := 0; e1[2] := 0; e1[3] := 1;
           e2[1] :=-1; e2[2] := 0; e2[3] := 0;
           draw_pv_string(p,e1,e2,m_s,z_text,m_c);
          end;
     3: begin
           if lp[1].x<lp[2].x then
              p[1] := dim_x2
           else
              p[1] := -dim_x2;
           drawpv(p[1],-dim_y2,zmin,p[1],-dim_y2,zmax,l_c);
           e1[1] := 0; e1[2] := 1; e1[3] := 0;
           e2[1] := 0; e2[2] := 0; e2[3] := -1;
           min := -dim_y2-1;
           for i := 0 to 2 do
            begin
              hd := (zmax-zmino)/2*i+zmino;
              drawpv(p[1],-dim_y2,hd,p[1],-dim_y2-0.5,hd,l_c);
              p[3] := hd+s_s*6/8;
              str(z_min_T+(i/2)*(z_max_T-z_min_T):0:digits,st);
              p[2] := -dim_y2-1-s_s*ord(st[0]);
              if p[2]<min then min := p[2]-0.5;
              draw_pv_string(p,e1,e2,s_s,st, s_c);
             end;
           p[2] := min-m_s*14/8; p[3] := -ztstart;
           e1[1] := 0; e1[2] := 0; e1[3] := 1;
           e2[1] := 0; e2[2] := 1; e2[3] := 0;
           draw_pv_string(p,e1,e2,m_s,z_text,m_c);
          end;
     end;
 end
 else
  begin
   if lp[4].x>lp[3].x then
     ddraw(lp[4].x,lp[4].y,lp[3].x,lp[3].y,l_c);
     case select of
        0: begin
            if lp[4].x>lp[3].x then
               p[2] := -dim_y2
            else
               p[2] := dim_y2;
```

7.1.5 SCALAWR5.PAS

```
          drawpv(dim_x2,p[2],zmin,dim_x2,p[2],zmax,l_c);
          e1[1] := 1; e1[2] := 0; e1[3] := 0;
          e2[1] := 0; e2[2] := 0; e2[3] := -1;
          min := dim_x2+1;
          p[1] := min;
          for i := 0 to 2 do
           begin
             hd := (zmax-zmino)/2*i+zmino;
             drawpv(dim_x2,p[2],hd,dim_x2+0.5,p[2],hd,l_c);
             p[3] := hd+s_s*6/8;
             str(z_min_T+(i/2)*(z_max_T-z_min_T):0:digits,st);
             r := dim_x2+1+s_s*ord(st[0]);
             if r>min then min := r+0.5;
             draw_pv_string(p,e1,e2,s_s,st, s_c);
           end;
          p[1] := min+m_s*2/8; p[3] := -ztstart;
          e1[1] := 0; e1[2] := 0; e1[3] := 1;
          e2[1] := 1; e2[2] := 0; e2[3] := 0;
          draw_pv_string(p,e1,e2,m_s,z_text,m_c);
        end;

  1: begin
       if lp[4].x>lp[3].x then
         p[1] := -dim_x2
       else
         p[1] := dim_x2;
       drawpv(p[1],-dim_y2,zmin,p[1],-dim_y2,zmax,l_c);
       e1[1] := 0; e1[2] :=-1; e1[3] := 0;
       e2[1] := 0; e2[2] := 0; e2[3] := -1;
       min := -dim_y2-1;
       p[2] := min;
       for i := 0 to 2 do
        begin
          hd := (zmax-zmino)/2*i+zmino;
          drawpv(p[1],-dim_y2,hd,p[1],-dim_y2-0.5,hd,l_c);
          p[3] := hd+s_s*6/8;
          str(z_min_T+(i/2)*(z_max_T-z_min_T):0:digits,st);
          r := -dim_y2-1-s_s*ord(st[0]);
          if r<min then min := r-0.5;
          draw_pv_string(p,e1,e2,s_s,st, s_c);
        end;
       p[2] := min-m_s*2/8; p[3] := -ztstart;
       e1[1] := 0; e1[2] := 0; e1[3] := 1;
       e2[1] := 0; e2[2] :=-1; e2[3] := 0;
       draw_pv_string(p,e1,e2,m_s,z_text,m_c);
     end;

  2: begin
       if lp[4].x>lp[3].x then
```

```
        p[2] := dim_y2
      else
        p[2] := -dim_y2;
      drawpv(-dim_x2,p[2],zmin,-dim_x2,p[2],zmax,l_c);
      e1[1] :=-1; e1[2] := 0; e1[3] := 0;
      e2[1] := 0; e2[2] := 0; e2[3] := -1;
      min := -dim_x2-1;
      p[1] := min;
      for i := 0 to 2 do
       begin
         hd := (zmax-zmino)/2*i+zmino;
         drawpv(-dim_x2,p[2],hd,-dim_x2-0.5,p[2],hd,l_c);
         p[3] := hd+s_s*6/8;
         str(z_min_T+(i/2)*(z_max_T-z_min_T):0:digits,st);
         r := -dim_x2-1-s_s*ord(st[0]);
         if r<min then min := r-0.5;
         draw_pv_string(p,e1,e2,s_s,st, s_c);
       end;
      p[1] := min-m_s*2/8; p[3] := -ztstart;
      e1[1] := 0; e1[2] := 0; e1[3] := 1;
      e2[1] :=-1; e2[2] := 0; e2[3] := 0;
      draw_pv_string(p,e1,e2,m_s,z_text,m_c);
    end;

3: begin
      if lp[4].x>lp[3].x then
        p[1] := dim_x2
      else
        p[1] := -dim_x2;
      drawpv(p[1],dim_y2,zmin,p[1],dim_y2,zmax,l_c);
      e1[1] := 0; e1[2] := 1; e1[3] := 0;
      e2[1] := 0; e2[2] := 0; e2[3] := -1;
      min := dim_y2+1;
      p[2] := min;
      for i := 0 to 2 do
       begin
         hd := (zmax-zmino)/2*i+zmino;
         drawpv(p[1],dim_y2,hd,p[1],dim_y2+0.5,hd,l_c);
         p[3] := hd+s_s*6/8;
         str(z_min_T+(i/2)*(z_max_T-z_min_T):0:digits,st);
         r := dim_y2+1+s_s*ord(st[0]);
         if r>min then min := r+0.5;
         draw_pv_string(p,e1,e2,s_s,st, s_c);
       end;
      p[2] := min+m_s*2/8; p[3] := -ztstart;
      e1[1] := 0; e1[2] := 0; e1[3] := 1;
      e2[1] := 0; e2[2] := 1; e2[3] := 0;
      draw_pv_string(p,e1,e2,m_s,z_text,m_c);
```

7.1.5 SCALAWR5.PAS

```
            end;
          end;
        end;

{ X- AND Y-AXIS DESCRIPTION }
p[3] := zmin; e1[3] := 0; e2[3] := 0;
case select of
  0: begin
       p[1] := -xtstart;                     { Position and script }
       p[2] := dim_y2+3;                     { vectors for Axis-Text }
       e1[1] := 1; e1[2] := 0;
       e2[1] := 0; e2[2] := 1;
       draw_pv_string(p,e1,e2,m_s,x_text, m_c);
       p[2] := dim_y2+1;                     { Pos. of scalepoints }
       if x_min_T<x_max_T then                { Absolute Minimax }
         begin
           r := x_min_T; s := x_max_T;
         end
       else
         begin
           s := x_min_T; r := x_max_T;
         end;
                                             { Conversion factor }
       convers := dim_x/(x_max_T-x_min_T);   { Real->Screen coord. }
       lower := round(r*exp(digits*ln(10)))*step; { Round min to }
                                             { appropriate accuracy }
       rr := lower;
       i := 0;
       repeat
         str(rr:0:digits,st);                { Scalepoint text }
         p[1] := -dim_x2+(rr-x_min_T)*convers; { Pos. of scalepoint }
         if (rr-r>discr) and (s-rr>discr) then { Is it in the range }
           begin                             { that shall be marked ? }
             drawpv(p[1],dim_y2,zmin,p[1],dim_y2+0.5,zmin,1_c); { Mark }
             p[1] := p[1]-s_s*ord(st[0])/2;  { Position of Text: }
             draw_pv_string(p,e1,e2,s_s,st,s_c); { Centered }
           end;
         inc(i);                             { Next scalepoint }
         rr := r+i*step;                     { Position }
       until rr>=s;
     end;
  1: begin
       p[1] := dim_x2+3;
       p[2] := ytstart;
       e1[1] := 0; e1[2] :=-1;
       e2[1] := 1; e2[2] := 0;
       draw_pv_string(p,e1,e2,m_s,y_text, m_c);
```

```
        p[1] := dim_x2+1;
        if y_min_T<y_max_T then
         begin
          r := y_min_T; s := y_max_T;
         end
        else
         begin
          s := y_min_T; r := y_max_T;
         end;
        convers := dim_y/(y_max_T-y_min_T);
        lower := round(r*exp(digits*ln(10)))*step;
        rr := lower;
        i := 0;
        repeat
         str(rr:0:digits,st);
         p[2] := -dim_y2+(rr-y_min_T)*convers;
         if (rr-r>discr) and (s-rr>discr) then
          begin
           drawpv(dim_x2,p[2],zmin,dim_x2+0.5,p[2],zmin,l_c);
           p[2] := p[2]+s_s*ord(st[0])/2;
           draw_pv_string(p,e1,e2,s_s,st,s_c);
          end;
         inc(i);
         rr := r+i*step;
        until rr>=s;
       end;
  2: begin
        p[1] := xtstart;
        p[2] := -dim_y2-3;
        e1[1] :=-1; e1[2] := 0;
        e2[1] := 0; e2[2] :=-1;
        draw_pv_string(p,e1,e2,m_s,x_text, m_c);
        p[2] := -dim_y2-1;
        if x_min_T<x_max_T then
         begin
          r := x_min_T; s := x_max_T;
         end
        else
         begin
          s := x_min_T; r := x_max_T;
         end;
        convers := dim_x/(x_max_T-x_min_T);
        lower := round(r*exp(digits*ln(10)))*step;
        rr := lower;
        i := 0;
        repeat
         str(rr:0:digits,st);
```

7.1.5 SCALAWR5.PAS

```pascal
          p[1] := -dim_x2+(rr-x_min_T)*convers;
          if (rr-r>discr) and (s-rr>discr) then
           begin
            drawpv(p[1],-dim_y2,zmin,p[1],-dim_y2-0.5,zmin,l_c);
            p[1] := p[1]+s_s*ord(st[0])/2;
            draw_pv_string(p,e1,e2,s_s,st,s_c);
           end;
          inc(i);
          rr := r+i*step;
         until rr>=s;
        end;
    3: begin
        p[1] := -dim_x2-3;
        p[2] := -ytstart;
        e1[1] := 0; e1[2] := 1;
        e2[1] :=-1; e2[2] := 0;
        draw_pv_string(p,e1,e2,m_s,y_text, m_c);
        p[1] := -dim_x2-1;
        if y_min_T<y_max_T then
         begin
          r := y_min_T; s := y_max_T;
         end
        else
         begin
          s := y_min_T; r := y_max_T;
         end;
        convers := dim_y/(y_max_T-y_min_T);
        lower := round(r*exp(digits*ln(10)))*step;
        rr := lower;
        i := 0;
        repeat
         str(rr:0:digits,st);
         p[2] := -dim_y2+(rr-y_min_T)*convers;
         if (rr-r>discr) and (s-rr>discr) then
          begin
           drawpv(-dim_x2,p[2],zmin,-dim_x2-0.5,p[2],zmin,l_c);
           p[2] := p[2]-s_s*ord(st[0])/2;
           draw_pv_string(p,e1,e2,s_s,st,s_c);
          end;
         inc(i);
         rr := r+i*step;
        until rr>=s;
       end;
  end; { case }

if wt<=0 then
 begin
```

```
if lp[1].x<lp[2].x then
 case select of
  0: begin
      p[1] := -dim_x2-3;
      p[2] := -ytstart;
      e1[1] := 0; e1[2] := 1;
      e2[1] :=-1; e2[2] := 0;
      draw_pv_string(p,e1,e2,m_s,y_text, m_c);
      p[1] := -dim_x2-1;
      if y_min_T<y_max_T then
       begin
         r := y_min_T; s := y_max_T;
       end
      else
       begin
         s := y_min_T; r := y_max_T;
       end;

      convers := dim_y/(y_max_T-y_min_T);
      lower := round(r*exp(digits*ln(10)))*step;
      rr := lower;
      i := 0;
      repeat
       str(rr:0:digits,st);
       p[2] := -dim_y2+(rr-y_min_T)*convers;
       if (rr-r>discr) and (s-rr>discr) then
        begin
          drawpv(-dim_x2,p[2],zmin,-dim_x2-0.5,p[2],zmin,l_c);
          p[2] := p[2]-s_s*ord(st[0])/2;
          draw_pv_string(p,e1,e2,s_s,st,s_c);
        end;
       inc(i);
       rr := r+i*step;
      until rr>=s;
     end;

  1: begin
      p[1] := -xtstart;
      p[2] := dim_y2+3;
      e1[1] := 1; e1[2] := 0;
      e2[1] := 0; e2[2] := 1;
      draw_pv_string(p,e1,e2,m_s,x_text, m_c);
      p[2] := dim_y2+1;
      if x_min_T<x_max_T then
       begin
         r := x_min_T; s := x_max_T;
       end
      else
       begin
```

7.1.5 SCALAWR5.PAS   127

```pascal
         s := x_min_T; r := x_max_T;
        end;
      convers := dim_x/(x_max_T-x_min_T);
      lower := round(r*exp(digits*ln(10)))*step;
      rr := lower;
      i := 0;
      repeat
       str(rr:0:digits,st);
       p[1] := -dim_x2+(rr-x_min_T)*convers;
       if (rr-r>discr) and (s-rr>discr) then
        begin
         drawpv(p[1],dim_y2,zmin,p[1],dim_y2+0.5,zmin,l_c);
         p[1] := p[1]-s_s*ord(st[0])/2;
         draw_pv_string(p,e1,e2,s_s,st,s_c);
        end;
       inc(i);
       rr := r+i*step;
      until rr>=s;
     end;
  2: begin
      p[1] := dim_x2+3;
      p[2] := ytstart;
      e1[1] := 0; e1[2] :=-1;
      e2[1] := 1; e2[2] := 0;
      draw_pv_string(p,e1,e2,m_s,y_text, m_c);
      p[1] := dim_x2+1;
      if y_min_T<y_max_T then
       begin
        r := y_min_T; s := y_max_T;
       end
      else
       begin
        s := y_min_T; r := y_max_T;
       end;
      convers := dim_y/(y_max_T-y_min_T);
      lower := round(r*exp(digits*ln(10)))*step;
      rr := lower;
      i := 0;
      repeat
       str(rr:0:digits,st);
       p[2] := -dim_y2+(rr-y_min_T)*convers;
       if (rr-r>discr) and (s-rr>discr) then
        begin
         drawpv(dim_x2,p[2],zmin,dim_x2+0.5,p[2],zmin,l_c);
         p[2] := p[2]+s_s*ord(st[0])/2;
         draw_pv_string(p,e1,e2,s_s,st,s_c);
        end;
```

```
          inc(i);
          rr := r+i*step;
        until rr>=s;
      end;
   3: begin
        p[1] := xtstart;
        p[2] := -dim_y2-3;
        e1[1] :=-1; e1[2] := 0;
        e2[1] := 0; e2[2] :=-1;
        draw_pv_string(p,e1,e2,m_s,x_text, m_c);
        p[2] := -dim_y2-1;
        if x_min_T<x_max_T then
          begin
            r := x_min_T; s := x_max_T;
          end
        else
          begin
            s := x_min_T; r := x_max_T;
          end;
        convers := dim_x/(x_max_T-x_min_T);
        lower := round(r*exp(digits*ln(10)))*step;
        rr := lower;
        i := 0;
        repeat
          str(rr:0:digits,st);
          p[1] := -dim_x2+(rr-x_min_T)*convers;
          if (rr-r>discr) and (s-rr>discr) then
            begin
              drawpv(p[1],-dim_y2,zmin,p[1],-dim_y2-0.5,zmin,l_c);
              p[1] := p[1]+s_s*ord(st[0])/2;
              draw_pv_string(p,e1,e2,s_s,st,s_c);
            end;
          inc(i);
          rr := r+i*step;
        until rr>=s;
      end;
    end; { case }
  end
else
 begin
  if lp[4].x>=lp[3].x then
   case select of
    0: begin
         p[1] := dim_x2+3;
         p[2] := ytstart;
         e1[1] := 0; e1[2] :=-1;
         e2[1] := 1; e2[2] := 0;
```

7.1.5 SCALAWR5.PAS

```pascal
      draw_pv_string(p,e1,e2,m_s,y_text, m_c);
      p[1] := dim_x2+1;
      if y_min_T<y_max_T then
       begin
        r := y_min_T; s := y_max_T;
       end
      else
       begin
        s := y_min_T; r := y_max_T;
       end;
      convers := dim_y/(y_max_T-y_min_T);
      lower := round(r*exp(digits*ln(10)))*step;
      rr := lower;
      i := 0;
      repeat
       str(rr:0:digits,st);
       p[2] := -dim_y2+(rr-y_min_T)*convers;
       if (rr-r>discr) and (s-rr>discr) then
        begin
         drawpv(dim_x2,p[2],zmin,dim_x2+0.5,p[2],zmin,l_c);
         p[2] := p[2]+s_s*ord(st[0])/2;
         draw_pv_string(p,e1,e2,s_s,st,s_c);
        end;
       inc(i);
       rr := r+i*step;
      until rr>=s;
     end;
 1: begin
     p[1] := xtstart;
     p[2] := -dim_y2-3;
     e1[1] :=-1; e1[2] := 0;
     e2[1] := 0; e2[2] :=-1;
     draw_pv_string(p,e1,e2,m_s,x_text, m_c);
     p[2] := -dim_y2-1;
     if x_min_T<x_max_T then
      begin
       r := x_min_T; s := x_max_T;
      end
     else
      begin
       s := x_min_T; r := x_max_T;
      end;
     convers := dim_x/(x_max_T-x_min_T);
     lower := round(r*exp(digits*ln(10)))*step;
     rr := lower;
     i := 0;
     repeat
```

```
          str(rr:0:digits,st);
          p[1] := -dim_x2+(rr-x_min_T)*convers;
          if (rr-r>discr) and (s-rr>discr) then
           begin
            drawpv(p[1],-dim_y2,zmin,p[1],-dim_y2-0.5,zmin,1_c);
            p[1] := p[1]+s_s*ord(st[0])/2;
            draw_pv_string(p,e1,e2,s_s,st,s_c);
           end;
          inc(i);
          rr := r+i*step;
         until rr>=s;
        end;
     2: begin
          p[1] := -dim_x2-3;
          p[2] := -ytstart;
          e1[1] := 0; e1[2] := 1;
          e2[1] :=-1; e2[2] := 0;
          draw_pv_string(p,e1,e2,m_s,y_text, m_c);
          p[1] := -dim_x2-1;
          if y_min_T<y_max_T then
           begin
            r := y_min_T; s := y_max_T;
           end
          else
           begin
            s := y_min_T; r := y_max_T;
           end;
          convers := dim_y/(y_max_T-y_min_T);
          lower := round(r*exp(digits*ln(10)))*step;
          rr := lower;
          i := 0;
          repeat
           str(rr:0:digits,st);
           p[2] := -dim_y2+(rr-y_min_T)*convers;
           if (rr-r>discr) and (s-rr>discr) then
            begin
             drawpv(-dim_x2,p[2],zmin,-dim_x2-0.5,p[2],zmin,1_c);
             p[2] := p[2]-s_s*ord(st[0])/2;
             draw_pv_string(p,e1,e2,s_s,st,s_c);
            end;
           inc(i);
           rr := r+i*step;
          until rr>=s;
        end;
     3: begin
          p[1] := -xtstart;
          p[2] := dim_y2+3;
```

7.1.5 SCALAWR5.PAS

```pascal
           e1[1] := 1; e1[2] := 0;
           e2[1] := 0; e2[2] := 1;
           draw_pv_string(p,e1,e2,m_s,x_text, m_c);
           p[2] := dim_y2+1;
           if x_min_T<x_max_T then
            begin
             r := x_min_T; s := x_max_T;
            end
           else
            begin
             s := x_min_T; r := x_max_T;
            end;
           convers := dim_x/(x_max_T-x_min_T);
           lower := round(r*exp(digits*ln(10)))*step;
           rr := lower;
           i := 0;
           repeat
            str(rr:0:digits,st);
            p[1] := -dim_x2+(rr-x_min_T)*convers;
            if (rr-r>discr) and (s-rr>discr) then
              begin
                drawpv(p[1],dim_y2,zmin,p[1],dim_y2+0.5,zmin,l_c);
                p[1] := p[1]-s_s*ord(st[0])/2;
                draw_pv_string(p,e1,e2,s_s,st,s_c);
              end;
            inc(i);
            rr := r+i*step;
           until rr>=s;
          end;
    end; { case }
  end;
 if not plotter then
  begin
   gwrite('ARA-3D',0,320,15,1);
   gwrite('(C) 1988 S.UK-RAM Corp.',0,334,15,$0101);
   gwrite(object,0,0,m_c,$0101);
  end
 else
  begin
   pmove(50,2600);
   chardir(0);
   charsize(24,24);
   pdrawstring('ARA-3D: '+object);
   phome;
  end;
end;
```

7.1.6 Unit PARA3D

Die Unit PARA3D enthält alle globalen Parameter der Unit THREED, sowie der im Abschnitt 7.2 behandelten Unit CONT. Da beide Units auf dieselben Datensätze angewandt werden, wäre es Speicherplatzverschwendung, die Parameter nicht zusammenzufassen. So ist es möglich, beide Units relativ problemlos vom selben Main-Programm aus zu verwenden. Würden die Parameter nicht in einer eigenen Unit zusammengefaßt, so wäre man sonst, wenn nur eines der Programme benutzt werden soll, gezwungen, das andere immer mitzuschleppen, da man den dort definierten Speicherplatz benötigt.

```
Unit PARA3D;

interface

{ Parameters marked by * are used ONLY by CONT and not by THREED }

Uses Types;

type BASE              = array[1..4] of Screenpoint;
     Vector            = array[1..3] of double;
     Matrix            = array[1..3] of Vector;
const a: Vector = (0,40,1);         { Eye-point }
      Version = '3D-PLOT 4.0    Last Revision: 31-01-1988';
   scalefactor: double = 6;
   sc_size: double = 0.9;
   center_x: integer = 320;
   center_y: integer = 100;
   m_s:double = 0.8;   { Main size of characters }
   s_s:double = 0.4;   { Small size }
   l_c:integer = 14;   { Line color }
   s_c:integer = 14;   { Small color }
   m_c:integer = 9;    { Main color }
   n_c:integer = 12;   { Net color }
   digits:integer = 2;
   asp_ratio2: double = 1; { dx : dy: User definable }
   asp_ratio: double = 1;  { Read from file }
   xdim: integer = 90;
   ydim: integer = 90;
   hstart: double = 0;    {*}
   hend: double = 1;      {*}

var c                  : text;          { Datafile }
    c_buffer           : array [0..$400] of byte;
    xb,yb              : ^integer;     { Array of size $FFF0 }
    p                  : ^integer absolute xb; {*}
    t                  : ^integer absolute yb; {*}
    lp                 : BASE;
    delta_x,           {*}
    delta_y,           {*}
    xdim2,             {*}
```

7.1.7 Unit THREED

```
            ydim2,              {*}
            m_ss,               {*}
            s_ss,               {*}
            hmin,               {*}
            hmax,               {*}
            hstep,              {*}
            height,             {*}
            x_min_T,
            x_max_T,
            y_min_T,
            y_max_T,
            z_min_T,
            z_max_T,
            scx, scy,
            zmin,zmax,zmino,
            w1,w3,wt            : double;         { Drehwinkel }
            origin,
            color               : byte;           { Farbe }
            error,
            cx,cy,              {*}
            x,y,                {*}
            xs,ys,              {*}
            hdiscr,             {*}
            para_page,
            maxdim,dim1,dim2,
            select,i,
            lastX,lastY         : integer;
            scale               : word;
            D                   : Matrix;         { Drehmatrix }
            filename,                             { aktueller Filenamen }
            qst,
            x_text,
            y_text,
            z_text,
            object              : str255;         { Objektbezeichnung }
            q,q1                : char;
            ok,
            finished,                  {*}
            first               : boolean;  {*}
implementation
end.
```

7.1.7 Unit THREED

Die Unit THREED enthält das eigentliche Programm. Da es als Unit deklariert ist, kann es auch in andere Files eingebunden und von dort direkt aufgerufen werden. Die Daten für THREED müssen auf einem ASCII-File (Textfile) mit einem Filenamen der Form *.SEQ gespeichert sein. Die erste ist die Headerzeile und enthält, jeweils getrennt durch ein oder mehrere Blanks, verschiedene Plotparameter in folgender Reihenfolge:

Scale	: Byte mit dem Wert 0/1
	(0: Daten skaliert, Autoscaling durch THREED)
XDim,YDim	: Felddimensionen: 0..XDim, 0..YDim
Aspect-Ratio	: Verhältnis $\frac{\Delta x}{\Delta y}$
X_{min}, X_{max},	
Y_{min}, Y_{max},	
Z_{min}, Z_{max}	: tatsächliche Werte der Randkoordinaten

Im Anschluß daran folgen die z-Werte der Daten. Es handelt sich um Integerwerte, wobei jeder Wert am besten in einer eigenen Zeile steht, aber auch einfach durch ein Blank von seinen Nachbarn getrennt sein kann. Diese Werte müssen wie folgt auf das File geschrieben werden:

```
var c:  text;

assign(c,filename);
rewrite(c);
writeln(c,Scale,' ',Xdim,' ',Ydim,' ',XMin,' ',
        XMax,' ',YMin,' ',YMax,' ',ZMin,' ',ZMax);
for y := YDim downto 0 do
 for x := 0 to XDim do
  writeln(c,data[x,y]);
writeln(c,Text_of_XAxis);
writeln(c,Text_of_YAxis);
writeln(c,Text_of_ZAxis);
writeln(c,Title_of_Graphic);
writeln(c,'end.');
close(c);
```

Im Anschluß an die Daten werden dabei, jeweils in einer eigenen Zeile, der Text für die x-, y- und z-Achse, sowie der Titel der Grafik geschrieben. Das File muß durch das Kontrollwort „end." abgeschlossen werden. Daran kann dann die Prozedur DE-TERMINE_SCREENPOINTS erkennen, ob ein wesentlicher Fehler bei der Definition des Datensatzes aufgetreten ist.

Die folgenden Parameter können vor dem Aufruf von DETERMINE_SCREENPOINTS durch den Benutzer auf die gewünschten Werte gesetzt werden:

Scalefactor	Bestimmt den Wert der Differenz zwischen minimalem und maximalem z-Wert, auf den die tatsächliche Differenz skaliert wird. Der Mittelwert (ZMin+ZMax)/2 wird durch eine Nullpunktsverschiebung so gelegt, daß er vor der Projektion den z-Wert 0 hat.
Sc_size	Globaler Zoom-Factor: Um diesen Factor werden alle Zeichendimensionen gegenüber den in PARA3D definierten gestreckt.
Center_x	x-Position der Bildmitte auf dem Bildschirm. Eine Anpassung an den Plotter erfolgt ausgehend von diesem Wert automatisch.
Center_y	y-Position der Bildmitte auf dem Bildschirm. Eine Anpassung an den Plotter erfolgt ausgehend von diesem Wert automatisch.
m_s	Main-Size: Größe der Buchstaben, die für den Achsentext verwendet werden.
s_s	Small-Size: Größe der Buchstaben, die zur Beschriftung der Skalenpunkte verwendet werden.

7.1.7 Unit THREED

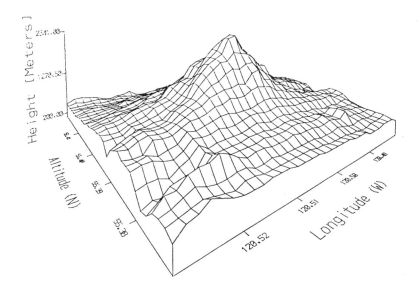

Bild 7-8 *Darstellung des Datensatzes STHVOR.SEQ, die mit dem im Text beschriebenen Programm und den dortigen Parametern erstellt wurde. Der Datensatz STHVOR.SEQ findet sich im Anhang.*

m_c	Main-Color: Farbe der Main-size-Buchstaben (Nur Bildschirm).
s_c	Small-Color: Farbe der Small-size-Buchstaben (Nur Bildschirm).
l_c	Line-Color: Farbe der Rahmen- und Skalenpunktstriche (Nur Bildschirm).
n_c	Net-Color: Farbe des Netzes (Nur Bildschirm).
Digits	Anzahl der Nachkommastellen, die für die Achsenbeschriftung verwendet werden. Diese sind identisch mit der zweiten Zahl der Formatierungsangabe zur Ausgabe von **real**- und **double**-Zahlen.
Asp_Ratio2	Bestimmt das Verhältnis $\Delta x/\Delta y$. Δx ist der Abstand zweier benachbarter Gitterpunkte in x-Richtung, Δy der in y-Richtung (in gleichen Einheiten; siehe Bild 7-9)
w1	Drehwinkel um die x-Achse. Negative Winkel drehen die Darstellung in der in Bild 7-4 definierten Richtung, d.h. die Oberfläche des Netzes wird auf den Betrachter zugedreht.
w3	Drehwinkel um die z-Achse. Negative Winkel rotieren das Netz in Uhrzeigerrichtung um die z-Achse.

Die Definition der Aspect-Ratio bedarf noch einer eingehenderen Definition: Auch wenn die Felddimensionen in x- und y-Richtung gleich sind, so kann es doch durchaus sein, daß in der Grafik die Abstände in der einen Richtung wesentlich geringer erscheinen sollen als in der anderen (vgl. Bild 7-9). Für **THREED** sind die Abstände benachbarter Gitterpunkte *a priori* in beiden Richtungen gleich 1 (Indexunterschied). Da sich dieser Abstand aus den Indexunterschied ergibt, ist er nicht von der Wahl

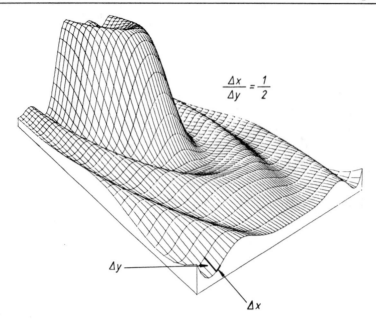

Bild 7-9 *Zur Definition der Aspect-Ratio*

der Einheiten auf den Achsen abhängig. Der Benutzer kann jetzt anhand der Aspect-Ratio definieren, welchen Abstand Δx und Δy Gitterpunkte in der Darstellung haben sollen. Soll beispielsweise der Abstand in y-Richtung doppelt so hoch sein wie in x-Richtung, so ergibt sich, wie in Bild 7-9 gezeigt, eine Aspect-Ratio von 0.5. Es wird dabei zwischen zwei verschiedenen Aspect-Ratio's unterschieden. Die primäre Aspect-Ratio **Asp_Ratio** ist Bestandteil des Datenfiles. Sie definiert die Aspect-Ratio, die in der Grafik verwendet werden soll. Sie kann jetzt mit Hilfe von **Asp_Ratio2** geändert werden, ohne daß ein neues File erzeugt werden muß. Die in der Zeichnung endgültig verwendete Aspect-Ratio ist dann

$$Asp\_Ratio = Asp\_Ratio(File) \times Asp\_Ratio2.$$

Die Dimensionen **XDim** und **YDim** können beliebig (mit Einschränkungen durch den für die x_{scr}- und y_{scr}-Koordinate maximal verfügbaren Speicherplatz von **FFEEh** Bytes) gewählt werden.

Das folgende Programm ist ein Beispiel zur Erzeugung einer Netzgrafik mit Hilfe von **THREED**. Man beachte: Das Textfile **C** ist zwar ebenso wie die Variable **FILENAME** in **PARA3D** definiert, **DETERMINE_SCREENPOINTS** öffnet das File aber trotzdem nicht selbständig. Das hat einen guten Grund: Dadurch, daß das Öffnen des Files im Hauptprogramm erfolgen muß, kann dort auch entsprechend auf ein nicht vorhandenes File reagiert werden. Würde dies erst in **DETERMINE_SCREENPOINTS** passieren, müßte das Programm abgebrochen werden.
Die **Unit** **TPLOT2** *dient zur Ansteuerung des Plotters und eine entsprechende Definition findet sich im Anhang.*

{$R-}   {Range checking off}
{$B+}   {Boolean complete evaluation on}

7.1.7 Unit THREED

```
{$S+}      {Stack checking on}
{$I+}      {I/O checking on}
{$N+}      {Numeric coprocessor}
Uses Crt,Dos,Types,ARA,VarField,TPlot2,
     Para3D,THREED;

{ HAUPTPROGRAMM }

begin
getmem(xb,$FFF0);                   { Speicherplatz reservieren }
getmem(yb,$FFF0);                   { für Datenfeld }
filename := 'STHVOR.SEQ';           { Filenamen setzen }
w1 := -0.2;                         { Drehwinkel um x-Achse }
w3 := -0.65;                        { Drehwinkel um z-Achse }
{plotter := true;}                  { Falls Plotterausgabe gewünscht }
assign(c,filename);                 { Teste auf File vorhanden }
{$i-}
reset(c);
{$i+}
if ioresult<>0 then
 begin
  writeln('File not found.');
  halt;
 end;
if not determine_screenpoints(error) then   { Daten lesen }
 begin
  writeln('Error:',error);          { Fehlermeldung }
  halt;
 end;
if not plotter then                 { Initialisieren }
 egahires
else
 begin
  init_plotter;
  select_cs(1);
 end;
plot_3d;                            { Zeichnen }
end.


Unit THREED;

interface

Uses Crt,Dos,Types,ARA,VarField,TPlot2,Para3D;

function DETERMINE_SCREENPOINTS(var error:integer):boolean;
procedure PLOT_3D;

implementation

procedure DDRAW(x1,y1,x2,y2,color:integer);
```

```
begin
 if not ((x1=x2) and (y1=y2)) then
  if not plotter then
   draw(x1,y1,x2,y2,color)
  else
   if wt<=0 then
    begin
     if x1<=x2 then pdraw(x1,y1,x2,y2)
     else pdraw(x2,y2,x1,y1);
    end
   else
    begin
     if x1>=x2 then pdraw(x1,y1,x2,y2)
     else pdraw(x2,y2,x1,y1);
    end;
end;

{$i dhide4.pas }

procedure INIT_ARCS;

var i: integer;
    pi2,              { 2*pi }
    pi4,              { pi/4 }
    pi34,             { 3*pi/4 }
    pi12: double;     { pi/2 }
begin
 init_borders;
 pi2  := 2*pi;
 pi4  := pi/4;
 pi34 := 3*pi4;
 pi12 := pi/2;

 if w3>=0 then                              { Drehung um die z-Achse }
 begin                                      { auf effektive Drehung }
  w3 := w3-pi2*round(w3/pi2);               { -pi < w3 < pi }
  if w3>pi then w3 := -pi2+w3;              { reduzieren }
 end;

 if w3<0 then
 begin
  w3 := w3+pi2*round(-w3/pi2);
  if w3<-pi then w3 := pi2+w3;
 end;

 if (w3>=-pi4) and (w3<pi4) then
 begin
  wt := w3;
  select := 0;
  origin := 1;
 end;
```

7.1.7 Unit THREED

```
    if (w3>=pi4) and (w3<pi34) then
    begin
     wt := w3-pi12;
     select := 1;
     origin := 4;
    end;

    if w3>=pi34 then
    begin
     wt := w3-pi;
     select := 2;
     origin := 3;
    end;

    if (w3>=-pi34) and (w3<-pi4) then
    begin
     wt := w3+pi12;
     select := 3;
     origin := 2;
    end;

    if w3<=-pi34 then
    begin
     wt := w3+pi;
     select := 2;
     origin := 3;
    end;

end; { of init_arcs }

procedure ROT_MAT (w1,w3:double);
begin
   D[1,1] := cos(w3);
   D[2,1] := -sin(w3);
   D[3,1] := 0;
   D[1,2] := cos(w1)*sin(w3);
   D[2,2] := cos(w1)*cos(w3);
   D[3,2] := -sin(w1);
   D[1,3] := sin(w1)*sin(w3);
   D[2,3] := sin(w1)*cos(w3);
   D[3,3] := cos(w1);
end;

procedure ROT_PRO (p: Vector; var xb,yb: integer);
var    i: integer;
   x1,x2,
   x22,x3,
   y1,y2,
    t,t2: double;
begin
   x1   := D[1,1]*p[1]+D[2,1]*p[2];
```

```
x2   := D[1,2]*p[1]+D[2,2]*p[2];
x22  := x2+D[3,2]*p[3];
x2   := x2+D[3,2]*(p[3]/(1+0.025*maxDim));
   { if problems arise one could scale p[3] by a factor
       "*6/scalefactor" }
x3 := D[1,3]*p[1]+D[2,3]*p[2]+D[3,3]*p[3];
if (x2-a[2] = 0) then t := 0
 else t := x2/(x2-a[2]);              { wrong projection (z=0) }
if (x22-a[2] = 0) then t2 := 0        { correct proj. (z=p3) }
 else t2 := x22/(x22-a[2]);
y1 := x1-t*(x1-a[1]);
y2 := x3-t2*(x3-a[3]);
 if not plotter then
  begin
   xb := round(center_x+sc_size*13*y1);
   yb := round(center_y-sc_size*13*y2);
  end
 else
  begin
   xb := round(3*(center_x+sc_size*13*y1));
   yb := round(4.2*(center_y-sc_size*13*y2)+600);
  end;
end;
{$i scalawr5.pas }
function DETERMINE_SCREENPOINTS(var error:integer):boolean;
label exit;
var x,y,d,z,
    x1,y1         : integer;
    p             : Vector;
    asp_rat,
    r,s           : double;
    k             : boolean;
    ctrl_word     : string[4];
    line          : string[255];

    procedure DET_BASE (r:double; var k:base);
    var a,b: double;
          i: integer;
    begin
     a := (xdim/2)*scx; b := (ydim/2)*scy;
     p[1] := -a; p[2] := -b; p[3] := r;
     rot_pro(p,k[1].x,k[1].y);
     p[1] := -a; p[2] := b; p[3] := r;
     rot_pro(p,k[2].x,k[2].y);
     p[1] := a; p[2] := b; p[3] := r;
     rot_pro(p,k[3].x,k[3].y);
     p[1] := a; p[2] := -b; p[3] := r;
```

7.1.7 Unit THREED

```
       rot_pro(p,k[4].x,k[4].y);
       case select of
        1: begin      { 1234 -> 2341 }
             i := k[1].x; k[1].x := k[2].x; k[2].x := k[3].x;
                          k[3].x := k[4].x; k[4].x := i;
             i := k[1].y; k[1].y := k[2].y; k[2].y := k[3].y;
                          k[3].y := k[4].y; k[4].y := i;
           end;
        2: begin      { 1234 -> 3412 }
             i := k[1].x; k[1].x := k[3].x; k[3].x := i;
             i := k[4].x; k[4].x := k[2].x; k[2].x := i;
             i := k[1].y; k[1].y := k[3].y; k[3].y := i;
             i := k[4].y; k[4].y := k[2].y; k[2].y := i;
           end;
        3: begin      { 1234 -> 4123 }
             i := k[1].x; k[1].x := k[4].x; k[4].x := k[3].x;
                          k[3].x := k[2].x; k[2].x := i;
             i := k[1].y; k[1].y := k[4].y; k[4].y := k[3].y;
                          k[3].y := k[2].y; k[2].y := i;
           end;
       end;
     end;
  procedure INC_Error;
  begin
   error := succ(error);
  end;

begin
 init_arcs;
 rot_mat(w1,w3);
 error := 1;
 settextbuf(c,c_buffer);
 {$i-}
 readln(c,scale,xdim,ydim,asp_ratio,
        x_min_T,x_max_T,y_max_T,y_min_T,z_min_T,z_max_T);
 {$i+}
 k := (ioresult=0) and ((scale and $FFFE)=0) and (xdim<>0)
       and (ydim<>0) and (asp_ratio<>0);
 writeln(scale:5,xdim:5,ydim:5,asp_ratio);
 if not k then goto exit;           { Error 1 }
 k := ((xdim+1)*(ydim+1)<=32761);
 INC_error;                         { Error 2 }
 if not k then goto exit;
 if xdim>=ydim then   maxdim := xdim else maxdim := ydim;
 asp_rat := asp_ratio*asp_ratio2;
 if asp_rat*xdim>=ydim then
  begin
    scx := 30/XDim;
```

```
    scy := scx/asp_rat;
   end
  else
   begin
    scy := 30/YDim;
    scx := asp_rat*scy;
   end;
   set_dim(xb^,ydim); set_dim(yb^,ydim);
  zmax := -32767;
  zmin :=   32767;
  INC_Error;
  for y := 0 to YDim do
    for x := 0 to XDim do
     begin
      {$i-}
      readln(c,line);
      {$i+}
      z := stri(line,ok);
      k := (ioresult=0) and (not eof(c)) and ok;  { Error 3 }
      if not k then
       begin
        g_gotoxy(20,10); g_write(line);
        goto exit;
       end;
      aset(yb^,x,y,z);
      if z>zmax then zmax := z;
      if z<zmin then zmin := z;
     end;
  r := zmax-zmin;
  s := (zmax+zmin)/2;     { Zero line movement }
  if r=0 then r := 1;

  INC_Error;
  {$i-}
  readln(c,x_text);
  readln(c,y_text);
  readln(c,z_text);
  readln(c,object);
  {$i+}
  k := (ioresult=0) and (not eof(c));  { Error 4 }
  if not k then goto exit;
  INC_Error;
  {$i-}
  readln(c,Ctrl_word);
  {$i+}
  for z := 1 to ord(ctrl_word[0]) do
   ctrl_word[z] := upcase(ctrl_word[z]);
  k := (ioresult=0) and (ctrl_word='END.');  { Error 5 }
```

7.1.7 Unit THREED

```
    if not k then goto exit;
    close(c);
    for y := 0 to YDim do
      for x := 0 to XDim do
        begin
          p[1] := (x-xdim/2)*scx;
          p[2] := (y-ydim/2)*scy;
          p[3] := aget(yb^,x,y)-s;

          if (scale and 1)<> 0 then p[3] := p[3]*(scalefactor/r);
          Rot_Pro (p,x1,y1);
          aset(xb^,x,y,x1);
          aset(yb^,x,y,y1);
        end;

     zmino := zmin-s;
     zmin  := zmin-0.05*r-s;
     zmax  := zmax-s;
     if (scale and 1) <> 0 then
      begin
        zmin  := zmin*(scalefactor/r);
        zmax  := zmax*(scalefactor/r);
        zmino := zmino*(scalefactor/r);
      end;

     det_base(zmin,lp);
exit: determine_screenpoints := k;
end;

procedure PLOT_3D;

{ Diese Prozedur zeichnet die engültige Grafik }

label exit;

type svector = record
                 x,y: double;
               end;

var    i,r,s,u,o,
       dim1,dim2,
           stat,
    saveu, savel,
     x1,x2,x3,x4,
     y1,y2,y3,y4: integer;
          ex,ey: svector;
          len_ex,
          len_ey: double;

     procedure GET12(i,j: integer);
     begin
       case select of
```

```
      0: begin
           x1 := aget(xb^,i-1,j); x2 := aget(xb^,i,j);
           y1 := aget(yb^,i-1,j); y2 := aget(yb^,i,j);
         end;
      1: begin
           x1 := aget(xb^,j,ydim-i+1); x2 := aget(xb^,j,ydim-i);
           y1 := aget(yb^,j,ydim-i+1); y2 := aget(yb^,j,ydim-i);
         end;
      2: begin
           x1 := aget(xb^,xdim-i+1,ydim-j);
           x2 := aget(xb^,xdim-i,ydim-j);
           y1 := aget(yb^,xdim-i+1,ydim-j);
           y2 := aget(yb^,xdim-i,ydim-j);
         end;
      3: begin
           x1 := aget(xb^,xdim-j,i-1); x2 := aget(xb^,xdim-j,i);
           y1 := aget(yb^,xdim-j,i-1); y2 := aget(yb^,xdim-j,i);
         end;
   end;
end;

procedure GET1234(i,j: integer);
begin
 case select of
    0: begin
         x1 := aget(xb^,i-1,j);    x2 := aget(xb^,i,j);
         y1 := aget(yb^,i-1,j);    y2 := aget(yb^,i,j);
         x3 := aget(xb^,i-1,j+1);  x4 := aget(xb^,i,j+1);
         y3 := aget(yb^,i-1,j+1);  y4 := aget(yb^,i,j+1);
       end;
    1: begin
         x1 := aget(xb^,j,ydim-i+1);    x2 := aget(xb^,j,ydim-i);
         y1 := aget(yb^,j,ydim-i+1);    y2 := aget(yb^,j,ydim-i);
         x3 := aget(xb^,j+1,ydim-i+1);  x4 := aget(xb^,j+1,ydim-i);
         y3 := aget(yb^,j+1,ydim-i+1);  y4 := aget(yb^,j+1,ydim-i);
       end;
    2: begin
         x1 := aget(xb^,xdim-i+1,ydim-j);
         x2 := aget(xb^,xdim-i,ydim-j);
         y1 := aget(yb^,xdim-i+1,ydim-j);
         y2 := aget(yb^,xdim-i,ydim-j);
         x3 := aget(xb^,xdim-i+1,ydim-j-1);
         x4 := aget(xb^,xdim-i,ydim-j-1);
         y3 := aget(yb^,xdim-i+1,ydim-j-1);
         y4 := aget(yb^,xdim-i,ydim-j-1);
       end;
    3: begin
         x1 := aget(xb^,xdim-j,i-1);    x2 := aget(xb^,xdim-j,i);
```

7.1.7 Unit THREED

```
                  y1 := aget(yb^,xdim-j,i-1);    y2 := aget(yb^,xdim-j,i);
                  x3 := aget(xb^,xdim-j-1,i-1);  x4 := aget(xb^,xdim-j-1,i);
                  y3 := aget(yb^,xdim-j-1,i-1);  y4 := aget(yb^,xdim-j-1,i);
                end;
           end;
           if wt>0 then
            begin
              i := x1; x1 := x2; x2 := i;
              i := x3; x3 := x4; x4 := i;
              i := y1; y1 := y2; y2 := i;
              i := y3; y3 := y4; y4 := i;
            end;
         end;

begin
 case select of
 0,2: begin dim1 := ydim; dim2 := xdim; end;
 1,3: begin dim1 := xdim; dim2 := ydim; end;
 end;
if (wt<=0) then
 begin
   s:= Dim1;
   for r := 1 to Dim2 do                         { Erste Linie zeichnen }
    begin
      get12(r,s);
      hdraw(x1,y1,x2,y2,n_c,true);
    end;
   for s := Dim1-1 downto 0 do
    begin
      for r := 1 to Dim2 do
       begin
         if keypressed then goto exit;
         get1234(r,s);
         if r=1 then
          if lp[1].x<lp[2].x then
           HDraw(x1,y1,x3,y3,n_c,true)           { Linie 1-3 }
          else
           HDraw(x1,y1,x3,y3,n_c,false);
         saveu := upper_border[x2];              { Linie 2-4 }
         HDraw(x2,y2,x4,y4,n_c,false);
         upper_border[x2] := saveu;
       end;
      for r := 1 to Dim2 do
       begin
         get12(r,s);
         HDraw(x1,y1,x2,y2,n_c,false);           { Linie 1-2 }
       end;
    end;
```

```
      end
    else
    begin
      s:= Dim1;
      for r := Dim2 downto 1 do            { Erste Linie zeichnen }
       begin
         get12(r,s);
         hdraw(x1,y1,x2,y2,n_c,true);
       end;
      for s := Dim1-1 downto 0 do
       begin
         for r := Dim2 downto 1 do
          begin
            if keypressed then goto exit;
            get1234(r,s);
            if r=Dim2 then
              if lp[4].x>lp[3].x then
                HDraw(x1,y1,x3,y3,n_c,true)     { Linie 1-3 }
              else
                HDraw(x1,y1,x3,y3,n_c,false);
            saveu := upper_border[x2];          { Linie 2-4 }
            HDraw(x2,y2,x4,y4,n_c,false);
            upper_border[x2] := saveu;
          end;
         for r := Dim2 downto 1 do
          begin
            get12(r,s);
            HDraw(x1,y1,x2,y2,n_c,false);       { Linie 1-2 }
          end;
       end;
    end;
   Scale_and_write;
  exit:
  end;

end.
```

7.2 Höhenlinien aus experimentellen Daten

Wie bereits erwähnt, kann man im wesentlichen zwischen zwei Methoden der Repräsentation zweidimensionaler Datenfelder unterscheiden. Als erste wurde im Abschnitt 7.1 die Erzeugung von Netzgrafiken behandelt. Für viele Anwendungen ist aber eine Darstellung in Form von Höhenlinienkarten zweckmäßiger. Beide Darstellungen haben ihre Vor- und Nachteile.

Die dreidimensionalen Netzgrafiken ermöglichen dem Betrachter einen leichteren Zugang zur Einschätzung von Höhenverhältnissen. Außerdem suggeriert diese Darstellungsart plastische Verhältnisse, in denen sich der Betrachter leichter zurechtfindet. Die Höhenlinienbilder gewähren dafür einen größeren Überblick, da sie stets alle Daten

7.2.1 Binäre Grenzlinien

zeigen, wohingegen bei den Netzgrafiken teilweise große Informationsmengen infolge optischer Verdeckung verloren gehen können. Durch die freie Rotierbarkeit der Netzgrafiken wird dies zwar teilweise wieder aufgewogen, der optimale Gesamtüberblick kann aber nicht erreicht werden.

7.2.1 Binäre Grenzlinien

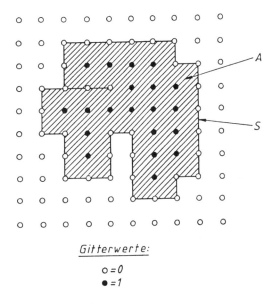

Bild 7-10

Wir beschäftigen uns zunächst mit einem Problem, das auf den ersten Blick nur wenig mit der Bestimmung von Höhenlinien zu tun haben scheint. Dazu betrachten wir ein zweidimensionales Gitter binärer Punkte. Es soll zwischen Gitterplätzen mit den Werten 0 und 1 (vgl. Bild 7-10) unterschieden werden. Die Punkte mit dem Wert 1 bestimmen ein Gebiet A. Die Grenzlinie S dieses Gebietes soll ermittelt werden.

Zunächst muß ein Punkt der Grenzlinie ermittelt werden, der als Startpunkt eines entsprechenden Algorithmus benützt werden kann:
Von links beginnend wird hierzu Spalte für Spalte von oben nach unten ab abgesucht, bis ein Punkt angetroffen wird, der den Gitterwert 1 besitzt. Der letzte Gitterpunkt *vor* diesem sei der Startpunkt, der mit P_s bezeichnet werden soll.

Um sicherzustellen, daß dieser Algorithmus immer arbeitet, muß man dafür Sorge tragen, daß auch stets zwei Punkte je Spalte mit den geforderten Eigenschaften existieren *können*. Außerdem ergibt die Definition des Gebietes A nur dann einen Sinn, wenn keiner der Randpunkte des binären Gitters den Wert 1 besitzt. Aus diesen beiden Gründen muß das Gitter sicherheitshalber mit Gitterpunkten mit dem Wert 0 umrahmt werden.

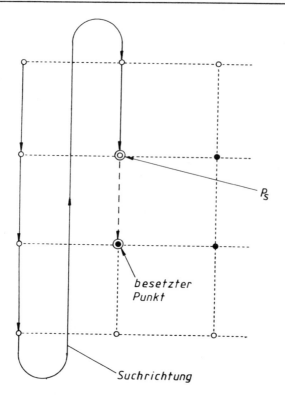

Bild 7-11

7.2.2 Der SCHLUMPF

Es gilt nun, ausgehend vom Punkt P_s, einen Weg um das Gebiet A zu finden, und dabei nur von Punkten mit dem Wert 0 zu benachbarten Punkten mit dem Wert 0 zu wandern, ohne die Grenzlinie S zu verlassen.

Zunächst muß eine Entscheidung darüber getroffen werden, in welcher Richtung man sich um A bewegen will. Hierzu wird vereinbart, daß dies entgegen dem Uhrzeigersinn erfolgen soll.

Der nächste Schritt besteht dann in der Definition eines Objekts, daß ich im folgenden kurz als **SCHLUMPF** (**SCH**ne**L**ler **U**nintelligenter **M**echanischer **P**fad**F**inder) bezeichnen möchte. Dieser SCHLUMPF besitzt dieselben Eigenschaften, die auch eine mechanische Maus ohne Gedächtnis besitzen muß, die einen Weg durch einen Irrgarten finden soll.

Die wesentliche Eigenschaft des SCHLUMPFs ist seine Schlagseite – er besitzt einen chronischen Linksdrang. Gerade diese Eigenschaft jedoch ermöglicht es ihm, sich in der geforderten Art und Weise auf dem binären Gitter, beziehungsweise in einem Irrgarten, zurechtzufinden. Er kann sich mittels dieses Linksdralls an einer Wand, symbolisiert durch Gitterpunkte mit dem Wert 1, vorwärts tasten. Im einzelnen läßt er sich wie folgt beschreiben:

Der SCHLUMPF kann sich – auf einem zweidimensionalen binären Gitter – nur von Punkten mit dem Wert 0 zu benachbarten Punkten mit dem Wert 0 bewegen. Außer-

7.2.2 Der SCHLUMPF

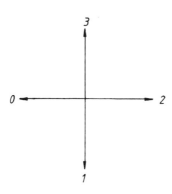

Bild 7-12

dem besitzt er einen nur rudimentär entwickelten Orientierungssinn, der ihm aber gezielte Bewegungen auf dem Gitter erlaubt.
Sein Linksdrall äußert sich in der Praxis wie folgt:

Erfolgte die letzte Bewegung des SCHLUMPF's beispielsweise in Richtung 0, so wird er als nächstes versuchen, einen Gitterplatz mit dem Wert 0 in Richtung 1 zu finden. Befindet sich in Richtung 1 jedoch ein Punkt mit dem Wert 1, so kann er sich nicht zu diesem Gitterplatz bewegen. In diesem Fall gibt er seine Linkspolung auf und untersucht nun im Uhrzeigersinn der Reihe nach die anderen umliegenden Punkte, bis er einen freien Punkt gefunden hat. In unserem Fall wird er also als nächstes den Platz in Richtung 0 untersuchen. Ist dieser frei (Wert = 0), so bewegt er sich auf ihn und stellt sich wieder auf Linksorientierung um. Ist auch dieser Punkt besetzt, so versucht er es als nächstes in Richtung 3 und so fort, bis er einen unbesetzten Platz findet, zu dem er sich bewegen kann. Diesen nimmt er dann ein und stellt sich wieder auf Linksorientierung um.

Um das Verfahren noch etwas transparenter zu machen, soll ein einfaches Beispiel betrachtet werden:

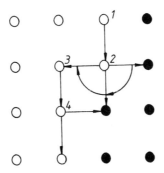

Bild 7-13

Der SCHLUMPF habe sich im letzten Schritt vom Punkt 1 zum Punkt 2 bewegt, also in Richtung 1. Deshalb wird er aufgrund seines Linksdralls versuchen, den nächsten Schritt in Richtung 2 zu unternehmen. Dieser Platz ist aber besetzt, und er stellt sich also auf Rechtsorientierung um und sucht als nächstes in Richtung 1. Dieser Punkt ist aber ebenfalls bereits besetzt. Somit wird er als nächstes Richtung 0 untersuchen. Der Gitterplatz in dieser Richtung ist frei, und der SCHLUMPF kann sich in Richtung 0 vom Punkt 2 zum Punkt 3 bewegen. Nachdem er dies getan hat, stellt er sich wieder auf Linksorientierung um, d.h. er versucht als nächstes in Richtung 1 weiterzukommen. Dieser Platz ist frei, und er bewegt sich im folgenden Schritt in Richtung 1 zum Punkt 4. Von dort wird er dann versuchen, in Richtung 2 weiterzukommen. Da der Platz in dieser Richtung aber wieder besetzt ist, muß er gezwungenermaßen wieder in Richtung 1 suchen und so weiter.

Ein so konstruierter SCHLUMPF hat bereits alle von ihm zu fordernden Eigenschaften. Setzt man ihn am Punkt P_s auf das Gitter und gibt ihm vor, seine letzte Bewegung habe in Richtung 3 stattgefunden, so wird er sich genau auf der Grenzlinie S um das Gebiet A bewegen. Er kann dabei auf folgende kritische Situationen treffen, die er aber alle nach dem obigen Verfahren meistert.

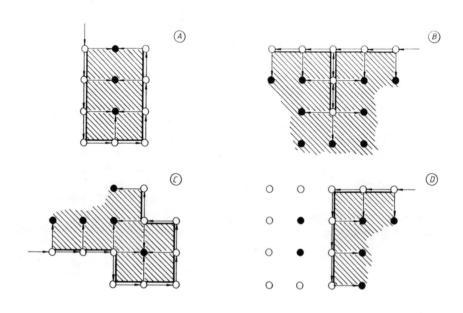

Bild 7-14

In Situation A besteht die Gefahr, den Kontakt zum Gebiet A zu verlieren. Die Linkspolung des SCHLUMPF's verhindert dies jedoch. Dasselbe Problem besteht in Situation C.

In Situation B läuft der SCHLUMPF in Gefahr, sich in einer Sackgasse festzufahren, während in Situation D zu befürchten ist, daß das kleine Gebiet aus zwei Punkten ebenfalls eingeschlossen wird.

Man kann sich nun leicht überlegen, daß man keine anderen kritischen Situationen mehr formulieren kann, die sich nicht auf eine der obigen 4 Situationen zurückführen ließen. Der SCHLUMPF wird sich daher immer auf dem minimalen Weg S um ein Gebiet A bewegen.

7.2.3 Höhenlinien und binäre Gitter

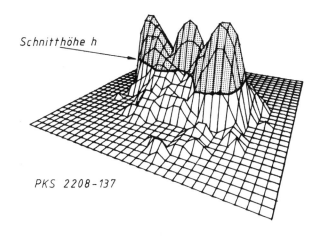

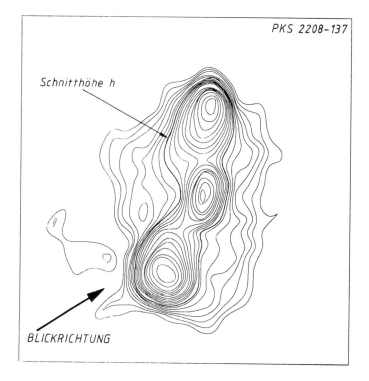

Bild 7-15 *Zur Definition des Schnittgitters*

Nach diesen Vorarbeiten kann man sich nun an die Ermittlung von Höhenlinien aus einem dreidimensionalen Datensatz machen. Wie gleich zu sehen sein wird, kann dieses Problem im wesentlichen auf die Bestimmung einer binären Grenzlinie reduziert werden.

Im folgenden sollen nur Datensätze der Form betrachten, wie sie bereits in Abschnitt 7.1 für die Erzeugung von Netzgrafiken verwendet wurden. Es werde ein (zunächst) äquidistantes zweidimensionales Gitter von Datenpunkten, bestehend aus den Gitterkoordinaten (x, y) und der Höhe $h(x, y)$ betrachtet. Um aus diesen Daten die Höhenlinien zu einer bestimmten Höhe H abzuschätzen, legt man auf eben dieser Höhe H einen Schnitt durch den Datensatz und erhält damit ein zweidimensionales binäres Gitter. Ist nämlich der Wert an der Stelle (x, y) größer als die betrachtete Höhe, so liegt er über der Höhenlinie und wird im Schnittgitter mit einer 1 markiert. Ist er kleiner, so liegt er unter der Höhenlinie und wird durch eine 0 gekennzeichnet.

Die prinzipielle Form des Algorithmus ist somit bereits erkennbar. Eine grobe Schätzung der Höhenlinien zur betrachteten Höhe ist zu erhalten, indem die binären Grenzlinien des Schnittgitters ermittelt werden. Zu einer genaueren Schätzung gelangt man dann durch eine lineare Interpolation nach dem folgenden Verfahren:

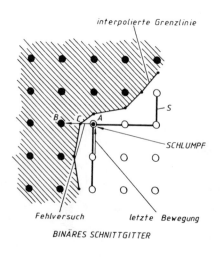

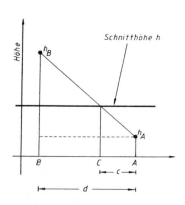

Bild 7-16

Im Zuge seiner Wanderung über das Gitter macht der SCHLUMPF infolge seines Linksdralls immer wieder Fehlversuche, bei denen er auf besetzte Gitterplätze mit dem Wert 1 trifft. Immer wenn er einen solchen Fehlversuch macht, kann er sich eine Näherung für die tatsächliche Position der Höhenlinie berechnen. Nehmen wir an, der SCHLUMPF befände sich an der Position A auf einem Gitterplatz (binärer Gitterwert 0), dessen Höhe h_A unter der Schnitthöhe H liegt. Der Punkt B liegt dann über der

7.2.4 Glättung von Höhenlinien

Schnitthöhe H auf der Höhe h_B. Der Abstand der Gitterpunkte sei d. Dann ist eine Schätzung für die tatsächliche Position C der Höhenlinie durch

$$c = \frac{H - h_A}{h_B - h_A} \qquad (7.7)$$

gegeben, wobei c der Abstand $C - A$ ist.

Die Folge dieser interpolierten Werte ergibt eine schon wesentlich bessere Schätzung der Höhenlinien. Der Nachteil bei der grafischen Darstellung ist allerdings, daß diese Höhenlinien immer sehr eckig und unharmonisch wirken, solange die Anzahl der Daten nicht groß genug ist. Um ein optisch besseres Bild zu erhalten, kann ein einfacher Trick zur optischen Glättung von Polygonzügen verwendet werden.

7.2.4 Glättung von Höhenlinien

In den Abschnitten 6.4 und 6.5 wurde bereits eine Interpolationsmethode abgeleitet, mit der sich Polygonzüge glätten lassen. Unsere bislang verwendete Form einer Höhenlinie ist im Grunde genommen jedoch nichts anderes als ein geschlossener Polygonzug. Mit Hilfe der Bezier-Interpolation kann ein wesentlich runderes Aussehen der Höhenlinien erzielt werden, wobei lediglich zu beachten ist, daß es sich um geschloßene Polygonzüge handelt und diese somit keinen Anfangs- oder Endpunkt besitzen.

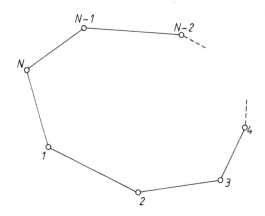

Bild 7-18 *Geschlossene Polygonzüge*

Nehmen wir an, es wären bereits alle N Punkte des Polygonzuges ermittelt. Nach dem N-ten und letzten Punkt folgt wieder der erste, womit der Polygonzug geschlossen ist.

Das Verfahren der Bezier-Interpolation benötigt 4 Datenpunkte, wobei die Interpolation zwischen den beiden mittleren Datenpunkten erfolgt. Beginnt man also mit den Punkten 1-4 des Polygonzuges, so ist das erste interpolierte Teilstück dasjenige zwischen den Datenpunkten 2 und 3. Mit der Interpolation kann man nun in Form einer Schleife fortfahren und damit die jeweils anschließenden Teilstücke bearbeiten. Das letzte Teilstück, das auf diese Art und Weise bearbeitet werden kann, ist das Teilstück zwischen den Punkten N-2 und N-1. Damit verbleiben noch 3 Teilstücke zu zeichnen, damit der Polygonzug geschlossen werden kann. Um dies nach demselben Verfahren zu tun, benötigen man hierzu die Punkte N-2, N-1, N, 1, 2 und 3.

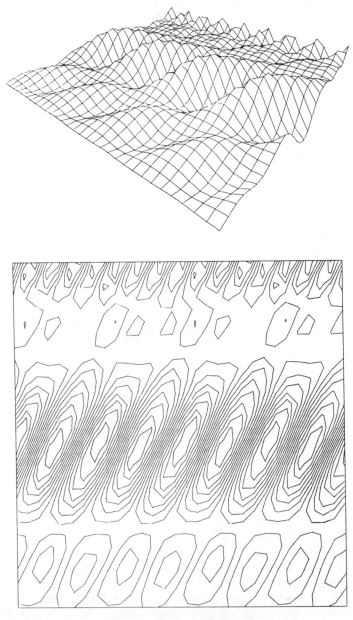

Bild 7-17 *Netzgrafikdarstellung und entsprechendes Höhenlinienbild*

Benützt man zum Zeichnen der Höhenlinien die Bezierfunktion Draw4Curve mit der *Smooth*-Option, so ergibt sich eine geglättete Höhenlinienkurve. Bei dieser Option wird die Interpolation nicht durch die Datenpunkte selbst gelegt, sondern so, daß die entstehende Kurve möglichst glatt erscheint. Den dabei entstehenden Fehler kann man aber akzeptieren, wenn man bedenkt, daß die Bestimmung der Datenpunkte

7.2.5 Unit CONT

selbst durch eine Interpolation entstanden ist.

Der zweite Punkt, den es zu beachten gilt, ist folgender: Liegen zwei aufeinanderfolgende Datenpunkte nahe beieinander, so führt die nach der Bezier-Methode interpolierte Kurve sehr dicht an den beiden Punkte vorbei. Dies hat im ungünstigsten Fall zur Folge, daß sich unerwünschte Ecken im Höhenlinienbild ergeben. Um solche Fälle zu vermeiden, werden nur solche Punkte als zusätzliche Datenpunkte akzeptiert, die von ihrem Vorgänger sowohl in x- als auch in y-Richtung mindestens einen drittel Gitterabstand in dieser Richtung entfernt liegen.

Bild 7-19 *Geglättetes Höhenlinienbild*

7.2.5 Unit CONT

Die Unit CONT erstellt nach dem oben erläuterten Verfahren ein Höhenlinienbild. Verwendet wird dazu der gleiche Datensatz wie bei THREED.

Das Lesen der Daten erfolgt völlig analog zu der Prozedur DETERMINE_SCREENPOINTS in THREED durch die Prozedur CONT_DETERMINE_SCREENPOINTS. Die globalen Parameter aus CONT sind bereits, wie an früherer Stelle erläutert, in PARA3D deklariert worden.

Die Prozedur SEARCH übernimmt die Ermittlung der Datenpunkte aus dem Schnittgitter. Die ermittelten Datenpunkte werden auf einen mit ISTACK erstellten Integerstack übertragen, da die Größe des für alle Punkte einer Höhenlinie benötigten Speicherplatzes von vornherein nicht feststeht.

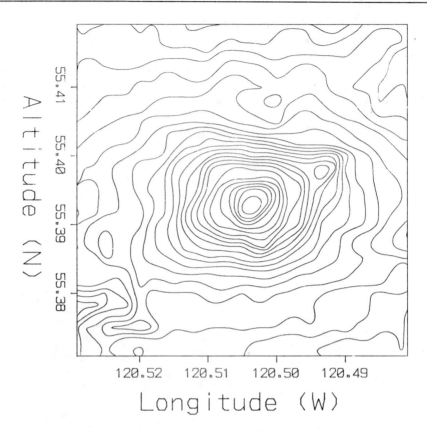

Bild 7-20 *Darstellung des Datensatzes STHVOR.SEQ, die mit dem im Text beschriebenen Programm und den dortigen Parametern erstellt wurde. Der Datensatz STHVOR.SEQ findet sich im Anhang. Die diesem Bild entsprechende Netzgrafik ist Bild 7-6 auf Seite 135.*

Die Prozedur **DRAW_IT_DOWN** zeichnet dann mit den so ermittelten Datenpunkten die Höhenlinie. Da die Bezier-Interpolation mindestens 4 Datenpunkte benötigt, werden erst ab mindestens 4 vorhandenen Datenpunkten Höhenlinien gezeichnet. Hier ist wieder die Verwendung des Integerstacks von Vorteil, denn sie ermöglicht über den Stackpointer eine sofortige Ermittlung der Anzahl der vorhanden Datenpunkte.

Bild 7-20 wurde mit dem folgenden Programm erstellt. Letzteres kann als Prototyp zur Verwendung von **CONT** angesehen. Für **CONT** stehen dabei die folgenden Parameter zur Verfügung:

Center_x   x-Position des Bildmittelpunkts auf dem Bildschirm. Die Anpassung an den Plotter erfolgt automatisch. Dieser Wert sollte nach Möglichkeit nicht geändert werden.

Center_y   y-Position des Bildmittelpunkts auf dem Bildschirm. Die Anpassung an den Plotter erfolgt automatisch. Dieser Wert sollte bei Verwendung der Standardgrößenparameter nach Möglichkeit immer auf den Wert 150 gesetzt werden.

7.2.5 Unit CONT

HDiscr   Bestimmt die Anzahl der Höhenlinien. Der Abstand $H_{max} - H_{min}$ wird dazu in HDiscr-1 gleichgroße Intervalle unterteilt, was dazu führt, daß gerade HDiscr Höhenlinien gezeichnet werden.

HStart   Definiert die minimale Höhe, ab der tatsächlich Höhenlinien gezeichnet werden. HStart darf Werte zwischen 0 und 1 annehmen. Die entsprechende Starthöhe ist dann $H_s = H_{min} + \text{HStart} \times (H_{max} - H_{min})$. Der Standardwert für HStart ist 0.

HEnd   Definiert die maximale Höhe, bis zu der tatsächlich Höhenlinien gezeichnet werden (vgl. HStart). Der Standardwert ist 1.

Zusätzlich zu den hier aufgeführten Parametern sind noch die bereits in Abschnitt 7.1.7 definierten Parameter Sc_size, Asp_Ratio2, m_s, s_s, m_c, s_c, l_c, n_c und Digits in der dort definierten Form variierbar.

Man beachte, daß neben dem Stack auch für die Variablen XB und YB entsprechend Speicherplatz reserviert werden muß, da die von CONT verwendeten Variablen P und T an denselben Adressen gespeichert werden.

```
{$R-}     {Range checking off}
{$B+}     {Boolean complete evaluation on}
{$S+}     {Stack checking on}
{$I+}     {I/O checking on}
{$N+}     {Numeric coprocessor}
Uses Crt,Dos,Types,ARA,para3D,Varfield,IStack,TPlot2,Cont;
begin
 center_y := 150;
 hdiscr := 25;
 hstart := 0;
 hend := 1;
 setupstack(stack,$FFF0);
 getmem(xb,$FFF0);
 getmem(yb,$FFF0);
 filename := 'STHVOR.SEQ';
 assign(c,filename);
 {$i-}
 reset(c);
 {$i+}
 if ioresult<>0 then
  begin
   writeln('File not found.');
   halt;
  end;
 if not plotter then egahires;
 if not cont_determine_screenpoints(xb^,yb^,error) then
  begin
   textmode(c80);
   writeln('Error:',error);
   halt;
  end;
```

```
if plotter then
 begin
  init_plotter;
  select_cs(1);
 end;
 plot_cont;
 q := readkey;
end.
```

Es bleibt noch zu bemerken, daß die Daten in ein Feld eingelesen werden müssen, dessen x- und y-Dimensionen um 2 Punkte größer als die entsprechenden Dimensionen des Datenfeldes sind. Im anderen Fall kann aus den bereits angesprochenen Gründen die Existenz einer geschlossenen Höhenlinie nicht als gesichert angesehen werden. Ihre Existenz ist aber eine wesentliche Voraussetzung für den Algorithmus. Die durch die Größe eines Segments definierte maximale Datenzahl ist bei CONT also geringer als bei THREED, da der Platz für die Randelemente noch benötigt wird.

```
Unit CONT;

interface

Uses Crt,Dos,Types,ARA,para3D,Varfield,IStack,TPlot2;

function CONT_DETERMINE_SCREENPOINTS(var a,b;
                                     var error:integer):boolean;
procedure PLOT_CONT;

implementation

procedure DDRAW(x1,y1,x2,y2:double;color: integer);
var a,b,c,d: integer;
begin
 if not plotter then
  begin
   a := round(center_x+sc_size*12*scx*x1);
   b := round(center_y-sc_size*12*scy*y1);
   c := round(center_x+sc_size*12*scx*x2);
   d := round(center_y-sc_size*12*scy*y2);
   draw(a,b,c,d,color);
  end
 else
  begin
   a := round(5*(center_x+sc_size*12*scx*x1)-600);
   b := round(5*(center_y-sc_size*12*scy*y1)+400);
   c := round(5*(center_x+sc_size*12*scx*x2)-600);
   d := round(5*(center_y-sc_size*12*scy*y2)+400);
   pdraw(a,b,c,d);
  end;
end;

procedure DMOVE(x,y: double);
var a,b: integer;
begin
```

7.2.5 Unit CONT

```
 if not plotter then
  begin
   a := round(center_x+sc_size*12*x);
   b := round(center_y-sc_size*12*y);
   movep(a,b);
  end
 else
  begin
   a := round(5*(center_x+sc_size*12*x)-600);
   b := round(5*(center_y-sc_size*12*y)+400);
   pmove(a,b);
  end;
end;

procedure DRELDRAW(x,y:double; color: integer);
var a,b: integer;
begin
 if not plotter then
  begin
   a := round(center_x+sc_size*12*x);
   b := round(center_y-sc_size*12*y);
   reldraw(a,b,color);
  end
 else
  begin
   a := round(5*(center_x+sc_size*12*x)-600);
   b := round(5*(center_y-sc_size*12*y)+400);
   preldraw(a,b);
  end;
end;

procedure DBOX(x1,y1,x2,y2:double;color: integer);
var a,b,c,d: integer;
begin
 if not plotter then
  begin
   a := round(center_x+sc_size*12*scx*x1);
   b := round(center_y-sc_size*12*scy*y1);
   c := round(center_x+sc_size*12*scx*x2);
   d := round(center_y-sc_size*12*scy*y2);
   box(a,b,c,d,color);
   graphwindow(a+1,b-1,c-1,d+1);
  end
 else
  begin
   a := round(5*(center_x+sc_size*12*scx*x1)-600);
   b := round(5*(center_y-sc_size*12*scy*y1)+400);
   c := round(5*(center_x+sc_size*12*scx*x2)-600);
   d := round(5*(center_y-sc_size*12*scy*y2)+400);
```

```
   pbox(a,b,c,d);
   pwindow(a+1,d+1,c-1,b-1);
   cx := a+1; cy := d+1;
  end;
end;

function ENABLE_VCHARS: boolean;
var c: file of vector_chars;
    k: boolean;
begin
 getmem(VChars,1280);
 assign(c,'VCHARS.BIN');
 {$i-}
 reset(c);
 {$i+}
 k := (ioresult=0);
 if k then read(c,VChars^);
 close(c);
 enable_vchars := k;
end;

procedure DRAW_V_STRING(         x,y,
                              e1x,e1y,
                              e2x,e2y,
                                 size: real;
                                    s: str255;
                                color: integer);
var i: integer;
    r: real;

  procedure DRAW_VCHAR(nr: integer);

  label exit;

  var ofs,a,b: integer;
        r1,r2: double;

  begin
  with VChars^ do
   begin
    ofs := charofs[nr];
    if vchar[ofs]=$FF then goto exit;    { End of Char ? }
    a := vchar[ofs] shr 4;                { Move to 1st position }
    b := vchar[ofs] and $0F;
    r1 := x+e1x*size*(i*8+a)+e2x*size*b;
    r2 := y+e1y*size*(i*8+a)+e2y*size*b;
    dmove(r1,r2);
    while vchar[ofs]<>$FF do              { While not EoC }
     begin
      if vchar[ofs] = $FE then            { Move to next position }
```

7.2.5 Unit CONT

```
          begin
            ofs := succ(ofs);
            if vchar[ofs]=$FF then goto exit;
            a := vchar[ofs] shr 4;
            b := vchar[ofs] and $0F;
            r1 := x+e1x*size*(i*8+a)+e2x*size*b;
            r2 := y+e1y*size*(i*8+a)+e2y*size*b;
            dmove(r1,r2);
          end
         else
          begin                          { Draw from last position }
            a := vchar[ofs] shr 4;
            b := vchar[ofs] and $0F;
            r1 := x+e1x*size*(i*8+a)+e2x*size*b;
            r2 := y+e1y*size*(i*8+a)+e2y*size*b;
            dreldraw(r1,r2,color);
          end;
          ofs := succ(ofs);
        end;
     end;
   end;
   exit:
   end;
begin
 if not VCharAvail then
    VCharAvail := Enable_VChars;
 r := sqrt(sqr(e1x)+sqr(e1y));
 e1x := e1x/r;
 e1y := e1y/r;
 r := sqrt(sqr(e2x)+sqr(e2y));
 e2x := e2x/r;
 e2y := e2y/r;
 if VCharAvail then
    for i := 0 to ord(s[0])-1 do
      draw_VChar(ord(s[i+1]));
end;
function BEZ1 (u:double;selector: Beziertype):double;
begin
 if selector=Smooth then
    bez1 := (1-u)*(1-u)*(1-u)/6
 else
    bez1 := -(1-u)*(1-u)*u/2;
end;
function BEZ2 (u:double;selector: Beziertype):double;
begin
 if selector=Smooth then
    bez2 := u*u*(u/2-1)+4/6
 else
```

```pascal
  bez2 := 1+u*u*(-5+3*u)/2;
end;

function BEZ3 (u:double;selector: Beziertype):double;
begin
 if selector=Smooth then
  bez3 := u*(1+u*(1-u))/2+1/6
 else
  bez3 := u*(1+u*(4-3*u))/2;
end;

function BEZ4 (u:double;selector: Beziertype):double;
begin
 if selector=Smooth then
  bez4 := u*u*u/6
 else
  bez4 := -(1-u)*u*u/2;
end;

procedure DRAW4CURVE(d1,d2,d3,d4:screenpoint;selector: Beziertype);

var u,ustep: double;
        c: array[1..4] of double;
      x,y: integer;

  procedure TRANSFORM;

  begin
    c[1] := bez1(u,selector);
    c[2] := bez2(u,selector);
    c[3] := bez3(u,selector);
    c[4] := bez4(u,selector);
     x := round(c[1]*d1.x+c[2]*d2.x+c[3]*d3.x+c[4]*d4.x);
     y := round(c[1]*d1.y+c[2]*d2.y+c[3]*d3.y+c[4]*d4.y);
  end;

begin
 u := 0;
 ustep := abs(d3.x-d2.x)+abs(d3.y-d2.y)+6;
 ustep := 6/ustep;

  repeat
   transform;
   if first then
    begin
     if plotter then pmove(x,y)
     else movep(x,y);
     first := false;
     if keypressed then halt;
    end
   else
    if plotter then preldraw(x,y)
```

7.2.5 Unit CONT

```
    else reldraw(x,y,n_c);
   u := u+ustep;
  until u>1;
  u := 1;
  transform;
  if plotter then preldraw(x,y)
  else reldraw(x,y,n_c);
 end;    { of draw4curve }
 function CONT_DETERMINE_SCREENPOINTS(var a,b;
                                     var error:integer):boolean;
 label exit;
 var x,y,d,z,
     x1,y1           : integer;
     asp_rat,
     r,s             : double;
     k               : boolean;
     ctrl_word       : string[4];
     line            : string[255];

   procedure INC_Error;
   begin
    error := succ(error);
   end;

 begin
  error := 1;
  settextbuf(c,c_buffer);
  {$i-}
  readln(c,scale,xdim,ydim,asp_ratio,
         x_min_T,x_max_T,y_min_T,y_max_T,z_min_T,z_max_T);
  {$i+}
  k := (ioresult=0) and ((scale and $FFFE)=0) and (xdim<>0)
       and (ydim<>0) and (asp_ratio<>0);
  if not k then goto exit;          { Error 1 }
  k := ((xdim+3)*(ydim+3)<=32761);
  INC_error;                        { Error 2 }
  if not k then goto exit;
  if xdim>=ydim then   maxdim := xdim else maxdim := ydim;

  ydim := ydim+2; xdim := xdim+2;
  ydim2 := ydim/2; xdim2 := xdim/2;
  set_dim(t^,ydim); set_dim(p^,ydim);

  asp_rat := asp_ratio*asp_ratio2;
  if asp_rat*xdim>=ydim then
   begin
    scx := 30/XDim;
    scy := scx/asp_rat;
    if not plotter then scx := 1.4*scx;
```

```
     end
    else
     begin
      scy := 30/YDim;
      if not plotter then scx := 1.4*asp_rat*scy
      else scx := asp_rat*scy
     end;
    delta_x := sc_size*12*scx;
    delta_y := sc_size*12*scy;
    if plotter then
     begin
      delta_x := 5*delta_x;
      delta_y := 5*delta_y;
     end;
INC_Error;
for y := 0 to YDim-2 do
 for x := 0 to XDim-2 do
  begin
   {$i-}
   readln(c,line);
   {$i+}
   z := stri(line,ok);
   k := (ioresult=0) and (not eof(c)) and ok;   { Error 3 }
   if not k then
    begin
     if not plotter then
      begin
       g_gotoxy(20,10); g_write(line);
      end
     else
      begin
       gotoxy(20,10); write(line);
      end;
     goto exit;
    end;
   aset(t^,x+1,y+1,z);
   if (x=0) and (y=0) then    { hmin und hmax initialisieren }
    begin                     { Use r and s instead }
     r := z; s := z;
    end
   else
    begin
     if z>s then s := z;    { hmin und hmax ermitteln }
     if z<r then r := z;
    end;
  end;
if hstart<0 then hstart := 0; if hend<0 then hend := 0;
```

7.2.5 Unit CONT

```pascal
 if hstart>1 then hstart := 1; if hend>1 then hend := 0;
 if hend<hstart then
  begin
   r := hstart;  hstart := hend; hend := r;
  end;
 if hend=hstart then
  begin
   hstart := hstart-0.05; hend := hend+0.05;
    if hstart<0 then hstart := 0; if hend<0 then hend := 0;
    if hstart>1 then hstart := 1; if hend>1 then hend := 0;
  end;
 hmin := hstart*(s-r)+r;      { Endgültige hmin, hmax }
 hmax := hend*(s-r)+r;

 if hdiscr<=1 then hdiscr := 2;
 hstep := (s-r)/(hdiscr-1);        { Stepweite }
 if hstep = 0 then hstep := 1;
 height := r+hstep;
 while height<hmin do height := height+hstep;

 INC_Error;
 {$i-}
 readln(c,x_text);
 readln(c,y_text);
 readln(c,z_text);
 readln(c,object);
 {$i+}
 k := (ioresult=0) and (not eof(c));  { Error 4 }
 if not k then goto exit;
 INC_Error;
 {$i-}
 readln(c,Ctrl_word);
 {$i+}
 for z := 1 to ord(ctrl_word[0]) do
  ctrl_word[z] := upcase(ctrl_word[z]);
 k := (ioresult=0) and (ctrl_word='END.');   { Error 5 }
 if not k then goto exit;
 close(c);
exit:
 cont_determine_screenpoints := k;
end;

procedure DRAW_IT_DOWN;

label exit;

var p: array [1..3] of screenpoint;
    q: array [1..4] of screenpoint;
  i,j: integer;

begin
```

```
with stack^ do
  begin
    if odd(stackpointer)           { Ungerade Anzahl <-> Fehler }
      or (stackpointer<=10) then   { Nicht weniger als 3 Punkte }
      begin                        { Sonst: Aussteigen }
        clearstack(stack);
        goto exit;
      end;

    if stackpointer = 12 then      { Nur 3 Datenpunkte }
      begin
        for i := 1 to 3 do         { Vom Stack holen }
          begin
            pop(stack,p[i].y); pop(stack,p[i].x);
          end;
        first := true;
        draw4curve(p[1],p[2],p[3],p[1],smooth);
        draw4curve(p[2],p[3],p[1],p[1],smooth);
        draw4curve(p[1],p[1],p[2],p[3],smooth);
      end;

    if stackpointer>12 then        { Mehr als 3 Datenpunkte }
      begin
        for i := 1 to 4 do         { 4 Punkte vom Stack holen }
          begin
            pop(stack,q[i].y); pop(stack,q[i].x);
          end;
        for i := 1 to 3 do p[i] := q[i]; { Sichern }
        first := true;             { Erster Punkt }

        if stackpointer>0 then     { Solange weitere Punkte }
          repeat                   { vorhanden: Zeichnen }
            draw4curve(q[1],q[2],q[3],q[4],smooth);
            for i := 1 to 3 do     { Punkte um einen Index ver- }
              q[i] := q[i+1];      { schieben }
            pop(stack,q[4].y); pop(stack,q[4].x); { Neuen Punkt anhängen }
          until stackpointer = 0;  { Bis am Ende }
        draw4curve(q[1],q[2],q[3],q[4],smooth);
        draw4curve(q[2],q[3],q[4],p[1],smooth);
        draw4curve(q[3],q[4],p[1],p[2],smooth);
        draw4curve(q[4],p[1],p[2],p[3],smooth);
      end;
exit:
  end; { with stack^ do ... }
end;
{ ---- PROZEDUREN ZUR BESTIMMUNG DER HÖHENLINIEN ---- }
procedure SEARCH (x,y,d: integer);
label exit;
```

7.2.5 Unit CONT

```
var count,           { Zählparameter }
    xs,ys,           { Koordinaten des Startpunktes }
        ds: integer;

function TEST (d:byte): boolean;

{ Testet ob in Richtung d = 0..3 ein Punkt des Schnittarrays
  den Wert 0 (= kleiner als momentan untersuchte Höhe)
  oder 2 (= wie 0, war aber bereits einmal erreicht) existiert. }

var b: integer;

begin
 if keypressed then halt;
 case d of
  0: b := aget(p^,x-1,y);
  1: b := aget(p^,x,y+1);
  2: b := aget(p^,x+1,y);
  3: b := aget(p^,x,y-1);
 end;
 test := (b=0) or (b=2);
end;

procedure MOVESTART;

{ Setzt den Startpunkt der Linie aus den Wert der Bildschirm-
  koordinaten (xp/yp). }

var rx,ry: double;
    xp,yp,
       i: integer;

begin
 clearstack(stack);
 rx := x-1.5;             { Basiskoordinaten }
 ry := y-1.5;
 if (x>0) and (y>0) then { Interpolieren }
  begin
   i := aget(t^,x,y);
   ry := ry+(height-i)/(aget(t^,x,y+1)-i);
  end;
 if not plotter then
  begin
   xp := round(sc_size*12*scx*rx);
   yp := round(sc_size*12*scy*ry);
  end
 else
  begin
   xp := round(cx+5*(sc_size*12*scx*rx));
   yp := round(cy+5*(sc_size*12*scy*ry));
  end;
 push(stack,xp); push(stack,yp);
```

```
   xs := xp; ys := yp;
end;

procedure INTERPOLATE (d: byte);

{ Bestimmt zum gefundenen Punkt P die entsprechenden Bildschirm-
  koordinaten nach Spezifikation durch d mittels Interpolation.
  Randwerte werden unterdrückt, da hier eine Interpolation
  unzulässig ist. }

var rx,ry: double;
    xp,yp,xq,yq,i: integer;
        too_near: boolean;
begin
 if keypressed then halt;
 rx := x-1.5;                        { Basiskoordinaten }
 ry := y-1.5;
 if (x>0) and (y>0) and              { Falls Punkt im Plotwindow }
    (x<xdim) and (y<ydim) then
  begin                              { Interpolieren }
   i := aget(t^,x,y);
   case d of
    0: rx := rx-(height-i)/(aget(t^,x-1,y)-i);
    1: ry := ry+(height-i)/(aget(t^,x,y+1)-i);
    2: rx := rx+(height-i)/(aget(t^,x+1,y)-i);
    3: ry := ry-(height-i)/(aget(t^,x,y-1)-i);
   end;
  end;

 if not plotter then
  begin
   xp := round(sc_size*12*scx*rx);
   yp := round(sc_size*12*scy*ry);
  end
 else
  begin
   xp := round(cx+5*(sc_size*12*scx*rx));
   yp := round(cy+5*(sc_size*12*scy*ry));
  end;

 pop(stack,yq); pop(stack,xq);       { Letzten Punkt holen }
 finished := ((xp=xs) and (yp=ys));  { Höhenlinie beendet ? }
 too_near := (abs(xp-xq)<=delta_x/3) and  { Falls Punkte zu eng }
             (abs(yp-yq)<=delta_y/3); { benachbart: vergessen, }
                                      { da sonst Glättung zu eckig }
 if too_near or finished then         { Vergessen ! }
  begin
   if not ( too_near and finished ) then
    begin
     push(stack,xq);push(stack,yq);
```

7.2.5 Unit CONT

```
        end;
      end
    else                                    { Sonst speichern ! }
      begin
        push(stack,xq);push(stack,yq);
        push(stack,xp);push(stack,yp);
      end;
  end;    { Interpolate }
begin
 finished := false;
 movestart;                                 { Erster Punkt }
 repeat
   d := (d+1) and 3;                        { Neues d }
   count := 0;
   if (not test(d)) or finished then        { Nächster Punkt }
    repeat
      interpolate(d);
      inc(count);
      d := (d+3) and 3;
    until test(d) or (count=5) or finished;

   if (count<5) and not finished then       { Nichtsingulärer Punkt }
    begin
      case d of
        0: x := x-1;
        1: y := y+1;
        2: x := x+1;
        3: y := y-1;
      end;
      aset(p^,x,y,2);
    end;
exit:
 until finished or (count=5);
 draw_it_down;
end;

procedure PLOT_CONT;

var a,b,
    r,s,
   rr,ss,
    m_ss,
    s_ss,
    lower,
    upper,
        d,
    step: double;
     x,y: integer;
      st: str128;
```

```
begin
  m_ss := m_s/5; s_ss := s_s/5;              { Achsenbeschriftung }
  r := -(xdim2-1.5)*scx-3;
  s := m_ss*4*ord(y_text[0]);
  draw_v_string(r,s,0,-1,-1,0,m_ss,y_text,m_c);
  r := -m_ss*4*ord(x_text[0]);
  s := -(ydim2-1.5)*scy-3;
  draw_v_string(r,s,1,0,0,-1,m_ss,x_text,m_c);

  if y_min_T<y_max_T then                    { Skalen Y-Achse }
   begin
    r := y_min_T; s := y_max_T;
   end
  else
   begin
    s := y_min_T; r := y_max_T;
   end;

  d := y_max_T-y_min_T;
  lower := r+0.5*(s-r)/(ydim2-2);            { Fenstergrenzen }
  upper := s-0.5*(s-r)/(ydim2-2);
  step := exp(-digits*ln(10));               { Schrittweite }
  r := round(r*exp(digits*ln(10)))*step;     { erster Skalenpunkt }
  s := -(xdim2-1.5); ss := -(xdim2-1.5+0.5/scx);
  a := -(xdim2-1.5)*scx-1;
  repeat
   rr := -(ydim2-1)+(r-y_min_T)/d*(ydim2-2); { Koordianatenposition }
   str(r:0:digits,st);
   b := rr*scy+s_ss*4*ord(st[0]);            { Zentrieren }
   if (r>=lower) and (r<=upper) then
    begin
     ddraw(s,rr,ss,rr,l_c);
     draw_v_string(a,b,0,-1,-1,0,s_ss,st,l_c);
    end;
   r := r+step;
  until r>upper;

  if x_min_T<x_max_T then                    { Selbes X-Achse }
   begin
    r := x_min_T; s := x_max_T;
   end
  else
   begin
    s := x_min_T; r := x_max_T;
   end;

  d := x_max_T-x_min_T;
  lower := r+0.5*(s-r)/(xdim2-2);
  upper := s-0.5*(s-r)/(xdim2-2);
  step := exp(-digits*ln(10));
```

7.2.5 Unit CONT

```
  r := round(r*exp(digits*ln(10)))*step;
  s := -(ydim2-1.5); ss := -(ydim2-1.5+0.5/scy);
  a := -(ydim2-1.5)*scy-1;
  repeat
   rr := -(xdim2-1)+(r-x_min_T)/d*(xdim-2);
   str(r:0:digits,st);
   b := rr*scx-s_ss*4*ord(st[0]);
   if (r>=lower) and (r<=upper) then
    begin
      ddraw(rr,s,rr,ss,l_c);
      draw_v_string(b,a,1,0,0,-1,s_ss,st,l_c);
    end;
   r := r+step;
  until r>upper;

  r := xdim/2-1.5;                    { Fenster }
  s := ydim/2-1.5;
  dbox(-r,-s,r,s,l_c);

  repeat
   fillchar(mem[seg(p^):ofs(p^)+2],
           succ(xdim)*succ(ydim)*2,0);{ Clear cut-array }
    for y := 1 to ydim-1 do           { Schnittarray ermitteln }
     for x := 1 to xdim-1 do
      begin
       if keypressed then halt;
       if aget(t^,x,y)>=height then aset(p^,x,y,1);
      end;
    for x := 1 to xdim-1 do           { Suche Höhenlinien im y-Scan }
     for y := 1 to ydim-1 do
      begin
       if keypressed then halt;
       if (aget(p^,x,y)=1) then       { Wechsel 0 <-> 1 = Höhenlinie }
         if (aget(p^,x,y-1)=0) then search(x,y-1,3); { 0 -> 1 Wechsel }
      end;
    height := height+hstep;           { nächste Höhe }
  until height>=hmax;

  if not plotter then
   begin
    graphwindow(0,0,639,349);
    gwrite(object,0,335,15,$0101);
   end
  else
   begin
    pwindow(0,0,1920,2670);
    pmove(50,2600);
    chardir(0);
```

```
    charsize(24,24);
    pdrawstring('ARA-CONTOUR: '+object);
    phome;
  end;

end; { of PLOT_CONT }

end.
```

7.3 Skalierungsverfahren

Sowohl **THREED** als auch **CONT** gehen davon aus, daß alle Achsen mit derselben Genauigkeit an **Digits** beschriftet werden können. Dies ist aber nur dann sinnvoll, wenn sich die auftretenden Differenzen $Max-Min$ bei allen drei Achsen in derselben Größenordnung bewegen. Man bekommt deshalb Probleme, wenn auf der x-Achse beispielsweise das Intervall $0.2\ldots0.3$, und auf der y-Achse das Intervall $5\ldots80$ betrachtet werden soll. In diesem Fall ist es sinnvoller, für jede Achse eine eigene Genauigkeit (**Digitsx**, **Digitsy**, **Digitsz**) zu definieren. In diesem Fall können in **SCALAWR5** die Variablen **Step** und **Discr** nicht mehr wie auf Seite 118 global für alle Beschriftungen definiert werden und müssen lokal bei der Beschriftung der einzelnen Achsen durch die für diese zutreffenden Definition ersetzt werden. Dasselbe gilt für die Beschriftung in **CONT** auf Seite 170.

8 Spezielle Funktionen

8.1 Die Prozessoren 80X86 und 80X87

Die Rechner der IBM-PC-Serie sind standardmäßig mit 80X86-Prozessoren der Firma Intel ausgestattet, wobei heute die Versionen 8086, 80286 und 80386 angeboten werden. Diese bieten für den normalen Einsatz vollkommen ausreichende Fähigkeiten der Datenverarbeitung. Sie stoßen jedoch an ihre Grenzen, sobald exzessiv mathematische Operationen von ihnen gefordert werden. Die Verarbeitung von Real- oder Doublezahlen ist wesentlich zeitaufwendiger als die Verarbeitung von Integerzahlen und muß, da diese Operationen nicht bei der Planung der Prozessoren berücksichtigt wurden, durch eine sogenannte *Floating-Point-Emulation* gelöst werden.

Die 80X86-Prozessoren wurden so ausgelegt, daß sie möglichst viele allgemeinverwendbare Operationen beherrschen. Damit nahm man auch in Kauf, daß sie gewisse Operationen nicht mit optimaler Schnelligkeit ausführen können. Als Voraussetzung für eine schnelle Befehlsverarbeitung müssen nach wie vor die Entfernungen, die der zu verarbeitende elektronische Impuls auf dem Chip zurückzulegen hat, angesehen werden. Da es sich bei der derzeitigen Chip-Technologie um eine planare Bauweise handelt, ist diesen Entfernungen ein relativ hohes, physikalisch realisierbares unteres Limit gesetzt. Gerade bei einem Allround-Chip wie dem 80X86 muß zwangsläufig die Geschwindigkeit etwas leiden, da die einzelnen Chip-Funktionen unter Umständen weit voneinander entfernt sind. Ein neuer Ansatz in dieser Richtung ist die in den letzten Jahren, vor allem im Zusammenhang mit der Entwicklung von Parallelrechnern, forcierte Entwicklung von sogenannter RISC-Technologie (**R**educed **I**nstruction **S**et **C**omputer). Dabei wird zugunsten einer schnelleren Befehlsverarbeitung auf eine Vielzahl von Befehlen verzichtet, um die verbleibenden Befehle auf möglichst kleinem Raum auf dem Chip integrieren zu können.

Gerade für die komplizierte und zeitaufwendige Floating-Point-Arithmetik bot es sich daher von jeher an, einen eigenen Coprozessor zu entwickeln. Dieser wird in Form der Prozessoren der Baureihe 80X87 – verfügbar sind derzeit die Versionen 8087, 80287 und 80387 – angeboten. Diese sind speziell auf die Verarbeitung von Double-Zahlen ausgelegt und bieten eine hohe Rechengeschwindigkeit bei gleichzeitig gesteigerter numerischer Genauigkeit gegenüber den emulierten Real-Zahlen (Double-Zahlen werden wegen des exponentiell mit der Zahl der zu verarbeitenden Bits ansteigenden Zeitbedarfs praktisch von keinem Compiler emuliert).

Der Coprozessor ist für den naturwissenschaftlichen Einsatz praktisch unerläßlich, da hier in erster Linie die Rechengeschwindigkeit bei der Floating-Point-Arithmetik eine Rolle spielt. Die Leistungssteigerung kann bei Programmen wie der schnellen Fourieranalyse, MEM oder „Least-Squares-Fits", die in erster Linie numerische Berechnungen erfordern, durchaus in der Größenordnung eines Faktors 30 gegenüber der normalen 80X86-Geschwindigkeit liegen.

8.2 Floating-Point Operationen

Für eine effektive Programmierarbeit ist Vertrautheit im Umgang mit Double-Zahlen unbedingt eine der wesentlichen Voraussetzungen. Man sollte sich beispielsweise immer bewußt sein, daß sich auch mit Double-Zahlem nicht *alle* Zahlen darstellen lassen – auch Double-Zahlen unterliegen gewissen Beschränkungen. Damit ergeben sich aber auch Beschränkungen für Rechengenauigkeit und Fehlerfortpflanzungen. Mit einem Computer berechnete Ergebnisse sind immer mit einem gesunden Maß an Skepsis zu betrachten, denn absolut richtige Resultate ergeben sich niemals. Vielmehr ist ein gutes Ergebnis oftmals auch von der Wahl eines geeigneten Algorithmus abhängig. Es kann aber auch nur von der Reihenfolge, in der Divisionen und Multiplikationen ausgeführt werden, abhängen. Algorithmen lassen sich häufig so formulieren, daß sich Fehlerfortpflanzungen in Grenzen halten. Solche Überlegungen sind jedoch in der Regel nur bei sehr einfachen Algorithmen durchführbar, und man muß bei komplexeren Algorithmen darauf vertrauen, daß sich die Fehler nicht übermäßig aufschaukeln. Nichts desto weniger sind derartige Überlegungen jedoch geeignet, den Benutzer die richtige Einschätzung seiner Ergebnisse zu lehren. Im folgenden sollen deshalb die Probleme der Gleitkommadarstellung etwas genauer betrachtet werden.

8.2.1 Maschinen-Zahlen

Ungeachtet der Tatsache, daß der Rechner im Dualsystem arbeitet, soll zunächst die Gleitkommadarstellung im Dezimalsystem behandelt werden. Wir nehmen hierzu an, daß wir die Zahl $R = 5420$ in Gleitkommanotation darstellen wollen. Diese Zahl läßt sich in die folgende Form bringen:

$$5420 = 0.\underline{5420} \times 10^4 \tag{8.1}$$

Die unterstrichene ganze Zahl bezeichnet man als die *Mantisse*, den Exponenten von 10 naturgemäß als *Exponenten* der Gleitkommazahl zur Basis 10. (Vorläufig sollen nur positive Zahlen und positive Exponenten betrachtet werden.)

Es gilt ganz allgemein, daß sich jede (positive) Zahl R im Dezimalsystem durch eine Mantisse M und eine Exponenten E in der Form

$$R = 0.M \times 10^E \tag{8.2}$$

darstellen läßt, wobei die Mantisse nicht mit einer Null beginnt. Wir werden gleich sehen, daß die letzte Forderung sicherstellt, daß M und E aus (8.2) *eindeutig* bestimmt werden können. Diese Überlegung stellt den Ausgangspunkt für die Gleitkomma- oder Floating-Point-Darstellung von Zahlen auf einem digitalen Computer dar.

Bis jetzt mußten noch keine Einschränkungen vorgenommen werden, da die Darstellungsweise (8.2) allgemeingültig ist. Soll R nun jedoch in einen Rechner übertragen werden, von dem wir vorerst der Einfachheit halber annehmen, er könne mit Dezimalzahlen rechnen, so stehen uns zum Speichern der Größen M und E nur eine begrenzte Anzahl von Dezimalstellen m und e zur Verfügung. Damit ist aber die Anzahl der darstellbaren Zahlen geschrumpft; es können nur mehr $9 \times 10^{m-1+e} + 1$ Zahlen dargestellt werden. Diese Zahl läßt sich noch vervierfachen, wenn man zusätzlich für Mantisse und Exponenten Vorzeichen zuläßt. Die mikroskopische *Rechner*-Genauigkeit ist also in erster Linie durch die m Stellen der Mantisse M gegeben, während die makroskopische durch die e Stellen des Exponenten E gegeben ist.

8.2.1 Maschinen-Zahlen

Die Konsequenzen dieser Einschränkungen sollen nun an unserem konkreten Beispiel weiterverfolgt werden. Hierzu nehmen wir an, es gelte $m = 4$ und $e = 2$. Damit ergibt sich für die Zahl 5420 die folgende Gleitkommadarstellung:

$$5420 = 5420_{10}04 \tag{8.3}$$

(Die Tiefstellung der Basis nach der Mantisse $M = 5420$ bezeichnet man auch als halblogarithmische Schreibweise nach Rutishauser. (STO83))
Andererseits muß nun aber für die Zahl 542 gelten:

$$542 = 5420_{10}03 \tag{8.4}$$

Die Mantisse ist in beiden Fällen identisch, da es sich bei ihr definitionsgemäß um eine vierstellige Dezimalzahl ohne führende Nullen handelt (Mit Ausnahme von 0 natürlich).

Soll die Gleitkommadarstellung in die ursprüngliche Dezimalzahl zurückverwandelt werden, so muß dazu wie folgt verfahren werden:
Zunächst muß die Mantisse in eine Zahl der Form $0.M$ umgewandelt werden, was durch Multiplikation mit 10^{-m} zu erreichen ist. Damit gilt die Formel:

$$R = M \times 10^{E-m} \tag{8.5}$$

Dieses Ergebnis kann wie folgt verallgemeinert werden: Sei B die verwendete Basis, sowie M und E Mantisse und Exponent der Zahl in dieser Basis. Dann ergibt sich die dezimale Darstellung R der Zahl M_B^E durch

$$R = M \times B^{E-m}. \tag{8.6}$$

Wird als Basis 2 und damit das Dualsystem verwendet, so wird daraus

$$R = M \times 2^{E-m}. \tag{8.7}$$

Hierzu soll nochmals ein konkretes Beispiel betrachtet werden. Es sei wieder $m = 4$ und $e = 2$, und gesucht sei die Gleitkommadarstellung der Zahl 6 im Dualsystem. Ausgangspunkt ist die binäre Schreibweise der Zahl 6:

$$6 = LL0 \tag{8.8}$$

Im Dualsystem ist 6 also eine dreistellige Dualzahl, d.h. der Exponent der Gleitkommazahl ist $E=LL$. Damit lautet die binäre Gleitkommadarstellung der Zahl 6:

$$6 = LL00_2LL. \tag{8.9}$$

Soll dieser Wert jetzt wieder ins Dezimalsystem zurückverwandelt werden, so gilt folgendes: Der Wert der Mantisse ist LL00, also 12 im Dezimalsystem, und der des Exponenten LL, also 3. Mit (8.7) gilt dann:

$$R = 12 \times 2^{3-4} = 12 \times 2^{-1} = \frac{12}{2} = 6 \tag{8.10}$$

Im Dualsystem kommt damit den Werten m und e die Bedeutung der für die Darstellung von Mantisse und Exponenten zur Verfügung stehenden Bits zu. Wir wollen uns jetzt überlegen, welche Zahlen wir in unserem Beispiel-System mit $m = 4$ und $e = 2$ überhaupt darstellen können:

Eine vierstellige Binärzahl kann insgesamt $2^4 = 16$ Zahlen, die Zahlen von 0 bis 15 darstellen. Da die erste Stelle der Mantisse keine Null sein darf, reduziert sich diese Zahl auf $1 \times 2^3 = 8$, wobei der *kleinste*(!) darstellbare Wert zu 8 wird. Zusätzlich gilt als einzige Ausnahme von der strengen Mantissen-Definition, daß die Zahl 0 durch eine Mantisse, die nur aus Nullen besteht, repräsentiert werde.

Der zweistellige Exponent kann die vier Werte 0, 1, 2 und 3 annehmen. Damit können in unserem Beispiel-System $8 \times 4 + 1 = 33$ Zahlen codiert werden, deren kleinster, von Null verschiedener Wert nach (8.7) $8 \times 2^{0-4} = 0.5$ und deren größter $15 \times 2^{3-4} = 7.5$ ist. Stellt man die möglichen Zahlen graphisch dar, so bemerkt man, daß diese Zahlen teilweise große Lücken aufweisen. Insbesondere können keine Zahlen zwischen 0 und 0.5 dargestellt werden. Diese Lücken verursachen bei jeder Rechnung Ungenauigkeiten. Der Fehler bei der Darstellung einer reellen Zahl in Gleitkommanotation verursacht also eine maschinenabhängige Rechenungenauigkeit, die man auch als Maschinenungenauigkeit bezeichnet.

Bild 8-1 *Maschinenzahlen in einem Zahlensystem mit $B=2, m=4, e=2$. Die Dichte der Zahlen ist bei kleinen Werten infolge des logarithmischen Charakters der Maschinenzahlen besonders groß.*

Einerseits ist die Konvention, daß für die Mantisse keine führenden Nullen zulässig sind, dafür verantwortlich, daß die Gleitkommazahlen Lücken aufweisen. Andererseits stellt sie aber auch, wie bereits gesagt, sicher, daß die Zuordnung (8.7) eindeutig ist. Würde man dies nicht fordern, so gäbe es beispielsweise für 0.5 vier verschiedene Darstellungen, nämlich

$$1 \times 2^{-1}, 2 \times 2^{-2}, 4 \times 2^{-3}, 8 \times 2^{-4}.$$

8.2.2 Fehlerfortpflanzungen

Ein Ausgangsfehler wird sich bei Verwendung von Maschinenzahlen i.a. akkumulativ fortpflanzen. Dies kann dazu führen, daß nach einigen Rechenschritten keine Stelle des Ergebnisses mehr mit dem tatsächlichen Wert übereinstimmt. Dies soll an einem besonders einfachen Beispiel in unserem Zahlensystem demonstriert werden.

Wir nehmen hierzu an, es sollen Potenzen der Zahl 1.45 berechnet werden. Um die nächsthöhere Potenz von 1.45 zu erhalten, muß lediglich das jeweils vorhergehende Ergebnis mit 1.45 multipliziert werden. Damit ergibt sich für die ersten 4 Potenzen bei exakter Rechnung

8.2.2 Fehlerfortpflanzungen

$$1.45^1 = 1.45$$
$$1.45^2 = 2.1025$$
$$1.45^3 = 3.048625$$
$$1.45^4 = 4.4205062$$

Will man dasselbe in unserem einfachen Zahlensystem tun, so stehen uns dazu die folgenden Zahlen zur Verfügung:

E	0	1	2	3
M				
0	0.0000			
8	0.5000	1.0000	2.0000	4.0000
9	0.5625	1.1250	2.2500	4.5000
10	0.6250	1.2500	2.5000	5.0000
11	0.6875	1.3750	2.7500	5.5000
12	0.7500	1.5000	3.0000	6.0000
13	0.8125	1.6250	3.2500	6.5000
14	0.8750	1.7500	3.5000	7.0000
15	0.9375	1.8750	3.7500	7.5000

Anstelle von 1.45, das in unserem Zahlenvorrat nicht explizit enthalten ist, muß die am nächsten liegende Zahl verwendet werden, also 1.5. Als Potenzen von 1.5 errechnet man:

	a) exakt	b) abgerundet	c) richtig gerundet
$1.5^1 =$	1.5	1.5	1.5
$1.5^2 =$	2.25	2.25	2.25
$1.5^3 =$	3.375	3.25	3.5
$1.5^4 =$	4.875	4.5	5.0

Den Angaben „abgerundet" und „richtig gerundet" kommt dabei die folgende Bedeutung zu:

Im Fall b) wurde das Ergebnis, wenn es im Wertevorrat nicht exakt dargestellt werden konnte, auf den nächstliegenden Wert abgerundet. Im Fall c) wurde das Ergebnis dagegen auf den mathematisch am nächsten liegenden Wert auf- bzw. abgerundet.

Offensichtlich ergeben sich sehr schnell große Diskrepanzen zwischen tatsächlichem und berechnetem Wert. Die Tatsache, daß das richtig gerundete Ergebnis in unserem Beispiel schlechter abschneidet, sollte allerdings nicht zu der Annahme verleiten, daß dies generell so ist. Das Ergebnis ist vielmehr vom Startwert abhängig, da dieser in jedem Fall bestimmenden Einfluß auf die Folgewerte hat.

Bei den tatsächlich verwendeten Maschinenzahlen sind die Abweichungen wesentlich geringer, da hier erheblich mehr Werte zur Verfügung stehen. Die fundamentalen Überlegung bleiben aber dennoch richtig. Ein besonders krasses Beispiel, an dem man sehr deutlich den eingeschränkten Zahlenvorrat der Double-Zahlen sehen kann, kann jeder sofort an seinem eigenen Rechner ausprobieren. Subtrahiert man zwei Zahlen a und b, wobei a den Wert 1E9 und b den Wert 1E-8 hat, so erhält man für a, wenn man es der Operation $a := a - b$ unterwirft, unabhängig davon, wie oft man diese Operation wiederholt, immer den Wert $a=$1E9. Die Erklärung ist sehr einfach: Die dezimale Rechengenauigkeit des 80X87 ist auf 16 Dezimalen beschränkt. Die korrekte

Berechnung der Operation $a := a - b$ würde aber bei den gegebenen Werten eine Rechengenauigkeit von 17 Dezimalen erfordern. Damit ist der subtrahierte Wert aber nicht mehr darstellbar und a bleibt zwangsläufig unverändert. Zur Kontrolle kann man dasselbe mit dem Wert a=1E8 wiederholen. Hier reicht die Rechengenauigkeit aus und man erhält bereits bei einmaliger Ausführung der Operation $a := a - b$ einen neuen Wert für a. Eine Konsequenz daraus ist, daß man eine mathematische Identität und eine maschinelle Identität niemals auf eine gleich Stufe setzen darf.

Ein weiteres großes Problem ist die Berechnung transzendenter Funktionen, insbesondere der trigonometrischen Funktionen. Diese lassen sich nur mit Hilfe von Reihenentwicklungen und Additionstheoremen oder anderen approximativen Methoden (MOS86) berechnen. Um eine schnelle Ausführung zu gewährleisten, wird allerdings bereits bei sehr niedrigen Ordnungen abgebrochen, was zu relativ großen Fehlern und damit unter Umständen zu recht ärgerlichen Nebeneffekten in den Programmen führt.

8.3 Unit COMPLX

Die naturwissenschaftliche Datenverarbeitung erfordert in der Regel großen mathematischen Aufwand, bei dem häufig eine Reihe von nicht standardmäßig implementierten Funktionen benötigt wird. Eine Auswahl der wichtigsten sind in der Unit COMPLX zusammengefaßt. Dort finden sich neben den komplexen Funktionen auch noch weitere spezielle Funktionen.

Die komplexen Funktionen lassen sich in Turbo Pascal nur sehr schlecht implementieren, da es nicht möglich ist, eine typisierte numerische Variable als Ergebnis eines Function-Aufrufs zu deklarieren. Der einzige typisierte Feldtyp, der als Funktionsergebnis zurückgegeben werden kann, sind Strings. Damit ist es auch möglich, *komplexe Funktionen* zu definieren. Hierzu wurde der Typ

```
Complex=string[16];
```

in TYPES definiert. Eine Variable vom Typ Complex besteht also aus 17 Bytes (16 Zeichen + 1 Zeichen Stringlänge). Die 16 Zeichen können dann als Speicherplatz für die 2×8 Bytes des Real- und Imaginärteils der komplexen Variablen verwendet werden. Dadurch wird es möglich, komplexe Berechnungen mit der üblichen arithmetischen Klammerung vorzunehmen. Die komplexen Variablen sind allerdings vom Typ her nicht mit Zahlen vom Typ **double** oder **integer** verträglich. Soll also eine komplexe Größe beispielsweise mit einer reellen Zahl multipliziert werden, so muß die reelle Zahl zuerst in eine komplexe Zahl umgewandelt werden. Dieser Nachteil wird aber durch den Vorteil der Klammerung bei weitem aufgehoben.

Der Zugriff auf den Real- bzw. Imaginärteil einer komplexen Zahl erfolgt bei dieser Methode mit Hilfe eines in COMPLX definierten Records CMPLX:

```
type cmplx = record
             len  : byte;
             im,re: double;
             end;
```

Auf diese Art und Weise kann *lokal*, d.h. solange keine komplexen Variablen an andere Funktionen oder Prozeduren übergeben werden sollen, mit diesem einfacheren Typ gearbeitet werden. In der Regel müssen nicht einmal Bytes von Variablen vom Typ

8.3 Unit COMPLX

COMPLX zu solchen vom Typ CMPLX verschoben werden, da sie mit Hilfe der **absolute**-Option einfach auf denselben Speicherplatz gelegt werden. Dies ist selbst dann noch möglich, wenn die Bezugsvariable für **absolute** das Argument einer Prozedur oder Funktion ist.

```
Unit COMPLX;

interface

Uses Types,Msp;    { MSP contains table for FAK(n) }

function Z_COMPLEX (re,im: double): complex;
function RE (z:complex):double;
function IM (z:complex):double;
function CNEG (x: complex) :complex;
function CCONJ (x: complex):complex;
function ARG (x: complex): double;
function CVAL (x:complex): double;
function CADD(x,y: complex):complex;
function CSUB (x,y: complex):complex;
function CMUL (x,y: complex):complex;
function CDIV (x,y: complex):complex;
function CSQR (x: complex): complex;
function FEXP (r: double):double;
function CEXP (x: complex): complex;
function CPOT (x: complex; n: double):complex;
function POT (x: double; n: integer): double;
function ERFC (z: double): double;
function WOFZ (z: complex): complex;
function IO (x:double):double;
function W_KBF (t,tau,p: double): double;
function DWIG(k1,k2,k3,l1,l2,l3: double): double;
function PLM(l,m: integer; w: double):double;
function YLM(l,m: integer; theta, phi: double):complex;
function BESJ(i: integer; x: double): double;
function BESN(i: integer; x: double): double;

implementation

type cmplx = record
               len  : byte;
               im,re: double;
             end;

function Z_COMPLEX (re,im: double): complex;
var z: complex;
begin
 z[0] := #16;
 move(im,z[1],16);
 Z_Complex := z;
end;
```

```
function RE (z:complex):double;
var r: cmplx absolute z;
begin
 Re := r.re;
end;

function IM (z:complex):double;
var r: cmplx absolute z;
begin
 Im := r.im;
end;

function CNEG (x: complex) :complex;
var r: cmplx absolute x;
begin
 with r do
  begin
   re := -re;
   im := -im;
  end;
 cneg := x;
end;

function CCONJ (x: complex):complex;
var r: cmplx absolute x;
begin
 r.im := -r.im;
 cconj := x;
end;

function ARG (x: complex): double;
var r: cmplx absolute x;
begin
 with r do
  begin
   if re>0 then if im>=0 then arg := arctan(im/re)
                else arg := arctan(im/re)+2*pi
    else
     if re<0 then arg := arctan(im/re)+pi
     else
      if im>0 then arg := pi/2 else arg := 3*pi/2;
  end;
end;

function CVAL (x:complex): double;
var r: cmplx absolute x;
begin
 with r do
  cval := sqrt(re*re+im*im);
end;
```

8.3 Unit COMPLX

```pascal
function CADD(x,y: complex):complex;
var r: cmplx absolute x;
    s: cmplx absolute y;
begin
 with r do
  begin
   re := re+s.re;
   im := im+s.im;
  end;
 cadd := x;
end;

function CSUB (x,y: complex):complex;
var r: cmplx absolute x;
    s: cmplx absolute y;
begin
 with r do
  begin
   re := re-s.re;
   im := im-s.im;
  end;
 csub := x;
end;

function CMUL (x,y: complex):complex;
var r: cmplx absolute x;
    s: cmplx absolute y;
    z: complex;
    t: cmplx absolute z;
begin
 t.len := 16;
 with r do
  begin
   t.re := re*s.re-im*s.im;
   t.im := re*s.im+im*s.re;
  end;
 cmul := z;
end;

function CDIV (x,y: complex):complex;
var r: cmplx absolute x;
    s: cmplx absolute y;
    k: double;
begin
 x := cmul(x,cconj(y));
 with s do
  k := re*re+im*im;
 with r do
  begin
   re := re/k;
```

```
      im := im/k;
    end;
  cdiv := x;
end;

function CSQR (x: complex): complex;
var r: cmplx absolute x;
    s: double;
begin
 with r do
   begin
     s  := re;
     re := re*re-im*im;
     im := 2*s*im;
   end;
  csqr := x;
end;

function FEXP (r: double):double;
begin
 if r< -5.75E2 then fexp := 0
  else fexp := exp(r);
end;

function CEXP (x: complex): complex;
var r: cmplx absolute x;
    h: double;
begin
 with r do
  begin
    h  := fexp(re);
    re := h*cos(im);
    im := h*sin(im);
   end;
  cexp := x;
end;

function CPOT (x: complex; n: double):complex;
var     r: cmplx absolute x;
        r_n,
    n_phi: double;
begin
 with r do
   begin
    r_n   := fexp(n/2*ln(re*re+im*im));
    n_phi := n*arg(x);
    re := r_n*cos(n_phi);
    im := r_n*sin(n_phi);
   end;
  cpot := x;
```

8.3 Unit COMPLX

```
end;

function POT (x: double; n: integer): double;
begin
 if (x=0) or (n=0) then pot := 0
 else
  if x<0 then pot := -fexp(n*ln(abs(x)))
  else pot := fexp(n*ln(x));
end;

function ERFC (z: double): double;

const p = 0.327591;

var y,e: double;

begin
 y := 1/(1+p*abs(z));
 e := (((1.06141*y-1.45315)*y+1.42141)*y-0.284497)*y+0.25483;
 if z>7396 then e := 0
  else e := e*y*fexp(-z*z);
 if z<0 then e := 2-e;
 erfc := e;
end;

function WOFZ (z: complex): complex;

var     r: cmplx absolute z;
        z1: complex;
        t: cmplx absolute z1;
      x,y,
  Wre,Wim,
     h,h2,
   lambda,
     r1,r2,
 s,s1,s2,
 t1,t2,c: double;
 capn,nu,
   n,np1: integer;
        b: boolean;
begin
 t.len := 16;
 with r do
  begin
   x := abs(re);
   y := abs(im);
  end;
 if (y < 4.29) and (x < 5.33) then
  begin
   s := (1-y/4.29)*sqrt(1-x*x/28.41);
   h := 1.6*s;
```

```
      h2 := 2*h;
      capn := trunc(6+23*s);
      nu := trunc(9+21*s);
      lambda := exp(capn*ln(h2));      { lambda = h2^capn }
    end
   else
    begin
      h := 0;
      capn := 0;
      nu := 8;
    end;
 b := (h=0) or (lambda=0);
 r1 := 0; r2 := 0; s1 := 0; s2 := 0;
 for n := nu downto 0 do
 begin
  np1 := n+1;
  t1 := y+h+np1*r1; t2 := x-np1*r2;
  c := 0.5/(t1*t1+t2*t2);
  r1 := c*t1; r2 := c*t2;
  if (h>0) and (n<=capn) then
    begin
      t1 := lambda+s1; s1 := r1*t1-r2*s2;
      s2 := r2*t1+r1*s2;
      lambda := lambda/h2;
    end;
 end;

 if y=0 then Wre := fexp(-x*x)
 else
  if b then Wre := 1.12837916709551*r1
   else Wre := 1.12837916709551*s1;
 if b then Wim := 1.12837916709551*r2
  else Wim := 1.12837916709551*s2;

 with r do
  begin
   if (im<0) then
     begin
       h := fexp(im*im-re*re);
       h2 := -2*re*im;
       t.re := 2*h*cos(h2)-wre;
       t.im := 2*h*sin(h2)-wim;
         if (re>=0) then t.im := -t.im;
     end
    else
      begin
        t.re := wre;
        t.im := wim;
          if (re<0) then t.im := -t.im;
```

8.3 Unit COMPLX

```pascal
         end;
      end;
   wofz := z1;
end;   { of wofz }

function I0 (x:double):double;

var r,z,h: double;
         i: integer;

const coeff1: array [1..7] of double = (
              1.0000000,   3.5156229,
              3.0899424,   1.2067429,
              0.2659732,   0.0360768,
              0.0045813 );

      coeff2: array [1..9] of double = (
              0.39894228,  0.01328592,
              0.00225319, -0.00157565,
              0.00916281, -0.02057706,
              0.02635537, -0.01647633,
              0.00392377 );

begin
 r := abs(x);
 if r<=3.75 then
   begin
    z := sqr(x/3.75);
    r := coeff1[7];           { Horner }
    for i := 6 downto 1 do
     r := r*z+coeff1[i];
   end
  else
   begin
    z := 3.75/r;
    h := coeff2[9];           { Horner }
    for i := 8 downto 1 do
     h := h*z+coeff2[i];
    r := h*exp(r)/sqrt(r);
   end;
 I0 := r;
end;

function W_KBF (t,tau,p: double): double;

begin
 t := abs(t);
 if t<=tau then
   W_kbf := I0(p*sqrt(1-sqr(t/tau)))/I0(p)
  else
   W_kbf := 0;
```

```pascal
end;
function DWIG(k1,k2,k3,l1,l2,l3: double): double;
var   j1,j2,j3,
      m1,m2,m3,
    kj,k,kmax: integer;
           sum: double;
const      r: double = 0;

  function MAX(a,b,c: integer): integer;
  var i: integer;
  begin
   i := a;
   if b>i then i := b;
   if c>i then i := c;
   max := i;
  end;

  function MIN(a,b,c: integer): integer;
  var i: integer;
  begin
   i := a;
   if b<i then i := b;
   if c<i then i := c;
   min := i;
  end;

  function PM(i: integer): integer;   { power of minus one }
  begin
   if odd(i) then pm := -1 else pm := 1;
  end;

begin
 j1 := trunc(2*k1); j2 := trunc(2*k2); j3 := trunc(2*k3);
 m1 := trunc(2*l1); m2 := trunc(2*l2); m3 := trunc(2*l3);
 r := 0;
 if (m1+m2+m3)=0 then
  if (j1-abs(m1))>=0 then
   if (j2-abs(m2))>=0 then
    if (j2-abs(m3))>=0 then
     begin
      kj := j1+j2-j3;
      if kj>=0 then
       if not odd(kj) then
        if (abs(j1-j2)-j3)<=0 then
         if not odd(j1+m1) then
          if not odd(j2+m2) then
           begin
            k := max(0,j2-j3-m1,j1-j3+m2);
            kmax := min(j1+j2-j3,j1-m1,j2+m2);
            sum := 0;
```

8.3 Unit COMPLX

```
              repeat
               sum := sum+pm(k div 2)/
                    ( fak(k div 2)*fak((j1+j2-j3-k) div 2)*
                      fak((j1-m1-k) div 2)*fak((j2+m2-k) div 2)*
                      fak((j3-j2+m1+k) div 2)*fak((j3-j1-m2+k) div 2) );
               k := k+2;
              until (kmax-k<0);
              r := pm((j1-j2-m3) div 2)*sum*sqrt(
                    fak((j1+j2-j3) div 2)*fak((j1-j2+j3) div 2)*
                    fak((j2+j3-j1) div 2)*fak((j1+m1) div 2)*
                    fak((j1-m1) div 2)*fak((j2+m2) div 2)*
                    fak((j2-m2) div 2)*fak((j3+m3) div 2)*
                    fak((j3-m3) div 2)/
                    fak((j1+j2+j3) div 2 +1) );
             end;
        end;
 dwig := r;
end;
function PLM(l,m: integer; w: double):double;
label exit;
var r,
    Pi_1m,
    Pim     : double;
    i       : integer;
begin
 r := w*w;
 if r>=1 then Pim := 0
 else
  begin
   r := sqrt(1-r);
   if r<1E-300 then r := 1E-300;
   Pim := fak(2*m)/fak(m)*exp(m*ln(r/2));
   if Pim<1E-250 then Pim := 0;
  end;
 if l=m then goto exit;
 Pi_1m := Pim;
 Pim := (2*m+1)*w*Pi_1m;
 i := m+1;
 while i<l do
  begin
   r := Pim;
   Pim := ( (2*i+1)*w*Pim-(i+m)*Pi_1m )/(i-m+1);
   i := succ(i);
   Pi_1m := r;
  end;
 exit:
 PLM := Pim;
```

```
end;
function YLM(l,m: integer; theta, phi: double):complex;
label exit;
var   cm: double;
      absM: integer;
        z: complex;
begin
 if m>l then begin cm := 0; goto exit; end;
 if m>=0 then
   begin
    if odd(m) then cm := -1 else cm := 1;
   end
  else cm := 1;
 absM := abs(m);
 cm := cm*sqrt( (2*l+1)*fak(l-absM)/(4*pi*fak(l+absM)) ) *
       PLM(l,absM,cos(theta));
 exit:
 z := z_complex(cm*cos(m*phi),cm*sin(m*phi));
 YLM := z;
end;
function BESJ(i: integer; x: double): double;
var j0,j1,j: double;
    k       : integer;
begin
 i := abs(i); x := abs(x);
 if x<0.5 then
   begin
    if x<0.01 then j := 0
    else
     begin
      j := exp(i*ln(x));
      for k := 0 to i do j := j/(2*k+1);
     end;
   end
  else
   begin
    j0 := sin(x)/x;
    j1 := j0/x-cos(x)/x;
    if i=0 then j:=j0; if i=1 then j:=j1;
    k := 1;
    while k<i do
     begin
      j := (2*k+1)/x*j1-j0;
      j0 := j1; j1 := j;
      k := succ(k);
```

```
        end;
      end;
    besj := j;
  end;

  function BESN(i: integer; x: double): double;
  var n0,n1,n: double;
      k        : integer;
  begin
    i := abs(i); x := abs(x);
    if x<0.3 then
      begin
        n := exp(-(i+1)*ln(x));
        for k := 0 to i-1 do n := n/(2*k+1);
        n := -n;
      end
    else
      begin
        n0 := -cos(x)/x;
        n1 := n0/x-sin(x)/x;
        if i=0 then n:=n0; if i=1 then n:=n1;
        k := 1;
        while k<i do
          begin
            n := (2*k+1)/x*n1-n0;
            n0 := n1; n1 := n;
            k := succ(k);
          end;
      end;
    besn := n;
  end;
end.
```

8.4 Komplexe Funktionen

Im folgenden sollen zunächst die komplexen Funktionen, die in COMPLX enthalten sind, besprochen werden. Da es sich bei komplexen Variablen um Größen handelt, die mit anderen möglichen Zahlentypen nur bedingt verträglich sind, werden zunächst Funktionen benötigt, die eine Umwandlung der verschiedenen Zahlentypen ineinander ermöglichen.

Die Funktion Z_COMPLEX ordnet einer komplexen Variablen einen Real- und Imaginärteil zu. Dazu werden diese als Funktionsargument an Z_COMPLEX übergeben. Da diese Übergabe intern über den Stack geschieht, der von FFFEh nach unten wächst, liegt die absolute Speicheradresse des Realteils über der des Imaginärteils. Die Funktion Move(A,B,n) kopiert die n Bytes, die ab der Speicheradresse von A aufwärts liegen, in die entsprechenden n Bytes ab der Speicheradresse von B. Der korrekte Move-Befehl muß also lauten Move(im,z[1],16). Demzufolge steht in dem String, der die komplexe Zahl schließlich enthält, zuerst der Imaginär- und dann der Realteil.

Die Funktion Z_COMPLEX ist praktisch die einzige Funktion, bei der ein explizites Kopieren von Bytes überhaupt erforderlich ist.

Die Funktionen RE und IM zur Bestimmung des Real- bzw. des Imaginärteils bedienen sich dann erstmals des Zugriffs mittels der absolute-Option. Dazu wird mittels

```
var r: cmplx absolute z;
```

eine Variable r vom obigen Record-Typ auf die Speicheradresse des Arguments z gelegt. Der Record wurde ja gerade so definiert, daß er mit der Datenspeicherung in Variablen vom Typ COMPLEX compatibel ist.

Nach diesen Vorarbeiten können jetzt die elementaren komplexen Operationen definiert werden. Eine Erläuterung der Programmierung dieser einfachen Funktionen dürfte sich dabei erübrigen. Die Funktion CNEG führt eine komplexe Variable z in ihr Negatives $-z$ über, während CCONJ die komplexe Konjugation $z \to z^*$ übernimmt. CVAL bestimmt den Betrag $|z|$ einer komplexen Zahl z, und CSUB und CADD führen die Addition und Subtraktion aus.

Die Funktion ARG ist eine typische komplexe Funktion, die sich nur im Zusammenhang mit der komplexen Exponentialfunktion verstehen läßt. Es gilt allgemein: Jede komplexe Größe $z = a + ib$ kann auch in der Form

$$z = re^{i\varphi}; \quad r, \varphi \text{ reell} \tag{8.11}$$

dargestellt werden. Man bezeichnet (8.11) auch als Polarkoordinatendarstellung der komplexen Zahl z. Die Größe r entspricht der Größe $|z|$, während der Winkel φ die Größe

$$\arg(z) = \varphi \tag{8.12}$$

definiert. φ ist der Winkel, den der Vektor $\vec{z}$ einer komplexen Zahl z in der komplexen Ebene mit der positiven reellen Achse einschließt.

Damit läßt sich φ und damit $\arg(z)$ mit Hilfe der Größe

$$\arctan \frac{\Im(z)}{\Re(z)} \tag{8.13}$$

berechnen.

Die komplexe Multiplikation gehört eigentlich ebenso wie die komplexe Division zu den elementaren komplexen Operationen. Letztere bereitet in der Berechnung allerdings bereits größere Schwierigkeiten. Diese beiden Operationen sollen deshalb etwas genauer betrachtet werden.

Für das Produkt zweier komplexer Zahlen $x = a_1 + ib_1$ und $y = a_2 + ib_2$ gilt:

$$xy = a_1 a_2 + i(a_1 b_2 + a_2 b_1) - b_1 b_2 \tag{8.14}$$

Für die Division von x und y gilt:

$$\frac{x}{y} = \frac{y^* x}{y^* y} = \frac{y^* x}{|y|^2} \tag{8.15}$$

Die Programmierung erfolgt dann anhand dieser beiden Formeln.

8.5.1 Die Error-Funktion

Die komplexe Quadratfunktion `CSQR` läßt sich aus der Prozedur `CMUL` bzw. aus Gleichung (8.14) sofort ablesen. Die Berechnung der komplexen Exponentialfunktion ist hingegen schwieriger.

Beim Gebrauch der (reellen) Exponentialfunktion wirkt es sich ungünstig aus, daß diese für große negative Argumente r ($r < -575$) Überlauffehler verursacht. Der Wert $r = -575$ entspricht etwa einem Ergebnis von 10^{-250} für die Exponentialfunktion. Da dieser Wert, ebenso wie alle kleineren Werte, für alle praktischen Rechnungen mit Null identisch ist, kann man ihn gefahrlos gleich Null setzen. Dies hat den Vorteil, daß das Programm nicht jedesmal unterbrochen wird, wenn der maximal darstellbare Wert von $\sim 10^{-300}$ unterschritten wird. Eine entsprechende Korrektur wird in der Funkion `FEXP` vorgenommen. Leider läßt sich für den äquivalenten Fall des Überlauffehlers aus offensichtlichen Gründen kein derartige Abfrage einbauen.

Zur Berechnung der komplexen Exponentialfunktion setzt man $z = a + ib$ ein, und somit gilt:

$$e^z = e^{a+ib} = e^a e^{ib} \tag{8.16}$$

Mit Hilfe der Eulerformel

$$e^{i\varphi} = \cos\varphi + i\sin\varphi$$

kann daraus dann e^z berechnet werden.

Die letzte implementierte komplexe Funktion ist die allgemeine Potenzfunktion `CPOT`. Wie berechnet man aber eine beliebige Potenz n, z.B. $n = 2.7$, einer zunächst positiven reellen Zahl. Die Antwort ist ganz einfach:

$$r^n = e^{n \ln r}; \quad r > 0 \tag{8.17}$$

Mit Hilfe von (8.11) kann man damit auch die allgemeine Potenzfunktion berechnen. Es gilt gerade

$$z^n = \left(re^{i\varphi}\right)^n = r^n e^{in\varphi}, \tag{8.18}$$

wobei z keinen Beschränkungen mehr unterliegt. Gleichung (8.17) ist in Form der reellen Funktion `POT` verwirklicht, wobei allerdings nur Integer-Werte für die Potenz n akzeptiert werden.

8.5 Spezielle physikalische Funktionen

In diesem Abschitt sollen jetzt spezielle physikalische Funktionen betrachtet werden. Diese wurden der Einfachheit halber zu der Unit `COMPLX` geschlagen.

8.5.1 Die Error-Funktion

Die Error-Funktion erf (ABR.70) ist definiert als das Integral der Gauß-Funktion

$$\text{erf}(z) = \frac{2}{\sqrt{\pi}} \int_0^z e^{-t^2} dt. \tag{8.19}$$

Nimmt man eine Messung einer physikalischen Größe vor, so ist diese naturgemäß mit einem Fehler behaftet, der sich in der Regel im Meßergebnis in Form eines leicht falschen Kurvenverlaufs bemerkbar macht. Hierzu soll kurz ein konkretes Beispiel aus der Kernphysik betrachtet werden, an dem die Wichtigkeit der Error-Funktion deutlich wird:

Nehmen wir an, wir möchten die Lebensdauer eines angeregten Kernzustands bestimmen. In erster Linie hat man es hier mit angeregten Kernzuständen zu tun, die als Folgeprodukt eines Beta-Zerfalls (und einer anschließenden γ-Kaskade) entstanden sind. Die Lebensdauer eines solchen Zustands kann z.B. nach der Methode der γ-γ-Korrelation bestimmt werden: Dabei muß der Zustand Z durch einen vorangehenden γ-Übergang bevölkert werden, bei dem ein γ-Quant γ_1 emittiert wird. Dieses erste γ-Quant wird in einem Detektor registriert und startet eine Uhr. Nach einer gewissen Zeit τ zerfällt auch der Zwischenzustand Z und emittiert ein γ-Quant γ_2. Dieses wird ebenfalls im Detektor registriert und hält die Uhr wieder an. Wird diese Messung nun sehr oft wiederholt, so ergibt sich eine Zählstatistik für die Anzahl der Quanten γ_2, die im Intervall $[\tau, \tau + d\tau]$ registriert wurden, und die im *Idealfall* dem radioaktiven Zerfallsgesetz

$$\mathcal{N}(\tau) = \mathcal{N}_0 e^{-(\tau/\tau_N)}; \quad \tau \geq 0 \tag{8.20}$$

gehorcht, wobei τ_N die Lebensdauer des Niveaus ist. (Dabei wurde angenommen, daß keine sonstigen Störungen zu einer Abweichung vom Zerfallsgesetz führen).

Leider ist dieser Idealfall praktisch nicht zu verwirklichen. Alle zu der Messung benötigten Geräte produzieren, auch bei bester technischer Fertigung, unweigerlich gewisse kleine Fehler. Diese führen dazu, daß die tatsächlich gemessenen Intervalle τ' um den Mittelwert τ der „idealen" Messung streuen. Man kann annehmen, und in der Regel wird dies auch der Fall sein, daß die Streuung in Form einer Gauß'schen Normalverteilung erfolgt.

N_0 sei die Zahl der Quanten, die im idealen Fall nach der Zeit τ registriert würde. Dann verteilt sich bei Annahme einer Gauß-Verteilung diese Anzahl gemäß

$$N(t) = \frac{N_0}{\sqrt{2\pi}\sigma} e^{-\frac{1}{2}(t/\sigma)^2}, \quad t = \tau' - \tau \tag{8.21}$$

über alle Zeiten τ', wobei σ, $2\sqrt{2\ln 2}\sigma = \text{FWHM}$ (FWHM=Full Width at Half Maximum), die Standardabweichung der Verteilung ist. Diese Verteilung ist gerade so normiert, daß das Integral

$$\int_{-\infty}^{+\infty} N(t)dt = N_0 \tag{8.22}$$

die Zahl der Quanten der idealen Messung ergibt. In Worten heißt das, daß die Gesamtzahl aller gestreuten und registrierten Quanten mit N_0, der „Idealmessung", identisch ist (zumindest mathematisch). Die Gesamtzahl der Quanten bleibt also auch im Fall der Streuungsmessung erhalten. Die Quanten sind jetzt lediglich über einen breiten Zeitbereich *verteilt*.

Die Zahl $N_0(\tau')$ der im Idealfall zum Zeitpunkt τ' registrierten Quanten ist im betrachteten Fall des radioaktiven Zerfalls gerade durch (8.20) gegeben.

$$N_0(\tau') = \mathcal{N}(\tau') \tag{8.23}$$

8.5.1 Die Error-Funktion

Diese Quanten werden gemäß (8.21) verteilt und ein entsprechender Bruchteil dann zum Zeitpunkt τ registriert. Summiert man jetzt die Quanten, die zum Zeitpunkt τ gemessen werden und aus den Streuungen $N_0(\tau')$ resultieren, so ergibt sich gerade die tatsächlich zum Zeitpunkt τ gemessene Zahl $\tilde{N}(\tau)$.

$$\tilde{N}(\tau) = \frac{\mathcal{N}_0}{\sqrt{2\pi}\sigma} \int_0^{+\infty} e^{-\lambda \tau'} \exp\left\{-\frac{1}{2}\left(\frac{\tau - \tau'}{\sigma}\right)^2\right\} d\tau' \qquad (8.24)$$

Mathematisch rangieren Integrale dieser Form unter der Bezeichnung *Faltung*. Gleichung (8.24) kann z.B. mit der Formel 7.4.2 aus (ABR70) gelöst werden, und es ergibt sich

$$\tilde{N}(\tau) = \frac{\mathcal{N}_0}{2} \exp\left\{\frac{\lambda^2 \sigma^2}{2} - \lambda \tau\right\} \mathrm{erfc}\left\{\frac{1}{\sqrt{2}}\left(\lambda \sigma - \frac{\tau}{\sigma}\right)\right\}, \qquad (8.25)$$

Dabei ist die Funktion erfc, die Komplementär-Funktion zu erf, definiert gemäß

$$\mathrm{erfc}(z) = \frac{2}{\sqrt{\pi}} \int_z^{+\infty} e^{-t^2} dt = 1 - \mathrm{erf}(z) \qquad (8.26)$$

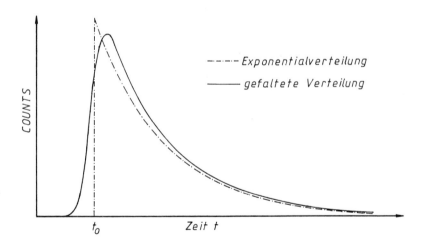

Bild 8-2 *Exponentialverteilung und mit Gaußverteilung gefaltete Exponentialverteilung*

Die Funktion erfc(z) läßt sich mit Hilfe der Approximationsformel 7.1.26 (ABR70, S.299) berechnen. Verwendet wurde hierbei eine rationale Approximation durch einen Polynom 5.Grades. Der Fehler gegenüber dem tatsächlichen Wert beträgt maximal 1.5×10^{-7}.

Die Funktionen erf und erfc treten vor allem in der statistischen Physik relativ häufig, wie z.B. bei der Berechnung diverser Diffusions- und Wärmeleitungsprobleme, auf.

Neben den Funktionen erf und erfc wird bisweilen auch deren komplexe Verallgemeinerung w(z) benötigt.

$$w(z) = e^{-z^2}\left(1 + i\frac{2}{\sqrt{\pi}} \int_0^z e^{t^2} dt\right) = e^{-z^2}\operatorname{erfc}(-iz) \tag{8.27}$$

Zur Berechnung wurde ein Algorithmus von W.Gautschi verwendet, auf den ich hier nicht näher eingehen möchte (GAU69). Die Funktion läuft unter der Bezeichnung WOFZ (w of z).

8.5.2 Die Kaiser-Bessel-Wichtungsfunktion

Als nächstes soll die sogenannte Kaiser-Bessel-Wichtungsfunktion betrachtet werden. Diese Funktion spielt eine wichtige Rolle beim Problem des digitalen Filterns. Sie wird später dazu benutzt werden, systembedingtes, unerwünschtes Rauschen bei der Fourieranalyse zu unterdrücken. In diesem Zusammenhang wurde die Kaiser-Bessel-Funktion auch erstmals 1966 von J.F. Kaiser vorgeschlagen (KAI66). Ihre Eigenschaften lassen sich wie folgt charakterisieren:

Führt man eine numerische Fourieranalyse eines diskreten Datensatzes, sagen wir z.B. von 100 Datenpunkten, mit Hilfe der sogenannten schnellen Fourieranalyse FFT (vgl. Abschnitt 8.7) durch, so geschieht folgendes: Angenommen, der Datensatz entspricht gerade einer vollen Sinusschwingung mit exakt definierter Frequenz ω_0. Aus Zeitgründen kommt eine diskrete Fourieranalyse anstelle einer schnellen Fourieranalyse nicht in Frage. Letztere ist aber nur möglich, wenn die Anzahl der Datenpunkte eine Potenz von 2 ist. Die nächstgrößere Potenz von 2 ist bei 100 Datenpunkten 128. In Ermangelung von weiteren Datenpunkten ist es daher nicht zu umgehen, die restlichen 28 Datenpunkte mit Nullen aufzufüllen. Dies hat aber zur Folge, daß keine reine Sinusschwingung mehr betrachtet wird, sondern vielmehr eine Schwingung, die 100 Punkte lang eine reine Sinusschwingung ist, dann 28 Punkte mit Null identisch ist, dann wieder 100 Punkte lang als Sinusschwingung existiert und so weiter. Das Intensitätsspektrum wird deshalb kein scharf definiertes Maximum mehr sein, sondern ein verbreitertes Hauptmaximum mit einer Reihe von Nebenminima zu beiden Seiten (vgl. Bild 8-3, w=0).

Betrachtet man mehr als eine Frequenz, so werden diese sogenannten Sidelobes dazu führen, daß insgesamt ein starkes Rauschen auftritt, in dem die eigentlichen Maxima vollkommen untergehen können.

Die Sidelobes können weitgehend unterdrückt werden, wenn man den Datensatz mit einer geeigneten Wichtungsfunktion multipliziert. Deren wesentliche Eigenschaft muß es sein, die Randwerte des Datensatzes, d.h. in unserem Fall die Werte im Bereich von Null und 100, in Werte, die nahe bei Null liegen, umzuwandeln. Verwendet man hierzu eine stetige oder fast stetige Wichtungsfunktion, so wird die Randdiskontinuität des Datensatzes, die für die Entstehung der Sidelobes im wesentlichen verantwortlich ist, beseitigt, da ein kontinuierlicher Datensatz entsteht.

In der Literatur finden sich eine Reihe von Wichtungsfunktionen, die zu diesem Zweck vorgeschlagen wurden. Von diesen bietet die Kaiser-Bessel-Funktion die beste Sidelobeunterdrückung bei gleichzeitiger minimaler Maximumsverbreiterung. Das letzte Kriterium ist besonders wichtig, da das Auflösungsvermögen im wesentlichen durch die Breite auf halber Höhe des Maximalwertes (FWHM) bestimmt wird.

Die Kaiser-Bessel-Funktion ist wie folgt definiert:

8.5.3 Die Wigner'schen 3j-Symbole

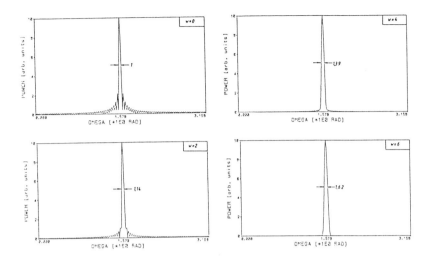

Bild 8-3 *Fourierspektren für verschiedene Wichtungsfaktoren w. Gezeichnet ist jeweils $\sqrt{I}$ anstelle von I, da sich bei dieser Art der Darstellung das Rauschen und die Wirkung der verschiedenen Wichtungsfaktoren besser beobachten lassen als im Intensitätsspektrum.*

$$W_{KB}(t) = \begin{cases} \dfrac{I_0\left(p\sqrt{1-\left(\frac{t}{\tau}\right)^2}\right)}{I_0(p)} & \text{für } |t| < \tau \\ 0 & \text{sonst} \end{cases} \quad (8.28)$$

Dabei ist I_0 die modifizierte Besselfunktion 1. Art und der Ordnung 0, sowie p der Wichtungsparameter.

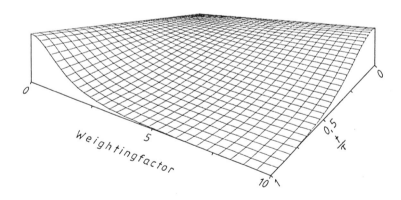

Bild 8-4 *Die Kaiser-Besselfunktion in Abhängigkeit von p und $\frac{t}{\tau}$*

Es hat sich gezeigt, daß ein Wichtungsfaktor von p=4 den besten Kompromiß zwischen Sidelobeunterdrückung und Maximumsverbreiterung darstellt. Die Formel zur Berechnung der modifizierten Besselfunktion 1.Art und nullter Ordnung stammt aus (ABR70), S.378.

8.5.3 Die Wigner'schen 3j-Symbole

Eine besondere Rolle in der Atom- und Kernphysik spielt die Kopplung von Drehimpulsvektoren. Aufgrund der Gesetze der Quantenmechanik sind für die Drehimpulse $\vec{L}$ nur bestimmte diskrete Beträge $|\vec{L}| = \hbar\sqrt{l(l+1)}$ zulässig. Das hat auch Konsequenzen für die Kopplung zweier Drehimpulse. So können in erster Linie nicht mehr beliebige Drehimpulsvektoren miteinander gekoppelt werden, da auch der Summenvektor gewissen Quantisierungsbedingungen unterliegt.

Die Kopplung zweier Drehimpulse $|j_1 m_1>$, $|j_2 m_2>$ zum Gesamtdrehimpuls $|JM>$ wird durch die sogenannten Clebsch-Gordon-Koeffizienten

$$< j_1 j_2 m_1 m_2 \mid JM >$$

beschrieben. Das Wigner'sche 3j-Symbol ist dann definiert durch (EDM60, MES85)

$$\begin{pmatrix} j_1 & j_2 & J \\ m_1 & m_2 & -M \end{pmatrix} = \frac{(-1)^{j_1 - j_2 + M}}{\sqrt{2J+1}} < j_1 j_2 m_1 m_2 \mid JM > . \qquad (8.29)$$

Für eine Reihe von Spezialfällen kann das 3j-Symbol relativ einfach berechnet werden. Für eine allgemeine Berechnung wird die Formel von Racah (MES85) verwendet:

$$\begin{pmatrix} a & b & c \\ \alpha & \beta & \gamma \end{pmatrix} =$$

$$(-1)^{a-b-\gamma}\sqrt{\Delta(abc)}\sqrt{(a+\alpha)!(a-\alpha)!(b+\beta)!(b-\beta)!(c+\gamma)!(c-\gamma)!} \qquad (8.30)$$

$$\times \sum_t (-1)^t \left[t!(c-b+t+\alpha)!(c-a+t-\beta)!(a+b-c-t)!(a-t-\alpha)!(b-t+\beta)! \right]^{-1}$$

mit

$$\alpha + \beta + \gamma = 0, \qquad |a-b| \leq c \leq a+b$$

$$\Delta(abc) = \frac{(a+b-c)!(b+c-a)!(c+a-b)!}{(a+b+c+1)!}$$

Die Summe läuft über alle ganzzahligen Werte von t, für die die in den Summanden auftretenden Faktoren einen Sinn haben ($0! = 1$). Die Anzahl der Summanden ist $\nu + 1$, wobei ν die kleinste der neun Zahlen

$$\begin{array}{ccc} a \pm \alpha & b \pm \beta & c \pm \gamma \\ a+b-c & b+c-a & c+a-b \end{array}$$

ist.

Die Funktion DWIG basiert auf einem FORTRAN-Programm von E.Hagn, das mir freundlicherweise von T.Butz (BUT85) zur Verfügung gestellt wurde.

8.5.4 Legendre-Polynome und Kugelflächenfunktionen

In sphärischen Polarkoordinaten (r, θ, ϕ) lautet die Laplace-Gleichung $\Delta\Phi = 0$ wie folgt (JAC62):

$$\frac{1}{r}\frac{\partial^2}{\partial r^2}(r\Phi) + \frac{1}{r^2 \sin\theta}\frac{\partial}{\partial \theta}\left(\sin\theta \frac{\partial\Phi}{\partial \theta}\right) + \frac{1}{r^2 \sin^2\theta}\frac{\partial^2\Phi}{\partial \phi^2} = 0 \qquad (8.31)$$

8.5.4 Legendre-Polynome und Kugelflächenfunktionen

Durch den Produktansatz $\Phi = \frac{U(r)}{r} P(\theta) Q(\phi)$ separiert (8.31) nach einer Multiplikation mit $r^2 \sin^2\theta / UPQ$ in die drei Teilgleichungen (da die einzelnen Produktglieder nur noch jeweils von einer Variablen abhängen, dürfen die partiellen durch totale Ableitungen ersetzt werden):

$$\frac{1}{Q}\frac{d^2 Q}{d\phi^2} = -m^2 \tag{8.32a}$$

$$\frac{1}{\sin\theta}\frac{d}{d\theta}\left(\sin\theta \frac{dP_l^m}{d\theta}\right) + \left[l(l+1) - \frac{m^2}{\sin^2\theta}\right] P_l^m = 0 \tag{8.32b}$$

$$\frac{d^2 U}{dr^2} - \frac{l(l+1)}{r^2} U = 0 \tag{8.33c}$$

Dabei muß m eine ganze Zahl sein, während l eine vorläufig noch unbestimmte Konstante ist. Die Lösungen von (8.32a) und (8.32c) sind:

$$Q_m = e^{im\phi}$$
$$U = Ar^{l+1} + Br^{-l} \tag{8.34}$$

Die Lösungen P_l^m der Gleichung (8.32b) sind die sogenannten *assoziierten Legendre-Polynome*. Setzt man $x = \cos\theta$, so wird (8.32b) zu

$$\frac{d}{dx}\left[(1-x^2)\frac{dP_l^m}{dx}\right] + \left[l(l+1) - \frac{m^2}{1-x^2}\right] P_l^m = 0. \tag{8.35}$$

Für $l \geq m \geq 0$ und $|x| \leq 1$ können die $P_l^m(x)$ dann mit Hilfe der Rodrigues-Formel

$$P_l(x) = \frac{1}{2^l l!}\frac{d^l}{dx^l}(x^2 - 1)^l \tag{8.36}$$

und der Definition

$$P_l^m(x) = (1-x^2)^{m/2}\frac{d^m}{dx^m} P_l(x); \quad m \geq 0 \tag{8.37}$$

aus den Legendre-Polynomen $P_l(x)$ abgeleitet werden. Da m quadratisch in (8.35) eingeht, erhält man die Lösungen für $m < 0$ durch $P_l^{|m|}$. (*In der Literatur finden sich leider zwei verschiedene Definitionen. Neben der obigen Definition findet man auch eine Definition, die noch einen zusätzlichen Phasenfaktor $(-1)^m$ enthält. Dies hat in der Vergangenheit – und wird es wohl leider auch in Zukunft – zu großen Streitigkeiten und Mißverständnissen geführt, da beide Definitionen von den Autoren häufig wild durcheinander geworfen werden, wobei auf die Angabe der Definition in der Regel verzichtet wird. Aus diesem Grund finden sich selbst in den renomiertesten Standardwerken Ergebnisse, die schlicht und ergreifend einfach falsch sind. Die hier getroffene Definition ist die aus (MES85)(SCH87), während die Definition in (JAC62) den Faktor $(-1)^m$ enthält.*)

Die assoziierten Legendre-Polynome P_l^m werden dann mit den Lösungen Q_m zu den sogenannten Kugelflächenfunktionen $Y_l^m(\theta, \phi)$ zusammengefaßt. Diese werden durch einen Faktor $\mathcal{N}_{lm}$ so normiert, daß das Integral

$$\int_0^{4\pi} Y_l^m(\Omega) Y_l^{m*}(\Omega) d\Omega = 1 \tag{8.38}$$

über den gesamten Raumwinkel 4π gerade 1 ergibt. Die Definition der Y_l^m lautet dann

$$Y_l^m(\theta,\phi) = \mathcal{N}_{lm} P_l^{|m|}(\cos\theta) e^{im\phi} \qquad (8.39)$$

mit

$$\mathcal{N}_{lm} = c_m \sqrt{\frac{(2l+1)(l-|m|)!}{4\pi(l+|m|)!}}$$

$$c_m = \begin{cases} (-1)^m & \text{für } m \geq 0 \\ 1 & \text{für } m < 0 \end{cases}$$

Aus (8.37) folgt unter anderem sofort, daß die P_l^m für $m > l \geq 0$ verschwinden. Zur Berechnung der assoziierten Legendre-Polynome geht man von dem Fall $l = m$ aus. Hier gilt dann

$$P_m^m(x) = (1-x^2)^{m/2} \frac{d^m}{dx^m} P_m(x) = \frac{(2l)!}{2^m m!} \tilde{x}^m, \qquad (8.40)$$

wobei $\tilde{x}$ für den Ausdruck $\sqrt{1-x^2}$ steht. Die assoziierten Legendre-Polynome können mittels der Rekursionsformel

$$P_{l+1}^m(x) = \frac{1}{l-m+1} \left\{ (2l+1)x P_l^m(x) - (l+m)P_{l-1}^m(x) \right\} \qquad (8.41)$$

berechnet werden. Als Startwerte dienen dazu P_m^m aus (8.40) und

$$P_{m+1}^m(x) = (2m+1)x P_m^m(x). \qquad (8.42)$$

Die oben angegebenen Formeln dienen zur Berechnung der Funktionen PLM für die assoziierten Legendre-Polynome und YLM für die Kugelflächenfunktionen.

8.5.5 Die spärischen Bessel-Funktionen

Neben den bereits im vorangegangenen Abschnitt behandelten Legendre-Polynomen und den Kugelflächenfunktionen werden, vor allem in der Behandlung der Streutheorie in der Quantenmechanik, die sogenannten spärischen Bessel-Funktionen j_l und n_l benötigt. Sie sind definiert als (JAC62)

$$\begin{aligned} j_l(x) &= \sqrt{\frac{\pi}{2x}} J_{l+1/2}(x) \\ n_l(x) &= \sqrt{\frac{\pi}{2x}} N_{l+1/2}(x) \end{aligned} \qquad (8.43)$$

Dabei sind die J_ν und N_ν die sogenannten Bessel-Funktionen der Ordnung ν, die die zwei möglichen Lösungen der Bessel'schen Differentialgleichung

$$\frac{d^2 R}{dx^2} + \frac{1}{x}\frac{dR}{dx} + \left(1 - \frac{\nu^2}{x^2}\right) R = 0 \qquad (8.44)$$

darstellen.

8.6.1 Unit MATRIX

Die sphärischen Bessel-Funktionen lassen sich sehr einfach mittels der Rekursionsformel

$$f_{l+1} = \frac{2l+1}{x} f_l(x) - f_{l-1}(x) \tag{8.45}$$

berechnen, wenn man j_0, n_0, j_1 und n_1 kennt. Für diese gilt

$$j_0 = \tfrac{\sin x}{x} \qquad n_0 = -\tfrac{\cos x}{x}$$
$$j_1 = \tfrac{\sin x}{x^2} - \tfrac{\cos x}{x} \qquad n_1 = -\tfrac{\cos x}{x^2} - \tfrac{\sin x}{x}$$

Die Funktionen **BESJ** und **BESN** berechnen nach diesem Verfahren die Funktionen j_l und n_l. Es bleibt noch zu bemerken, daß das Verfahren für $x \to 0$ und große Werte von l naturgemäß numerisch instabil wird, da sich in diesem Fall *numerische* Singularitäten ergeben.

8.6 Matrix-Funktionen

In diesem Abschnitt sollen drei spezielle Algorithmen besprochen werden, die im Zusammenhang mit Matrizen von hohem praktischen Nutzen sein können. Der bekannteste davon ist wohl das Gauß-Verfahren zur Lösung linearer Gleichungssysteme. Daneben werden das Cholesky-Verfahren zur Inversion symmetrischer, positiv definiter Matrizen und das Verfahren der Jacobi-Rotationen zum Diagonalisieren hermitescher Matrizen behandelt. Die Anwendungsgebiete des Gauß- und des Cholesky-Verfahrens sind klar vorgegeben. Die Motivation, warum gerade das Jacobi-Verfahren zur Diagonalisierung besprochen wird und nicht das allgemeinere QR-Verfahren, ist einfach: Die überwiegende Mehrzahl der in der Physik, vor allem in der Quantenphysik, vorkommenden Matrizen ist hermitesch. Für diese ist aber das Jacobi-Verfahren absolut ausreichend, und auf den Einsatz des zeitaufwendigeren QR-Verfahrens kann somit verzichtet werden.

8.6.1 Unit MATRIX

Die folgende **Unit MATRIX** enthält eine Version des Gauss- und des Jacobi-Verfahrens. Diese sind so geschrieben, daß sie für Matrizen beliebiger Dimension verwendet werden können. Die Dimension ist dabei jeweils Eingabeparameter. Das Cholesky-Verfahren ist nicht in der **Unit MATRIX** enthalten, da es im Kapitel 9 über nichtlineare Ausgleichsrechnung in der **Unit FIT** benötigt wird und dort separat programmiert wurde. Die Programmierung kann von dort durch kleine Modifikationen (die Matrizen können bei der dort programmierten Version nicht beliebige Dimensionen annehmen) übernommen werden.

```
Unit MATRIX;

interface

function GAUSS(var A; N:integer):boolean;
function JACOBI (var A,U; N: integer): boolean;

implementation

type Matrx = array [0..1] of double;   { Matrix-Line }

var    N1: integer;                    { Length of one line }
```

```
   buffer: array [0..100] of double;
const OK: boolean = true;
function AGET(var d; i,j: integer): double;
var A: Matrx absolute d;
begin
 aget := A[i*N1+j];
end;
procedure ASET(var d; i,j: integer; r: double);
var A: Matrx absolute d;
begin
 A[i*N1+j] := r;
end;
function GAUSS(var A; N:integer):boolean;
label exit;
var     i,j,k,
        N18,
        max: integer;
        r,h: double;
   SegA,OfsA,
   Ofs1,Ofs2: word;
begin
 SegA := seg(A); OfsA := Ofs(A);
 N1 := succ(N);
 N18 := N1*8;                         { Lenght of one line in bytes }
 for i := 0 to N-2 do
  begin
    { PIVOT }
    r := 0;
    for j := i to N-1 do              { Max. column-element }
     begin
      h := abs(aget(A,j,i));
      if h>r then
       begin
         max := j;
         r := h;
       end;
     end;
    { Lineinterchange i <-> max }
    Ofs1 := OfsA+N18*i; Ofs2 := OfsA+N18*max;
    move(mem[SegA:Ofs1],buffer,N18);
    move(mem[SegA:Ofs2],mem[SegA:Ofs1],N18);
    move(buffer,mem[SegA:Ofs2],N18);
    ok := (r<>0);                     { Diagonalelement=0 }
```

8.6.1 Unit MATRIX

```
     if not ok then goto exit;        { => matrix singular }
    { REDUCTION }
    for j := i+1 to N-1 do
     begin
      h := Aget(A,j,i);
      for k := N downto i do
        Aset(A,j,k,Aget(A,j,k)-Aget(A,i,k)*h/Aget(A,i,i));
      end;
   end; { for i := 0 ...}
   ok := (Aget(A,N-1,N-1)<>0);       { Last diagonalelement=0 }
   if not ok then goto exit;         { => matrix singular }
   { SOLUTION }
   for i := N-1 downto 0 do
    begin
     r := 0;
     for j := i+1 to N-1 do r := r+Aget(A,i,j)*Aget(A,j,N);
     Aset(A,i,N,(Aget(A,i,N)-r)/Aget(A,i,i));
    end;
exit:
 Gauss := ok;
end;

procedure JACOBI (var A,U; N: integer);

var    i,j,
       q,p,
       iter: integer;
       eps,
   Aip,Aiq,
   App,Aqq,
       Apq,
       c,s,
         t,
       tau,
     theta: double;
     fail1,
     fail2: boolean;
const epsilon = 1E-15;
     function SGN(r:double):integer;
     begin
      if r>=0 then sgn := 1 else sgn := -1;
     end;

     function NORM_AIJ: real;          { Calculates the norm of }
     var   r: double;                  { the off-diagonal elements }
         i,j: integer;                 { of A by summing over their }
```

```
    begin                              { square and calculating the  }
     r := 0;                           { square-root of the          }
     for i := 0 to pred(N) do          { resulting sum.              }
      for j := succ(i) to N do
       r := r+2*sqr(Aget(A,i,j));
     Norm_Aij := sqrt(r);
    end;

begin
 N1 := N; N := pred(N);
 fillchar(U,N1*N1*8,0);                { Clear U }

 for j := 0 to N do Aset(U,j,j,1);     { Set U=1 }
 eps := epsilon*N*pred(N);             { Criterium for abortion:     }
                                       { Each off-diagonal element   }
                                       { should be smaller than      }
                                       { epsilon }

 repeat                                { Start Jacobi }
  for p := 0 to pred(N) do             { Treat only upper half of A }
   for q := succ(p) to N do
    if abs(Aget(A,p,q))>epsilon then   { Determine Rotation }
     begin                             { Angles }
      App := Aget(A,p,p); Apq := Aget(A,p,q);
      Aqq := Aget(A,q,q); theta := 0.5*(App-Aqq)/Apq;
      fail1 := (abs(theta)>1E100);     { Overflow-Error  }
      fail2 := (abs(theta)<1E-100);    { Underflow-Error }
      if not (fail1 or fail2) then
       t := sgn(theta)/(abs(theta)+sqrt(1+theta*theta))
      else
       if fail1 then t := 0.5/theta
       else t := 1;
      c := 1/sqrt(1+t*t);
      s := t*c;
      tau := s/(1+c);
      for i := 0 to N do
       begin
        if i<p then Aip := Aget(A,i,p)
         else Aip := Aget(A,p,i);
        if i<q then Aiq := Aget(A,i,q)
         else Aiq := Aget(A,q,i);
        if i<p then Aset(A,i,p,Aip+s*(Aiq-tau*Aip))
         else Aset(A,p,i,Aip+s*(Aiq-tau*Aip));
        if i<q then Aset(A,i,q,Aiq-s*(Aip+tau*Aiq))
         else Aset(A,q,i,Aiq-s*(Aip+tau*Aiq));
        Aip := Aget(U,i,p);
        Aiq := Aget(U,i,q);
        Aset(U,i,p,Aip+s*(Aiq-tau*Aip));
        Aset(U,i,q,Aiq-s*(Aip+tau*Aiq));
       end;
```

8.6.1 Unit MATRIX

```
      Aset(A,p,p,App+t*Apq);
      Aset(A,q,q,Aqq-t*Apq);
      Aset(A,p,q,0);
    end;
 until Norm_Aij<=eps;

 for i := 0 to N do
  for j := i+1 to N do
   begin
    Aset(A,i,j,0);
    Aset(A,j,i,0);
   end;

 for i := 0 to N do
  for j := 0 to N do
   if abs(Aget(U,i,j))<epsilon then Aset(U,i,j,0);
end;

end.
```

Das folgende kurze Programmbeispiel soll zur Demonstration des Aufrufs der obigen Funktionen dienen. Es kann daneben auch als Testprogramm verwendet werden. Der Lösungsvektor des Gauss-Verfahrens muß $\vec{x} = (1,2,3,4,5)$ sein. Die Eigenwerte des Jacobi-Problems sind 10, 1, 5, 2. Die (nicht normierten) Eigenvektoren sind $(1,1,\frac{1}{2},\frac{1}{2})$, $(-1,1,0,0)$, $(-1,-1,2,2)$ und $(0,0,-1,1)$. Diese werden vom Programm in der auf 1 normierten Form ausgegeben. (Beispiele aus (HER85). Die dort abgedruckten Struktogramme und Programme sind allerdings falsch. Wie der Autor zu seinen Probeausdrucken gelangen konnte, ist unerklärlich.)

```
{$R-}     {Range checking off}
{$B+}     {Boolean complete evaluation on}
{$S+}     {Stack checking on}
{$I+}     {I/O checking on}
{$N+}     {Numeric coprocessor}
Uses Crt,Dos,Matrix;

type mat_gauss = array [1..5,1..6] of double;
type mat_jacob = array [1..4,1..4] of double;
const AG: Mat_Gauss = (( 6,-3, 2, 1,-1,  5),
                      ( 3, 7, 0,-4, 2, 11),
                      ( 4,-3, 6,-1, 2, 22),
                      ( 2, 4, 5,-7,-3,-18),
                      (-1, 5,-4, 0, 8, 37));
      AJ: Mat_Jacob = ((5,4,1,1),
                      (4,5,1,1),
                      (1,1,4,2),
                      (1,1,2,4));
var i,j: integer;
    U: mat_jacob;
```

```
begin
 if not gauss(ag,5) then halt;
 for i := 1 to 5 do
  writeln(ag[i,6]:10:5);
 writeln;
 jacobi(aj,u,4);
 for i := 1 to 4 do            { Diagonalized matrix A }
  begin
   for j := 1 to 4 do
    write(aj[i,j]:10:6);
   writeln;
  end;
 writeln;
 for i := 1 to 4 do            { Print unitary matrix U. The column }
  begin                        { vectors are the normalized }
   for j := 1 to 4 do          { eigenvectors of A. }
    write(u[i,j]:10:6);
   writeln;
  end;
end.
```

8.6.2 Das Gauß-Verfahren

Obwohl es sich beim Gauß-Verfahren nicht gerade um den schnellsten Algorithmus zur Lösung eines linearen Gleichungssystems handelt, so hat es doch nichts von seiner Bedeutung verloren: Das Gauß-Verfahren ist praktisch der einzige Algorithmus, der keine speziellen Anforderungen an die zu invertierende Matrix stellt – wenn man einmal von der Bedingung, daß diese nicht singulär sein darf, absieht.

Eines der großen Probleme des Gauß-Verfahrens ist die numerische Stabilität. Diese kann durch die Einführung einer Pivotsuche nur zum Teil gesichert werden. Aus Gründen der Schnelligkeit und der numerischen Stabilität sind deshalb, wenn dies aufgrund der speziellen Form einer Matrix möglich ist, andere Algorithmen vorzuziehen.

Betrachtet werde ein lineares Gleichungssystem der Form

$$A\vec{x} = \vec{y}, \tag{8.46}$$

wobei A eine $n \times n$-Matrix und $\vec{x}$, $\vec{y}$ Vektoren aus dem $\mathbf{R}^n$ sind. Bezeichnet man den Vektor $\vec{y}$ als die $(n+1)$-te Spalte der Matrix A, so kann (8.46) in dem folgenden Schema geschrieben werden:

$$\begin{matrix} a_{11} & a_{12} & \cdots & a_{1n} & a_{1n+1} & (1) \\ a_{21} & a_{22} & \cdots & a_{2n} & a_{2n+1} & (2) \\ \vdots & \vdots & \ddots & \vdots & \vdots & \\ a_{n1} & a_{n2} & \cdots & a_{nn} & a_{nn+1} & (n) \end{matrix} \tag{8.47}$$

Das Ziel ist es, die Matrix A durch elementare Zeilenumformungen auf eine Dreiecksform zu bringen. Dazu müssen beispielsweise alle Elemente unter der Diagonalen in Nullen transformiert werden. Das Nullsetzen erfolgt in der hier beschriebenen Version spaltenweise. Dazu erzeugt man zunächst mittels der Umformung

8.6.3 Das Cholesky-Verfahren

$$(2) \rightarrow (2') = (2) - \frac{a_{21}}{a_{11}} \times (1) \tag{8.48}$$

in der zweiten Zeile an der Stelle a'_{21} eine Null. Auf dieselbe Weise können dann durch

$$(n) \rightarrow (n') = (n) - \frac{a_{n1}}{a_{11}} \times (1), \quad n > 1 \tag{8.49}$$

alle Elemente a'_{n1} der ersten Spalte unterhalb der Diagonalen auf Null gebracht werden. Danach wird das Verfahren in der Form

$$(n') \rightarrow (n'') = (n') - \frac{a_{n2}}{a_{22}} \times (2), \quad n > 2 \tag{8.50}$$

wiederholt, und alle Elemente a_{n2} unter der Diagonalen auf Null gebracht. Das Entscheidende dabei ist, daß die in der ersten Spalte unter der Diagonalen erzeugten Elemente nicht mehr auf einen von 0 verschiedenen Wert gebracht werden können. Wiederholt man das Verfahren analog bis einschließlich der Spalte $n-1$, so gelangt man endlich zu folgender Struktur:

$$\begin{array}{cccccc} c_{11} & c_{12} & \cdots & c_{1n-1} & c_{1n} & c_{1n+1} \\ 0 & c_{22} & \cdots & c_{2n-1} & c_{2n} & c_{2n+1} \\ \vdots & \vdots & \ddots & \vdots & \vdots & \vdots \\ 0 & & & c_{n-1n-1} & c_{n-1n} & c_{n-1n+1} \\ 0 & 0 & \cdots & 0 & c_{nn} & c_{nn+1} \end{array} \quad \begin{array}{c} (1) \\ (2) \\ \\ (n-1) \\ (n) \end{array} \tag{8.51}$$

Aus diesem Schema kann jetzt durch sukzessives Auflösen der einzelnen Gleichungen von unten der Lösungsvektor $\vec{x}$ ermittelt werden.

$$x_i = \frac{1}{c_{ii}} \left[c_{in+1} - \left(\sum_{k=i+1}^{n} c_{ik} x_k \right) \right] \tag{8.52}$$

Die Funktion GAUSS in der Unit MATRIX berechnet nach diesem Verfahren den Lösungsvektor $\vec{x}$. Dazu ist A in der Form A_{nn+1} aus (8.47) anzugeben. Der Lösungsvektor ist nach der Rückkehr in der $(n+1)$-ten Spalte von A enthalten. Aus Gründen der numerischen Stabilität führt das Programm eine Pivotsuche durch. Darunter versteht man die Suche nach dem maximalen Spaltenelement, das sich unter oder auf der Diagonalen in der gerade behandelten Spalte k befindet. Die Zeile, in der sich das entsprechende Element befindet, wird dann mit Zeile k vertauscht, wodurch das maximale Element in die Diagonale wandert. Alle Elemente der Zeilen unterhalb dieser ersten Zeile werden dann im Zuge der Zeilenumformungen einmal durch dieses Element geteilt. Dasselbe passiert auch wieder beim Auflösen der Dreiecksform gemäß (8.52). Hinter diesem Vorgehen steht letztendlich die Erkenntnis, das sich ein numerischer Fehler bei einer Division durch eine große Zahl weniger bemerkbar macht als bei der Division durch eine kleine Zahl. Dadurch kann das Anwachsen von Rundungsfehlern stark gebremst werden.

8.6.3 Das Cholesky-Verfahren

Das Verfahren von Cholesky ist ein spezielles Verfahren zur Lösung symmetrischer, positiv definiter (alle Eigenwerte $\lambda_i > 0$) Matrizen. Der letzte Punkt ist im allgemeinen nicht gerade einfach zu zeigen. Für einen besonders interessanten Spezialfall können aber beide Eigenschaften, wie im Verlauf der Ableitung des Algorithmus deutlich werden wird, als gesichert angenommen werden. Es sind dies die symmetrischen Matrizen der Form $A = P^T P$. Die Symmetrie dieser Matrizen ist offensichtlich und die positive Definitheit ist gesichert, wenn nicht ein Spaltenvektor von P der Nullvektor ist.

Zur Ableitung des Cholesky-Verfahrens muß zunächst folgender Satz bewiesen werden:

Zu jeder positiv definiten, reellen $n \times n$-Matrix A_n gibt es *genau* eine untere $n \times n$-Dreiecksmatrix L, ($l_{ik} = 0$ für $i < k$, $l_{ii} > 0$), für die gilt $A_n = L_n L_n^T$.

Den Beweis führt man mittels vollständiger Induktion, da man auf diese Weise den Algorithmus bereits mitgeliefert bekommt. Für $n = 1$ ist der Beweis trivial, da dann $A = a$, $a > 0$ und damit auch $L = l_{11} = \sqrt{a}$ gilt. Für den Induktionsschritt nimmt man jetzt an, daß für die Matrix A_{n-1} eine derartige Zerlegung $L_{n-1} L_{n-1}^T$ existiert. Die Matrix A_n kann dann geschrieben werden als

$$A = \begin{pmatrix} A_{n-1} & \vec{b} \\ \vec{b}^T & a_{nn} \end{pmatrix}, \quad (8.53)$$

wobei a_{nn} ein Skalar und $\vec{b}$ ein Vektor aus dem $\mathbf{R}^{n-1}$ ist. Für L_n macht man dann den Ansatz:

$$L_n = \begin{pmatrix} L_{n-1} & 0 \\ \vec{c}^T & \alpha \end{pmatrix}, \quad \vec{c} \text{ aus } \mathbf{R}^{n-1}, \alpha > 0. \quad (8.54)$$

Damit gilt dann

$$A_n = \begin{pmatrix} A_{n-1} & \vec{b} \\ \vec{b}^T & a_{nn} \end{pmatrix} = \begin{pmatrix} L_{n-1} & 0 \\ \vec{c}^T & \alpha \end{pmatrix} \begin{pmatrix} L_{n-1}^T & \vec{c} \\ 0 & \alpha \end{pmatrix}. \quad (8.55)$$

Daraus ergeben sich also die Forderungen:

$$\vec{b} = L_{n-1} \vec{c} \quad (8.56a)$$
$$a_{nn} = \vec{c}^2 + \alpha^2, \quad \alpha > 0 \quad (8.56b)$$

Da es sich bei L_{n-1} bereits um eine Dreiecksmatrix handelt, kann (8.56a) sofort in der Form

$$\vec{c} = L_{n-1}^{-1} \vec{b} \quad (8.57)$$

gelöst werden und es ergibt sich die Forderung für α:

$$\alpha = \sqrt{a_{nn} - \vec{c}^2} \quad (8.58)$$

Damit sich für α, wie gefordert, ein reeller Wert, der größer als Null ist, ergibt, muß nur noch $a_{nn} > \vec{c}^2$ gelten. Das ist aber nicht besonders schwer zu zeigen. Nach dem Laplace'schen Entwicklungssatz gilt für die Determinante von L_{n-1}:

$$\det(L_{n-1}) = \prod_i l_{ii} > 0,$$

8.6.3 Das Cholesky-Verfahren

da nach Voraussetzung $l_{tt} > 0$ gilt. Da es sich bei A_n, ebenfalls nach Voraussetzung, um eine symmetrische, positiv definite Matrix handelt, kann diese durch eine unitäre Transformation diagonalisiert werden (GOL83). Die Matrix hat dann die Form $A_n = (a_{ij}) = (\lambda_t \delta_{ij})$ und damit ergibt sich für ihre Determinante, da diese durch eine unitäre Transformation nicht verändert wird und die Eigenwerte λ_t voraussetzungsgemäß positiv sind:

$$\det(A_n) = \prod_t \lambda_t > 0,$$

Daraus läßt sich jetzt aber wiederum mit Hilfe des Multiplikationssatzes für Determinanten ein Ausdruck für α ableiten.

$$\det(A_n) = \det(L_n) \times \det(L_n) = [\det(L_n)]^2 = [\det(L_{n-1})]^2 \alpha^2. \quad (8.59)$$

$$\Leftrightarrow \quad \alpha^2 = \frac{\det(A_n)}{[\det(L_{n-1})]^2} > 0 \quad (8.60)$$

Zusammen mit Gleichung (8.58) ergibt dies dann gerade $a_{nn} = \vec{c}^2 + \alpha^2$ und somit wie gefordert $a_{nn} > \vec{c}^2$. Damit ist auch der Beweis beendet.

Aus der letzten Gleichheit ergeben sich noch zwei interessante Konsequenzen: Die Diagonalelemente einer symmetrischen, positiv definiten Matrix müssen **immer** positiv und **größer** als Null sein. Dies ist insbesondere immer für Matrizen der Form $A = P^T P$ erfüllt, da diese konstruktionsbedingt symmetrisch sind, und in der Diagonalen gerade die Betragsquadrate der Spaltenvektoren von P stehen.

Die Form des Algorithmus ist durch den Beweis bereits klar vorgegeben: Zunächst wird iterativ die Matrix L_n mittels (8.57) und (8.58) bestimmt. Dann substituiert man in $LL^T \vec{x} = \vec{y}$ den Ausdruck $\vec{r} = L^T \vec{x}$ und bestimmt die Lösung $\vec{r}$ des so entstandenen Gleichungssystems.

$$\vec{r} = L^{-1} \vec{y}$$

Daraus kann dann schließlich die endgültige Lösung

$$\vec{x} = (L^T)^{-1} \vec{r}$$

abgeleitet werden.

Einer der Vorteile des Cholesky-Verfahren ist, daß sich aus der Matrix L auch sehr einfach die Inverse A^{-1} der Matrix A bestimmen läßt. Es muß nämlich gerade gelten

$$A A^{-1} = (LL^T) A^{-1} = \mathbf{1}, \quad (8.61)$$

und damit letztendlich

$$A^{-1} = (L^T)^{-1} L^{-1} \mathbf{1} \doteq (L^{-1})^T L^{-1} \mathbf{1}. \quad (8.62)$$

Die letzte Identität kann leicht anhand der Cramer'schen Regel verstanden werden. Danach ist L^{-1} gegeben durch

$$L^{-1} = \frac{1}{\det(L)} \begin{bmatrix} \widetilde{L}_{11} & \cdots & \widetilde{L}_{1n} \\ \vdots & \ddots & \vdots \\ \widetilde{L}_{n1} & \cdots & \widetilde{L}_{nn} \end{bmatrix}^T, \qquad (8.63)$$

wobei $\widetilde{L}_{ik}$ die zum Element l_{ik} gehörige Adjunkte ist (BRO83). Entscheidend ist, daß die Inverse von $(L^T)^{-1}$ gegeben ist durch

$$\left(L^T\right)^{-1} = \frac{1}{\det(L)} \begin{bmatrix} \widetilde{L}_{11} & \cdots & \widetilde{L}_{n1} \\ \vdots & \ddots & \vdots \\ \widetilde{L}_{1n} & \cdots & \widetilde{L}_{nn} \end{bmatrix}^T. \qquad (8.64)$$

Damit gilt aber gerade $(L^T)^{-1} = (L^{-1})^T$. Es genügt also die Inverse der Dreiecksmatrix L zu bestimmen, da dann A^{-1} gemäß (8.62) durch

$$A^{-1} = \left(L^{-1}\right)^T L^{-1}$$

definiert ist.

8.6.4 Das Verfahren der Jacobi-Rotationen

Ein in der modernen Physik weit verbreitetes Problem ist die Bestimmung der Eigenwerte und Eigenvektoren einer hermiteschen Matrix. Für diese spezielle Klasse können durch ein Iterationsverfahren von Jacobi (STO78, PRE86) sowohl die Eigenwerte als auch die zugehörigen Eigenvektoren simultan bestimmt werden.

Beim Jacobi-Verfahren wird eine hermitesche Matrix A durch eine Folge von unitären Transformationen mit speziellen unitären Matrizen U^{jk} ($j < k$) iterativ auf Diagonalform transformiert. Diese Matrizen und die Reihenfolge ihrer Anwendung werden dabei so gewählt, daß die Folge auch konvergiert.

$$U^{jk} = \begin{bmatrix} 1 & & & & & & & & & & 0 \\ & \ddots & & & & & & & & & \\ & & 1 & & & & & & & & \\ & & & \cos\varphi & 0 & \cdots & 0 & -e^{-i\psi}\sin\varphi & & & \\ & & & 0 & 1 & & & 0 & & & \\ & & & \vdots & & \ddots & & \vdots & & & \\ & & & 0 & & & 1 & 0 & & & \\ & & & e^{i\psi}\sin\varphi & 0 & \cdots & 0 & \cos\varphi & & & \\ & & & & & & & & 1 & & \\ & & & & & & & & & \ddots & \\ 0 & & & & & & & & & & 1 \end{bmatrix} \begin{matrix} \\ \\ \\ \leftarrow j \\ \\ \\ \\ \leftarrow k \\ \\ \\ \end{matrix} \qquad (8.65)$$

Ein wesentlich vereinfachtes Verfahren ergibt sich, wenn man sich auf reelle Matrizen beschränkt. Dann entfallen die komplexen Anteile $e^{i\psi}, e^{-i\psi}$ und die Matrix U^{jk} reduziert sich auf eine Modifikation der Einheitsmatrix, die gerade in der j-ten und k-ten Spalte an den Stellen $u^{jk}_{jj}, u^{jk}_{kk}, u^{jk}_{jk}$ und u^{jk}_{kj} die Elemente der zweidimensionalen Rotationsmatrix $\mathcal{D}^{(2)}$ enthält.

8.6.4 Das Verfahren der Jacobi-Rotationen

Der unitäre Transformationsschritt von i nach $i+1$ ist gegeben durch

$$A^{(i)} \to A^{(i+1)} = U^{jk^T} A^{(i)} U^{jk} \qquad (8.66)$$

Dabei müssen die Größen $c = \cos\varphi$ und $s = \sin\varphi$ so bestimmt werden, daß die Elemente a'_{jk} und a'_{kj} gerade Null werden (Wegen der Symmetrie der Matrizen $A^{(i)}$ genügt es im folgenden, nur mehr die Elemente $a^{(i)}_{jk}$ zu betrachten).

$$A^{i+1} = \begin{bmatrix} a'_{11} & \cdots & a'_{1j} & \cdots & a'_{1k} & \cdots & a'_{1n} \\ \vdots & & \vdots & & \vdots & & \vdots \\ a'_{j1} & \cdots & a'_{jj} & \cdots & 0 & \cdots & a'_{jn} \\ \vdots & & \vdots & & \vdots & & \vdots \\ a'_{k1} & \cdots & 0 & \cdots & a'_{kk} & \cdots & a'_{kn} \\ \vdots & & \vdots & & \vdots & & \vdots \\ a'_{nn} & \cdots & a'_{nj} & \cdots & a'_{nk} & \cdots & a'_{nn} \end{bmatrix} \qquad (8.67)$$

Durch die Transformation (8.66) ändern sich aufgrund der speziellen Form der Matrizen U^{jk} nur die in (8.67) eingerahmten Zeilen und Spalten der Matrix $A^{(i)}$ gemäß

$$a'_{rj} = a'_{jr} = c a_{rj} + s a_{rk}$$
$$a'_{rk} = a'_{kr} = -s a_{rj} + c a_{rk} \qquad \text{für } r \neq j,k \qquad (8.68a)$$
$$a'_{jj} = c^2 a_{jj} + s^2 a_{kk} + 2cs a_{jk} \qquad (8.68b)$$
$$a'_{kk} = s^2 a_{jj} + c^2 a_{kk} - 2cs a_{jk} \qquad (8.68c)$$
$$a'_{jk} = a'_{kj} = -cs(a_{jj} - a_{kk}) + (c^2 - s^2) a_{jk} \stackrel{!}{=} 0 \qquad (8.68d)$$

Aus (8.68d) kann damit eine Bestimmungsgleichung für φ abgeleitet werden. Es gilt

$$\theta := \cot 2\varphi = \frac{c^2 - s^2}{2cs} = \frac{a_{jj} - a_{kk}}{2 a_{jk}}, \qquad |\varphi| \leq \frac{\pi}{4} \qquad (8.69)$$

Aus (8.69) kann im Prinzip über trigonometrische Umformungen der Winkel φ bestimmt werden. Das Verfahren ist aber nicht numerisch stabil und man geht besser wie folgt vor: Durch Umschreiben der Definition von θ erhält man die quadratische Gleichung

$$t^2 + 2t\theta - 1 = 0: \qquad t = \tan\varphi = \frac{s}{c} \qquad (8.70)$$

Die Forderung $|\varphi| \leq \frac{\pi}{4}$ wird dann zu der Forderung, daß nur die *betragskleinste* Wurzel t von (8.70) betrachtet werden muß. Diese ergibt sich aus

$$t_{1/2} = -\theta \pm \sqrt{1 + \theta^2} \qquad (8.71)$$

unter Berücksichtigung von $(a \pm b)(a \mp b) = a^2 - b^2$ durch die Umformung

$$t_{1/2} = -\theta \pm \sqrt{1 + \theta^2}$$
$$= \frac{(-\theta \pm \sqrt{1 + \theta^2})(-\theta \mp \sqrt{1 + \theta^2})}{-\theta \mp \sqrt{1 + \theta^2}} = \frac{-1}{-\theta \mp \sqrt{1 + \theta^2}} = \frac{1}{\theta \pm \sqrt{1 + \theta^2}}$$
$$= \frac{\operatorname{sgn}(\theta)}{|\theta| \pm \sqrt{1 + \theta^2}}$$

$$\underset{\Rightarrow}{\min!} \quad t = \frac{\operatorname{sgn}(\theta)}{|\theta| + \sqrt{1+\theta^2}} \tag{8.72}$$

Um für große bzw. kleine Werte von θ Überlauffehler zu vermeiden, ersetzt man in diesem Fall t durch den jeweiligen Grenzwert

$$t = \begin{cases} \frac{1}{2\theta} & |\theta| \gg 1 \\ 1 & |\theta| \ll 1 \end{cases} \tag{8.73}$$

Mittels einfacher Trigonometrie

$$c = \frac{1}{\sqrt{1+t^2}}, \quad s = ct \tag{8.74}$$

können daraus dann c und s bestimmt werden. Um eine numerisch stabile Form der Transformation (8.68) zu erhalten, führt man eine neue Variable τ ein.

$$\tau = \tan\frac{\varphi}{2} = \frac{s}{1+c} \tag{8.75}$$

Damit wird (8.68) zu

$$\begin{aligned}
a'_{rj} &= a'_{jr} = a_{rj} + s(a_{rk} - \tau a_{rj}) \\
a'_{rk} &= a'_{kr} = a_{rk} - s(a_{rj} + \tau a_{rk}) \quad \text{für } r \neq j,k \\
a'_{jj} &= a_{jj} + t a_{jk} \\
a'_{kk} &= a_{kk} - t a_{jk} \\
a'_{jk} &= a'_{kj} = 0
\end{aligned} \tag{8.76a,b,c,d}$$

Da es sich beim Jacobi-Verfahren um ein iteratives Verfahren handelt, stellt sich die Frage, wann es konvergiert und was als Konvergenzkriterium angesehen werden muß. Die letztere Frage ist dabei leichter zu beantworten: Durch das Verfahren sollen alle Nichtdiagonalelemente auf Null gesetzt werden. Die Verwendung der unitären Transformationen (8.66) führt aber dazu, daß die Nichtdiagonalelemente, die im letzten Transformationsschritt auf Null gebracht wurden, im nächsten wieder von Null verschieden sein werden. Das Ziel ist es, die Rotationen in einer Reihenfolge auszuführen, die dazu führt, daß die Nichtdiagonalelemente im Mittel gegen Null konvergieren. Als Konvergenzkriterium fordert man dann, daß jedes Nichtdiagonalelement quadriert im Mittel kleiner ist als ein kleiner Parameter ϵ. Dies ist gerade dann der Fall, wenn die quadratische Summe aller Nichtdiagonalelemente

$$S = \sum_{i \neq j} a_{ij}^2$$

kleiner $\epsilon' = \epsilon(n-1)n$ ist. ($(n-1)n$ ist gerade die Zahl aller Nichtdiagonalelemente.)

Es kann gezeigt werden, daß die Folge der Transformationen konvergiert, wenn man die Transformationen wie folgt zyklisch wiederholt:

$$\begin{matrix}
U^{12} & U^{13} & \cdots & U^{1n} \\
 & U^{23} & \cdots & U^{2n} \\
 & & \ddots & \vdots \\
 & & & U^{n-1\,n}
\end{matrix}$$

Die unitäre Gesamttransformation ist gerade das Produkt aller Einzeltransformationsmatrizen.

$$U = \prod U^{jk}$$

U kann dabei gleichzeitig mit den Transformationen der Matrix A berechnet werden. Dazu wird in jedem Transformationsschritt die Matrix U wie folgt transformiert:

$$\begin{aligned} u'_{rj} &= u_{rj} + s(u_{rk} - \tau u_{rj}) \\ u'_{rk} &= u_{rk} - s(u_{rk} + \tau u_{rj}) \end{aligned} \tag{8.77}$$

U ist dazu vor der ersten Transformation mit der Einheitsmatrix $\mathbf{1}$ gleichzusetzen. Die Spaltenvektoren von U ergeben dann am Ende des Verfahrens die normierten Eigenvektoren von A, wobei diese in derselben Reihenfolge auftreten, in der auch die zugehörigen Eigenwerte λ_l in der Diagonalen von A auftreten.

Die Funktion JACOBI setzt nach erreichter Konvergenz alle Nichtdiagonalelemente in A auf Null. Wenn dies nicht gewünscht wird, so muß der entsprechende Teil am Ende der Funktion entfernt werden.

8.7 Frequenzanalyse mittels FFT

In diesem und dem folgenden Abschnitt sollen mit der schnellen Fouriertransformation (*Fast Fouriertransformation*) FFT und der sogenannten *Maximum Entropy Methode* MEM, zwei Verfahren der Frequenzanalyse vorgestellt und miteinander verglichen werden. Man betrachtet in beiden Fällen eine besondere Klasse von Funktionen, nämlich die periodischen Funktionen. Diese haben unter anderem die Eigenschaft, daß sie sich in zwei verschiedenen Koordinatensystemen, dem Zeit- und dem Frequenzsystem, darstellen lassen. Die eindeutige Transformation zwischen beiden Systemen ist im Kontinuumsfall die Fouriertransformation. Die MEM geht dagegen einen ganz anderen, im Prinzip besseren, aber wesentlich unübersichtlicheren Weg, der von der Autokorrelationsfunktion ausgeht.

8.7.1 Unit FFTMEM

Die in der folgenden Unit FFTMEM zusammengestellten Prozeduren ermöglichen die Ausführung der schnellen Fouriertransformation und die Berechnung einer Schätzung des Intensitätsspektrums nach der *Maximum Entropy*-Methode.

```
Unit FFTMEM;

interface

type Data_field = array [0..2] of double;

procedure FFT ( var d; N: integer);
procedure INCR_RES(var d,cof_in;
                   Pol,N_Draw: integer);
function EVLMEM(var cof_in;
                fdt: double;
                Pol: integer): double;
procedure MEMCOF(var data_in;
                 N,Pol: integer;
```

```
                          var cof_out);
implementation
procedure FFT ( var d; N: integer);
type cmplx      = record              { Local definition of complex }
                    re,im: double;
                  end;
     data_complex = array [0..2] of cmplx; { Complex data array }
     data         = ^data_complex;
var   w,a: data;
      b: data_field absolute d;       { Access to original data }
      R,                              { N = 2^R }
      i,j: integer;
 arg_norm: double;

procedure REORD;
var i,j,k,l: integer;
         t: cmplx;
begin
  for i := 1 to N-1 do        { 0 ->0, N ->N => 1...N-1 }
  begin
    l := i;                   { Treated index }
    k := 0;                   { Buffer-variable }
    for j := 0 to pred(R) do  { Calculate k, the bitinverse of i }
    begin                     { for R bits. }
      k := k shl 1+l and 1;   { If bit set in l, set it in k too ! }
      l := l shr 1;           { Next bit }
    end;
    if i<k then               { If not already reordered: }
    begin                     { Reorder ! }
      t := a^[i];
      a^[i] := a^[k];
      a^[k] := t;
    end; { if i }
  end; { for i }
end; { reord }

procedure TRANSFORM;
var  iter,            { r }
     h1,              { h1 = 2^r }
     h2,              { h2 = 2^(r-1) }
     expon,           { expon = n*p }
     p,               { 2^(R-r) }
     i,j,k: integer;
     omega,           { actual Omega }
         z: cmplx;    { Buffer-variable }
```

8.7.1 Unit FFTMEM

```
begin
 h1 := 2;
 h2 := 1;
 for iter := 1 to R do            { R iterations }
  begin
   p := N div h1;                 { p = 2^(R-r) }
   expon := 0;
   for j := 0 to h2-1 do          { 0...2^(r-1)-1: Treat 1 block }
    begin
     i := j;                      { Index of alpha(n) }
     omega := w^[expon];          { needed omega = w[np] }
     while i<N do                 { For all blocks }
      begin
       k := i+h2;                 { Index of alpha(n+2^(r-1)) }
       if j=0 then z := a^[k]     { Omega = 1 }
       else
        with a^[k] do             { z := omega*alpha(n+2^(r-1)) }
         begin
          z.re := re*omega.re-im*omega.im;
          z.im := re*omega.im+im*omega.re;
         end;
       with a^[i] do              { alpha(n2^(r-1)) = alpha(n)+z }
        begin
         a^[k].re := re-z.re;
         a^[k].im := im-z.im;
        end;
       with a^[i] do              { alpha(n) := alpha(n)+z }
        begin
         re := re+z.re;
         im := im+z.im;
        end;
       i := i+h1;                 { Do the same for next 2 blocks }
      end; { while i }
     expon := expon+p;            { expon = n*p }
    end; { of j }
   h1 := h1 shl 1;                { Next iteration }
   h2 := h2 shl 1;
  end; { of iter }
 for i := 0 to pred(N) do         { alpha -> a }
  with a^[i] do
   begin
    re := re/N;
    im := im/N;
   end;
end; { of transform }

{ MAIN }
begin
```

```
  R := round(ln(N)/ln(2));
  if round(exp(R*ln(2)))<>N then
   begin
    writeln('Number of Datapoints is no power of 2!');
    halt;
   end;

  getmem(a,16*N);                     { Memory for a from HEAP }
  getmem(w,16*N);                     { Memory for w from HEAP }

  arg_norm := 2*pi/n;                 { Tabellate exponential-values }
  for i := 0 to pred(N) do
   with w^[i] do
    begin
     re := cos(arg_norm*i);
     im := -sin(arg_norm*i);
    end; { of w^[i] }

  for i := 0 to pred(N) do            { Initialize a }
   with a^[i] do
    begin
     re := b[i];
     im := 0;
    end;

  REORD;
  TRANSFORM;

  for i := 0 to N div 2 do            { Return powerspektrum P = sqrt(I) }
   with a^[i] do
    b[i] := 2*sqrt(re*re+im*im);

  freemem(w,16*N);                    { Return memory to HEAP }
  freemem(a,16*N);
 end; { of FFT }


 function EVLMEM(var cof_in; fdt: double;    { 0 ... 0.5 }
                 Pol: integer): double;
 { PM = cof[0] ! }

 var cof        : data_field absolute cof_in;
     wr,wi,
     wpr,wpi,
     wr1,
     theta,
     sumi,sumr: double;
     i          : integer;
 begin
  theta := 2*pi*fdt;
  wpr := cos(theta); wpi := sin(theta);
```

8.7.1 Unit FFTMEM

```
   wr := 1; wi := 0; sumr := 1; sumi := 0;
   for i := 1 to Pol do
    begin
     wr1 := wr;
     wr := wr*wpr-wi*wpi;
     wi := wi*wpr+wr1*wpi;
     sumr := sumr-cof[i]*wr;
     sumi := sumi-cof[i]*wi;
    end;
   evlmem := cof[0]/(sqr(sumr)+sqr(sumi));
  end;

procedure MEMCOF(var data_in; N,Pol: integer;
                 var cof_out);
{ PM = cof[0] ! }
var  data  : data_field absolute data_in;
     cof   : data_field absolute cof_out;
     wk1,
     wk2,wkp: ^data_field;
     i,j,k : integer;
     pneum,
     p,denom: double;
begin
 getmem(wk1,(N+2)*8);
 getmem(wk2,(N+2)*8);
 getmem(wkp,(Pol+2)*8);

 p := 0;
 for i := 1 to N do p := p+sqr(data[i]);
 cof[0] := p/n;
 move(data[1],wk1^[1],(N-1)*8);
 move(data[2],wk2^[1],(N-1)*8);
 for k := 1 to Pol do
  begin
   pneum := 0; denom := 0;
   for j := 1 to N-k do
    begin
     pneum := pneum+wk1^[j]*wk2^[j];
     denom := denom+sqr(wk1^[j])+sqr(wk2^[j]);
    end;
   cof[k] := 2*pneum/denom; cof[0] := cof[0]*(1-sqr(cof[k]));
   if k<>1 then
    for i := 1 to k-1 do cof[i] := wkp^[i]-cof[k]*wkp^[k-i];

   if k<Pol then
    begin
     move(cof[1],wkp^[1],k*8);
     for j := 1 to N-k-1 do
```

```
      begin
        wk1^[j] := wk1^[j]-wkp^[k]*wk2^[j];
        i := succ(j);
        wk2^[j] := wk2^[i]-wkp^[k]*wk1^[i];
      end;
    end;
  end; { k }
 freemem(wk1,(N+2)*8);
 freemem(wk2,(N+2)*8);
 freemem(wkp,(Pol+2)*8);
end;
procedure INCR_RES(var d,cof_in; Pol,N_Draw: integer);
var a      : data_field absolute d;
    i      : integer;
    r,r1,
    step,x: double;
begin
 for i := 3 to pred(N_Draw) do
  begin
    if (a[i-2]<a[i-1]) and (a[i-1]>a[i]) then
     begin
      r1 := a[i-1];
      x  := (i-1)/(2*N_Draw);
      step := 1/(20*N_Draw); { 1/10 * 1/(2*N_Draw) }
      repeat
       r := evlmem(cof_in,x+step,Pol);
       if r>r1 then
        begin
         repeat
          x := x+step;
          r1 := r;
          r := evlmem(cof_in,x+step,Pol);
         until r<r1;
        end
       else
        begin
          r := evlmem(cof_in,x-step,Pol);
          if r>r1 then
           repeat
            x := x-step;
            r1 := r;
            r := evlmem(cof_in,x-step,Pol);
           until r<r1;
        end;
       step := step/10;
      until step<=1/200/N_Draw;     { This precision is enough, chan- }
      a[i-1] := r1;                 { ges only in first decimal ! }
```

```
    end;
  end;
end;
end.
```

8.7.2 Fourierreihen

Zunächst zwei Bemerkungen allgemeiner Natur zu den periodischen Funktionen:

a) Jede Funktion $f(t)$ heißt periodisch mit der Periode L, falls für $L > 0$ gilt:

$$f(t + L) = f(t) \tag{8.78}$$

b) Jede periodische Funktion $f(t)$ mit der Periode L läßt sich durch die Transformation

$$t \to t' = \frac{2\pi t}{L} \tag{8.79}$$

in eine Funktion F

$$F(t') = f\left(\frac{Lt'}{2\pi}\right) \tag{8.80}$$

mit der Periode 2π umeichen.

Aus Punkt b) folgt sofort, daß es vollkommen ausreichend ist, nur periodische Funktionen der Periode 2π zu betrachten.

Wir wollen uns jetzt zunächst mit speziellen perodischen Funktionen, den Fourierreihen, beschäftigen. Ausgangspunkt hierzu ist folgendes grundlegendes Theorem:

Theorem 1:

Jedes trigonometrische Polynom $f(t)$ der Ordnung n mit

$$f(t) = \frac{1}{2}a_0 + \sum_{k=1}^{n}(a_k \cos(kt) + b_k \sin(kt)) \tag{8.81}$$

heißt Fourierreihe und läßt sich komplex schreiben als

$$f(t) = \sum_{k=-n}^{n} c_k e^{-\imath k t} \tag{8.82}$$

mit

$$c_0 = \frac{1}{2}a_0 \tag{8.83}$$

und

$$c_k = \frac{1}{2}(a_k - \text{sign}(k)\imath b_k). \tag{8.84}$$

Für den Beweis dieses Theorem geht man von der Eulerschen Formel aus. Nach dieser gilt:

$$\cos(kt) = \frac{1}{2}\left(e^{\imath k t} + e^{-\imath k t}\right) \tag{8.85a}$$

$$\sin(kt) = \frac{1}{2\imath}\left(e^{\imath k t} - e^{-\imath k t}\right) \tag{8.85b}$$

Zusammen mit (8.82) gilt dann für $f(t)$

$$f(t) = \sum_{k=-n}^{n} c_k e^{ikt} = \frac{1}{2}a_0 + \sum_{k=1}^{n} \left(c_k e^{ikt} + c_{-k} e^{-ikt} \right)$$

$$= \frac{1}{2}a_0 + \sum_{k=1}^{n} \left(\frac{1}{2}(a_k - ib_k)e^{ikt} + \frac{1}{2}(a_k + ib_k)e^{-ikt} \right) \quad (8.86)$$

$$= \frac{1}{2}a_0 + \sum_{k=1}^{n} (a_k \cos(kt) + b_k \sin(kt)).$$

Hiermit kann jetzt gezeigt werden, daß sich für jede Fourierreihe der Form (8.82) die Koeffizienten c_k eindeutig bestimmen lassen.

Theorem 2:
Für jedes $f(t)$ der Form (8.82) gilt:

$$c_m = \int_0^{2\pi} \frac{f(t)}{2\pi} e^{-imt} dt. \quad (8.87)$$

Zum Beweis nimmt man an, daß k ein ganzzahliger Wert sei. Dann gilt für e^{ikt}:

$$\int_0^{2\pi} e^{ikt} dt = \left[-\frac{i}{k} e^{ikt} \right]_0^{2\pi} = 0; \quad \text{für } k \neq 0 \quad (8.88a)$$

$$\int_0^{2\pi} e^{ikt} dt = \int_0^{2\pi} dt = 2\pi; \quad \text{für } k = 0 \quad (8.88b)$$

Damit gilt aber

$$\int_0^{2\pi} f(t) e^{imt} dt = \int_0^{2\pi} \sum_{k=-n}^{n} c_k e^{i(k-m)t} dt = \begin{cases} 0 & \text{für } m \neq k \\ c_m & \text{für } m = k \end{cases} \quad (8.89)$$

Die Aussagen von Theorem 1 und 2 lassen sich jetzt verallgemeinern:
Sei $f(t)$ eine in $[0, 2\pi]$ periodische, integrierbare Funktion. Dann läßt sich zeigen (BRO83), daß die Fourierreihe

$$S_n(t) = \sum_{k=-n}^{n} c_k e^{ikt} \quad (8.90)$$

mit den Fourierkoeffizienten

$$c_k = \int_0^{2\pi} \frac{f(t)}{2\pi} e^{-ikt} dt \quad (8.91)$$

im quadratischen Mittel gegen $f(t)$ konvergiert, d.h. es gilt:

$$\lim_{n \to \infty} \int \left(f(t) - S_n(t) \right)^2 dt = 0 \quad (8.92)$$

8.7.3 Diskrete Fouriertransformationen

Die reellen Fourierkoeffizienten a_k, b_k erhält man aus den komplexen Koeffizienten c_k durch die Rücktransformation der Gleichungen (8.83). In den meisten praktischen Anwendungen interessieren diese Koeffizienten jedoch gar nicht; relevant ist die Intensität $I_k = \|c_k\|^2$ der Frequenz $\omega = k \times 2\pi$ oder die Amplitide $A_k = \sqrt{I_k}$.

In der Praxis hat man nun in der Regel keine Funktion $f(t)$ vorliegen, sondern nur eine feste Anzahl von Meßwerten $f(t_i)$. Das Verfahren, aus diesen Werten die Koeffizienten c_k zu bestimmen, bezeichnet man als harmonische Analyse oder auch als diskrete Fouriertransformation.

8.7.3 Diskrete Fouriertransformationen

Betrachtet sei eine Funktion $x(t)$ mit der Periode N, wobei N eine ganze Zahl sei (FLA 84). Die Fourierentwicklung von $x(t)$ lautet dann:

$$x(t) \approx \sum_{n=-\infty}^{\infty} c_n \exp\left(i\frac{2\pi t}{N}\right) \qquad (8.93)$$

Wir nehmen weiterhin an, t sei nur für ganzzahlige Werte t_m von t bekannt. Um zu einer kompakten Schreibweise zu gelangen, führt man folgende Abkürzungen ein:

$$\omega = \exp\left(i\frac{2\pi}{N}\right) \qquad (8.94)$$

$$x_m = x(t_m) \qquad (8.95)$$

$$n = qN + r \quad \text{mit } q = n \text{ div } N \text{ und } r = n \bmod N \qquad (8.96)$$

Aufgrund der Periodizität von $x(t)$ enthalten nur die Werte $x_0, x_1, \ldots, x_{N-1}$ Information. Damit gilt für die Fourierentwicklung (8.93):

$$x_m = \sum_{n=-\infty}^{\infty} c_n \omega^{mn} \qquad (8.97)$$

Nutzt man jetzt die Periodizität der komplexen Exponentialfunktion und Gleichung (8.96) aus, so gilt für ω^{mn}

$$\omega^{mn} = \omega^{m(qN+r)} = \omega^{m(qN)} \omega^{mr} = \omega^{mr} \qquad (8.98)$$

und damit für (8.97)

$$x_m = \sum_{r=0}^{N-1} \sum_{q=-\infty}^{\infty} c_{qN+r} \omega^{mr}. \qquad (8.99)$$

Da sich die zweite Summation nur auf die c_n bezieht, kann dies noch weiter vereinfacht werden und man erhält

$$x_m = \sum_{r=0}^{N-1} a_r \omega^{mr}; \qquad a_r = \sum_{q=-\infty}^{\infty} c_{qN+r} \qquad (8.100)$$

oder, in vektorieller Form geschrieben:

$$\vec{x} = \Omega \vec{a} \tag{8.101}$$

mit

$$\vec{x} = \begin{pmatrix} x_0 \\ \vdots \\ x_{N-1} \end{pmatrix}, \quad \vec{a} = \begin{pmatrix} a_0 \\ \vdots \\ a_{N-1} \end{pmatrix}, \quad \Omega_{mr} = \omega^{mr}$$

Die Koeffizienten a_r bezeichnet man als die diskrete Fouriertransformation (DFT) der x_m. Die Fourierentwicklung ist somit eine lineare Abbildung aus dem Frequenzraum (ω) in den Ortsraum (x). $\vec{x}$ und $\vec{a}$ sind die Koordinatenvektoren in den jeweiligen Räumen und beide Darstellungen somit gleichberechtigt. Anhand von Gleichung (8.101) kann man also von der Darstellung im Ortsraum zu einer äquivalenten Darstellung im Frequenzraum übergehen.

Um $\vec{a}$ zu bestimmen, muß das lineare System (8.101) gelöst werden. Dies geschieht formal durch

$$\Omega^{-1}\vec{x} = \vec{a}. \tag{8.102}$$

Die inverse Matrix Ω^{-1} zu Ω ist dabei, wie wir gleich sehen werden, gegeben durch

$$\Omega^{-1}_{ij} = \frac{1}{N}\omega^{-ij} \tag{8.103}$$

Um diese Eigenschaft zu zeigen, geht man zweckmäßigerweise von der elementaren Gleichung $\Omega^{-1}\Omega = \mathbf{1}$ aus. Multipliziert man Ω mit der Matrix aus Gleichung (8.103), so ergibt sich für die Produktmatrix P

$$P_{ik} = \frac{1}{N}\sum_{j=0}^{N-1} \omega^{(-i)j}\omega^{kj} = \frac{1}{N}\sum_{j=0}^{N-1} \omega^{(k-i)j} \tag{8.104}$$

Das ist aber gerade eine geometrische Reihe. Somit gilt für $k \neq i$:

$$\sum_{j=0}^{N-1} \omega^{(k-i)j} = \frac{1-\omega^{(k-i)N}}{1-\omega^{k-i}} = 0 \tag{8.105}$$

da $\omega^N = 1$.
Ist $k = i$, so gilt $\omega^{(k-i)j} = 1$ und damit $P_{ik} = 1$. Zusammen mit (8.105) gilt also $P_{ij} = \delta_{ij}$. Damit ist P identisch mit der Einheitsmatrix $\mathbf{1}$.
Man bezeichnet $\vec{a}$ als die diskrete Fouriertransformierte von $\vec{x}$. $\| a_k \|$ ist die Amplitude der Frequenz $2\pi k/N$.
Die a_k weisen folgende Symmetrie auf:

$$a_k = a^*_{N-k} \tag{8.106}$$

Die Ursache hierfür liegt bei den Elementen der Matrix Ω. Es gilt ja:

$$\omega^{(N-j)k} = \omega^{Nk}\omega^{-jk} = \omega^{-jk} = \omega^{jk*} \tag{8.107}$$

8.7.4 Die schnelle Fouriertransformation FFT

Dies führt dazu, daß man nur jeweils die erste Hälfte der a_k betrachten muß. Die zweite Hälfte enthält lediglich symmetrische Informationen.

Eine Analyse der Fouriertransformation in der geschilderten Form führt zu folgendem Ergebnis: Für die Berechnung von ω^{mr} wird je ein Sinus und ein Kosinus benötigt. Bei N Summanden benötigt man also je berechnetem a_k $2N^2$ Multiplikationen. Dies führt bei großen N zu enormen Rechenzeiten. Für den praktischen Einsatz verwendet man deshalb ein schnelleres Verfahren, die sogenannte schnelle Fouriertransformation (FFT). Mit ihrer Hilfe läßt sich die Anzahl der erforderlichen Multiplikationen auf die Größenordnung $N \log_2 N$ reduzieren (STO83, FLA84).

Der Unterschied in der benötigten Rechenzeit wird deutlich, wenn man die relative Rechenzeiterhöhung bei einer Verdopplung der vorhandenen Punkte betrachtet: Für große Werte von N geht das Verhältnis für den FFT asymptotisch gegen 2, während es bei der diskreten Fouriertransformation konstant 4 bleibt. Eine genaue Rechenzeitanalyse ergibt, daß die schnelle Fouriertransformation bereits bei 2 Punkten schneller als die diskrete Fourieranalyse ist.

8.7.4 Die schnelle Fouriertransformation FFT

Im folgenden gelte

$$N = 2K \tag{8.108}$$

$$\gamma = \exp\left(\frac{i2\pi}{K}\right) \tag{8.109}$$

und somit also $\gamma = \omega^2$.

Es sollen nun aus den Punkten x_i im Ortsraum die Punkte a_n im Frequenzraum ermittelt werden. Anstelle der a_n führen wir die Hilfsvariable

$$\alpha_n = N a_n \tag{8.110}$$

ein. Für die Fouriertransformation gilt dann:

$$\alpha_n = \sum_{m=0}^{N-1} x_m \omega^{-mn} \tag{8.111}$$

Diese Summe läßt sich in zwei Einzelsummen, eine mit geraden Indizes $m = 2k$, und eine mit ungeraden Indizes $m = 2k+1$ unterteilen.

$$\begin{aligned}
\alpha_n &= \sum_{k=0}^{N-1} x_m \omega^{-mn} = \sum_{k=0}^{K-1} x_{2k} \omega^{-2nk} + \sum_{k=0}^{K-1} x_{2k+1} \omega^{-n(2k+1)} \\
&= \sum_{k=0}^{K-1} x_{2k} \gamma^{-nk} + \sum_{k=0}^{K-1} x_{2k+1} \gamma^{-nk}
\end{aligned} \tag{8.112}$$

Die erste Summe

$$y_n = \sum_{k=0}^{K-1} x_{2k} \gamma^{-nk} \tag{8.113}$$

ist eine Transformation von $(x_0, x_2, \ldots, x_{N-2})$.

Eine explizite Berechnung der Transformation für $K \leq n \leq N-1$ ist wegen $\gamma^K = 1$ nicht mehr notwendig, denn es gilt die Verschiebungsrelation

$$y_{K+i} = y_i \quad ; 0 \leq i \leq K-1 \tag{8.114}$$

Analog gilt für die Summe

$$z_n = \sum_{k=0}^{K-1} x_{2k+1} \gamma^{-nk}, \tag{8.115}$$

die eine Transformation der Punkte $(x_1, x_3, \ldots, x_{N-1})$ darstellt, die Verschiebungsrelation

$$z_{K+i} = z_i; \quad 0 \leq i \leq K-1 \tag{8.116}$$

Damit fällt bereits die Hälfte der auszuführenden Multiplikationen weg. Diese Zahl läßt sich nochmals halbieren, wenn sich K als $K = 2K'$ schreiben läßt, da man dann die Aufspaltung für jede der beiden Summen wiederholen kann. Dies führt zu der Bedingung:

$$N = 2^K \tag{8.117}$$

In diesem Fall kann die Aufspaltung so oft wiederholt werden, bis letztendlich nur mehr die Werte y_0 und z_0 übrigbleiben.

Weiterhin gilt noch

$$\omega^{-(n+K)} = -\omega^{-n} \tag{8.118}$$

und somit

$$a_n = y_n + \omega^{-n} z_n \tag{8.119a}$$

$$a_{n+K} = y_{n+K} - \omega^{-n} z_{n+K} \tag{8.119b}$$

Zur Berechnung der Summen y_n und z_n werden jeweils nur gerade bzw. nur ungerade Indizes benötigt. Man ordnet deshalb die Werte x_n so um, daß die geraden Indizes zuerst stehen und dann die ungeraden Indizes folgen.

Um zu sehen, wie dieses Umsortieren in der Praxis aussieht, betrachten wir ein Beispiel: Es sollen die Indizes für die Ordnung N=8 so umsortiert werden, wie sie für den Algorithmus benötigt werden.

Das Ausgangsproblem wird durch einmaliges Umordnen in 2 Teilprobleme y und z der Länge 4 aufgespalten. Wiederholt man das Verfahren für jeden der beiden Blöcke, so ergeben sich 4 Teilprobleme der Blocklänge 2. Die beiden Elemente eines solchen Blocks sind dann die gesuchten y_0 und z_0. Insgesamt erhält man also 4 Paare (y_0, z_0).

Die gesamte Umordnung kann auch direkt gelöst werden. Wir betrachten dazu die Reihenfolge der Indizes jeweils vor und nach dem Sortierprozess.

Vorher		Nachher	
Dezimal	Binär	Dezimal	Binär
0	000	0	000
1	001	4	100
2	010	2	010
3	011	6	110
4	100	1	001
5	101	5	101
6	110	3	011
7	111	7	111

8.7.4 Die schnelle Fouriertransformation FFT

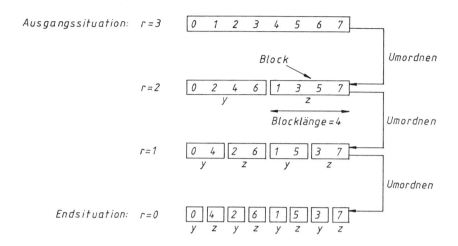

Bild 8-5 *Stufenweises Umordnen*

Daraus läßt sich erkennen, daß man die Position nach dem Umordnen durch Umkehr der Bitfolge erhält. Ausschlaggebend für die Zahl der benötigten Bits ist dabei $R = \text{ld } N$. Für die Formulierung des eigentlichen Transformationsalgorithmus führt man folgende Notation ein:

$$N = 2^R \tag{8.120a}$$

$$\omega_M = \exp\left(\frac{i\pi}{M}\right) \tag{8.120b}$$

Das Ausgangsproblem kann nach erfolgter Umsortierung in R Iterationsschritten gelöst werden. Den Algorithmus erhält man, indem man sich die Transformation vom $(R-1)$-ten zum R-ten Iterationsschritt überlegt. Das Ausgangsproblem ist ein Block der Länge 2^R, der sich in zwei Blöcke der Länge 2^{R-1} unterteilen läßt. Gemäß Bild 8-6 gilt:

$$a_n = y_n + \omega_R^{-n} z_n \tag{8.121}$$

$$a_{n+2^{R-1}} = y_n - \omega_R^{-n} z_n \tag{8.122}$$

für $0 \leq n \leq 2^{R-1} - 1$.

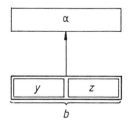

Bild 8-6

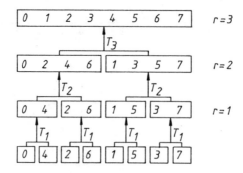

Bild 8-7 Schema der Fouriertransformation für $n=8$

Die zwei Blöcke y und z ergeben zusammengesetzt einen Block der Länge, wie er für den Block α benötigt wird. Bezeichnet man den Block, den ein y und ein z jeweils zusammen bilden, mit b, so gilt für die b_i ($0 \leq i \leq N-1$):

$$b_n = y_n \qquad (8.123a)$$
$$b_{n+2^{R-1}} = z_n \qquad (8.123b)$$

Die Gleichungen für die α_i lassen sich dann folgendermaßen schreiben:

$$\alpha_n = b_n + \omega_R^{-n} b_{n+2^{R-1}} \qquad (8.124a)$$
$$\alpha_{n+2^{R-1}} = b_n - \omega_R^{-n} b_{n+2^{R-1}} \qquad (8.124b)$$

Durch die Gleichungen (8.123) und (8.124) ist somit eine Abbildungsvorschrift definiert, die die b_i auf die α_i abbildet. Für die α_i muß kein neues Feld geschaffen werden, da sie die Plätze der b_n einnehmen können. Damit erhält man die in R rekursive Gleichung:

$$\alpha_n = \alpha_n + \omega_R^{-n} \alpha_{n+2^{R-1}} \qquad (8.125a)$$
$$\alpha_{n+2^{R-1}} = \alpha_n - \omega_R^{-n} \alpha_{n+2^{R-1}} \qquad (8.125b)$$

Im vorhergehenden Schritt, dem $(R-1)$-ten Iterationsschritt, gilt demnach

$$\alpha_n = \alpha_n + \omega_{R-1}^{-n} \alpha_{n+2^{R-2}} \qquad (8.126a)$$
$$\alpha_{n+2^{R-2}} = \alpha_n - \omega_{R-1}^{-n} \alpha_{n+2^{R-2}} \qquad (8.126b)$$

Die Vorschrift gilt nun jeweils für 2 separate Blöcke der Länge 2^{R-1}, nämlich die Blöcke y und z aus den Gleichungen (8.121) und (8.122). Geht man in derselben Weise die Iterationsschritte rückwärts, so erhält man schließlich

$$\alpha_0 = \alpha_0 + \alpha_1 = y_0 + z_0 \qquad (8.127a)$$
$$\alpha_1 = \alpha_0 - \alpha_1 = y_0 - z_0 \qquad (8.127b)$$

wobei diese Vorschrift nun für 2^{R-1} Blöcke gilt. Dabei werden als Startwerte y_0 und z_0 die umgeordneten Werte x_n verwendet. In unserem Beispiel mit $n=8$ stellt sich das gesamte Verfahren schematisch dann wie in Bild 8-7 schematisiert dar.

8.7.6 Wichtung von Fourierdatensätzen

Damit kommen wir zu der endgültigen Iterationstransformation T_r:

$$\alpha_n = \alpha_n + \omega_r^{-n}\alpha_{n+2^{r-1}} \qquad (8.128a)$$

$$\alpha_{n+2^{r-1}} = \alpha_n - \omega_r^{-n}\alpha_{n+2^{r-1}} \qquad (8.128b)$$

wobei der Iterationsindex r zwischen den Werten 1 und R läuft und n der Ungleichung $0 \leq n \leq 2^{r-1} - 1$ genügen muß.

Beim r-ten Iterationsschritt kann die für die Berechnung der Transformation benötigte Größe ω_r^{-n} für 2^{R-r+1} gleichartige Transformationen verwendet werden, ohne dabei jedesmal neu berechnet zu werden. Weiterhin gilt:

$$\omega_n = \omega_{n+1}^2 \qquad (8.129)$$

d.h. Sinus und Kosinus treten nur in der Form $\cos(2\pi J/N)$ und $\sin(2\pi J/N)$, $0 \leq J \leq N - 1$ auf. Um Rechenzeit zu sparen, ist es daher sinnvoll, diese vor dem eigentlichen Iterationsbeginn geschlossen zu berechnen und zu tabellieren. ω_r^n erhält man aus diesen Werten gemäß der Gleichung:

$$\omega_r^n = \exp\left(\frac{i2\pi n}{2^r}\right) = \exp\left(\frac{i2\pi n}{2^R}(2^{R-r})\right) \qquad (8.130)$$

Liegt ω_N^J in der Form $\omega[J] = \exp(i2\pi J/2^R)$ vor, so ist

$$\omega_r^n = \omega[np] \qquad (8.131)$$

mit $p = 2^{R-r}$.

8.7.5 Die Funktion FFT

Der gerade besprochene Algorithmus ist in der Funktion FFT verwirklicht. Die Originaldaten werden mit Hilfe einer Pointervariable d an die Funktion übergeben (siehe Turbo Pascal Handbuch). Es wird dabei erwartet, daß für diese ein 8087-Double-Feld der Größe N, das die zu analysierenden Daten enthält, übergeben wird, wobei N eine Potenz von 2 sein muß.

Die eigentliche Fouriertransformation findet in den Unterprozeduren REORD und TRANSFORM statt. REORD übernimmt dabei die Umordnung der Ausgangsdaten, TRANSFORM die Transformations-Iterationen. Die Ergebnisse werden als Amplitudenspektrum $A(\omega) = \sqrt{I(\omega)}$ in der ersten Hälfte des durch d definierten Datenfeldes zurückgegeben, wobei die Originaldaten verloren gehen.

8.7.6 Wichtung von Fourierdatensätzen

Das Problem der Sidelobes wurde bereits bei der Behandlung der Kaiser-Bessel-Funktion angesprochen. Es tritt bei diskreten Fouriertransformationen praktisch immer auf, da für alle Punkte, die außerhalb des Zeitintervalls liegen, in dem sich die zu analysierenden Daten befinden, implizit angenommen wird, daß diese Null sind. Die entstehenden Randdiskontinuitäten an den Unter- und Obergrenzen des Datenintervalls führen dann zur Entstehung der Sidelobes. Die Höhe der Sidelobes kann in

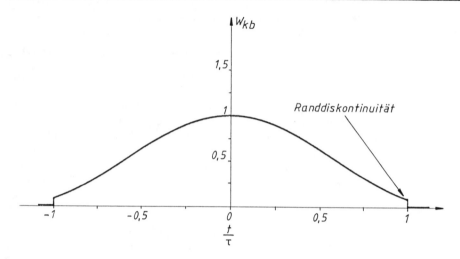

Bild 8-8 *Die Kaiser-Bessel-Funktion mit dem Wichtungsparameter 4*

der Regel (wenn die Daten nicht zu sehr verrauscht sind) drastisch reduziert werden, wenn man die Daten mit einer geeigneten Funktion wichtet.

Es hat sich gezeigt (KAI66, SPE76), daß die Kaiser-Bessel-Wichtung mit dem Wichtungsfaktor 4 den besten Kompromiß zwischen Sidelobeunterdrückung und Linienverbreiterung darstellt. Letzteres ist eine direkte Folge der Wichtung. Aufgabe der Wichtung ist es dabei in erster Linie, die Daten an den Rändern des Intervalls kontinuierlich durch die Multiplikation mit einem Faktor $w(t) < 1$ auf Null zu drücken, um den Sprung an den Rändern des Intervall so klein wie möglich zu machen. Dabei wird die Rechtecks-Pulsfunktion

$$w(t) = \theta(t)\theta(T-t) = \begin{cases} 1 & \text{für } 0 \leq t \leq T \\ 0 & \text{sonst} \end{cases}, \tag{8.132}$$

die die Wichtung für den Fall beschreibt, daß nur die ungewichteten Rohdaten verwendet werden, durch die kontinuierlichere Funktion $w_{KB}(t - T/2, p)$ ersetzt.

Um die Wirkung der Wichtungsfunktion $w(t)$ besser zu verstehen, betrachten wir zunächst eine reine Schwingung $e^{i\omega_0 t}$, die im Intervall $[-T/2, T/2]$ definiert ist. Alle Punkte außerhalb des Intervalls sollen definitionsgemäß mit Null identisch sein. Für die Wichtungsfunktion $w(t)$ sollen die folgenden Annahmen gelten:

$$w(-t) = w(t) \qquad w(0) = 1 \qquad w(|t| > \frac{T}{2}) = 0$$

Die Fouriertransformierte $W(\omega)$ von $w(t)$ ist dann gegeben durch

$$W(\omega) = \frac{1}{2\pi} \int_{-T/2}^{T/2} w(t) e^{-i\omega t} dt. \tag{8.133}$$

Berechnet man jetzt die Fouriertransformierte $\mathcal{F}(\omega)$ der gewichteten Schwingung $w(t)e^{i\omega_0 t}$, so ergibt sich

$$\mathcal{F}(\omega) = \int_{-T/2}^{T/2} w(t) e^{i\omega_0 t} e^{-i\omega t} dt = \int_{-T/2}^{T/2} w(t) e^{-i(\omega - \omega_0)t} dt = W(\omega - \omega_0) \tag{8.134}$$

8.7.6 Wichtung von Fourierdatensätzen

Das ist ein bemerkenswertes Ergebnis: Anstelle eines δ-förmigen Peaks an der Stelle ω_0, tritt im Frequenzspektrum das Fourierbild $W(\omega)$ der Wichtungsfunktion $w(t)$ auf. Für das Aussehen eines Peaks im Fourierbild, und damit auch für die Frequenzauflösung, ist in erster Linie das Fourierbild der Wichtungsfunktion ausschlaggebend.

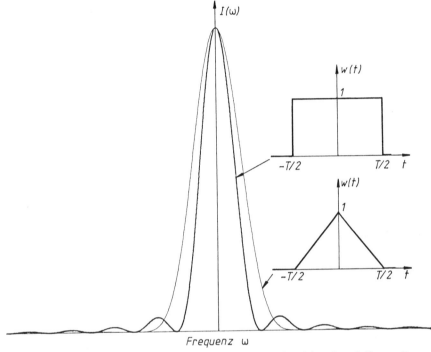

Bild 8-9 Intensitätsbild $I(\omega)$ im Fall keiner Wichtung (Rechteck-Puls) und im Fall einer Dreieckswichtung für $T=1$

Für den Fall der Wichtungsfunktion (8.132) (obere Wichtungsfunktion in Bild 8-9) ergibt die Fouriertransformierte $W(\omega)$

$$W(\omega) = \frac{1}{2\pi} \int_{-T/2}^{T/2} e^{i\omega t} = \frac{2}{\pi} \frac{\sin \frac{\omega T}{2}}{\frac{\omega}{2}} \qquad (8.135)$$

und für die Intensität $I(\omega) = |W(\omega)|^2$ gilt somit

$$I(\omega) \sim \left(\frac{\sin \frac{\omega T}{2}}{\frac{\omega}{2}} \right)^2 \qquad (8.136)$$

Nimmt man dagegen eine tatsächliche Wichtung in Form eines Dreiecks

$$w(t) = 1 - \frac{2|t|}{T} \qquad (8.137)$$

vor, so ergibt sich für $I(\omega)$:

$$I(\omega) \sim \left(\frac{\sin \frac{\omega T}{4}}{\frac{\omega}{2}} \right)^4 \qquad (8.138)$$

(Sowohl in (8.136) als auch in (8.138) wurde die funktionale Abhängigkeit von $I(\omega)$ so normiert, daß diese für $\omega \to 0$ gegen 1 geht.)

An (8.136) und (8.137) sind zwei relativ allgemeingültige Konsequenzen erkennbar: *In der Regel* führt eine an den Rändern des Intervalls gegen Null gehende Wichtungsfunktion zu einer drastischen Dämpfung der Sidelobes, gleichzeitig aber *immer* auch zu einer Verbreiterung des Peaks. Eine gute Sidelobe-Unterdrückung in Kombination mit einer akzeptablen Maximumsverbreiterung ergibt sich immer dann, wenn die Wichtungsfunktion im gesamten Intervall differenzierbar ist, und an den Rändern mit möglichst geringer Steigung endet. Die in diesem Zusammenhang derzeit beste Wichtungsfunktion ist die Kaiser-Bessel-Funktion. Sie ergibt mit dem Wichtungsparameter $p = 4$ eine optimale Sidelobe-Unterdrückung bei gleichzeitiger minimaler Peakverbreiterung.

8.7.7 Zero Padding

Ein Problem, das in unmittelbarem Zusammenhang mit dem FFT steht, ist das sogenannte *Zero-Padding* (KAY81). Darunter versteht man allgemein das Auffüllen eines Datensatzes x_n mit Nullen.

Die bei einem Datensatz von N Punkten $x_0, \ldots, x_{N-1}$ mögliche Frequenzauflösung bei DFT und FFT ist gerade

$$\Delta \omega = \omega_\nu = \frac{1}{N \Delta t}, \tag{8.139}$$

die sogenannte Nyquist-Frequenz. Verdoppelt man jetzt den Datensatz von N auf $2N$, indem man die restlichen Datenpunkte $x_N, \ldots, x_{2N-1}$ mit Nullen auffüllt, so stellt sich die Frage, ob man damit, da die Nyquist-Frequenz auf die Hälfte des alten Wertes sinkt, auch eine doppelt so gute Frequenzauflösung erzielen kann. Die Antwort auf diese Frage ist, wie wir gleich sehen werden, *Nein*.

Die Fourierkoeffizienten a_n werden beim DFT bei N Datenpunkten gemäß

$$a_n = \sum_{m=0}^{N-1} x_m \exp\left(-i \frac{2\pi m n}{N}\right) \tag{8.140}$$

bestimmt.

Verdoppelt man jetzt die Anzahl der Datenpunkte durch *Zero-Padding*, so gilt

$$\widehat{a}_n = \sum_{m=0}^{2N-1} x_m \exp\left(-i \frac{2\pi m n}{N}\right) \stackrel{!}{=} \sum_{m=0}^{N-1} x_m \exp\left(-i 2\pi \frac{m}{2} \frac{n}{N}\right) \tag{8.141}$$

Man erhält also genau dieselben Punkte a_n wie in (8.140), nur daß jetzt noch zwischen zwei Punkten ein zusätzlicher Punkt berechnet wird. Man erzielt also bestenfalls eine Glättung des Frequenzbildes, kann aber keinerlei neue Informationen gewinnen. Insbesondere kann die Frequenzauflösung damit nicht verbessert werden. Das Zero-Padding ist aber trotzdem nicht ganz unsinnig: Es kann vorkommen, daß zwei Peaks im Spektrum gerade bei zwei aufeinanderfolgenden Stützpunkten a_n und a_{n+1} auftreten. In diesem Fall ist es anhand des gezeichneten Spektrums nicht möglich, beide Peaks als getrennte Peaks zu identifizieren. Dies ist aber in der Regel dann möglich, wenn man durch Zero-Padding zwischen den beiden Stützpunkten noch einen weiteren berechnet. Diese Situation tritt aber aus einem einfachen Grund nur sehr selten auf: Damit das Zero-Padding zu einer Verbesserung des Bildes führen kann, müssen soviele tatsächliche Datenpunkte vorhanden sein, daß die durch die Wichtung entstehende endliche Breite des Peaks wesentlich kleiner als die Nyquist-Frequenz wird. (8.136) und (8.138) zeigen, daß das nur bei extrem großen T der Fall sein wird. Da in der Regel keine derartig großen Datensätze zur Verfügung stehen, hat das Zero-Padding mehr akademische als praktische Bedeutung.

8.7.8 Harmonische „Least-Squares Fits"

Im nächsten Abschnitt sowie in Kapitel 9 wird eine andere Methode beschrieben werden, nach der sich Schätzungen über die Frequenzverteilung in einem endlichen Datensatz $x_0,\ldots,x_{N-1}$ gewinnen lassen. Der DFT und der FFT treffen beide, wie bereits früher erwähnt, die implizite Annahme, daß unbeobachtete Daten oder Daten außerhalb des beobachteten Zeitintervalls Null sind. Diese Annahme ist unrealistisch und schlägt sich in einer Spektralverschmierung durch Linienverbreiterung und Sidelobes nieder. Wesentlich bessere Resultate lassen sich erzielen, wenn *a priori* Informationen über den Entstehungsprozeß der Daten mit verwendet werden können. Ein einfaches Beispiel wäre folgendes: Es sei bekannt, daß es sich bei den auftretenden Schwingungen nur um Kosinus-Terme handeln kann. In diesem Fall können alle Datenpunkte an $t = 0$ gespiegelt und damit die Frequenzauflösung praktisch auf das Doppelte gesteigert werden.

Anhand der bekannten Informationen kann unter Umständen auch ein bestimmtes Modell, das die Daten reproduziert, ausgewählt werden. In diesem Fall ist dann eine bessere Spektralanalyse möglich, da nur noch die einzelnen Parameter des Modells mit Hilfe eines Fits an die vorhandenen Daten angepaßt werden müssen (Kapitel 9).

Für den Fall, daß als Modellfunktion gerade eine Fourierreihe der Form (8.100) gewählt wird, kann leicht gezeigt werden (KAY81,BLO76), daß die mit dem DFT erhaltenen Schätzungen der Parameter a_n mit den aus dem Fit resultierenden Parametern $\tilde{a}_n$ identisch sind, solange es sich um einen ungewichteten Fit handelt. (Der Ausdruck „gewichtet" bezieht sich beim Fit auf die Berücksichtigung der Fehler der einzelnen Datenpunkte und nicht auf die Multiplikation mit einer Wichtungsfunktion zur Reduktion der Sidelobes.)

Der Vorteil des Daten-Modellierens liegt, wie im nächsten Abschnitt deutlich werden wird, darin, daß ein Wichten wie bei DFT und FFT überflüssig ist.

8.8 Frequenzanalyse mittels MEM

Wie bereits im letzten Abschnitt angesprochen, gibt es eine Reihe von Gründen, warum die Fouriertransformation unter Umständen nicht die beste Methode für eine Spektralanalyse ist. Eine andere Betrachtungsweise ist immer dann vorzuziehen, wenn es sich bei der Funktion $x(t)$ nicht um eine deterministische Wellenform definierter Energie handelt, sondern um einen stationären stochastischen Prozeß. Dies gilt insbesondere auch dann, wenn eine deterministische Wellenform in ein der Einfachheit halber weißes Rauschen eingebettet ist.

Neben diesen existieren auch noch rein mathematische Gründe, die ein Abweichen vom Weg der Fouriertransformation sinnvoll erscheinen lassen. Die FFT kann beispielsweise (bis auf die Normierungskonstante) in der Form

$$I(\omega) = \left| \sum_{k=-N/2}^{N/2-1} a_k z^k \right|^2 \qquad (8.142)$$

geschrieben werden, mit $z = e^{-i\omega_r t}$.

Das ist aber, wie im vorigen Abschnitt gezeigt (vgl. (8.100)(PRE86)), eigentlich nur eine *Schätzung* des tatsächlichen Intensitätsspektrums, die sich aus der Beobachtung eines endlichen Zeitabschnitts ergibt. Für die Punkte außerhalb des Beobachtungsintervalls wird, wie gesagt, implizit angenommen, daß diese Null sind. Diese Annahme ist in der Regel unrichtig, und die endliche Laurentreihe (8.142) ist eigentlich nur eine Approximation eines Spektrums, das durch eine unendliche Laurentreihe

$$I(\omega) = \left| \sum_{k=-\infty}^{\infty} a_k z^k \right|^2 \qquad (8.143)$$

gegeben ist (vgl. (8.93)). Die Fourierreihe ist lediglich ein Polynom und läßt nur Nullstellen, aber keine Pole in der komplexen z-Ebene zu. Dementsprechend müssen letztere, falls sie im Spektrum auftreten sollten, durch das Fourier-Polynom entsprechend schlecht approximiert werden. Es steht somit zu erwarten, daß sich eine bessere Intensitätsschätzung ergibt, wenn (8.143) durch eine rationale Funktion in z approximiert wird und somit auch Pole in der z-Ebene zuläßt. Tatsächlich hat es sich gezeigt, daß es bereits ausreicht, eine rationale Funktion zu verwenden, deren freie Parameter alle im Nenner liegen. In diesem Fall dürfen dann Pole, die jetzt „gefittet" werden können, im Spektrum auftreten. Dies hat dieser Methode, im Gegensatz zur Fouriermethode, die zu den sogenannten *All-Zero-* oder *Moving-Average*-Modellen gehört, auch den Namen *All-Poles*-Methode eingetragen. In der Literatur läuft sie für gewöhnlich jedoch meistens unter der Sammelbezeichnung *Maximum-Entropy Methode*. Diese stellt letztlich eigentlich eine Extrapolation des sogenannten *Autoregressiven Modells* (AR) dar, mit dem sie unter bestimmten Bedingungen übereinstimmt. Häufig wird sie aber auch fälschlicherweise mit diesem identifiziert.

Um diese Methode näher zu untersuchen, machen wir zunächst einen Ausflug in die Theorie der Korrelationsfunktionen und der linearen Filter.

8.8.1 Korrelationsfunktion und Spektralanalyse

Man bezeichnet (BRO83)

$$(g * h)(t) = \int_{-\infty}^{\infty} g(\tau)h(t-\tau)d\tau \qquad (8.144)$$

als das Faltungsprodukt der Funktionen g und h. Für die Fouriertransformation dieses Produkts gilt das sogenannte Faltungstheorem

$$\frac{1}{2\pi} \int_{-\infty}^{\infty} (g * h)(t) e^{-i\omega t} dt = G(\omega) H(\omega) \qquad (8.145)$$

8.8.1 Korrelationsfunktion und Spektralanalyse

Dreht man das Vorzeichen von τ in (8.144) um und vertauscht gleichzeitig noch die Argumente von g und h, so erhält man eine Funktion, die unter der Bezeichnung Korrelationsfunktion läuft.

$$R_{gh}(t) = \int_{-\infty}^{\infty} g(t+\tau)h(\tau)d\tau \qquad (8.146)$$

Für sie gilt analog zu Gleichung (8.145) das sogenannte Korrelationstheorem (PRE86)

$$\frac{1}{2\pi} \int_{-\infty}^{\infty} R_{gh}(t)e^{-i\omega t}dt = G(\omega)H^*(\omega). \qquad (8.147)$$

Für den Spezialfall $g = h$ ergibt sich die Autokorrelationsfunktion $R_{gg}(t)$. Diese, so kann bewiesen werden, erfüllt das Wiener-Chintchin-Theorem (REI85, KAY81, PRE85)

$$\frac{1}{2\pi} \int_{-\infty}^{\infty} R_{gg}(t)e^{-i\omega t}dt = |G(\omega)|^2. \qquad (8.148)$$

Dieses Theorem ist der Ausgangspunkt für eine Frequenzanalyse vom stochastischen Standpunkt aus. Wenn $x(t)$ eine stochastische Funktion im Zeit-Raum ist, so definiert man die *stochastische* Autokorrelationsfunktion $R_{xx}(\tau)$ gemäß (KAY81)

$$R_{xx}(\tau) = <x(t+\tau)x^*(t)>_t. \qquad (8.149)$$

Dabei bezeichnen die Klammern $<\cdots>_t$ den Erwartungswert-Operator bezüglich einer Mittelung über t. $R_{xx}(\tau)$ stellt eine Beziehung zwischen dem Wert her, den x zum Zeitpunkt t annimmt, und dem Wert, den es einer Zeitspanne τ später im Mittel annimmt. Für das stochastische $R_{xx}(\tau)$ gilt das Wiener-Chintchin-Theorem dann in der Form

$$I(\omega) = \int_{-\infty}^{\infty} R_{xx}(\tau)e^{-i\omega\tau}d\tau. \qquad (8.150)$$

Man beachte, daß die Aussage des Wiener-Chintchin-Theorems hier wesentlich präziser ist als in der Formulierung (8.148). Sie identifiziert die Fouriertransformierte der stochastischen Autokorrelationsfunktion mit dem Intensitätsspektrum des stochastischen Prozesses. Anhand des Wiener-Chintchin-Theorems kann somit im Prinzip das Spektrum einer jeden stochastischen Funktion $x(t)$ bestimmt werden. Das Problem ist allerdings, daß in der Regel $R_{xx}(\tau)$ nicht bekannt ist. Man hilft sich hier für gewöhnlich mit der Annahme, daß es sich bei $x(t)$ um einen ergodischen Prozeß handelt. Für solche Prozesse gilt die Regel *Scharmittel = Zeitmittel* (REI85) und damit

$$R_{xx}(\tau) = \lim_{T\to\infty} \frac{1}{2T} \int_{-T}^{T} x(t+\tau)x^*(t)dt. \qquad (8.151)$$

Zusammen mit (8.150) kann dann gezeigt werden (JEN68), daß $I(\omega)$ der Gleichung

$$I(\omega) = \lim_{T\to\infty} \left\langle \frac{1}{2T} \left| \int_{-T}^{T} x(t)e^{-i\omega t}dt \right|^2 \right\rangle \qquad (8.152)$$

genügt.

Auf (8.152) basieren alle traditionellen Methoden der Spektralanalyse. Die älteste ist das Blackman-Tukey-Verfahren. In ihm wird $I(\omega)$ durch den Ausdruck

$$I_{BT}(\omega) = \Delta t \sum_{m=-M}^{M} \widehat{R}_{xx}(m) e^{-i\omega m \Delta t} \quad ; M < N - 1 \qquad (8.153)$$

geschätzt. Dabei berechnet sich die Schätzung $\widehat{R}_{xx}(m)$ der Autokorrelationsfunktion für das diskrete $\tau = m\Delta t$ aus den N äquidistanten Werten $x_n = x(n\Delta t)$ gemäß

$$\widehat{R}_{xx}^{BT}(m) = \frac{1}{N-m} \sum_{n=0}^{N-m-1} x_{n+m} x_n^* \quad ; m = 0, \ldots, M \qquad (8.154)$$
$$\widehat{R}_{xx}^{BT}(-m) = \widehat{R}_{xx}^{BT\,*}(m)$$

(8.153) ist dabei nur eine Diskretisierung des Wiener-Chintchin-Theorems. Bei der Definition von $\widehat{R}_{xx}$ gemäß den Gleichungen (8.154) handelt es sich um keine erwartungstreue Schätzgröße. Jenkins-Watts und Parzen schlugen statt dessen die Schätzgröße

$$\widehat{R}_{xx}^{JW}(m) = \frac{1}{N} \sum_{n=0}^{N-m-1} x_{n+m} x_n^* \qquad (8.155)$$

vor, für die die Beziehung $< \widehat{R}_{xx}^{JW}(m) > = (N - m/N) R_{xx}(m)$ gilt. Diese ist somit erwartungstreu und produziert in der Regel kleinere quadratische Fehler als die Blackman-Tukey-Schätzung.

Genausogut kann man von (8.152) ausgegangen und versuchen, diese Gleichung zu diskretisieren. Ignoriert man den Erwartungswert-Operator, so ergibt sich gerade die sogenannte Schuster'sche Periodogramm-Methode. Für diese gilt, wie unmittelbar einsichtig ist:

$$I_{PER}(\omega) = \frac{1}{N\Delta t} \left| \Delta t \sum_{n=0}^{N-1} x_n e^{-i\omega n \Delta t} \right|^2 = \frac{1}{\Delta t} I_{FFT}(\omega). \qquad (8.156)$$

Das ist aber gerade wieder die FFT-Schätzung, wobei man diesmal allerdings von einem ganz anderen Startpunkt, der stochastischen Autokorrelationsfunktion R_{xx}, ausgegangen ist. Die Schätzung von $I(\omega)$ nach dieser Methode wird gern verwendet, wenn eine deterministische Wellenform in ein weißes Rauschen eingebettet ist. Dabei ist allerdings Vorsicht geboten, weil der Erwartungswert-Operator bei der Ableitung von (8.156) ignoriert wurde, was gelegentlich zu statistisch inkonsistenten Resultaten führen kann. Um dies zu vermeiden, greift man gelegentlich dazu, die Daten vor der Analyse zu glätten (OPP75).

In der Regel sind die Schätzungen von $I(\omega)$ nach dem Blackman-Tuckey-Verfahren und der Periodogramm-Methode nicht identisch. Für die Schätzung nach Jenkins-Watts kann dagegen für $M = N - 1$ gezeigt werden, daß beide Methoden zum selben Resultat führen.

8.8.2 Lineare Filter und das ARMA-Modell

Das ARMA-Modell stellt eine rationale Transfer-Funktion dar und ist identisch mit dem allgemeinsten linearen Filter

$$y_n = \sum_{k=0}^{N} b_k x_{n-k} - \sum_{j=1}^{M} a_j y_{n-j}. \qquad (8.157)$$

Dabei sind die x_k eine Folge von Eingabepunkten und die y_k die entsprechenden Ausgabepunkte. Der zum letzten Eingabepunkt x_n gehörige Ausgabepunkt y_n berechnet sich dabei aus x_n und den $N-1$ vorhergegangenen Eingabepunkten, sowie den letzten M Ausgabepunkten. Die Koeffizienten a_j und b_j sind hierbei fest vorgegeben. Gleichung (8.157) beschreibt die *Reaktion* der Ausgabewerte auf die Eingabewerte, den sogenannten *Response* des Filters. Am besten verständlich wird dessen Wirkung, wenn man zwei Spezialfälle betrachtet:

Ist in (8.157) $M = 0$, so entfällt die zweite Summe und der Ausgabewert y_n berechnet sich nur noch aus den letzten $N+1$ Eingabewerten. In diesem Fall beschreibt die erste Summe des Filters im Prinzip nichts anderes als einen gewichteten Mittelwert. Setzt man nämlich einfach

$$b_k = \frac{1}{N+1}, \qquad (8.158)$$

so ist y_n gerade das arithmetische Mittel der letzten $N+1$ Punkte. Da dieser Mittelwert immer nur die letzten Eingabepunkte erfaßt, also mit den Punkten x_n *durch die Zeit wandert*, bezeichnet man diesen Filter auch als *Moving Average*-Filter MA. Der Spezialfall $N = 0$ liefert hingegen einen rekursiven Filter, den sogenannten *linearen Prediktor* von y_n. Dieser gründet seine Berechnung des nächsten Ausgabewertes im wesentlichen auf die M von ihm selbst zuletzt berechneten Ausgabewerte y_{n-j}, während der einzelne Eingabewert x_n nur noch die Rolle einer Abweichung von der Filtervorhersage spielt. Da sich dieser Filter im wesentlichen auf sich selbst bezieht, trägt er den Namen *Autoregressiver*-Filter AR. Beide Verfahren, zusammengefaßt zu (8.157), bilden das ARMA-Modell.

Der Response des Filters wird durch die Filter-Response-Funktion

$$\mathcal{H}(z) = \frac{B(z)}{A(z)} \qquad (8.159)$$

beschrieben. Dabei ist z durch $z = e^{i\omega \Delta t}$ gegeben. $A(z)$ und $B(z)$ sind dabei die z-Transformationen des AR- und des MA-Zweiges von (8.157).

$$A(z) = \sum_{j=0}^{M} a_j z^j; \qquad a_0 = 1 \; (O.B.d.A.) \qquad (8.160)$$

$$B(z) = \sum_{k=0}^{N} b_k z^k \qquad (8.161)$$

Aus der Theorie der linearen Filter ist bekannt, daß das Intensitätsspektrum I_y der Ausgabewerte y_n eines linearen Filters (8.157) mit dem Intensitätsspektrum I_x der Eingabewerte über die Gleichung

$$I_y(z) = \frac{B(z)B^*(\frac{1}{z})}{A(z)A^*(\frac{1}{z})} I_x(z) \qquad (8.162)$$

verknüpft ist (KAY81).

Nimmt man an, daß es sich bei der Eingabesequenz x_m um ein stochastisches weißes Rauschen mit dem Mittelwert 0 und der Varianz σ^2 handelt, so kann die ARMA-Schätzung I_{ARMA} des Spektrums I_x in der Form

$$I_{ARMA}(\omega) = \sigma^2 \Delta t \left|\frac{\mathcal{B}(\omega)}{\mathcal{A}(\omega)}\right|^2 \; ; \qquad -\frac{\pi}{\Delta t} \leq \omega \leq \frac{\pi}{\Delta t} \qquad (8.163)$$

mit

$$\mathcal{A}(\omega) = A(e^{i\omega \Delta t}); \qquad \mathcal{B}(\omega) = B(e^{i\omega \Delta t}) \qquad (8.164)$$

geschrieben werden. Der Vorteil aller auf dem ARMA-Modell basierenden Verfahren gegenüber DFT und FFT ist, daß das Intensitätsspektrum jetzt von vornherein als kontinuierliche Funktion von ω betrachtet wird, während man beim FFT immer nur Stützwerte des tatsächlichen Spektrums berechnet. Sollen bei diesem mehr Stützpunkte berechnet werden, so muß die Anzahl der Datenpunkte durch Zero-Padding gesteigert und eine neue Transformation berechnet werden (siehe Abschnitt 8.7.7). Bei den ARMA-Spektren müssen hingegen nur einmal die Koeffizienten a_k und b_k berechnet werden, und das Spektrum kann dann anschließend mit jeder beliebigen Genauigkeit gezeichnet werden. Die maximal zulässigen Frequenzen ω_{max} sind dabei, wie bei DFT und FFT, durch den zeitlichen Abstand Δt zweier aufeinanderfolgender Datenpunkte, das sogenannte Nyquist-Intervall, definiert.

$$|\omega_{max}| = \frac{\pi}{\Delta t} \qquad (8.165)$$

Diese Frequenz ergibt sich aus der Erkenntnis, daß die kürzeste Wellenlänge, die aus einem Datensatz erhalten werden kann, durch folgende Bedingung gegeben ist: Angenommen, zwei aufeinanderfolgende Datenpunkte liegen (der Einfachheit halber) gerade an zwei aufeinanderfolgenden Knotenpunkten einer sinusförmigen Schwingung, und sind somit gerade eine halbe Wellenlänge $\lambda_0/2$ getrennt. Dann liegen diese zwei Punkte auch auf den Knoten jeder k-ten Oberwelle λ_0/k dieser Schwingung und eine eindeutige Zuordnung, welche Oberwelle die Punkte erzeugt hat, ist nicht mehr möglich. Damit ist aber die Schwingung mit λ_0 die letzte gerade noch eindeutig nachweisbare Schwingung λ_{min}.

$$\frac{\lambda_{min}}{2} = c\Delta t \quad \leftrightarrow \quad \omega_{max} = \frac{\pi}{\Delta t}$$

c: Ausbreitungsgeschwindigkeit des Signals

Sind die a_k bis auf $a_0 = 1$ gleich Null, so entfällt der AR-Anteil und man erhält die MA-Schätzung

$$I_{MA}(\omega) = \sigma^2 \Delta t |\mathcal{B}(\omega)|^2. \qquad (8.166)$$

Da in diesem Modell, ebenso wie im Fouriermodell, keine Pole möglich sind, bezeichnet man es auch als *All-Zero*-Modell.

Sind dagegen die b_k bis auf $b_0 = 1$ gleich Null, so entfällt der MA-Anteil und man erhält das AR-Modell.

$$I_{AR}(\omega) = \frac{\sigma^2 \Delta t}{|\mathcal{A}(\omega)|^2} \qquad (8.167)$$

Wie bereits gesagt, bezeichnet man dieses, da es auch Pole enthalten kann, im Gegensatz zum MA-Modell als das *All-Poles*-Modell.

8.8.3 Yule-Walker-Gleichungen und Levinson-Durbin-Algorithmus

Im folgenden soll nun nur noch das AR-Modell und dessen Erweiterung, die Maximum-Entropy Methode MEM behandelt werden. Dazu schreiben wir die AR-Schätzung der Intensität wie folgt um:

$$I_{AR}(\omega) = \frac{\sigma^2 \Delta t}{\left|1 + \sum_{k=1}^{M} a_k z^k\right|^2} \qquad (8.168)$$

Zunächst gilt es die Gleichungen anzugeben, die eine Bestimmung der Koeffizienten a_k und σ^2 aus den $R_{xx}(k)$ erlauben. Diese sind unter dem Namen Yule-Walker-Gleichungen bekannt.

$$R_{xx}(k) = -\sum_{l=1}^{M} a_l R_{xx}(k-l) \qquad ; \text{ für } k > 0 \qquad (8.169a)$$

$$R_{xx}(k) = -\sum_{l=1}^{M} a_l R_{xx}(-l) + \sigma^2 \qquad ; \text{ für } k = 0 \qquad (8.169b)$$

Für ihre Ableitung, die hier nicht durchgeführt werden soll, geht man von der Definition der R_{xx} aus und nimmt an, daß es sich bei dem AR-Filter um einen stabilen, kausalen Filter handelt.

Die Gleichungen (8.169) können zusammen in der Matrixschreibweise

$$\begin{bmatrix} R_{xx}(0) & R_{xx}(-1) & \cdots & R_{xx}(-M) \\ R_{xx}(1) & R_{xx}(0) & \cdots & R_{xx}(-(M-1)) \\ \vdots & \vdots & & \vdots \\ R_{xx}(M-1) & R_{xx}(M-2) & \cdots & R_{xx}(1) \\ R_{xx}(M) & R_{xx}(M-1) & \cdots & R_{xx}(0) \end{bmatrix} \begin{bmatrix} 1 \\ a_1 \\ \vdots \\ a_{M-1} \\ a_M \end{bmatrix} = \begin{bmatrix} \sigma^2 \\ 0 \\ \vdots \\ 0 \\ 0 \end{bmatrix} \qquad (8.170)$$

dargestellt werden.

Man erhält also ein lineares Gleichungssystem, dessen Lösung die gesuchten Koeffizienten sind. Die Matrix der R_{xx} ist dabei hermitesch und positive definit, sowie symmetrisch bezüglich beider Diagonalen. In der mathematischen Literatur wird sie unter der Bezeichnung Toeplitz-Matrix geführt. Wie das Cholesky-Verfahren für symmetrische Matrizen, so gibt es auch für die Lösung des Systems (8.170) ein spezielles Verfahren, das schneller als das normale Gaußverfahren arbeitet. Dieses ist unter dem Namen Levinson-Durbin-Algorithmus (DUR60) bekannt. Es handelt sich dabei um ein $\mathcal{O}(M^2)$-Verfahren, im Gegensatz zum Gauß-Verfahren, das ein $\mathcal{O}(M^3)$-Verfahren ist.

Der Algorithmus ist rekursiv und beginnt mit den Startwerten

$$\begin{aligned} a_{11} &= -R_{xx}(1)/R_{xx}(0) \\ \sigma_1^2 &= (1 - |a_{11}|^2) R_{xx}(0) \end{aligned} \qquad (8.171a)$$

Von diesen ausgehend werden dann über die Gleichungen

$$a_{kk} = -\frac{R_{xx}(k) + \sum_{l=1}^{k-1} a_{k-1,l} R_{xx}(k-l)}{\sigma_{k-1}^2} \qquad (8.171b)$$

$$a_{ki} = a_{k-1,i} + a_{kk} a_{k-1,k-i}^*$$

$$\sigma_k^2 = (1 - |a_{kk}|^2) \sigma_{k-1}^2$$

die jeweiligen Parameter für die Iteration $k = 2, 3, \ldots, M$ bestimmt.

Das größte Problem bei der AR-Schätzung ist es, die korrekte Ordnung M, kurz einfach als Zahl der Pole bezeichnet, zu bestimmen. Für die AR-Schätzung gibt es hierzu jedoch, im Gegensatz zur MEM-Schätzung, ein eindeutiges Rezept: Die korrekte Ordnung ist gefunden, wenn σ_k^2 ein Minimum erreicht hat, oder sich von einer Iteration zur nächsten nicht mehr ändert (KAY81). Dabei ist beim AR-Verfahren jedoch Vorsicht geboten, da die Iterationen für den Fall $a_{kk} = 1$ abgebrochen werden müßen, da dann $\sigma_k^2 = 0$ gilt. Dieses Rezept ist, wie wir später sehen werden, jedoch praktisch nicht besonders brauchbar, da es erst bei Polzahlen greift, bei denen das resultierende Spektrum bereits total verrauscht erscheint.

Eine große Erleichterung bei der Bestimmung einer geeigneten Polzahl M ist es, daß der Levinson-Durbin-Algorithmus die Koeffizienten für die Polzahl k iterativ aus den Koeffizienten der Polzahl $k - 1$ berechnet und somit zur Berechnung der Koeffizienten einer höheren Polzahl M' nicht neu gestartet werden muß.

Als letzter Punkt in diesem Abschnitt soll jetzt noch der Zusammenhang zwischen der AR-Methode und dem linearen Prediktor

$$\widehat{x}_n = -\sum_{k=1}^{M} \alpha_k x_{n-k} \tag{8.172}$$

hergestellt werden. Dieser trifft dann auf der Basis der letzten M Eingabewerte $(x_{n-1}, \ldots, x_{n-M})$ und unter der Annahme, daß diese durch einen AR(M)-Prozeß entstanden sind, eine Vorhersage für den nächsten auftretenden Eingabewert x_n. Die Frage ist jetzt: „Wie müssen die Parameter α_k gewählt werden, damit der quadratische Fehler Q_M der Vorhersage $\widehat{x}_n$ minimal wird?". Dabei ist Q_M definiert durch

$$Q_M = <|x_n - \widehat{x}_n|^2> \tag{8.173}$$

Aufgrund des Orthogonalitätsprinzips (KAY81) gilt

$$<(x_n - \widehat{x}_n)x_k^*> = 0 \quad ; \text{ für } k = n-1, \ldots, n-M \tag{8.174}$$

und damit, wenn man (8.173) einsetzt

$$\begin{aligned} &<x_n x_k^*> + \sum_{l=0}^{M} \alpha_l <x_{n-l} x_k^*> = 0 \\ \leftrightarrow \quad &R_{xx}(k) = -\sum_{l=0}^{M} \alpha_l R_{xx}(k-l) \end{aligned} \tag{8.175}$$

Die Gleichung (8.175) gilt allgemein. Aus der Forderung, daß Q_M minimal werden soll, folgt dann direkt durch Differenzieren und Null-Setzen die Bedingung

$$<(x_n - \widehat{x}_n)x_n^*> = 0 \tag{8.176}$$

und somit

$$R_{xx}(0) = -\sum_{k=0}^{M} \alpha_k R_{xx}(-k). \tag{8.177}$$

8.8.4 Die Maximum-Entropy Methode MEM

Die Gleichungen (8.175) und (8.177) sind aber gerade wieder die Yule-Walker-Gleichungen und es gilt folglich $\alpha_k = a_{Mk}$. Die AR-Parameter sind also mit den Koeffizienten eines optimalen Prediktors identisch. Aus diesen kann jetzt (KAY81) ein sogenannter *Forward-Predicton* Fehler e_{Mn} und ein *Backward-Predicton* Fehler b_{Mn} abgeleitet werden. Diese dienen dann als Basis für den später besprochenen Algorithmus.

8.8.4 Die Maximum-Entropy Methode MEM

Die AR-Schätzung ist, ebenso wie die FFT-Schätzung, einer natürlichen Beschränkung unterworfen. Wenn nur N Datenpunkte x_n vorhanden sind, so können die $R_{xx}(k)$ nur bis maximal $R_{xx}(N-1)$ bestimmt werden (vgl. (8.153)). Durch dieses Abschneiden der $R_{xx}(k)$ entsteht auch im AR-Spektrum eine gewisse Verschmierung. Die Maximum-Entropy Methode versucht nun, die $R_{xx}(k)$ über den Maximalwert $R_{xx}(N-1)$ hinaus zu extrapolieren. Dazu geht man von den bekannten Autokorrelationskoeffizienten $R_{xx}(0), \ldots, R_{xx}(N-1)$ aus und versucht die Sequenz so fortzusetzen, daß die entstehende Toeplitz-Matrix positiv definit bleibt. Burg hat gezeigt (JAY82), daß dies sichergestellt wird, wenn die extrapolierten Autokorrellationskoeffizienten $R_{xx}(N), R_{xx}(N+1), \ldots$ so gewählt werden, daß die aus diesen folgende Fortsetzung der Sequenz x_n über das Ende des beobachteten Bereichs hinaus, zum einen maximale Entropie hat, und die sich daraus ergebenden Autokorrelations-Stützwerte zum anderen mit den aus der Messung errechneten ersten N Stützwerten $R_{xx}(0), \ldots, R_{xx}(N-1)$ übereinstimmen. Diese Forderung kann damit motiviert werden, daß die Folge x_n dann minimalen Einschränkungen unterliegt.

Eine entsprechende Berechnung (JAY82) der Intensitätsschätzung $I_{MEM}(\omega)$ zeigt dann, daß diese von der Form her mit der AR-Schätzung (8.168) identisch ist. Sie ist auch vom Ergebnis her mit dieser identisch, wenn die Zahl der Pole nicht den für das AR-Verfahren zulässigen Bereich von $M < N$ überschreitet. Aus diesem Grund werden die AR-Verfahren in der gängigen Literatur unter der Sammelbezeichnung MEM geführt, obwohl dies eigentlich nicht richtig ist. Wie im nächsten Abschnitt zu sehen sein wird, kann allerdings für alle praktischen Anwendungen davon ausgegangen werden, daß der AR-Bereich des MEM für eine Spektralanalyse vollkommen ausreichend ist. Aus diesem Grund handelt es sich bei dem in der Unit **FFTMEM** enthaltenen Verfahren auch nicht tatsächlich um einen MEM-Algorithmus, sondern eigentlich um einen AR-Algorithmus.

Als nächstes soll daher jetzt die Frage der Parameterbestimmung für die AR-Methode angesprochen werden. Die Parameter können im Prinzip aus den Yule-Walker-Gleichungen gewonnen werden. Dazu müßten allerdings Schätzungen der R_{xx} berechnet werden, wobei diese langwierig und ungenau sind Es gibt aber eine Reihe von „Least-Squares"-Verfahren, die direkt mit den Eingabedaten arbeiten und eine bessere Parameterbestimmung erlauben. Das Standard-„Least-Squares"-Verfahren geht auf Burg zurück (KAY81).

Angenommen, die AR(M)-Parameter sollen aus einer Datensequenz $x_0, \ldots, x_{N-1}$ bestimmt werden. In diesem Fall wird der lineare Vorwärts-Prediktor, wie am Ende des letzten Abschnitts angesprochen, die Form

$$\widehat{x}_n = -\sum_{k=1}^{M} a_{Mk} x_{n-k} \qquad (8.178)$$

haben. Der entsprechende lineare Forward-Prediction Fehler e_{Mn} ist dann durch den folgenden Ausdruck gegeben:

$$e_{mn} = x_n - \widehat{x}_n = \sum_{k=0}^{M} a_{Mk} x_{n-k}. \qquad (8.179)$$

Dabei haben wir $a_{M0} = 1$ gesetzt.
Der Backward-Predicton Fehler b_{Mn} ist gegeben durch (KAY81)

$$b_{Mk} = \sum_{k=0}^{M} a_{Mk}^{*} x_{n-M+k}. \qquad (8.180)$$

Um eine Schätzung der AR-Parameter zu erhalten, versucht man nach Burg die Energie der Forward/Backward-Prediction Fehler

$$\mathcal{E}_M = \sum_{k=M}^{N-1} |e_{Mk}|^2 + \sum_{k=M}^{N-1} |b_{Mk}|^2 \qquad (8.181)$$

unter der Nebenbedingung zu minimieren, daß die zweite Gleichung der Levinson-Durbin-Iterationen (8.171b)

$$a_{mk} = a_{M-1,k} + a_{MM} a_{M-1,M-k}^{*} \qquad (8.182)$$

für alle Ordnungen von 1 bis M gelte.
Unter diesen Annahmen kann man zeigen, daß nur noch die Koeffizienten a_{ii} gemäß

$$a_{ii} = \frac{-2 \sum_{k=i}^{N-1} b_{i-1,k-1}^{*} e_{i-1,k}}{\sum_{k=i}^{N-1} (|b_{i-1,k-1}|^2 + |e_{i-1,k}|^2)} \qquad (8.183)$$

zu berechnen sind. Alle anderen Koeffizienten berechnen sich dann gemäß (8.179), (8.180) und (8.182) aus diesen.

Die Berechnung von (8.183) kann auch iterativ gelöst werden. Da es sich dabei allerdings nur mehr um einen programmtechnischen Aspekt handelt, soll an dieser Stelle nicht weiter darauf eingegangen werden. Es sollen statt dessen jetzt noch einige praktische Vergleiche zwischen FFT und MEM besprochen werden.

8.8.5 Ein Vergleich FFT–MEM

Zunächst ein paar Worte zu den Prozeduren in der Unit FFTMEM. Die a_k-Koeffizienten werden von der Prozedur MEMCOF berechnet. Das Verfahren berechnet diese nach einem auf (8.183) basierenden, iterativen Verfahren von Burg und Anderson (PRE86). Die Varianz σ^2 wird dabei im Koeffizienten cof[0] gespeichert. Diese Prozedur kann so modifiziert werden, daß zur Bestimmung einer geeigneten Polzahl nach jeder Iteration ein Plot des Spektrums durchgeführt wird. Dazu muß am Ende der Iteration (S.215 unten) vor der Anweisung „if k<Pol then" eine entsprechende Zeichenroutine eingebaut werden.

8.8.5 Ein Vergleich FFT-MEM

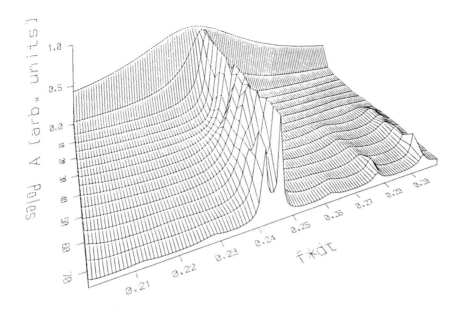

Bild 8-10 *Entwicklung eines MEM-Spektrums mit der Polzahl M. Aufgetragen ist $A(\omega)=\sqrt{I(\omega)}$.*

Die notwendige Berechnung der Intensität $I(\omega)$ übernimmt die Funktion **EVLMEM**. Eingabeparameter sind die von **MEMCOF** berechneten Koeffizienten a_k und die Polzahl M, sowie die Größe **fdt**. Durch letztere wird die Frequenz ω definiert, für die I berechnet wird. Sie kann Werte zwischen 0 (für $\omega = 0$) und 0.5 (für $\omega = \omega_{max}$) annehmen.

Für das Verständnis der Prozedur **INCR_RES** bedarf es zunächst noch einiger allgemeiner Überlegungen.

In Bild 8-10 ist die Entwicklung eines Ausschnitts aus einem MEM-Spektrum mit der Polzahl M gezeigt. Als Datenbasis diente ein 150 Datenpunkte umfassendes simuliertes Spektrum der Form

$$x(t) = e^{-t/T} \left[8\cos(5\omega_0 t) + 15\cos(39\omega_0 t) + 10\cos(39.5\omega_0 t) + 10\sin(68\omega_0 t) \right] +$$
$$+ 30(random - 0.5)$$

mit

$$t = 0, \ldots, T \quad ; T = 149$$
$$\omega_0 = \frac{2\pi}{T}.$$

Bei der Berechnung des Spektrums treten hierbei vier wesentliche Schwierigkeiten für die MEM-Prozedur auf:

- Die Schwingungen sind alle durch einen Faktor $e^{-t/T}$ gedämpft
- Zwei Peaks sind sehr eng benachbart ($39\omega_0$ und $39.5\omega_0$)
- Es treten sowohl Kosinus- als auch Sinusterme auf

- Die Datenbasis ist sehr stark verrauscht (Weißes Rauschen in der Größenordnung der stärksten Einzelamplitude)

Wie jetzt in Bild 8-10, das gerade den Bereich der eng benachbarten Frequenzen umfaßt, zu sehen ist, stellt der MEM-Algorithmus schon bei einer relativ geringen Polzahl (das erste berechnete Spektrum ist $M = 5$) fest, daß in der Gegend von $\omega \approx 39\omega_0$ mindestens eine Schwingung auftritt, die auch relativ früh ($M \approx 20$) klar in Erscheinung tritt. Bei $M \approx 45$ bemerkt der Algorithmus dann, daß es sich hierbei wahrscheinlich um zwei getrennte Frequenzen handelt, wobei er sich allerdings noch nicht entscheiden kann, wo diese liegen sollen. Er fängt erst bei $M \approx 70$ an, diese zwei Linien auch zu trennen.

In Bild 8-10 ist noch eine weitere Eigenheit des MEM zu sehen, die dazu führt, daß die Spektralanalyse mit dem MEM zu einem riskanten Unternehmen wird. Ab etwa $M \approx 40$ beginnen im Spektrum vermehrt Rauschfrequenzen zu Tage zu treten. Diese können unter Umständen beträchtliche Höhen erreichen. Dies hat, wie wir gleich sehen werden, sehr weitreichende und schwerwiegende Konsequenzen.

In Bild 8-11 sind jetzt die Schätzungen für das gesamte Spektrum, das nach den hier besprochenen Methoden erhalten werden kann, in einem Vergleich gegenüber gestellt. Im obersten Bild ist das Spektrum dargestellt, das sich bei einem ungewichteten FFT ergibt. (In allen Bildern ist jeweils $A = \sqrt{I}$ aufgetragen, da in dieser Darstellung das Rauschen besser erkennbar wird.) Das Spektrum wird über weite Strecken von einem weißen Rauschen dominiert, aus dem aber die Peaks noch relativ deutlich hervorragen. Die beiden eng benachbarten Frequenzen können aber bereits nicht mehr getrennt werden.

Das zweite Bild zeigt das Ergebnis nach der Wichtung mit der Kaiser-Bessel-Funktion mit dem Wichtungsparameter 4. In dem stark verrauschten Spektrum ist der Effekt dieser Wichtung so gut wie zu vernachlässigen. Das Rauschen erscheint dadurch nur etwas glatter, ist in seiner Stärke aber nicht zurückgegangen. Deutlich ist aber die Verbreiterung der einzelnen Peaks infolge der Wichtung zu sehen.

Das dritte Bild zeigt jetzt eine Spektral-Schätzung, die nach dem in **MEMCOF** verwendeten AR-Verfahren mit $M = 80$ und 320 berechneten äquidistanten Stützpunkten gewonnen wurde. Die Peaks treten jetzt deutlich aus dem Rauschen hervor und die beiden eng benachbarten Linien werden auch deutlich getrennt. Man beachte jedoch, daß die niedrigste Frequenz in diesem Bild nicht in Erscheinung tritt. Die Ursache dafür liegt in der durch die Poleigenschaft des Peaks verursachten scharfen Form der einzelnen Linien. Der höchste Punkt des Peaks liegt irgendwo zwischen zwei der äquidistanten berechneten Stützpunkte, so daß für diese nur Werte aus den Flanken des eigentlichen Peaks berechnet werden. Der so berechnete Peak ragt dann praktisch nicht mehr aus dem Rauschen hervor.

Das soeben angesprochene Problem ist in erster Linie ein Problem der Zeichenroutine und nicht der Spektralsschätzung nach der AR-Methode. Es tritt im Zusammenhang mit den scharfen Peakstrukturen bei MEM-Spektren häufig auf, wenn die Stützpunkte äquidistant berechnet werden. Das Problem kann im Prinzip dadurch beseitigt werden, daß man einfach mehr Stützpunkte berechnet. Wenn man genügend viele berechnet, so wird man schon keinen der Peaks übersehen. Daß dieses Verfahren aber weitgehend unpraktikabel ist, liegt in der Struktur der Funktion **EVLMEM** begründet. Diese berechnet den Wert eines Stützpunktes mittels eines Horner-ähnlichen Verfahrens. Dazu müssen M Potenzen von z mit den entsprechenden Koeffizienten a_k multipliziert und aufaddiert werden. Die hierfür benötigte Rechenzeit

8.8.5 Ein Vergleich FFT-MEM

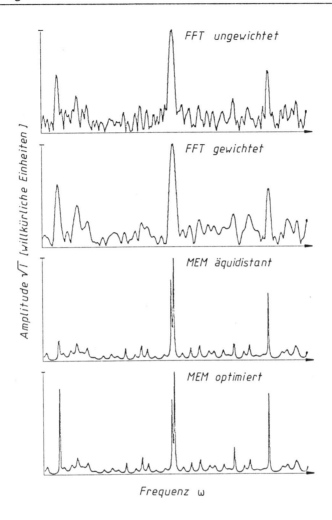

Bild 8-11 *Ein Vergleich der nach verschiedenen Methoden erhaltenen Schätzungen von Spektren für den im Text beschriebenen, simulierten Datensatz.*

steigt also linear mit der Zahl der Pole. Eine Verdopplung der Zahl der Stützstellen macht sich bei kleinen Polzahlen M noch nicht sehr nachteilig bemerkbar, bindet mit wachsendem M aber immer stärker die Rechnerkapazitäten. (Die Berechnung von 320 Stützpunkten dauert auf den derzeit schnellsten Rechnern der 80386-Serie mit mathematischem Coprozessor, bei Verwendung einer hochentwickelten Assembler-Routine unter intensiver Ausnutzung der 80387-Register, immer noch um die 3 Sekunden, während ein entsprechender 512 Punkte FFT inklusive Wichtung in reiner Turbo Pascal 4.0-Programmierung nur mehr um die 0.1 Sekunden benötigt.)

Für eine intelligente und schnelle Zeichenroutine sind also die Zahl der zu berechnenden Stützstellen und die Zahl der benötigten Pole M entscheidend. Das am schwierigsten in den Griff zu bekommende Problem ist die Wahl einer geeigneten Zahl von Polen. Der MEM hat nämlich einige sehr unangenehme Eigenschaften: Mit wachsender Polzahl tritt, wie bereits angesprochen, zunehmendes Rauschen im Spektrum auf. Zum anderen sind die Peaks, die sich gewinnen lassen, sehr scharf, zeigen aber keine Beziehung zwischen der Amplitude der verursachenden Schwingung und ihrer Höhe. Außerdem beginnen die dominanten Peaks mit wachsender Polzahl die Intensität aus den anderen Peaks abzuziehen, so daß diese neben den dominanten beginnen, im Rauschen unterzugehen. Das Problem besteht also darin, einerseits genügend Pole zu verwenden, um alle tatsächlich vorhandenen Linien auch trennen zu können, andererseits aber nicht zuviele, da sonst die getrennten Linien unter Umständen zugunsten der dominanten Linien auf das Niveau des Rauschpegels absinken und nicht mehr identifiziert werden können. Dabei ist das $(\sigma^2 = minimal)$-Kriterium der AR-Verfahren praktisch nicht anwendbar, da dieses erst bei Polzahlen greift, die so hoch liegen, daß auch das Rauschen gut „gefittet" werden kann.

Es hat sich empirisch gezeigt, daß alle auftretenden Linien getrennt werden können, wenn M im Bereich von 40-60% der Anzahl N der vorhandenen Daten liegt. Die größte Wahrscheinlichkeit liegt dabei aber im Bereich 50-55%. Ein genaueres Kriterium kann nicht formuliert werden.

Die nächste Frage ist jetzt: „Wieviele Stützpunkte müssen berechnet werden?" Die Antwort gründet sich im wesentlichen auch wieder auf empirische Argumente. Verwendet man als Zahl der Stützpunkte in etwa das Doppelte der Zahl der vorhandenen Datenpunkte (und somit etwa das Vierfache der optimalen Polzahl), so legt man ein Stützpunkt-Gitter über das Spektrum, daß eng genug ist, damit sich alle auftretenden Peaks zumindest in Form eines leichten Peaks bemerkbar machen. Die Idee ist es jetzt, von diesem äquidistanten Gitter ausgehend, nur noch den Bereich der dort auftretenden Maxima genauer zu untersuchen und die tatsächliche Höhe und Position des Peakmaximums iterativ zu bestimmen. Wählt man die Iterationsgenauigkeit nicht zu hoch, so lassen sich aufgrund der begrenzten Anzahl von Peaks, bedeutende Zeitvorteile gegenüber einer Erhöhung der Stützpunktzahl erzielen.

Das vierte Spektrum in Bild 8-11 wurde mit einer solchen Prozedur erstellt. Das bemerkenswerteste Ergebnis ist, daß der Peak der niedrigsten Frequenz jetzt wieder in voller Größe aus dem Rauschen hervortritt. In weniger verrauschten Spektren hat dieses Verfahren zusätzlich noch den Vorteil, daß durch die genaue Bestimmung der maximalen Peakhöhe der Rauschpegel in der Regel fast auf Null gedrückt werden kann.

Die Prozedur INCR_RES berechnet auf der Basis eines solchen äquidistanten Stützpunktsatzes ein verbessertes Spektrum. Das Stützpunkt-Spektrum muß dazu in Form eines eindimensionalen double-Arrays gespeichert und zusammen mit der Anzahl der Stützpunkte N_DRAW an die Prozedur INCR_RES übergeben werden. Diese ersetzt dann nach Beendigung der Iteration den dem Maximalwert am nächsten liegenden benachbarten Stützpunkt durch den errechneten Maximalwert.

Als Fazit kann somit gesagt werden, daß das MEM-Verfahren auch oder gerade bei verrauschten Spektren (wenn dies auch in der gängigen Literatur immer wieder in Abrede gestellt gestellt wird) durchaus bessere Ergebnisse als der FFT für die Lage der Peaks im Spektrum abgeben kann. Das Auflösungsvermögen des MEM-Verfahrens ist dabei dem FFT haushoch überlegen, kann aber keine Auskunft über die Größe der auftretenden Amplituden machen. Der letzte Punkt kann aber getrost vernachlässigt werden, da die Datensätze in der Regel sowieso noch einem „Least-Squares"-Fit unterzogen werden (siehe nächstes Kapitel). In einer entsprechenden Modellfunktion

8.8.5 Ein Vergleich FFT–MEM

sind die Amplituden dann im Gegensatz zu den auftretenden Frequenzen nur mehr lineare Parameter, die im Prinzip in einer Iteration bestimmt werden können, wenn die Frequenzen praktisch bereits mit ihren Optimalwerten übereinstimmen. Man kann deshalb zusammenfassend sagen, daß die Maximum-Entropy Methode der Fouriertransformation mindestens ebenbürtig wenn nicht überlegen ist, zumal sie keine willkürlichen Hilfsmittel wie eine Datenwichtung zu Rate ziehen muß, um eine rauscharme Schätzung des Spektrums zu produzieren.

9 Nichtlineare „Least-Squares"-Fits

> **Thumb's first postulate :**
> *It's better to solve a problem with a crude approximation and know the truth, ±10%, than to demand an exact solution and not know the truth at all.*
>
> **Thumb's second postulate :**
> *An easily-understood, workable falsehood is more useful than a complex, incomprehensible truth.*
> (BLO84)

Was unterscheidet die Naturwissenschaft von der reinen Naturbeschreibung? Christian Gerthsen hat das so formuliert: „Der nächste Schritt über die Naturbeschreibung hinaus ist die Aufdeckung einer Gesetzmäßigkeit. Um ein Gesetz genau zu formulieren, müssen die physikalischen Begriffe quantitativ erfaßt, d.h. gemessen (...) werden können. (...) Erst die mathematische Formulierung eines Naturgesetzes stellt die Lösung des gestellten Problems dar.
 (...) Das Forschungsziel des Physikers ist stets, die Theorie der von ihm untersuchten Naturerscheinung aufzustellen. Sie soll die geistigen Zusammenhänge für das ungeheure Material schaffen, welches ohne sie eine unübersichtliche Anhäufung von Einzelbeobachtungen sein würde. Der Weg zu ihr führt zunächst über die Aufstellung einer Hypothese. Die aus ihr entwickelten Forderungen sind stets an der Erfahrung zu prüfen. Wenn sie sich in jeder Richtung bewährt, bezeichnen wir diese Hypothese als Theorie. In der Physik haftet also dem Begriff „Theorie" nicht ein Makel der Unsicherheit an wie in der Sprache des täglichen Lebens." (GER82)

Der Sinn eines Experiments ist es also, Größen zu messen und aus diesen eventuell andere Größen abzuleiten. Anhand dieser Meßgrößen erhofft man Aufschluß über das Zutreffen einer Hypothese bzw. Theorie zu erhalten. Man tut dies, indem man die eine Theorie (bzw. Hypothese) bestimmenden Parameter so bestimmt, daß die Messung durch sie bestmöglich beschrieben wird. Je nachdem, wie gut das möglich ist, wird man dies als Untermauerung des Modells werten oder nicht. Man kann jedoch eine Theorie (bzw. Hypothese) niemals streng mathematisch beweisen, da sich die Natur nie genau nach einem mathematischen Modell verhalten wird. Was man dagegen tun kann, ist Hinweise dafür zu sammeln, daß sich der tatsächliche Ablauf näherungsweise mit einem bestimmten mathematischen Modell beschreiben läßt. Wie man solche aussagekräftigen Hinweise erhält, hängt vom einzelnen Experiment und den zur Verfügung stehenden mathematischen Mitteln ab.

In den letzten beiden Abschnitten des vorhergehenden Kapitels wurde die Ermittlung eines Frequenzspektrums mit Hilfe von FFT und MEM behandelt. Bei der Besprechung des letzteren wurde bereits die Tatsache angesprochen, daß sich die besten

9 Nichtlineare „Least-Squares"-Fits

Resultate bei der Analyse einer Messung ergeben, wenn ein Modell vorhanden ist, dessen freie Parameter nur noch so bestimmt werden müssen, daß sie die Messung möglichst gut wiedergeben. Angenommen, man hätte ein Experiment gemacht und dabei in äquidistanten Zeitabschnitten eine bestimmte Größe gemessen, an der jetzt die Hypothese getestet werden soll, daß sich das Verhalten dieser Meßgröße durch zwei einander überlagerte Schwingungen verschiedener Frequenz und Amplitude beschreiben läßt.

Um diese Hypothese zu testen, führt man beispielsweise eine Fouriertransformation aus. Beobachtet man in dem so erhaltenen Frequenzspektrum im wesentlichen zwei Maxima unterschiedlicher Höhe, so kann das als starke Untermauerung der getroffenen Hypothese gewertet werden.

Was würde man aber tun, wenn man nichts von FFT, MEM oder irgendeiner anderen Methode wüßte, die direkt ein Intensitätsspektrum aus gemessenen Daten ableitet?

Der erste Schritt besteht immer darin, eine Hypothese mathematisch zu formulieren (In gewissem Sinne tut man das ja auch, wenn man eine Fouriertransformation betrachtet). In dem oben angesprochenen Fall könnte eine entsprechende Formulierung etwa so aussehen:

$$f(t) = A_1 \cos(\omega_1 t + \phi_1) + A_2 \cos(\omega_2 t + \phi_2)$$

Um das Zutreffen dieser Hypothese zu testen, versucht man nun die Parameter A_1, A_2, ω_1, ω_2, ϕ_2 und ϕ_2 so zu bestimmen, daß die Funktion $f(t)$ möglichst gut mit der Messung übereinstimmt.

Ist es möglich, die Parameter so zu wählen, daß Messung und Modellfunktion gut übereinstimmen, so wird man dies als starken Hinweis auf das Zutreffen der Hypothese werten. Ist dies nicht der Fall, so muß man entweder neue Parameter hinzufügen (etwa eine Verschiebung A_0 in y-Richtung), um bessere Übereinstimmung zu erzielen, oder die Hypothese verwerfen, falls dies nicht sinnvoll erscheint. Dieses Verfahren, den Parametersatz einer Modellfunktion der Messung anzupassen, bezeichnet man als *curve fitting* (englisch: *to fit* = anpassen) oder kurz einfach als *Fit*.

Genauso verfährt man, wenn man eine Theorie testen möchte. Eine Hypothese stellt eine reine Vermutung dar. Eine Theorie muß dagegen mathematisch-physikalisch abgesichert sein, um als solche bezeichnet werden zu können. Während man bei einer Hypothese beliebige neue Parameter hinzufügen kann, ist dies bei einer Theorie im allgemeinen nicht zulässig. Eine Theorie stellt also physikalisch eine wesentliche Einschränkung gegenüber der Hypothese dar. Sie besitzt aber gerade deshalb auch erheblich mehr Aussagekraft als eine Hypothese, denn sie kann im Gegensatz zur Hypothese mathematisch-physikalisch erklärt werden.

Es gilt nun, ein mathematisches Verfahren zu finden, das es ermöglicht, die Parameter einer Modellfunktion dem Experiment möglichst gut anzupassen. (Im folgenden sollen der Einfachheit halber sowohl hypothestische als auch theoretische Funktionen als Modellfunktionen bezeichnet werden.) Man unterscheidet zwei mathematische Verfahren, die sich der Minimierung einer Gütefunktion bedienen, um einen optimalen Parametersatz zu ermitteln:

Die Standardmethode ist die sogenannte Methode der kleinsten Quadrate („Least-squares Fit"), oft auch als Gauß-Verfahren bezeichnet. Dabei werden die k Parameter b_i, zusammenfassend als Parametervektor $\vec{b}$ bezeichnet, so bestimmt, daß die Funktion

$$\phi = \sum_i \left(y_i - f(x_i, \vec{b}) \right)^2$$

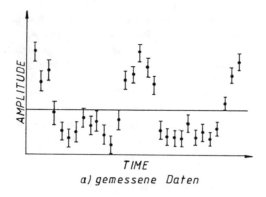

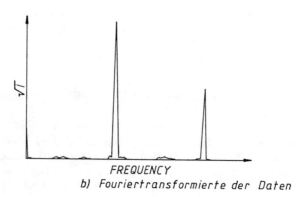

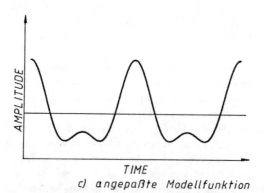

Bild 9-1 *a) Gemessene Daten b) Fouriertransformation c) angepaßte Modellfunktion $A(t)$*

minimal wird. Der Nachteil dieses Verfahrens ist, daß man als Kriterium für die Güte der Übereinstimmung zwischen Experiment und Modellfunktion lediglich den Abstand in y-Richtung zwischen Meß- und Modellwert am Ort x_i berücksichtigt. Dies mag für die meisten praktisch vorkommenden Fälle ausreichen.

9.1 Das lineare Ausgleichsproblem

Es kann aber vorkommen, daß man die absoluten Abstände zwischen den Meßwerten und der Modellkurve minimieren möchte. Diese Methode bezeichnet man als Tschebyschew-Problem. Dabei ist der Parametersatz $\vec{b}$ so zu bestimmen, daß der Abstand der Meßpunkte, definiert durch die Länge des jeweils kürzesten Normalenvektors vom Meßpunkt auf die Modellkurve, minimal wird. Die mathematische Formulierung des Tschebyschew-Verfahrens wirft deshalb aber etliche Komplikationen auf. Relevanz hat infolgedessen nur das Gauß-Verfahren erlangt.

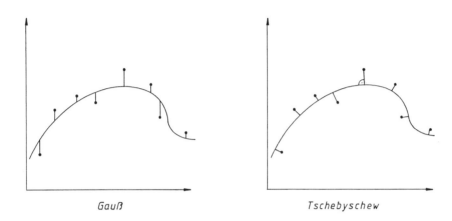

Bild 9-2 *Graphischer Vergleich zwischen Gauß- und Tschebyschew-Verfahren*

Für das Gauß-Verfahren kann für eine besonders wichtige Schar von Funktionen die *exakte* Lösung bestimmt werden. Es sind dies die Funktionen $f(x,\vec{b})$, in denen die Parameter b_i nur als lineare Glieder auftreten. Die bekannteste Anwendung des Gauß-Verfahrens ist zweifellos die Bestimmung einer Regressionsgeraden. Wie wir aber gleich sehen werden, ist dies aber nur der einfachste Fall, auf den das Gauß-Verfahren angewandt werden kann.

9.1 Das lineare Ausgleichsproblem

Zunächst soll jetzt das lineare Ausgleichsproblem behandelt werden. Es kann bei einer Vielzahl von Problemen angewandt werden und ist andererseits auch die Ausgangsbasis aller fortgeschritteneren Verfahren zur Lösung des allgemeinen Ausgleichsproblems. Als erstes muß man sich darüber klar werden, was man unter einer linearen Funktion zu verstehen hat: *Als lineare Funktion $f(x,\vec{b})$ bezeichnet man alle Funktionen, bei denen sich f als lineare Abbildung $f(x,\vec{b}) = A\vec{b}$ des Parameterraums in den Funktionsraum darstellen läßt.*

Das wohl wichtigste Beispiel für solche linearen Funktionen sind die Polynome $P^{(n)}$ vom Grad n. So kann z.B. ein Polynom 3.Grades in der Form

$$f(x,\vec{b}) = b_0 + b_1 x + b_2 x^2 + b_3 x^3 = \begin{pmatrix} 1 & x & x^2 & x3 \end{pmatrix} \begin{pmatrix} b_0 \\ b_1 \\ b_2 \\ b_3 \end{pmatrix} \qquad (9.1)$$

dargestellt werden. Es ist entscheidend, daß die Parameter b_i linear auftreten, und nicht, wie man anzunehmen versucht ist, daß die Variable x linear auftritt. Ein Beispiel für eine nichtlineare Funktion im Sinne der obigen Definition ist z.B.:

$$f(x,\vec{b}) = \sqrt{x^2 + b_0^2} \qquad (9.2)$$

Als Linearitätskriterium kann angesehen werden, daß die partiellen Ableitungen der Funktion nach den Parametern b_i nur mehr von x, nicht aber von irgendwelchen Parametern b_j abhängen dürfen. In diesem Sinne muß also gelten:

$$\frac{\partial f(x,\vec{b})}{\partial b_i} = \hat{f}(x) \qquad (9.3)$$

Im folgenden soll jetzt zunächst das Ausgleichsproblem für solche linearen Funktionen behandelt werden.

Zu einer linearen Funktion $f(x,\vec{b}) = A\vec{b}$ seien an den Stellen x_i Meßwerte y_i bekannt. Die Matrix A soll hierbei durch den Ausdruck

$$A_{ij} = \frac{\partial f(x_i,\vec{b})}{\partial b_j}$$

gegeben sein.

Faßt man die Meßwerte y_i zum Datenvektor $\vec{y}$, sowie die Funktionswerte $f(x_i,\vec{b})$ zum Funktionsvektor $\vec{f}(\vec{b})$ zusammen, so kann das Ausgleichsproblem nach Gauß in der Form

$$\phi = \|\vec{y} - \vec{f}(\vec{b})\|^2 = (\vec{y} - A\vec{b})^T(\vec{y} - A\vec{b}) \qquad (9.4)$$

geschrieben werden.

Die beste Anpassung der Parameter b_i ergibt sich, wenn die Parameter b_i so bestimmt werden können, daß ϕ minimal wird.

$$\vec{\nabla}_b \phi = \vec{\nabla}_b \left((\vec{y} - A\vec{b})^T(\vec{y} - A\vec{b})\right) = 2A^T A\vec{b} - 2A^T \vec{y} = 0 \qquad (9.5)$$

$$\Leftrightarrow \quad A^T A\vec{b} = A^T \vec{y} \qquad (9.6)$$

Gleichung (9.6) wird auch als die Normalgleichung des linearen Ausgleichsproblems bezeichnet.(In Gleichung (9.5) wurde die Kurzschreibweise

$$\vec{\nabla}_b = \frac{\partial}{\partial b_i}$$

für den Gradienten in $\vec{b}$ eingeführt.)

Gleichung (9.6) ist ein lineares, nichtsinguläres Gleichungssystem, das eindeutig gelöst werden kann. Die Matrix $A^T A$ ist symmetrisch und positiv definit. Gleichung (9.6) kann deshalb nach dem Verfahren von Cholesky gelöst werden (vgl. 8.6.3). Die Lösung $\vec{b}_{opt} = (A^T A)^{-1} A^T \vec{y}$ minimalisiert dann ϕ.

Es erscheint mir angebracht, an dieser Stelle auf Ausgleichsprobleme für Polynome $P^{(n)}$ vom Grad n noch etwas genauer einzugehen. Aus diesem Beispiel lassen sich

9.1 Das lineare Ausgleichsproblem

viele allgemeingültige Eigenschaften, die später noch von Bedeutung sein werden, besonders einfach ableiten.

Aus der Theorie der Polynominterpolation (STO83) ist bekannt, daß durch $N+1$ Meßpunkte y_i genau *ein* Polynom $P^{(N)}$ festgelegt wird. Dieses Polynom $P(N,x)$ ist nach Lagrange durch die Interpolationsformel

$$P(N,x) = \sum_{i=0}^{N} y_i \prod_{\substack{k=0 \\ k \neq i}}^{N} \frac{x - x_k}{x_i - x_k} \qquad (9.7)$$

gegeben. Dieses besitzt genau $N+1$ freie Parameter b_i, die im allgemeinen kurz als Freiheitsgrade bezeichnet werden. Für jeden Meßpunkt y_i existiert also gerade ein Freiheitsgrad.

In diesem Fall können die Parameter b_i mit (9.7) so bestimmt werden, daß $\phi = 0$ gilt, und sich eine Ausgleichsrechnung erübrigt. Das gilt auch allgemein, wenn ebensoviele (unabhängige und freie) Parameter wie Meßpunkte zur Verfügung stehen. Wenn mehr Parameter als Meßpunkte gegeben sind, gibt es überhaupt keine eindeutige Lösung mehr, da immer mindestens eine Bestimmungsgleichung mehr vorhanden sein muß, als zu bestimmende Parameter existieren.

Eine Ausgleichsrechnung ist notwendig, wenn durch $N+1$ Punkte ein Polynom vom Grad $k, k < N$, gelegt werden soll. In diesem Fall gelingt es im allgemeinen nicht mehr, ein Polynom $P(k,x)$ zu finden, das die Bedingung $\phi = 0$ erfüllt. Man kann aber immer noch folgende statistische Aussage treffen: Aufgrund von Gleichung (9.7) wird sich ϕ *im Mittel* so verhalten, als ob durch die k Freiheitsgrade von $P(k,x)$ gerade k der N Abstände $y_i - f(x_i, \vec{b})$ zu Null würden. Diese Aussage gilt auch allgemein für eine Funktion mit k (unabhängigen) Freiheitsgraden:

Die Summe $\phi(\vec{b})$ läßt sich durch Hinzufügen geeigneter weiterer Parameter beliebig verringern.

Dies hat für das Ausgleichsproblem natürlich Konsequenzen. Eine Ausgleichsrechnung wird in dem Maße aussagekräftiger, je weniger freie Parameter die verwendete Modellfunktion benötigt, um den gegebenen Datensatz ausreichend gut zu reproduzieren (LAR85).

Ist die anzupassende Funktion nicht mehr linear, so läßt sich das Problem der Minimalisierung von ϕ in der Regel nur mehr iterativ lösen. Eine ganze Reihe von nichtlinearen Funktionen lassen sich jedoch durch eine geeignete Transformation in lineare Funktionen verwandeln. Als Beispiel soll hier die Funktion

$$f(x, \vec{b}) = b_1 e^{b_2 x} \qquad (9.8)$$

dienen. Sie kann durch die Transformation

$$f(x, \vec{b}) \mapsto f'(x, \vec{b}\,') = \ln(f(x, \vec{b})) \qquad (9.9)$$

in die Funktion

$$f'(x, \vec{b}\,') = b'_1 + b'_2 x \qquad (9.10)$$

mit

$$b'_1 = \ln b_1 \qquad (9.10a)$$
$$b'_2 = b_2 \qquad (9.10b)$$

übergeführt werden. f' ist dann eine lineare Funktion. Wendet man auf die y_i dieselbe Transformationsvorschrift wie auf f an

$$y_i \mapsto y_i' = \ln y_i, \qquad (9.11)$$

so kann anstelle des ursprünglichen Ausgleichsproblems das lineare

$$\phi' = \left\| \vec{y}\,' - \vec{f}\,'(\vec{b}\,') \right\|^2 = Min \qquad (9.12)$$

betrachtet werden. Die optimalen Parameter von f können dann nach erfolgter Minimalisierung durch die Rücktransformation

$$b_1{}^{(opt)} = e^{b_1'{}^{(opt)}} \qquad (9.13a)$$
$$b_2{}^{(opt)} = b_2'{}^{(opt)} \qquad (9.13b)$$

erhalten werden. Nach diesem Verfahren kann beispielsweise die Halbwertszeit eines radioaktiven Präparats bestimmt werden.

Es soll aber nicht verschwiegen werden, daß die beiden Ausgleichsprobleme mathematisch nicht mehr identisch sind, da sich durch die funktionale Transformation (9.10) auch die Metrik des Bezugssystems ändert. Eine Abweichung $y_i - f(x_i, \vec{b})$ von 2 y-Skaleneinheiten fällt wegen des extrem nichtlinearen Charakters der ln-Transformation (9.10) bei kleinen Werten y_i im transformierten Bezugssystem wesentlich stärker ins Gewicht als dieselbe Abweichung für einen großen y_i-Wert. Im nicht-transformierten System würden beide Abweichung dagegen gleich stark gewichtet.

Im folgenden wollen wir uns nun mit einem Algorithmus beschäftigen, der auch dann noch eine näherungsweise Lösung des Minimalisierungsproblems erlaubt, wenn eine Transformation in ein lineares Ausgleichsproblem nicht möglich ist. Der mathematische Lösungsansatz zu dem hier beschriebenen Algorithmus basiert auf einem Verfahren, das 1963 von D.W. Marquardt veröffentlicht wurde (MAR63). Der dort beschriebene Algorithmus wurde allerdings modifiziert, da er aufgrund seines statischen Iterationsmechanismus eine nur mäßige Konvergenz erzielt.

9.2 Standard-Minimalisierungsverfahren

Gegeben seien N Daten in der Form (x_i, y_i) und es soll $x_i \neq x_j$ für alle $i \neq j$ gelten. Betrachtet sei weiterhin eine Modellfunktion $f(x, \vec{b})$, wobei $\vec{b}$ ein k-dimensionaler Parametervektor ist, der so bestimmt werden soll, daß

$$\phi = \sum_{i=1}^{N} \left(y_i - f(x_i, \vec{b}_{opt}) \right)^2 \qquad (9.14)$$

minimal wird.

Um ϕ zu minimalisieren, wird im allgemeinen eine der beiden folgenden iterativen Methoden angewandt:

a) Die Modellfunktion wird um den gegenwärtigen Parametervektor $\vec{b}$ in eine Taylorreihe bis zum linearen Glied entwickelt, und man versucht, mit der aus dieser

Entwicklung erhaltenen linearen Approximation von f, ϕ in der Umgebung von $\vec{b}$ zu minimalisieren. Der daraus erhaltene Schätzwert $\vec{b}^{(1)}$ ist in der Regel ein besserer Schätzwert für $\vec{b}_{opt}$ als der alte. $\vec{b}_{opt}$ kann dann mittels Iteration leicht bestimmt werden.

b) Ausgehend vom gegenwärtigen Parameterwert $\vec{b}$ geht man in Richtung des negativen Gradienten $-\vec{\nabla}_b \phi$ und hofft darauf, daß der so erhaltene neue Parametervektor $\vec{b}^{(1)}$ einen besseren Schätzwert für $\vec{b}_{opt}$ abgibt als der alte (Newtonartige Verfahren). Ebenso wie beim ersten Verfahren ist man auch hier wieder darauf angewiesen, die Schätzungen durch Iterationen sukzessive zu verbessern.

Die beiden obengenannten Minimalisierungsmethoden leiden an schwerwiegenden methodischen Mängeln. Bei der Taylormethode geht man davon aus, daß f in der betrachteten Umgebung von $\vec{b}^{(i)}$ hinreichend gut linear approximiert werden kann. Dies ist normalerweise aber nur in der Nähe des Minimums der Fall. Somit führt dieses Verfahren unweigerlich zu Konvergenzproblemen bei schlechten Startwerten für die Parameter b_i.

Die Gradienten- oder „Steepest-descent"-Verfahren sind zwar nicht mit Konvergenzschwächen dieser Art behaftet, haben dafür aber die unangenehme Eigenschaft, in der Nähe des Minimums infolge des mangelnden Gradienten nurmehr schlecht zu konvergieren.

Um zu einem schnellen Verfahren zu gelangen, muß folglich zwischen beiden Verfahren interpoliert werden. Zunächst sollen deshalb die beiden oben angesprochenen Verfahren etwas genauer betrachtet werden.

9.3 Die Taylormethode

Die Modellfunktion $f(x,\vec{b})$ kann nach Taylor in der Nähe der gegenwärtigen Parameter $\vec{b}_0$ an den Stellen x_i in erster Näherung durch die Funktion

$$t(x_i, \vec{b}_0, \vec{\delta}_t) = f(x_i, \vec{b}_0) + \sum_{j=1}^{k} \left.\frac{\partial f(x_i, \vec{b})}{\partial b_j}\right|_{\vec{b}=\vec{b}_0} \vec{\delta}_t \qquad (9.15)$$

oder kurz

$$\vec{t}(\vec{\delta}_t) = \vec{f}_0 + P\vec{\delta}_t \qquad (9.16)$$

mit

$$\vec{f}_0 = \vec{f}(\vec{b}_0)$$

$$P_{ij} = \left.\frac{\partial f(x_i, \vec{b})}{\partial b_j}\right|_{\vec{b}=\vec{b}_0}$$

$$\vec{\delta}_t = \text{Taylorvektor zu } \vec{b}_0$$

approximiert werden.

Um ϕ mit t als Modellfunktion zu minimalisieren, kann man jetzt auf Gleichung (9.6) zurückgreifen. Damit ergibt sich

$$P^T P \vec{\delta}_t = P^T (\vec{y} - \vec{f}_0) \qquad (9.17)$$

$$\Leftrightarrow A\vec{\delta}_t = \vec{g} \tag{9.18}$$

mit
$$A = P^T P$$
$$\vec{g} = P^T(\vec{y} - \vec{f}_0)$$

Löst man (9.18) nach $\vec{\delta}_t$ auf

$$\vec{\delta}_t = A^{-1}\vec{g}, \tag{9.19}$$

so erhält man durch $\vec{b}\,' = \vec{b} + \vec{\delta}_t$ einen neuen Schätzwert für $\vec{b}_{opt}$. Durch fortgesetzte Iteration kann dann versucht werden, ϕ zu minimalisieren. Voraussetzung ist allerdings, daß sich die Modellfunktion f durch die Taylorentwicklung t hinreichend gut approximieren läßt.

In vielen Fällen ist es sinnvoll, $\vec{b}$ nur um einen Bruchteil von $\vec{\delta}_t$ zu korrigieren

$$\vec{b}\,' = \vec{b} + k\vec{\delta}_t, \qquad ; k \leq 1 \tag{9.20}$$

da man sonst schnell die Umgebung von $\vec{b}$, in der die Taylorapproximation zutrifft, verläßt. Die Konvergenz des Verfahrens ist deshalb nicht sichergestellt.

9.4 Die Gradientenmethode

Weniger Probleme mit der Sicherung der Konvergenz des Verfahrens hat man bei der Gradientenmethode. Hier verwendet man als Korrekturvektor den negativen Gradienten $-\vec{\nabla}_b \phi$. Dieser steht stets senkrecht zu den Höhenlinien von ϕ und weist in Richtung des stärksten Abfalls von ϕ. Dies hat der Gradientenmethode auch die Bezeichnung „Steepest-descent"-Verfahren eingetragen. Als Korrekturvektor zu $\vec{b}$ verwendet man also den Vektor

$$\vec{\delta}_g = -\vec{\nabla}_b \phi. \tag{9.21}$$

Allerdings muß auch hier wieder die Schrittweite sorgfältig gewählt werden, da $\vec{\delta}_g$ zwar in die richtige Richtung zeigt, aber nicht eine passende Länge für eine gesicherte Konvergenz besitzen muß. Man führt also auch hier wieder einen Relaxationsparameter K ein und verwendet anstelle von (9.21) den Vektor

$$\vec{\delta}_g = -K\vec{\nabla}_b \phi. \qquad ; K \leq 1 \tag{9.22}$$

Die Konvergenz des Verfahrens ist jedoch nur für kleine K gesichert. Um mit möglichst wenig Iterationen ans Ziel zu kommen, muß K allerdings so groß wie möglich gewählt werden.

9.5 Das Marquardt-Verfahren

Bild 9-3 macht deutlich, daß ein sinnvoller Korrekturvektor $\vec{\delta}$ innerhalb eines Winkels $\Theta \leq 90°$ zu $\vec{\delta}_g$ liegen muß, da ϕ ja kleiner und nicht größer werden soll. Ferner hat sich empirisch gezeigt, daß der Winkel Θ' zwischen $\vec{\delta}_t$ und $\vec{\delta}_g$ normalerweise nahe bei $90°$ liegt. Dies ist darauf zurückzuführen, daß die ϕ-Fläche in den meisten Fällen stark elliptisch ist. Um schnelle Konvergenz zu erzielen, ist es daher unerläßlich, in irgendeiner Form zwischen $\vec{\delta}_g$ und $\vec{\delta}_t$ zu interpolieren.

9.5 Das Marquardt-Verfahren

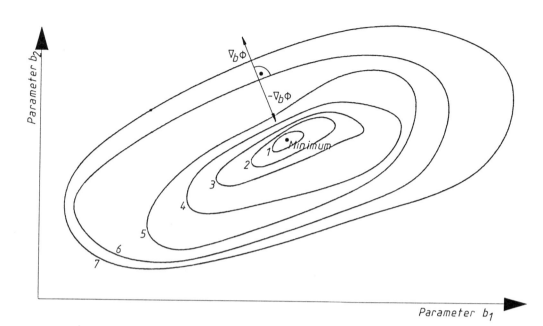

Bild 9-3 *Höhenlinien und Gradienten in einem zweidimensionalen Parameterraum*

Für die mathematische Formulierung des Algorithmus werden 3 Theoreme benötigt. Ihr Beweis beinhaltet dabei keine substantiellen neuen Erkenntnisse, so daß ich nur soweit darauf eingehen werde, wie es für das Verständnis unbedingt erforderlich ist. Für die ausführlichen Beweise sei auf die Originalliteratur (MAR63) verwiesen.

Theorem 1:

Es sei $\lambda \geq 0$ und $\vec{\delta}_0$ genüge der Gleichung

$$(A - \lambda \mathbf{1})\vec{\delta}_0 = \vec{g}. \tag{9.23}$$

Dann minimalisiert $\vec{\delta}_0$ die Funktion

$$\widehat{\phi}(\vec{\delta}) = \|\vec{y} - \vec{f}_0 - P\vec{\delta}\|^2$$

auf einer Kugel vom Radius $\|\vec{\delta}\|$, die der Bedingung $\|\vec{\delta}\|^2 = \|\vec{\delta}_0\|^2$ genügt.

Untersucht man $\widehat{\phi}$ unter der Nebenbedingung $\|\vec{\delta}\|^2 = \|\vec{\delta}_0\|^2$ mit Hilfe von Lagrangeschen Multiplikatoren auf stationäre Punkte, so erhält man für $\vec{\delta}$ die Gleichung

$$(P^T P + \lambda \mathbf{1})\vec{\delta} = P^T(\vec{y} - \vec{f}_0), \tag{9.24}$$

die aber mit der Definitionsgleichung (9.23) von $\vec{\delta}_0$ identisch ist.

Theorem 2:

$\vec{\delta}(\lambda)$ *genüge Gleichung (9.24). Dann ist* $\|\vec{\delta}(\lambda)\|^2$ *eine streng monoton fallende Funktion von* λ*, so daß gilt*

$$\lim_{\lambda \to 0} \|\vec{\delta}(\lambda)\|^2 = 0.$$

Konstruktionsbedingt ist die Matrix A symmetrisch und positiv definit. Sie kann daher durch eine unitäre Transformation

$$U^T A U = D \qquad (9.25)$$

in eine Diagonalmatrix D transformiert werden, ohne die Abstände zwischen Punkten des Vektorraums $\mathcal{V}_b$ zu verändern. Damit erhält man für $\|\vec{\delta}(\lambda)\|^2$ schließlich:

$$\vec{\delta}_0 = U(D + \lambda \mathbf{1})^{-1} U^T \vec{g} \qquad (9.26a)$$

$$\|\vec{\delta}(\lambda)\|^2 = \sum_{j=1}^{k} \frac{v_j^2}{(D_{jj} + \lambda)^2} \qquad (9.26b)$$

mit $\vec{v} = U^T \vec{g}$. Aus (9.26b) folgt dann direkt der Beweis von Theorem 2.

Theorem 3:

Sei γ der Winkel zwischen $\vec{\delta}_0$ und $\vec{\delta}_g$. Dann ist γ eine streng monoton fallende Funktion des Parameters λ, die für $\gamma \to \infty$ gegen 0 konvergiert. Da δ_g nicht von λ abhängt, muß $\vec{\delta}_0$ für $\lambda \to \infty$ gegen die Richtung von $\vec{\delta}_g$ konvergieren.

Zunächst stellt man fest, daß sich $\vec{\delta}_g$ und $\vec{g}$ lediglich um einen irrelevanten Skalierungsfaktor „-2" unterscheiden. Somit gilt:

$$\cos \gamma = \frac{\vec{\delta}^T \vec{g}}{\|\vec{\delta}\| \|\vec{g}\|} \qquad (9.27)$$

$\vec{\delta}^T \vec{g}$ läßt sich unter Verwendung von (9.26a) schreiben als

$$\vec{\delta}^T \vec{g} = \vec{g}^T \vec{\delta} = \vec{g}^T U (D + \lambda \mathbf{1})^{-1} U^T \vec{g}. \qquad (9.28)$$

Damit wird (9.27) zu

$$\cos \gamma = \frac{\vec{v}^T (D + \lambda \mathbf{1})^{-1} \vec{v}}{\sqrt{\vec{v}^T ((D + \lambda \mathbf{1})^2)^{-1} \vec{v}} \sqrt{\vec{g}^T \vec{g}}}$$

$$= \frac{\sum_{j=1}^{k} \frac{v_j^2}{D_{jj} + \lambda}}{\sqrt{\sum_{j=1}^{k} \frac{v_j^2}{(D_{jj} + \lambda)^2}} \sqrt{\vec{g}^T \vec{g}}}$$

Differenziert man nach λ, so erhält man einen Ausdruck, der für alle $\lambda > 0$ positiv ist. Somit gilt

$$\frac{d \cos \gamma}{d \lambda} > 0. \qquad (9.29)$$

9.5 Das Marquardt-Verfahren

Andererseits gilt aber

$$\frac{d\cos\gamma}{d\lambda} = \frac{d\cos\gamma}{d\gamma}\frac{d\gamma}{d\lambda} = -\sin\gamma\frac{d\gamma}{d\lambda}$$

und damit

$$\frac{d\gamma}{d\lambda} < 0.$$

γ ist also eine monoton fallende Funktion von λ.
Für große Werte von λ wird $A + \lambda\mathbf{1}$ von $\lambda\mathbf{1}$ dominiert, das heißt für $\lambda \to \infty$ gilt

$$\vec{\delta}_0 \to \frac{\vec{g}}{\lambda}.$$

Ist hingegen $\lambda = 0$, so ist γ ein Winkel aus dem Bereich

$$0 < \gamma < \frac{\pi}{2}.$$

Damit wird Theorem 3 anschaulich verständlich: Für große λ erhält man praktisch das Gradientenverfahren, während man für kleine das Taylorverfahren erhält. Gerade die letzte Überlegung ist wichtig, denn sie beinhaltet praktisch die Grundlage des gesamten Algorithmus.

Alle Gradientenverfahren sind mit einem schwerwiegenden numerischen Handicap behaftet: Ihre Konvergenz kann nur mathematisch, nicht aber numerisch als gesichert angesehen werden. Die Ursache dafür liegt bei den in der Matrix P auftauchenden Ableitungen nach den Parametern b_i. Diese sind, wie an einem einfachen Beispiel deutlich wird, stark von der Wahl der Größenordnung der einzelnen Parameter abhängig.

Angenommen, es soll eine Funktion der Form $e^{-\lambda t}$ betrachtet werden, wobei λ der zu fittende Parameter sei. Die Ableitung dieser Funktion nach λ ist gerade $-te^{-\lambda t}$. Wenn man jetzt einmal die Ableitungen für den Fall ($\lambda = 0.3, t = 1$), und einmal für den Fall ($\lambda = 0.3 \times 10^9, t = 10^{-9}$) betrachtet, so stellt man fest, daß die Ableitung im zweiten Fall um den Faktor 10^{-9} kleiner als im ersten Fall ist, während der Funktionswert $e^{-\lambda t}$ in beiden identisch ist. Für den konkreten Fall eines Fits dieser Funktion hat das jetzt einschneidende Konsequenzen. Angenommen, man betrachtet jetzt zweimal denselben Datensatz, wobei im einen Fall der Abstand zweier aufeinanderfolgender x-Werte 1 Sekunde, und im anderen Fall 1ns $= 10^{-9}s$ beträgt. Man hat also nur die Zeitbasis geändert und die „Form" des Datensatzes ist in beiden Fällen gleich belassen. Folglich sollte man meinen, da es sich bei der Wahl der Zeitbasis um eine willkürliche lineare Skalierungstransformation handelt, daß das Ergebnis und die Konvergenzgeschwindigkeit davon unberührt bleiben. Aber weit gefehlt! Während im ersten Fall die Konvergenz nach ein paar Iterationen erreicht ist, wird sie im zweiten Fall **nie** erreicht. Die Ursache dafür ist, wie bereits zu Beginn von Kapitel 8 an einem einfachen Beispiel demonstriert, die endliche Rechengenauigkeit des Computers: Die Zerfallskonstante λ ist von der Größenordnung $\mathcal{O}(10^9)$, während die Ableitung von der Größenordnung $\mathcal{O}(10^{-9})$ ist. Der Unterschied der Größenordnungen ist also $\mathcal{O}(10^{18})$ und übersteigt damit die Rechengenauigkeit der Computers. Addiert man, um den nächsten Iterationswert zu erhalten, den Gradienten zu λ, so kann die subtrahierte Zahl nicht mehr dargestellt werden und λ bleibt unverändert erhalten.

Um dieses Problem zu mildern, sind zwei Abhilfemaßnahmen möglich: Die erste ist, daß bei der Definition aller in der Modellfunktion auftretenden Variablen, d.h. also sowohl bei den x_j als auch bei den b_i, darauf geachtet wird, daß diese alle in derselben Größenordnung liegen. Die zweite ist mathematischer Natur und besteht in einer Renormierung der Matrix A. Dazu eicht man die Matrix in Einheiten der Größenordnung der Ableitungen. Diese sind aus den Diagonalelementen A_{ii} bestimmbar, da diese gerade die Betragsquadrate $\vec{p}_i^2$ der Spaltenvektoren der Ableitungsmatrix P enthalten:

$$\vec{p}_i = \frac{\partial f(x_j, \vec{b})}{\partial b_i} \quad \Rightarrow \quad \mathcal{O}\left(\frac{\partial f(x_j, \vec{b})}{\partial b_i}\right) \simeq \sqrt{A_{ii}}$$

Die Matrix wird dann gemäß

$$A_{ij} \to \frac{A_{ij}}{\sqrt{A_{ii} A_{jj}}}$$

renormiert. Dazu definiert man die Skalierungsmatrix S durch

$$S_{ij} = \sqrt{A_{ii}}\,\delta_{ij} = \sigma_i \delta_{ij} \qquad (9.30)$$

Da S Diagonalgestalt besitzt, gilt für ihre Inverse:

$$S^{-1}_{ij} = \frac{1}{\sigma_i}\delta_{ij} \qquad (9.31)$$

Die Renormierung kann dann in der Form

$$A' = S^{-1^T} A S^{-1} = S^{-1} A S^{-1} \qquad (9.32)$$
$$\vec{g}\,' = S^{-1}\vec{g} \qquad (9.33)$$
$$\vec{\delta}\,' = S\vec{\delta} \qquad (9.34)$$

geschrieben werden. Wie man sich leicht durch Einsetzen überzeugen kann, werden Gleichungen der Form

$$A\vec{\delta} = \vec{g} \qquad (9.35)$$

durch diese Renormierung in Gleichungen der Form

$$A'\vec{\delta}\,' = \vec{g}\,' \qquad (9.36)$$

transformiert. Die Lösungen $\vec{\delta}$ von (9.35) hängen dabei mit den Lösungen $\vec{\delta}\,'$ von (9.36) über die Transformation

$$\vec{\delta} = S^{-1}\vec{\delta}\,' \qquad (9.37)$$

zusammen.

Das Wesentliche an dieser linearen Renormierungstransformation ist dabei die Tatsache, daß sie zwar die Skalenabhängigkeit des Gradientenverfahrens abschwächt, andererseits aber die Lösungen δ_i nicht verändert.

Nach diesen Vorbetrachtungen ist es jetzt möglich, den kompletten Algorithmus zur Lösung des Problems zu formulieren.

9.5 Das Marquardt-Verfahren

Ausgehend vom gegenwärtigen Parametervektor $\vec{b}_r$ der r-ten Iteration berechnet man anhand von

$$A_r = P_r^T P_r \qquad (9.38)$$
$$\vec{g}_r = P_r^T \vec{g}_r \qquad (9.39)$$

die Matrix A_r und den Vektor $\vec{g}_r$ von Gleichung (9.2). Mit Hilfe der Transformationsgleichungen (9.32) und (9.33) werden diese renormiert und damit ergibt sich die Gleichung

$$(A' + \lambda_r \mathbf{1})\vec{\delta}_r{}' = \vec{g}_r{}' \qquad (9.40)$$

Mit der Lösung $\vec{\delta}_r{}'$ von (9.40) berechnet man dann mittels der Rücktransformation (9.37) den effektiven Korrekturvektor $\vec{\delta}_r$ und erhält damit den neuen Parametervektor

$$\vec{b}_{r+1} = \vec{b}_r + \vec{\delta}_r \qquad (9.41)$$

Anhand von (9.14) ergibt sich damit der Wert von ϕ_{r+1}. Es gilt nun λ_r so zu bestimmen, daß $\phi_{r+1} < \phi_r$ gilt.

Die Theoreme 2 und 3 gewährleisten, daß es immer ein solches λ gibt, solange $\vec{b}_r$ nicht ein Minimumsvektor ist. Um die Bedingung $\phi_{r+1} < \phi_r$ zu erfüllen, muß λ also lediglich groß genug gewählt werden, da nach Theorem 2 dann gilt

$$\|\vec{\delta}\| \to 0 \qquad (9.42)$$

und nach Theorem 3

$$\vec{\delta} \to \frac{\vec{\delta}_g}{\lambda}. \qquad (9.43)$$

Damit ist zumindest schon einmal die Konvergenz des Verfahrens gesichert. Um jedoch auch eine möglichst schnelle Konvergenz zu erreichen, geht man von folgender Überlegung aus:

Befindet man sich bereits in der Nähe des Minimums, so wird dort nur noch ein kleiner Gradient $\vec{\nabla}_b \phi$ existieren. Wegen (9.43) können mit großen Werten von λ nur mehr geringe Resultatsverbesserungen erreicht werden. Man muß also danach trachten, λ so klein wie möglich zu wählen. Das heißt, man muß ϕ in der maximalen Umgebung, in der sich f linear gut approximieren läßt, minimieren. Deshalb wird dieses Verfahren auch als „Maximum Neighborhood"-Methode bezeichnet.

Um λ geeignet zu wählen, betrachtet man die Änderung

$$\Delta\phi = \phi_r - \phi_{r+1} \qquad (9.44)$$

von ϕ beim letzten Iterationsschritt. War $\Delta\phi$ groß, so ist im allgemeinen ein starker Gradient vorhanden. War es hingegen klein, so wird dies in der Regel auch auf den Gradienten zutreffen. Für große $\Delta\phi$ werden sich also mit relativ großen λ die besten Resultate erzielen lassen (Gradientenmethode), während man bei kleinen $\Delta\phi$ mit kleinen λ am schnellsten vorwärtskommt (Taylormethode).

Es hat sich als sinnvoll erwiesen, für λ folgenden Ausdruck zu verwenden, um eine schnelle Konvergenz des Verfahren zu erreichen:

$$\lambda = \xi \frac{\sqrt{\Delta\phi}}{N-k-1} \quad ; \xi < 1 \qquad (9.45)$$

Der Ausdruck $\frac{\Delta\phi}{N-k-1}$ wäre gerade die Definition der Varianz, woran sich erkennen läßt, daß die Wahl (9.45) den Vorteil einer gewissen Normiertheit besitzt, da $\Delta\phi$ stark von der Anzahl der Datenpunkte N und der Anzahl der Parameter k abhängt.

Der Parameter ξ ist dabei ein Unterrelaxationsparameter. Es hat sich gezeigt, daß ein Wert von 0.01 für ξ eine gute Voraussetzung für eine schnelle Konvergenz des Verfahrens darstellt.

Damit kann jetzt die folgende Strategie formuliert werden:
I) *Setze* $\lambda_0 = 10^{-1}$
Dieser Wert hat sich als günstiger Startwert erwiesen.

Iteration:

II) *Berechne $\phi_r(\vec{b}_r)$ sowie anhand von Gleichung (9.40) und Gleichung (9.41) $\vec{b}_{r+1}$. Berechne damit dann $\phi_{r+1}(\vec{b}_{r+1})$.*

III) *Ist $\phi_{r+1} < \phi_r$, setze $\lambda_{r+1} = \xi \frac{\sqrt{\Delta\phi}}{N-k-1}$ und gehe zur nächsten Iteration über.*

IV) *Ist $\phi_{r+1} > \phi_r$, verwende folgende Strategie:*
  a) *Setze $\lambda_r = 10 \times \lambda_r$ und berechne damit nochmals $\vec{b}_{r+1}$ und ϕ_{r+1}.*
  b) *Ist $\phi_{r+1} < \phi_r$, so gehe mit diesem λ_r zur nächsten Iteration über.*
  c) *Ist $\phi_{r+1} > \phi_r$, so wiederhole a) und b) bis entweder $\lambda_r > 10^8$ oder $\phi_{r+1} < \phi_r$. Im letzteren Fall gehe mit diesem λ_r zur nächsten Iteration über.*
  d) *Ist $\lambda_r > 10^8$, so existieren zwei Möglichkeiten:*
    i) *Das Minimum ist bereits erreicht.*
    ii) *Man springt über das Minimum hinweg.*
    Um letzteren Fall zu testen, berechne man $\vec{b}_{r+1}' = \vec{b}_r + \vec{\delta}_r/2$ und damit ϕ_{r+1}. Ist dieser Wert kleiner als ϕ_r, geht man damit zur nächsten Iteration über, ansonsten bricht man die Iterationsfolge ab.

V) *Brich Iteration ab, falls gilt:*
  1) *Es wurde mindestens eine Iteration ausgeführt (da λ_0 willkürlich)* **und** $\frac{\Delta\phi}{N-k-1} < 10^{-6}$ **und** $|\delta_i|/(\tau+|b_i|) < \epsilon$, $\tau = 10^{-3}$. ϵ *beliebig* (10^{-5}) *für alle i (d.h. die prozentuale Änderung von $\vec{b}$ war in allen Komponenten kleiner als $(100 \times \epsilon)\%$).*
  2) *Nach 30 Iterationen konnte noch keine Konvergenz erzielt werden.*

In den nächsten Abschnitten werden wir uns jetzt mit wichtigen Modifikationen dieses Verfahren beschäftigen. Es bleibt noch zu bemerken, daß der Fall IV) bei der angegebenen Wahl von λ_r praktisch nicht auftritt.

9.6 Gewichtetes Fitten

Sind für eine Messung neben den Meßwerten y_i noch Schätzungen für die Fehler Δy_i der einzelnen Meßwerte bekannt, so können diese im Verfahren berücksichtigt werden.

9.6 Gewichtetes Fitten

Man erreicht dies, indem man anstelle der Funktion ϕ (vgl. (9.14)) die Funktion

$$\Psi = \sum_{i=1}^{N} \left(\frac{y_i - f(x_i, \vec{b})}{\Delta y_i} \right)^2 = \sum_{i=1}^{N} w_i^2 (y_i - f(x_i, \vec{b}))^2 \qquad (9.46)$$

betrachtet.

Es soll nun gezeigt werden, daß an der Formulierung des Algorithmus nichts geändert werden muß, sofern bestimmte Größen geeignet transformiert werden. Dazu zeigt man, daß die zur Ableitung des Algorithmus nötige Gleichung (9.18) durch eine lineare Transformation aus (9.46) erhalten werden kann. Die Wichtungsmatrix W wird hierzu wie folgt definiert:

$$W = w_i \delta_{ij} = \frac{1}{\Delta y_i} \delta_{ij}. \qquad (9.47)$$

In Analogie zu (9.4) kann man, wie aus einem Vergleich mit der Definition von Ψ (9.46) ersichtlich ist, schreiben

$$\Psi = \|W(\vec{y} - \vec{f}(\vec{b}))\|^2, \qquad (9.48)$$

womit dann gilt

$$\Psi = \|W(\vec{y} - \vec{f}_0 - P\vec{\delta})\|^2 = \|W\vec{g} - WP\vec{\delta}\|^2 = \|\vec{g}' - P'\vec{\delta}\|^2. \qquad (9.49)$$

Die Transformation

$$P \to P' = WP \qquad (9.50a)$$
$$\vec{g} \to \vec{g}' = W\vec{g} \qquad (9.50b)$$

führt die als Ausgangsbasis des Algorithmus verwendete Gleichung (9.17)

$$P^T P \vec{\delta} = P^T \vec{g}$$

in die äquivalente Gleichung

$$(WP)^T (WP) \vec{\delta} = (WP)^T W \vec{g} \qquad (9.51)$$

über. Durch die Einführung der Transformation (9.49) bleibt der Algorithmus also in der vorher formulierten Form erhalten.

Interessant ist der Fall, wenn die Fehler Δy_i für alle Meßpunkte identisch sind. In diesem Fall kann W in der Form $W = w\mathbf{1}$ geschrieben werden, und (9.51) ergibt gerade

$$P^T W^T W P \vec{\delta} = P^T W^T W \vec{g} \qquad (9.52a)$$
$$\Leftrightarrow \quad w^2 P^T P \vec{\delta} = w^2 P^T \vec{g}. \qquad (9.52b)$$

In diesem Fall geht also die aus dem gewichteten Ausgleichsproblem resultierende Gleichung (9.51) in ihr ungewichtetes Pendant (9.17) über. Die Wichtung hat in diesem Fall keinerlei Wirkung, da sie sich aus der Ausgangsgleichung (9.52a) wieder herauskürzt.

Der Größe χ^2 (BRO83)

$$\chi^2 = \frac{\Psi}{N-k-1} \qquad (9.53)$$

kommt eine besondere Bedeutung zu. Nimmt man an, die Messung würde durch die Modellfunktion f korrekt beschrieben und die Fehlerschätzungen Δy_i wären ebenfalls korrekt und normalverteilt, so wird der Bruch in (9.46) im Mittel 1 ergeben. Das heißt Ψ wird gerade zu N, entsprechend den N möglichen Freiheitsgraden des Systems. Wie bereits beim linearen Ausgleichsproblem angesprochen, werden k Freiheitsgrade benötigt, um die Parameter $\vec{b}$ zu bestimmen, und ein Freiheitsgrad, um aus Ψ eine erwartungstreue Schätzgröße zu machen (HEI81). Damit ergibt sich als Sollwert für die Größe χ^2 der Wert 1 (bei optimaler Minimierung).

Analog zu (9.53) definiert man für das nicht gewichtete, insbesondere das lineare Ausgleichsproblem die Größe σ^2 durch

$$\sigma^2 = \frac{\phi}{N-k-1} \qquad (9.54)$$

Wie bereits gesagt, entspricht dies gerade der Definition der Varianz. Im Gegensatz zur Größe χ^2 ist σ^2 jedoch nicht normiert.

Da man durch die Verwendung der Einheitsmatrix **1** als Wichtungsmatrix W (alle Fehler identisch oder gleich 1) wieder die normale Definition von ϕ erhält, wird im folgenden nicht mehr zwischen χ^2 und σ^2 unterschieden, sondern stets nur die Größe σ^2 verwendet werden.

9.7 Fehler- und Korrelationsmatrizen

Neben dem Minimumsvektor $\vec{b}_{opt}$ können noch eine ganze Reihe von anderen Schätzgrößen aus dem Algorithmus abgeleitet werden. So erhält man als Nebenprodukte die Matrizen $P^T P$ und $(P^T P)^{-1}$ am Minimum. Diesen kann jetzt eine anschauliche Bedeutung zugeordnet werden. Man geht hierzu wieder vom linearen Ausgleichsproblem (siehe auch Abschnitt 9.10)

$$P^T P \vec{\delta} = P^T \vec{g}$$

aus. Außerdem kann man davon ausgehen, daß f in einer Umgebung U_ϵ des Minimums hinreichend gut linear approximiert werden kann. Um die Bedeutung der Matrizen $P^T P$ und ihrer Inversen besser verstehen zu können, muß zunächst eine leichter deutbare Zerlegung für diese Matrizen gefunden werden.

Zunächst gilt es anzumerken, daß jede symmetrische Matrix Ω mit positiven Diagonalelementen als Produkt der Form

$$\Omega = SRS \qquad (9.55)$$

geschrieben werden kann, wobei S eine Diagonalmatrix und R eine symmetrische Matrix mit Diagonalelementen $R_{ii} = 1$ ist. Wie man sich dazu leicht überlegt, kann Ω, da die Diagonalelemente positiv sind, stets in der Form

$$\Omega = \begin{bmatrix} \sigma_1^2 & \rho_{12}\sigma_1\sigma_2 & \cdots & \rho_{1n}\sigma_1\sigma_n \\ \rho_{21}\sigma_2\sigma_1 & \sigma_2^2 & \cdots & \rho_{2n}\sigma_2\sigma_n \\ \vdots & & \ddots & \vdots \\ \rho_{n1}\sigma_n\sigma_1 & \cdots & \cdots & \sigma_n^2 \end{bmatrix} \qquad (9.56)$$

9.7 Fehler und Korrelationsmatrizen

geschrieben werden. Damit läßt sich Ω aber auch immer in der geforderten Form (9.55) schreiben, mit

$$S = \begin{bmatrix} \sigma_1 & & & 0 \\ & \sigma_2 & & \\ & & \ddots & \\ 0 & & & \sigma_n \end{bmatrix}$$

$$R = \begin{bmatrix} 1 & \rho_{12} & \cdots & \rho_{1n} \\ \rho_{21} & 1 & & \vdots \\ \vdots & & \ddots & \vdots \\ \rho_{n1} & \cdots & \cdots & 1 \end{bmatrix}.$$

Da Ω symmetrisch ist, muß auch R symmetrisch sein, und es gilt

$$\rho_{ij} = \rho_{ji}. \tag{9.57}$$

Die Matrix S ist eine reine Skalierungsmatrix. Für R soll jetzt gezeigt werden, daß ihr für Matrizen der Form $P^T P = SRS$ eine ganz konkrete Bedeutung zugeordnet werden kann. Dazu soll zunächst, wie bereits in Kapitel 8 angekündigt, gezeigt werden, daß jede Matrix $\Omega = P^T P$ mit nichtverschwindenden Spaltenvektoren von P positive Diagonalelemente besitzt und symmetrisch und positiv definit ist.

Wenn $\vec{p}_i$ der i-te Spaltenvektor von P ist, so gilt für Ω_{ij}

$$\Omega_{ij} = \vec{p}_i^{\,T} \vec{p}_j. \tag{9.58}$$

Aus der Form von (9.58) folgt somit unmittelbar die Symmetrieeigenschaft von Ω. Weiterhin folgt für die Diagonalelemente sofort

$$\Omega_{ii} = \vec{p}_i^{\,T} \vec{p}_i = \vec{p}_i^{\,2} > 0. \tag{9.59}$$

Da Ω also symmetrisch ist, kann sie durch eine orthogonale Transformation (Drehung) U (BRO83) in Hauptachsenform gebracht, das heißt diagonalisiert werden. Für U gilt die Orthogonalitätsbedingung $U^T = U^{-1}$, und damit folgt für die diagonalisierte Matrix $\hat{\Omega}$

$$\begin{aligned}\hat{\Omega} &= U^{-1}(P^T P)U = U^T(P^T P)U = (U^T P^T)(PU) = \\ &= (PU)^T(PU) = C^T C.\end{aligned} \tag{9.60}$$

Für die Eigenwerte λ_i von Ω gilt dann die Gleichung

$$\lambda_i = \hat{\Omega}_{ii}. \tag{9.61}$$

Die Eigenschaft (9.59) von Ω wird durch orthogonale Transformationen nicht berührt, und somit sind wegen (9.60) alle Eigenwerte λ_i positiv und Ω ist positiv definit. Damit kann jetzt gezeigt werden, daß die Elemente der Matrix R gerade die Ungleichung $|\rho_{ij}| \leq 1$ erfüllen. Nach (9.58) ist nämlich

$$\Omega_{ij} = \vec{p}_i^{\,T} \vec{p}_j = \|\vec{p}_i\| \|\vec{p}_j\| \cos\theta_{ij}, \tag{9.62}$$

wobei θ_{ij} der Winkel zwischen den Vektoren $\vec{p}_i$ und $\vec{p}_j$ ist. Damit ergibt sich sofort

$$\sigma_i = \|\vec{p}_i\| \tag{9.63a}$$
$$\rho_{ij} = \cos\theta_{ij} \tag{9.63b}$$

für die Elemente σ_i und ρ_{ij} der Matrizen S und R. Aus (9.63b) folgt die geforderte Eigenschaft $|\rho_{ij}| \leq 1$.

Den Elementen ρ_{ij} der Matrix R kann somit jetzt eine anschauliche Bedeutung zugeordnet werden. Sie lassen sich nämlich offensichtlich als der Kosinus des Winkels zwischen zwei Spaltenvektoren deuten. Berücksichtigt man, daß die Spaltenvektoren die Bilder der Einheitsvektoren $\vec{e}_i$ sind, die man durch die lineare Abbildung $\vec{x}' = \Omega\vec{x}$ erhält, so stellen die Komponenten ρ_{ij} ein Maß dafür dar, wie stark die i-te und die j-te Komponente des gestrichenen Vektors $\vec{x}'$ durch Ω aneinander gekoppelt werden.

Die transformierten Einheitsvektoren $\vec{e}_i{}' = \Omega\vec{e}_i$ bilden eine Basis des gestrichenen Koordinatensystems. Ist $\rho_{ij} = 1$, $i \neq j$, so ist der Winkel zwischen den Vektoren $\vec{e}_i{}'$ und $\vec{e}_j{}'$ gleich $0°$, und sie zeigen somit in dieselbe Richtung. Ist $\rho_{ij}(i \neq j)$ hingegen Null, so stehen beide Vektoren aufeinander senkrecht.

Besonders gut sichtbar wird diese Eigenschaft am folgenden Beispiel: Betrachtet sei die zweidimensionale Matrix

$$\Omega = \begin{pmatrix} 1 & \rho \\ \rho & 1 \end{pmatrix} \quad ; 0 \leq \rho < 1.$$

Man kann sich die Wirkung der Matrix Ω überlegen, indem man sie auf die Punkte eines Kreises anwendet (Gerade diese Betrachtungsweise wird später dann benötigt).

Mit steigendem Wert des Parameters ρ wird das Bild des Kreises zunehmend elliptischer, wobei die Halbachsen dieser Ellipsen in Richtung der Winkelhalbierenden orientiert sind. Bei $\rho = 1$ ist die kleine Halbachse verschwunden und die große Halbachse zeigt in Richtung der Winkelhalbierenden des ersten und vierten Quadranten.

Ist ρ also klein, so stehen $\vec{e}_1{}'$ und $\vec{e}_2{}'$ nahezu senkrecht aufeinander. Ist ρ dagegen nahe bei 1, so sind $\vec{e}_1{}'$ und $\vec{e}_2{}'$ fast kollinear. Man sagt $\vec{e}_1{}'$ und $\vec{e}_2{}'$ sind stark korreliert. ρ wird deshalb auch als der Korrelationskoeffizient der beiden gestrichenen Einheitsvektoren bezeichnet.

Es soll nun noch gezeigt werden, daß sich für die inverse Matrix $\Omega^{-1} = \left(P^T P\right)^{-1}$ eine analoge Deutung finden läßt.

Gemäß Gleichung (9.60) gilt $\widehat{\Omega} = C^T C = U^T \Omega U$. Da $\widehat{\Omega}$ diagonal ist, gilt für ihre Inverse die Gleichung

$$\widehat{\Omega}_{ij}^{-1} = \frac{1}{\widehat{\Omega}_{ij}}\delta_{ij} \tag{9.64}$$

Damit ist also auch $\widehat{\Omega}^{-1}$ positiv definit, und es gilt außerdem

$$\begin{aligned}\widehat{\Omega}^{-1} &= \left(U^T \Omega U\right)^{-1} = U^{-1}\Omega^{-1}\left(U^T\right)^{-1} = \\ &= U^T \Omega^{-1} U.\end{aligned} \tag{9.65}$$

Das ist aber gleichbedeutend mit

$$\Omega^{-1} = U\widehat{\Omega}^{-1}U^T. \tag{9.66}$$

9.7 Fehler- und Korrelationsmatrizen

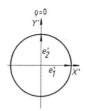

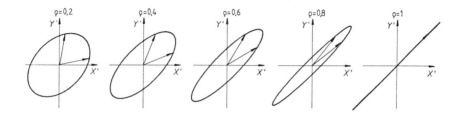

Bild 9-4 *Die Wirkung der Matrix Ω auf einen Kreis für verschiedene Werte von ρ. Die eingezeichneten Vektoren stellen jeweils die Vektoren $\vec{e}_1{'}$ und $\vec{e}_2{'}$ dar.*

Da Gleichung (9.66) wieder eine orthogonale Transformation darstellt, ist also auch Ω^{-1} positiv definit. Außerdem gilt wegen (9.66) auch, daß Ω^{-1} symmetrisch ist, und es gibt deshalb nach Cholesky eine Zerlegung der Form $L^T L$ für Ω.

Faßt man jetzt alles, was auf den letzten Seiten zu Ω und Ω^{-1} gesagt wurde, zusammen, so gelangt man zu folgender wichtigen Schlußfolgerung:

Die Matrix $\left(P^T P\right)^{-1}$ läßt sich stets in der Form SRS aus Gleichung (9.55) darstellen, mit $\rho_{ii} = 1$ und $|\rho_{ij}| \leq 1$, $i \neq j$.

Die Spaltenvektoren $\vec{p}_i$ von P sind nach (9.16) die Gradienten $\vec{\nabla}_b f(x_i, \vec{b})$, und mit (9.63a) erhält man

$$\sigma_i = \left\|\frac{\partial \vec{f}(\vec{b})}{\partial b_i}\right\|. \tag{9.67}$$

Außerdem kann jetzt der Winkel θ_{ij} aus (9.63b) mit dem Winkel zwischen dem i-ten und j-ten Gradienten in $\vec{b}$ identifiziert werden. Die σ_i sind hierbei die Standardabweichungen der Daten.

Es läßt sich zeigen (STO83), daß die Matrix $\sigma^2 P^T P$ die Kovarianzmatrix der Parameter b_i darstellt. Das lineare Ausgleichsproblem kann dann wie folgt umgeschrieben werden

$$\vec{b} = \sigma^2 \left(P^T P\right)^{-1} \frac{P^T}{\sigma^2} \vec{y} = \mathcal{SRS} \frac{P^T}{\sigma^2} \vec{y}, \tag{9.68}$$

denn die Kovarianzmatrix $\sigma^2 \left(P^T P\right)$ läßt sich gemäß der oben gezogenen Schlußfolgerung immer in der Form $\mathcal{SRS}$ mit

$$\mathcal{S}_{ij} = \hat{\sigma}_i \delta_{ij} = \sqrt{\sigma^2 \left(P^T P\right)^{-1}_{ii}} \delta_{ij} \tag{9.69}$$

$$\mathcal{R}_{ij} = \widehat{\rho}_{ij} = \sigma^2 \frac{(P^T P)^{-1}_{ij}}{\widehat{\sigma}_i \widehat{\sigma}_j} \qquad (9.70)$$

schreiben. $\widehat{\sigma}_i$ ist der Fehler des i-ten Parameters, und $\widehat{\rho}_{ij}$ der Korrelationskoeffizient zwischen dem i-ten und j-ten Parameter.

Wir hatten den Korrelationskoeffizienten ρ_{ij} der Daten als den Kosinus des Winkels zweier Gradienten gedeutet. Den Korrelationskoeffizienten $\widehat{\rho}_{ij}$ der Parameter kann man sich analog als den Kosinus zweier Parametergradienten vorstellen. Wie im nächsten Abschnitt gezeigt wird, ist er charakteristisch für das Aussehen der χ^2-Hyperfläche in der Umgebung des Minimums.

9.8 Kontrollen

Muench's Law:
Nothing improves an innovation like lack of controls.

May's Law of stratigraphy:
The quality of correlation is inversely proportional to the density of control.
(BLO84)

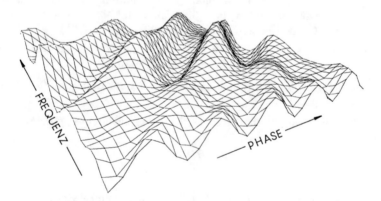

Bild 9-5 χ^2-*Hyperfläche für* $f(t,\vec{b})=\cos(b_1 t + b_2)$

Beim linearen Ausgleichsproblem ist, da nur ein einziges Minimum existiert, gesichert, daß man als Ergebnis das absolute Minimum erhält. Beim allgemeinen Ausgleichsproblem ist dies nicht mehr der Fall. Wie man z.B. in Bild 9-5 erkennt, existieren i.a. eine Vielzahl von Minima. Es ist dann eine Frage der Startparameter, in welches Minimum die Iterationsfolge konvergieren wird. Daher ist es notwendig, die Startparameter entsprechend sorgfältig zu wählen.

Die χ^2-Hyperfläche ist beim linearen Ausgleichsproblem streng konkav, da nur ein einziges Minimum existiert. Beim allgemeinen Ausgleichsproblem kann es genausogut vorkommen, daß eine Reihe von Sattelpunkten existiert, an denen natürlich auch wieder die Bedingung $\vec{\nabla}_b \Psi = 0$ erfüllt ist. Der Algorithmus kann einen solchen Punkt

9.8 Kontrollen

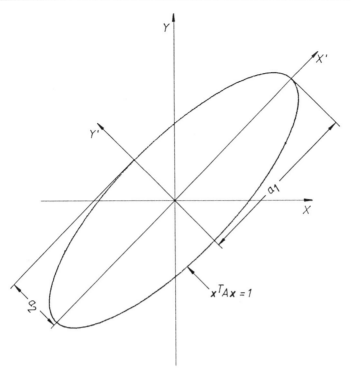

Bild 9-6 *Hauptachsensystem einer symmetrischen, positiv definiten 2×2-Matrix*

nicht von einem Minimum unterscheiden. Um sicherzugehen, daß man sich in einem Minimum befindet, muß man also nach erreichter Konvergenz die χ^2-Hyperfläche in der Umgebung des gefundenen Parametervektors $\vec{b}_{opt}$ untersuchen. Wie jetzt gezeigt werden soll, können die Höhenlinien der χ^2-Hyperfläche in der Umgebung eines Minimums durch die Korrelationsmatrix der Parameter beschrieben werden.

Zur Klassifizierung von Matrizen verwendet man üblicherweise (BRO83, STO83) die quadratische Form $\vec{x}^T A \vec{x}$. Für symmetrische Matrizen betrachtet man den Spezialfall:

$$\vec{x}^T A \vec{x} = 1. \qquad (9.71)$$

(Ein Vektor $\vec{x}$, der Gleichung (9.71) erfüllt, wird als Ellipsoidvektor von A bezeichnet.)

Der Einfachheit halber sollen im folgenden nur Matrizen vom Rang $n = 2$ behandelt werden. Die Ergebnisse lassen sich jedoch problemlos verallgemeinern.

Die Gleichung (9.71) ergibt ausgeschrieben

$$\begin{pmatrix} x_1 \\ x_2 \end{pmatrix}^T \begin{pmatrix} a & \rho \\ \rho & b \end{pmatrix} \begin{pmatrix} x_1 \\ x_2 \end{pmatrix} = ax_1^2 + bx_2^2 + 2\rho x_1 x_2 = 1. \qquad (9.72)$$

Das ist die Gleichung eines Hyperboloids beziehungsweise eines Ellipsoids. Durch eine Drehung des Koordinatensystems in das Hauptachsensystem (Transformation der symmetrischen Matrix auf Diagonalgestalt) vereinfacht sich (9.72) (vgl. (9.60), (9.61)) zu

$$\lambda_1 x_1^2 + \lambda_2 x_2^2 = 1. \qquad (9.73)$$

Für die Eigenwerte λ_i gilt, wie man sich leicht überzeugt, die Beziehung

$$|\lambda_i| = \frac{1}{a_i^2}, \tag{9.74}$$

wobei a_i die Länge der i-ten Hauptachse ist. Die Vorzeichen der λ_i entscheiden darüber, ob eine Hyperboloid- oder eine Ellipsoidgleichung vorliegt. Die Spaltenvektoren zeigen in Richtung der Hauptachsen. Da sich die symmetrische Matrix A auf Diagonalgestalt transformieren läßt, sind ihre Eigenvektoren stets orthogonal. Handelt es sich zudem noch um eine positiv definite Matrix, so ergibt sich stets die Gleichung eines Ellipsoids, wie man an (9.73) sehen kann.

Ausgangspunkt der mathematischen Beschreibung der Höhenlinien der χ^2-Fläche in der Umgebung eines Minimums ist wieder das lineare Ausgleichsproblem, da hier mit Sicherheit ein Minimum vorliegt. In der Umgebung eines Minimums muß sich außerdem jedes Ausgleichsproblem hinreichend gut linear approximieren lassen.

Für die Kovarianzmatrix C der Parameter gilt dann (vgl. (9.68); es soll wieder nur der Fall $n = 2$ betrachtet werden):

$$C = \sigma^2 \left(P^T P\right)^{-1} = SRS = \begin{pmatrix} \sigma_1^2 & \sigma_1 \sigma_2 \rho \\ \sigma_1 \sigma_2 \rho & \sigma_2^2 \end{pmatrix} \tag{9.75}$$

Dabei ist ρ der Korrelationskoeffizient zwischen dem ersten und zweiten Parameter. Für die Inverse C^{-1} von C gilt die Beziehung

$$C^{-1} = S^{-1} R^{-1} S^{-1} \tag{9.76}$$

und für S und R aufgrund der Symmetrie bzw. der Diagonalität von C die Beziehungen

$$\begin{aligned} S^T &= S & \left(S^{-1}\right)^T &= S^{-1} \\ R^T &= R & \left(R^{-1}\right)^T &= R^{-1} \\ (SRS)^T &= SRS & \left(S^{-1} R^{-1} S^{-1}\right)^T &= S^{-1} R^{-1} S^{-1} \end{aligned} \tag{9.77}$$

Diese Eigenschaften der S- und R-Matrizen werden sich im folgenden als sehr nützlich erweisen.

Für C gilt mit den Eigenschaften (9.77) von S und R trivialerweise

$$\vec{e}_i^{\,T} S^{-1} C S^{-1} \vec{e}_i = \vec{e}_i^{\,T} S^{-1} (SRS) S^{-1} \vec{e}_i = \vec{e}_i^{\,T} R \vec{e}_i = 1, \tag{9.78}$$

wobei $\vec{e}_i$ der i-te Einheitsvektor sei. Schreibt man den zweiten Term von (9.78) in der Form

$$\left(S^{-1} \vec{e}_i\right)^T SRS \left(S^{-1} \vec{e}_i\right) = 1, \tag{9.79}$$

so gilt allgemein, daß jeder der Vektoren $S^{-1} \vec{e}_i$ (bzw. $\vec{e}_i$) ein Ellipsoidvektor von SRS (bzw. R) ist.

Voraussetzungsgemäß wird das lineare Ausgleichsproblem $\phi(\vec{b}) = \|\vec{y} - P\vec{b}\|^2 = Min$ betrachtet. Es soll jetzt untersucht werden, wie stark $\phi(\vec{b})$ am Minimum auf eine kleine Änderung $d\vec{b}$ von $\vec{b}$ reagiert. Mit (9.4) gilt

$$\phi(\vec{b}) = \|\vec{y} - P\vec{b}\|^2 = \vec{y}^{\,2} - 2\vec{y}^{\,T} P\vec{b} + \vec{b}^{\,T} P^T P \vec{b} \tag{9.80}$$

9.8 Kontrollen

und damit

$$\phi(\vec{b} + d\vec{b}) = \|\vec{y} - P(\vec{b} + d\vec{b})\|^2 =$$
$$= \vec{y}^2 - 2\vec{y}^T P(\vec{b} + d\vec{b}) + (\vec{b} + d\vec{b})^T P^T P(\vec{b} + d\vec{b}) =$$
$$= \phi(\vec{b}) + \left(2(\vec{b}^T P^T P - \vec{y}^T P)d\vec{b} + d\vec{b}^T P^T P d\vec{b}\right) = \quad (9.81)$$
$$= \phi(\vec{b}) + d\vec{b}^T P^T P d\vec{b},$$

da nach Voraussetzung $\vec{b}^T P^T P - \vec{y}^T P = (P^T P \vec{b} - P^T \vec{y})^T = 0$ gilt.
Damit ergibt sich für die Änderung $\Delta \phi$ von ϕ:

$$\Delta\phi = \phi(\vec{b} + d\vec{b}) - \phi(\vec{b}) = d\vec{b}^T P^T P d\vec{b}. \quad (9.82)$$

Man kann bereits an dieser Stelle feststellen, daß die Höhenlinie $\Delta\phi = const$ einer Ellipsoidgleichung gehorchen wird. In welcher Weise dies der Fall ist, wird jedoch noch klarer, wenn (9.82) etwas weiter umgeformt wird.
Mit (9.68) gilt unter Ausnutzung von (9.77)

$$\sigma^2 \left(S^{-1} R^{-1} S^{-1}\right) \vec{b} = P^T \vec{y}. \quad (9.83)$$

Andererseits gilt aber nach Voraussetzung $P^T P \vec{b} = P^T \vec{y}$. Durch einen Vergleich dieser Gleichung mit (9.83) kann man somit feststellen:

$$P^T P = \sigma^2 \left(S^{-1} R^{-1} S^{-1}\right). \quad (9.84)$$

Wegen Gleichung (9.68) läßt sich $d\vec{b}$ in der Form $d\vec{b} = SRS\vec{x}$ schreiben. Damit erhält man nach einigen Umformungen, zusammen mit dem Ausdruck (9.84) für $P^T P$, für $\Delta\phi$ die günstigere Form

$$\frac{\Delta\phi}{\sigma^2} = \vec{x}^T SRS \vec{x}. \quad (9.85)$$

Um das Verhalten der ϕ-Hyperfläche in der Umgebung des Minimums zu studieren, betrachtet man das Verhalten der Höhenlinien dort. Eine spezielle Höhenlinie erhält man, wenn man

$$\frac{\Delta\phi}{\sigma^2} = 1 \quad (9.86)$$

setzt. (9.85) wird dadurch zur Gleichung eines Ellipsoids. Man betrachtet in diesem Fall eine Höhenlinie von ϕ, die um σ^2 höher als ϕ_{min} liegt. Es ist entscheidend, daß man die Aussage treffen kann, daß diese *höher* liegen muß, denn damit existiert nun eine Kontrollmöglichkeit, anhand derer überprüft werden kann, ob es sich bei dem gefundenen Parametersatz $\vec{b}_{opt}$ tatsächlich um einen optimalen Parametersatz handelt. Die Tatsache, daß $\Delta\phi$ positiv sein muß, folgt dabei allein aus der Tatsache, daß beim linearen Ausgleichsproblem nur ein einziges Minimum existiert. Jeder andere Wert von ϕ muß daher größer als ϕ_{min} sein.
Mit (9.85) kann aus (9.86) die Ellipsoidgleichung

$$\vec{x}^T SRS \vec{x} = 1 \quad (9.87)$$

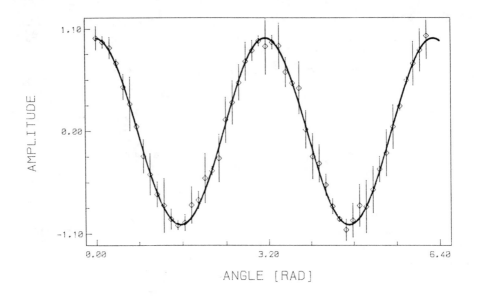

Bild 9-7 *Beispiel eines Ausgleichsproblems der Form $f(t,\vec{b})=\cos(b_1 t+b_2)$. Eingezeichnet ist die Modellfunktion mit den gefundenen optimalen Parameterwerten.*

abgeleitet werden. Wie bereits an früherer Stelle gezeigt, wird diese Gleichung durch die Definition $\vec{x} = S^{-1}\vec{e}_i$ zu

$$\vec{e}_i{}^T S^{-1}(SRS)S^{-1}\vec{e}_i = \vec{e}_i{}^T R\vec{e}_i = 1, \quad (9.88)$$

da $\vec{x}$ stets ein Ellipsoidvektor zu R ist.

Um die ϕ-Hyperfläche eines allgemeinen Ausgleichsproblems in der Umgebung eines vermeintlichen Minimums zu untersuchen, definiert man deshalb folgenden Kontrollvektor:

$$d\vec{b} = (SRS)S^{-1}\vec{e}_i \quad (9.89)$$

mit $SRS = \sigma^2 \left(P^T P\right)^{-1}$. Mit diesem berechnet man die Kontrollwerte $C_\pm$

$$C_\pm = \frac{\Delta\phi}{\sigma^2} = \frac{\phi(\vec{b} \pm d\vec{b}) - \phi(\vec{b})}{\sigma^2}, \quad (9.90)$$

für die sich nach (9.88) der Wert 1 ergeben muß. Voraussetzung ist, daß die Fehler auch tatsächlich normalverteilt sind. Da dies in der Regel nicht der Fall ist, können in der Praxis auch Abweichungen von diesem Wert auftreten. Kriterium für die Korrektheit der Minimumsbestimmung ist in jedem Fall aber eine Symmetrie der beiden Kontrollwerte C_+ und C_-, die in etwa denselben Wert annehmen sollten. Sind die Kontrollen für alle Parameter positiv und symmetrisch, so kann man davon ausgehen, das ein Minimum vorliegt. Bei Asymmetrie liegt ein Sattelpunkt vor. In diesem Fall ist es sinnvoll, das Ausgleichsproblem mit neuen Startparametern nochmals zu behandeln. Liegen die Kontrollen nahe bei 1, so liegt zudem eine gute Übereinstimmung zwischen Modellfunktion und Experiment im Rahmen der getroffenen Fehlerschätzung der Datenwerte vor.

9.9 Freie Parameter

In Bild 9-8 findet man die zu dem in Bild 9-7 dargestellten Ausgleichsproblem der Form $f(t,\vec{b}) = \cos(b_1 t + b_2)$ gehörige Höhenliniendarstellung. Da mit f eine periodische Funktion vorliegt, ist ein periodisches Auftreten von Minima zu erwarten, und zwar mit einer Periode von 2π für b_2 und für alle Oberwellen der Grundfrequenz ω_0, die auch wie erwartet auftreten.

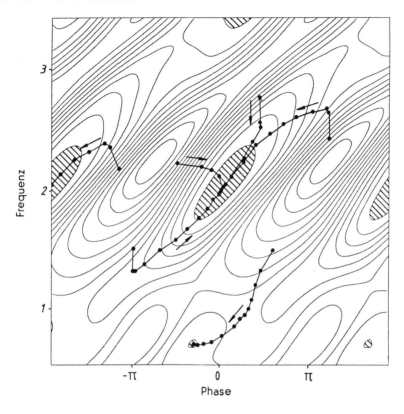

Bild 9-8 *Höhenliniendarstellung zu* $f(t,\vec{b})=\cos(b_1 t+b_2)$

In Bild 9-8 sind zudem die Iterationswege für verschiedene Startparameter angegeben. Wie man sieht, ist es von entscheidender Bedeutung, die Startparameter geeignet zu wählen, um zu dem angestrebten Minimum zu gelangen. Daß Ergebnis des Fits hängt also unter Umständen wesentlich von der Wahl der geeigneten Startparameter und somit vom Benutzer ab.

Bild 9-9 zeigt die theoretisch berechnete Kontrollellipse (vgl. Gleichung (9.88)), sowie die 4 Kontrollvektoren für das Minimum bei $(2,0)$. Wie man sieht, stimmt die theoretisch berechnete Ellipse gut mit der Form der Höhenlinien um diesen Punkt überein.

9.9 Freie Parameter

In einer Vielzahl von Anwendungen ist es wünschenswert, daß man zwischen freien und festen Parametern unterscheiden kann. Die festen Parameter besitzen im Ge-

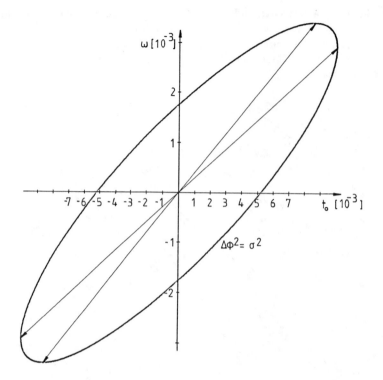

Bild 9-9 *Kontrollellipse zum Minimum* (2,0)

gensatz zu den freien Parametern einen vom Beutzer definierbaren, variablen Wert, den der Fit aber als konstant ansehen und nicht anpassen soll. Man kann generell zwischen zwei Arten von festen Parametern unterscheiden. Die erste Art sind die festen Parameter, die *niemals* als freie Parameter zu behandeln sind, die zweite sind diejenigen, die vom Benutzer entweder als frei *oder* fest definiert werden können. Die Parameter der zweiten Art möchte man gerne in einem k-dimensionalen Parametervektor $\vec{b}$ zusammenfassen, wobei man jeder Komponente b_i einen Status (frei oder fest) zuordnen können soll. Dieser Status muß bei der Berechnung der Matrix $A = P^T P$ berücksichtigt werden.

Soll der Parameter b_i festgehalten werden, so muß gelten

$$\frac{\partial f(x_i, \vec{b})}{\partial b_i} = 0 \quad ; \text{ für alle } i. \tag{9.91}$$

Dies führt dazu, daß in der Matrix A konstruktionsbedingt sowohl in der i-ten Zeile als auch in der i-ten Spalte Nullen stehen. Aus demselben Grund ist die i-te Komponente g_i von $\vec{g}$ eine Null. Dies ist gleichbedeutend damit, daß für die i-te Komponente von $\vec{\delta}$ keine Bestimmungsgleichung existiert.

$$i\begin{pmatrix} A_1 & \vec{0} & A_3 \\ \vec{0}^T & 0 & \vec{0}^T \\ A_2 & \vec{0} & A_4 \end{pmatrix} \begin{pmatrix} \vec{\delta}_a \\ \delta_i \\ \vec{\delta}_b \end{pmatrix} = \begin{pmatrix} \vec{g}_a \\ 0 \\ \vec{g}_b \end{pmatrix}. \qquad (9.92)$$

Damit ist jedoch die Matrix A singulär geworden, und dies würde zum Zusammenbruch der Renormierungstransformation und des Cholesky-Verfahrens führen. Dies läßt sich vermeiden, wenn man nachträglich das Diagonalelement A_{ii} auf den Wert $A_{ii} = 1$ setzt. Damit wird die Renormierungstransformation nicht mehr gestört und man erreicht zusätzlich, daß $\delta_i = 0$ gilt, das heißt, für die i-te Komponente b_i des Parametervektors $\vec{b}$ liefert das Verfahren keinen effektiven Korrekturwert mehr und b_i bleibt für alle Iterationen konstant.

Die Dimension k des Parametervektors $\vec{b}$ hat bestimmenden Einfluß auf die Größe χ^2 und die Kontrollen. Da sich die Definition dieser Größen stets auf k als die Anzahl der freien Parameter bezieht, ist k durch die Größe k_{frei}, die die Anzahl der freien Parameter angibt, zu ersetzen.

9.10 Lineare Fits nach dem Marquardt-Verfahren

Will man ein lineares Ausgleichsproblem behandeln, so muß man dazu nicht ein neues Programm schreiben, sondern kann auf dem vorhandenen Algorithmus aufbauen. Es ist unmittelbar einsichtig, daß man mit dem beschriebenen Algorithmus bei einem linearen Ausgleichsproblem in der ersten Iteration die exakte Lösung des Problems erhält, wenn man vor Beginn der Iteration den Parameter λ auf Null setzt. Die Ausgangsgleichung (9.23) des Algorithmus reduziert sich in diesem Fall gerade auf die Normalgleichung eines linearen Ausgleichsproblems, das jedoch nicht mit dem gewünschten identisch ist. In Gleichung (9.23) wird nicht direkt der Parametervektor $\vec{b}_{opt}$, sondern ein Korrekturvektor $\vec{\delta}_{opt}$ bestimmt. Formt man (9.23) aber um, wobei man berücksichtigt, daß sich $\vec{f}_0$ für ein lineares Ausgleichsproblem in der Form $\vec{f}_0 = P\vec{b}_0$ schreiben läßt, und man $\vec{b}_{opt}$ durch $\vec{b}_{opt} = \vec{b}_0 + \vec{\delta}_{opt}$ ausdrücken kann, so ergibt sich sofort

$$P^T P \vec{\delta}_{opt} = P^T (\vec{y} - \vec{f}_0) = P^T \vec{y} - P^T P \vec{b}_0$$
$$\Leftrightarrow \quad P^T P (\vec{\delta}_{opt} + \vec{b}_0) = P^T \vec{y}$$
$$\Leftrightarrow \quad P^T P \vec{b}_{opt} = P^T \vec{y}$$

und somit die geforderte Normalgleichung des linearen Ausgleichsproblems.

9.11 Die Units FITPARA, THEORY und FIT2

Das oben beschriebene Verfahren ist in den Units FITPARA, THEORY und FIT2 implementiert. Die vom eigentlichen Fitprogramm FIT2 benötigten Parameter sind in einer eigenen Unit abgelegt, um für die zu berechnenden Matrizen P und $A = P^T P$ den maximal möglichen Spielraum bezüglich des Speicherplatzes zu gewährleisten, da auf eine Speicherung in Form von Pointervariablen verzichtet werden soll.

9.11.1 FITPARA

Die Unit FITPARA enthält alle Variablen des Hauptprogramms FIT2. Durch den Beutzer sind in erster Linie die folgenden Variablen zu setzen

Signif	Ein Abbruch der Iterationen wird möglich, sobald der Wert der maximalen letzten Parameteränderung Δ_{max} kleiner als der Wert $10^{-Signif-2}$ und somit gerade kleiner als $10^{-Signif}\%$ wird. Diese Größe ist das Analogon zu der auf Seite 258 definierten Größe ϵ. *Vorbesetzung*: 0
N_Theo	Bestimmt die Nummer der zu verwendenden Theoriefunktion. Die verschiedenen Funktionen sind nach diesem Parameter in der Unit THEORY katalogisiert. *Vorbesetzung*: 1
Par_Fix[i]	Enthält benutzerdefinierte Variablen, die nicht gefittet werden sollen (permanently fixed parameters). Index = 1...30. Der Parameter Par_Fix[1] enthält den auf Seite 258 definierten Unterrelaxationsparameter ξ. *Vorbesetzung*: Par_Fix[1]=0.01; alle anderen 0
Pars[i]	Enthält die Parameter b_i. Index = 1...30. Diese sind vor dem Start auf die entsprechenden Startwerte zu setzen. Nach dem Ende der Iterationen oder nach einer Unterbrechung enthalten sie die (zum Zeitpunkt der Unterbrechung) optimalen Parameter. Die Startparameter sind nach dem Ende der Iterationen im Feld ParsS abgelegt. *Vorbesetzung: Nicht initalisiert.*
Fixed[i]	Zu Pars adjungiertes boolean-Feld. Index = 1...30. Mit diesem Feld kann bestimmt werden, ob der i-te Parameter festgehalten werden soll oder nicht. Ist der Parameter frei, so muß der entprechende Fixed-Wert auf FALSE gesetzt sein. *Vorbesetzung*: FALSE
N_Fit	Gesamtzahl der für den Fit zur Verfügung stehenden Daten (maximal 200, da sonst Speicherplatzprobleme bei der Speicherung der Ableitungsmatrix P auftreten). *Vorbesetzung: Nicht initalisiert.*
N_Par	Anzahl k der verwendeten „freien" Parameter b_i. Die Anzahl k_{frei} der tatsächlich freien Parameter wird vom Programm selbst bestimmt. *Vorbesetzung: Nicht initalisiert.*
F_Lower	Nummer des ersten tatsächlich für den Fit zu verwendenden Datenpunktes. *Vorbesetzung: Nicht initalisiert.*
F_Upper	Nummer des letzten tatsächlich für den Fit zu verwendenden Datenpunktes. *Vorbesetzung: Nicht initalisiert.*
Lambdastart	Startwert für der Parameter λ. *Vorbesetzung*: 0.1
x[i], y[i], yerr[i]	Enthalten die x- und y-Koordinaten sowie die Fehler Δy der y-Komponenten der N_Fit Datenpunkte. Index = 1...N_Fit. *Vorbesetzung: Nicht initalisiert.*
CTRL_PR	Boole'sche Variable, die angibt, ob während der Iterationen ein Kontrollausdruck der Werte Iteration, χ^2, $\log\lambda$ und Δ_{max} (siehe Signif) erfolgen soll. *Vorbesetzung*: TRUE

Ausgabewerte:

Fit_ok	Boole'sche Variable, die den Wert TRUE annimmt, wenn während des Fits keine Fehler aufgetreten sind

9.11.1 FITPARA

F_Error	Fit-Fehler, falls `Fit_ok=FALSE`
	0: Keine Fehler aufgetreten
	1: N_Par>30 oder N_Fit>200.
	2: Korrelationsfehler: Zwei Parameter sind 100% korreliert; A kann nicht invertiert werden.
	3: Korrelationsfehler: $1-|\rho_{ij}| < 10^{-8}$ für mindestens einen Korrelationskoeffizienten der optimalen Matrix A.
	4: Benutzer-Unterbrechung
	5: $N = $ F_Upper $-$ F_Lower $> k_{frei}$; Gleichungssystem unterbestimmt.
Pars[i]	Siehe oben
Pars_Err[i]	Fehler der Parameter. Index $= 1\ldots 30$
Cont1[i], Cont2[i]	Kontrollwerte für die einzelnen Parameter. Index $= 1\ldots 30$
Iter	Zahl der benötigten Iterationen
Chi2	χ^2 für den optimalen Parametersatz

```
Unit FITPARA;

interface

const   N_Par_max       = 30;
        N_Par_max1      = 31;
        N_Data          = 200;
        Signif: integer = 0;
        N_Theo: integer = 1;

type    Sol_Vec  = array [1..N_par_max]  of double;   { Solution vector }
        Data_Vec = array [1..N_Data]     of double;   { Data }
        MLine    = array [1..N_Par_max1] of double;   { Matrix Line }
        Norm_eq  = array [1..N_Par_max]  of MLine;    { Normalized }
                                                      { equation system }

const Par_Fix: Sol_vec = (0.01,0,0,0,0,0,0,0,0,0,
                          0,0,0,0,0,0,0,0,0,0,
                          0,0,0,0,0,0,0,0,0,0);

       Fixed    : array [1..N_Par_max] of boolean = { Fixing array }
                          (false,false,false,false,false,
                           false,false,false,false,false,
                           false,false,false,false,false,
                           false,false,false,false,false,
                           false,false,false,false,false,
                           false,false,false,false,false);

       Lambdastart: double = 1E-1;
       CTRL_PR: boolean = true; { Write control values to screen }

var    ParsS,            { Start vector for pars }
       Pars,             { Parameter vector }
       Pars_err,         { Errors of parameters }
```

```
        cont1,              { Controls }
        cont2    : Sol_Vec;
        x,y,                { Original vectors }
        yerr,
        xprim,              { Saved vectors }
        yprim    : Data_Vec;
        A1       : Norm_eq; { A1: A[norm] }
        chi2     : double;  { Chi^2 }
        f_lower,            { first fitted value }
        f_upper,            { last fitted value }
        iter,               { Iteration }
        N_Fit,              { actual number of data to fit }
        N_Par,
        F_Error  : integer;
        Fit_ok   : boolean; { Did any error occur ? }
implementation
end.
```

9.11.2 THEORY

Die **Unit THEORY** enthält die zu fittenden Funktionen. Damit nicht jedesmal eine neue Theorie-Datei geschrieben werden muß, sind die einzelnen Theoriefunktion anhand der Nummer **N_Theo** katalogisiert. Diese muß vor dem Aufruf des Fits nurmehr auf den entsprechenden Wert gesetzt werden.

Es sind sowohl die Theorie-Funktion in der Funktion **THEO**, als auch deren Ableitungen nach den einzelnen Parametern in der Funktion **DB** zu programmieren (siehe Ausdruck unten). Es ist vorgesehen, daß die Berechnung der Ableitungen explizit erfolgt. Dies kann, wenn gewünscht, durch eine numerische Berechnung ersetzt werden. Es gilt aber zu bedenken, daß die numerischen Ableitungen in der Regel nicht so stabil wie die expliziten sind.

Als Standardfunktion ist die Theoriefunktion 1 vorgesehen. In dem untenstehenden Beispiel ist die programmierte Funktion das Faltungsprodukt (8.25) von Seite 193.

Die Theoriefunktion 0 besitzt eine Sonderstellung. Sie erlaubt lineare Fits von Polynomen beliebigen Grades. Für den Aufruf muß dazu lediglich **N_Par** auf einen dem Grad des Polynoms entsprechenden Wert gesetzt werden. Für den Fall der Geraden $a_1 + a_2 x$ ist **N_Par** beispielsweise auf den Wert 2 zu setzen.

```
Unit THEORY;

interface

uses Types,Complx,FitPara;

function Theo(x: double; pars: Sol_vec): double;
function Db(par,i: integer): double;

implementation

function Theo(x: double; pars: Sol_vec): double;

{ Fittable parameters are pars[i], with i ranging from 1 to 30; }
{ unfittable, but variable parameters are par_fix[i], with i }
```

9.11.2 THEORY

```
{ ranging from 2 to 30. }
var t: double;
    i: integer;
const sqrttwo = 1.4142136;
begin
 case N_Theo of
  0: begin
       { pars[1] : a0 }
       { pars[2] : a1 }
       { pars[3] : a2 }
       { .... }
       { pars[N_par] : a(N_par+1) }
       t := pars[N_Par];                 { Horner }
       for i := N_Par-1 downto 1 do
         t := t*x+pars[i];
       Theo := t;
     end;
  1: begin
       { pars[1] : t0 }
       { pars[2] : N }
       { pars[3] : lambda }
       { pars[4] : sigma }
       { pars[5] : back }
       t := x-pars[1];    { t-t0 }
       Theo := pars[2]/2*(fexp(sqr(pars[3]*pars[4])/2-pars[3]*t)*
               erfc((pars[3]*pars[4]-t/pars[4])/sqrttwo))+pars[5];
     end;
 end; { case }
end;

function Db(par,i: integer): double;
{ Db = df(x[i],pars)/dpars[par] }
var e1,e2,e3,t,efc: double;
const sqrttwobypi = 0.7978845;
      sqrttwo     = 1.4142136;
begin
 if fixed[par] then Db := 0
 else
 case N_Theo of
  0: if par=1 then Db := 1
     else Db := pot(x[i],pred(par));
  1: begin
       t  := x[i]-pars[1];
       e1 := fexp(sqr(pars[3]*pars[4])/2-pars[3]*t);
       e2 := fexp(-sqr(pars[3]*pars[4]-t/pars[4])/2);
```

```
          efc := erfc((pars[3]*pars[4]-t/pars[4])/sqrttwo);
          case par of
            1: Db := pars[2]/2*e1*(pars[3]*efc-sqrttwobypi/pars[4]*e2);
            2: Db := 0.5*e1*efc;
            3: Db := pars[2]/2*e1*((pars[3]*sqr(pars[4])-t)*efc-
                     sqrttwobypi/pars[4]*e2);
            4: Db := pars[2]/2*e1*(sqr(pars[3])*pars[4]*efc-
                     sqrttwobypi*(pars[3]/sqrttwo+t/sqr(pars[4]))*e2);
            5: Db := 1;
          end;
       end; { Theory 1 }
    end; { case }
end; { of Db }
end.
```

9.11.3 FIT2

Die einzige vom Benutzer direkt ansprechbare Funktion der Unit FIT2 ist die Prozedur DO_FIT. Diese übernimmt den eigentlichen Fit gemäß den in FITPARA gesetzten Variablenwerten. *Wenn die Variable CTRL_PR auf den Wert TRUE gesetzt wurde, so wird erwartet, daß sich der Rechner während des eigentlichen Fits im EGA-Modus befindet und der ARA-Grafiktreiber verwendet wird. Wenn der Fit für gewöhnlich im Textmodus oder mit einer anderen Grafiksoftware erfolgt, so müssen die entsprechenden Passagen geändert werden oder, wenn ARA verwendet wird, CTRL_PR auf FALSE gesetzt werden. Diese Passagen sind mit Hilfe der Find-Funktion des Editors (^QF) problemlos zu finden, wenn man nach dem Ausdruck „CTRL_PR" sucht.*

Das folgende kurze Programm soll die Verwendung der Fit-Units anhand des Fits einer simulierten Geraden mit der Steigung 1, dem Offset 2 und einer zufälligen Abweichung von maximal 2 Einheiten in y-Richtung demonstrieren. Da die Abweichungen ein gleich- und nicht gaußverteiltes weißes Rauschen darstellen, sollten die Werte der gefitteten Parameter bei 100 simulierten Punkten noch nicht zu gut mit den Simulationsvorgaben übereinstimmen (Abweichungen in der Größenordnung 10^{-2}). Außerdem sollten die Kontrollen nicht genau 1 ergeben, da der aus den Daten geschätzte Wert für $\tilde{\sigma}^2$ (vgl. Abschnitt 9.8), aufgrund der geringen Datenzahl und des nicht gaußverteilten Rauschens nur eine mäßige Übereinstimmung mit dem korrekten Wert σ^2 aufweisen kann. In jedem Fall müssen aber alle Kontrollen identisch sein.

```
{$R-}      {Range checking off}
{$B+}      {Boolean complete evaluation on}
{$S+}      {Stack checking on}
{$I+}      {I/O checking on}
{$N+}      {Numeric coprocessor}
Uses Crt,Dos,Types,ARA,Fitpara,Theory,Fit2;

var i: integer;

begin
 for i := 1 to 100 do
  begin
   x[i] := i;
```

9.11.3 FIT2

```
    y[i] := 2+i+(2*random-1);
    yerr[i] := 1;
  end;

CTRL_PR := false;       { No Control-Print on screen}
N_Fit := 100;           { Number of possible data }
F_lower := 10;          { Use only datapoints 10 ... 90 }
F_upper := 90;
N_Theo := 0;            { Linear fit: }
N_Par  := 2;            { Straight line }
pars[1] := 0;           { Offset a1 = 0 }
pars[2] := 0;           { Slope a2 = 0 }

do_fit;

writeln(pars[1],pars_err[1]); { Offset + Error }
writeln(pars[2],pars_err[2]); { Slope + Error }
end.
```

Das Beispiel enthält bis auf die grafische Ausgabe bereits alle wesentlichen Komponenten des Fits. Außerdem wird demonstriert, wie die einzelnen Parameter vor dem Aufruf von DO_FIT zu initialisieren sind. Gerade bei nichtlinearen Fits empfiehlt es sich, wenn viele Fits mit derselben Theoriefunktion durchgeführt werden sollen, an einem Beispiel die optimalen Werte für ξ = Par_Fix[1] und Signif zu bestimmen, mit denen die schnellste Konvergenz erzielt werden kann.

```
Unit FIT2;

interface

Uses CRT,DOS,Types,ARA,FitPara,Theory;

procedure DO_FIT;

implementation

const epsilon: double = 1E-5;    { Stop-accuracy Dpar/par }
      tau:     double = 1E-3;    { par -> 0: Dpar/par -> Dpar/tau }

type MCol   = array [1..N_Par_max] of double;  { Matrix Column }
     Matrix = array [1..N_Data] of MCol;       { Theory matrix }

var  w              : Data_Vec;   { Weights }
     pars1,                       { Test-vector for better Pars }
     d,                           { Correction-vector }
     d1             : Sol_Vec;    { Test-Correction-Vector }
     A              : Norm_eq;    { A: P^(t)*P }
     ph,                          { ph: calculated Phi }
     phold,                       { phold: old Phi }
     lambda,                      { Relaxationfactor }
     l,                           { l: Test-Lambda, Chi^2 }
     d_max,                       { max. relative parameterchange }
     test: double;                { Stop condition }
     N_Par1,                      { N_Par + 1 }
```

```
       N,i,                    { N: actual number of data to Fit }
       lower,                  { first fitted value }
       upper,                  { last fitted value }
       N_Par_free : integer;   { number of free parameters }
       converg    : boolean;   { Convergence Reached }
       q          : char;      { Keybordabfrage }
function PHI(b: Sol_Vec): double;
var r: double;
    i: integer;
begin
 r := 0;
 for i := 1 to N do
   r := r+w[i]*sqr(y[i]-Theo(x[i],b));
 phi := r;
end;


procedure INIT;
label exit;
var i: integer;
    r: double;

begin
  { Init parameters }
  if N_Theo=0 then
   begin
    lambdastart := 0;
    if N_par<2 then
     begin
      textmode(co80);
      writeln('N_Par must be larger than 1 for linear fits!');
      halt;
     end;
   end;
  N_par1 := succ(N_par);
  move(Pars,ParsS,8*N_Par);
  fillchar(d,8*N_Par,0);
  epsilon := exp((signif-2)*ln(10));

  { Init data }
  if f_upper>N_fit then f_upper := N_fit;
  if f_lower>N_fit then f_lower := N_fit;
  N := (f_upper-f_lower+1);
  i := N_fit*8;
  move(x[1],xprim[1],i);          { Save original data }
  move(y[1],yprim[1],i);
  i := N*8;
  move(xprim[f_lower],x[1],i);    { Shift data correctly }
```

9.11.3 FIT2

```
 move(yprim[f_lower],y[1],i);
 for i := 1 to N do
  begin
   if yerr[f_lower+i-1]=0 then w[i] := 1
   else w[i] := 1/sqr(yerr[f_lower+i-1]);
  end;

 N_par_free := N_par;              { # of free parameters }
 for i := 1 to N_par do
  if fixed[i] then N_par_free := pred(N_Par_free);

 if N<N_par_free+1 then
  begin
   Fit_ok := false;
   F_Error := 5;
   goto exit;
  end;

 converg := false;
 iter := 0;
 lambda := par_fix[1]*lambdastart;
 d_max := 0;
 ph := phi(pars);                  { Phi for start-values }
exit:
end;

procedure SET_IT_UP;
var i,j,l   : integer;
    P       : ^Matrix;
    r       : double;
    Diag    : array [1.. N_Par_max] of double;
begin
 new(P);
 for i := 1 to N do      { Calculate the derivation matrix P }
  for j := 1 to N_Par do
   P^[i,j] := Db(j,i);

 for i := 1 to N_par do  { Calculate diagonalelements of A }
  begin                  { and store standard deviations Diag }
   r := 0;
   for l := 1 to n do
    r := r+w[l]*sqr(P^[l,i]);
   if r=0 then r := 1;   { Check parameter fixed }
   A[i,i] := r;
   Diag[i] := sqrt(r);
   r := 0;               { Calculate g and store it in A and }
   for l := 1 to n do    { normalized in A1 }
    r := r+P^[l,i]*w[l]*(y[l]-Theo(x[l],Pars));
   A[i,N_Par1] := r;
   A1[i,N_Par1] := r/Diag[i];
```

```
       end;
    for i := 1 to N_par do      { Calculate A = P^tP and }
                                { A1 = P^tP/sqrt(Aii*Ajj) }
      for j := i+1 to N_Par do
       begin
        r := 0;
        for l := 1 to n do
         r := r+w[l]*P^[l,i]*P^[l,j];
        A[i,j] := r;
        A1[i,j] := r/(Diag[i]*Diag[j]);
       end;
  dispose(P);
 end; { of SET_IT_UP }

 procedure CHOLESKY (var A: norm_eq; var x: Sol_Vec);
 label exit;
 var l       : norm_eq;
     i,j,k,
     N,N1    : integer;
     h       : double;
 begin
  N := N_Par;
  N1 := succ(N);

  for i := 1 to n do         { Calculate the solution to L(n-1)c=b }
   for j := 1 to i do
    begin
     h := A[j,i];            { h=b[j] }
     for k := 1 to j-1 do
       h := h-l[i,k]*l[j,k]; { h=b[j]-Sum(l[i,k]*c[k])) }
      if i=j then
       begin
        if h<0 then
         begin
          Fit_ok := false;
          F_Error := 2;
          goto exit;
         end;
        l[i,i] := sqrt(h);   { Diagonalelement l[i,i] }
       end
      else l[i,j] := h/l[j,j]; { c(j) := h/l[j,j] }
    end;

  for i := 1 to N do         { Solve Ly=b }
   begin
    h := A[i,N1];            { h := b[i] }
    for k := 1 to i-1 do     { y[i] := L^(-1)*b }
      h := h-l[i,k]*x[k];
```

9.11.3 FIT2

```
      x[i] := h/l[i,i];
    end;
  for i := N downto 1 do              { Solve L(t)x=y }
    begin
      h := x[i];                      { h := y[i] }
      for k := i+1 to n do            { x[i] := L(t)^(-1)*y }
        h := h-l[k,i]*x[k];
      x[i] := h/l[i,i];
    end;   { i }
  exit:
end;  { Cholesky }

procedure INV_CHOLESKY;
label exit;
var l      : norm_eq;
    i,j,k,
    N,N1   : integer;
    h      : double;

begin
  N := N_Par;
  N1 := succ(N);

  for i := 1 to n do          { Calculate the solution to L(n-1)c=b }
    for j := 1 to i do
      begin
        h := A[j,i];                  { h=b[j] }
        for k := 1 to j-1 do
          h := h-l[i,k]*l[j,k];       { h=b[j]-Sum(l[i,k]*c[k])) }
        if i=j then
          begin
            if h<0 then
              begin
                Fit_ok := false;
                F_Error := 2;
                goto exit;
              end;
            l[i,i] := sqrt(h);        { Diagonalelement l[i,i] }
          end
        else l[i,j] := h/l[j,j];      { c(j) := h/l[j,j] }
      end;
  for i := 1 to N do                  { Invert L }
    for j := i to N do
      begin
        if j>i then
          begin
            h := 0;
            for k := i to j-1 do
              h := h-L[j,k]*L[k,i];
```

```
         end
       else h := 1;
     L[j,i] := h/L[j,j];
     end;
   for j := 1 to N do              { L^(-1)^T*L^(-1) }
    for i := j to N do
     begin
      h := 0;
       for k := i to N do
        h := h+L[k,i]*L[k,j];
       L[i,j] := h;
       A1[i,j] := h;               { Store solutions in public A1 }
       A1[j,i] := h;
     end;
  exit:
end; { Cholesky }
procedure SOLVE_IT (lambda: double; var b, delta: Sol_Vec);
label exit;
var i    : integer;
begin
 for i := 1 to N_Par do
   A1[i,i] := 1+lambda;           { A1+lambda*I; A1[i,i] is always 1 }

   cholesky(A1,delta);            { Determine Correction-vector delta }
   if not Fit_ok then goto exit;

 for i := 1 to N_par do           { New Pars }
   begin
    if fixed[i] then delta[i] := 0{ Parameter fixed }
    else                          { else Re-renorm delta }
     delta[i] := delta[i]/sqrt(A[i,i]);
    b[i] := b[i]+delta[i];        { New parameter-vector b }
   end;
 exit:
end; { of SOLVE_IT }

procedure EVAL_ERRORS;
label exit;
var    i,j: integer;
       d,
   parsT: Sol_vec;
   zsoll,
    zist: double;

begin
 if CTRL_PR then
  begin
   g_gotoxy(42,11); g_write('  ERRORS');
  end;
```

9.11.3 FIT2

```
parsT := pars;           { Init parsT }
zsoll := phi(pars);      { Gauge value Zsoll for optimum Pars }
chi2  := zsoll/(N-N_par_free-1);
set_it_up;               { Calculate final matrix A }

inv_cholesky;
if not Fit_ok then goto exit;

for i := 1 to N_Par do { Test i-th axis }
 begin
  if CTRL_PR then
   begin
    g_gotoxy(50,11); g_write(istr(i,3));
   end;
  for j := 1 to N_par do
   begin
    d[j] := A1[j,i];
    A1[j,i] := d[j]*Chi2; { Covariance-matrix in A1 }
   end;

  if not fixed[i] then
   begin
    Pars_err[i] := sqrt(A1[i,i]);{ Error=SDev }
    for j := 1 to N_par do     { Controlstep = Normed column-vector }
     begin                     { of A1*SDev = d/error[i] }
      d[j] := Chi2*d[j]/Pars_err[i];
      parsT[j] := pars[j]-d[j];
     end;

    Zist := phi(parsT);          { Control 1 }
    Cont1[i] := (Zist-Zsoll)/Zsoll*(N-N_par_free);

    for j := 1 to N_par do
     parsT[j] := pars[j]+d[j];

    Zist := phi(parsT);          { Control 2 }
    Cont2[i] := (Zist-Zsoll)/Zsoll*(N-N_Par_free);
   end
  else
   begin
    pars_err[i] := 1;            { Parameter was fixed }
    cont1[i] := 1;
    cont2[i] := 1;
   end;
 end; { of Test i-th axis }
for i := 2 to N_par do                   { Normalize Covariance-matrix }
 for j := 1 to i-1 do                    { to Correlation-matrix }
  begin
   A1[i,j] := A1[i,j]/(Pars_err[i]*Pars_err[j]);
   Fit_ok := ((1-abs(A1[i,j]))>1E-8);
   if not Fit_ok then
```

```
      begin
        F_Error := 3;
        goto exit;
      end;
    end;
exit:
end; { of EVAL_ERRORS }

function NORM_STRING(s: str255; len: byte): str255;
begin
 if ord(s[0])>len then s[0] := chr(len);
 norm_string := s;
end;

procedure DO_FIT;
var st: str255;
label exit;
begin
 F_Error := 0;
 Fit_ok := true;
 if (N_par>N_Par_max) or (N_Fit>N_Data) then
  begin
   Fit_ok := false;
   F_Error := 1;
   goto exit;
  end;

 init;
 if not Fit_ok then goto exit;
 if CTRL_PR then
  begin
   hfill(228,138,420,198,0);
   box(228,138,420,198,15);
   g_gotoxy(30,11); g_write('Iteration : '+istr(iter,3));
   g_gotoxy(30,12);
   if lambda>0 then
     g_write('log Lambda: '+istr(round(ln(lambda)/ln(10)),3));
   g_gotoxy(30,13);
   g_write('Chi'+#253+'        : '+
           norm_string(rstr(ph/(N-N_par_free-1),11,7),11));
   g_gotoxy(30,14);
   g_write('Dmax[%]    : '+norm_string(rstr(100*d_max,11,7),11));
  end;

  repeat                           { Iteration loop }
    phold := ph;                   { Save old phi }
    pars1 := pars;                 { Save old pars, use pars1 instead }
    set_it_up;                     { Calculate A1 }
    solve_it(lambda,pars1,d1);     { Solve system for current lambda }
    if not Fit_ok then goto exit;
```

9.11.3 FIT2

```
   ph := phi(pars1);              { Calculate new phi }
   if ph<=phold then              { Is it less than the old one ? }
    lambda := par_fix[1]*sqrt(abs((phold-ph)/(N-N_par_free-1)))
   else                           { If not, restore pars1 }
    begin                         { and repeat procedure for }
     pars1 := pars;               { 10*lambda }
     solve_it(10*lambda,pars1,d1);
     if not Fit_ok then goto exit;
     ph := phi(pars1);            { Calculate new phi }
     if (ph>phold) then           { Is it larger than the old one ? }
      begin                       { if yes, then repeat this procedure }
       l := lambda;               { Save lambda }
       repeat
        l := l*10;                { l = 10*l }
        pars1 := pars;            { Restore pars1 }
        solve_it(l,pars1,d1);     { Solve system for lambda=l }
        if not Fit_ok then goto exit;
        ph := phi(pars1);         { New phi }
        if CTRL_PR then
         begin
          g_gotoxy(42,12);
          if lambda>0 then
           g_write(istr(round(ln(lambda)/ln(10)),3));
         end;
        if keypressed then        { Allow an interrupt }
         begin
          Fit_ok := false;
          F_Error := 4;
          goto exit;
         end;
       until (ph<phold) or (l>=1E8);

       if l>=1E8 then             { No better phi was found up to }
        begin                     { l >= 1E8 }
         d1 := d;                 { Last correction step was to large }
         for i := 1 to N_Par do   { Go back by Delta/2 }
          begin
           d1[i] := d1[i]/2;
           pars1[i] := pars[i]-d1[i];
          end;
         ph := phi(pars1);        { Calculate new phi }
         if ph>phold then
          pars1 := pars;          { Minimum already found }
        end
       else lambda := l;          { A better phi was found }
      end                         { of if ph>phold ... }
     else ph := phold;            { Minimum already found }
    end;                          { of else ... }
```

```
       converg := true;
       d_max := 0;
       for i := 1 to N_par do
        begin
         test := abs(d1[i])/(tau+abs(pars[i]));  { Old pars, new delta }
         if test>d_max then d_max := test;
         converg := converg and (test<epsilon);
        end;
       converg :=      converg and (iter>0)
                  and (abs((phold-ph)/(N-N_Par_free-1))<1E-6)
                  or  (iter=40)
                  or  (lambdastart=0);   { Linear fit }
      pars := pars1;              { Store new parameters in Pars }
      d := d1;                    { Save old delta to, if step is to far }
      iter := iter+1;             { Next iteration }
      chi2 := ph/(N-N_par_free-1);

      if CTRL_PR then
       begin
         g_gotoxy(42,11); g_write(istr(iter,3));
         g_gotoxy(42,12);
          if lambda>0 then g_write(istr(round(ln(lambda)/ln(10)),3));
         g_gotoxy(42,13); g_write(norm_string(rstr(chi2,11,7),11));
         g_gotoxy(42,14); g_write(norm_string(rstr(100*d_max,11,7),11));
         if keypressed then       { Allow an interrupt }
          begin
            Fit_ok := false;
            F_Error := 4;
            goto exit;
          end;
        end;
    until converg;

   eval_errors;

 exit:
  i := N_fit*8;
  move(xprim[1],x[1],i);            { Restore original data }
  move(yprim[1],y[1],i);
 end;

 end.
```

10 Monte-Carlo Methoden

In diesem Kapitel sollen mit der Erzeugung von beliebigen Zufallsverteilungen und der Monte-Carlo Methode zwei elementare Simulationstechniken angesprochen werden. Beide Themenkreise sind eng verwandt, haben in der Praxis allerdings fast nichts gemeinsam.

10.1 Randomfunktionen

In der modernen naturwissenschaftlichen Forschung existiert eine Vielzahl von Einsatzmöglichkeiten für Randomfunktionen, die von der Simulation physikalischer Systeme bis zur Erprobung von Hardware reichen. So können beispielsweise ohne großen Aufwand Messungen simuliert werden, die etwa zum Testen eines Auswerteprogramms geeignet sind, lange bevor die eigentliche Meßapparatur fertiggestellt ist. Eventuelle Programmierfehler können so bereits bei der Entwicklung und vor dem eigentlichen Einsatz beseitigt und das Programm dann direkt zum Testen der Apparatur verwendet werden.
Im wesentlichen kann zwischen drei Methoden der Simulation unterschieden werden:

a) Man berechnet für einen gegebenen Stützpunkt x_i den Wert der Meßwertfunktion $f(x_i, \vec{b})$ und verfälscht diesen nachträglich, indem man mit einer geeigneten Randomfunktion, im allgemeinen einer Gaußfunktion, den simulierten Wert um den berechneten Wert streut.

b) Realistischer als die erste Methode ist es dagegen, die Modellfunktion direkt durch einen Zufallsprozeß zu erzeugen.

c) Die besten Ergebnisse erhält man, wenn es gelingt, einen Algorithmus zu entwickeln, der die natürlichen Vorgänge simuliert, und aus dem sich dann entsprechende Meßwerte ableiten lassen.

In diesem Abschnitt werden jetzt zwei Verfahren vom Typ b) besprochen. Punkt c) gehört in den Bereich der Monte-Carlo Simulationen und wird im nächsten Abschnitt abgehandelt werden.

Das Hauptproblem bei der Erzeugung einer beliebigen Zufallsverteilung ist, daß vom Rechner mit der Variablen **random** nur zwischen 0 und 1 gleichverteilte Zufallszahlen erzeugt werden.

Das primitivste (etwas uneffektive) Verfahren zur Erzeugung einer beliebigen Zufallsverteilung kann an dem folgenden Beispiel besonders einfach demonstriert werden:

Es soll eine Zufallsverteilung $p(x)$ erzeugt werden, bei der die x-Werte zwischen -1 und +1 mit der Verteilung

$$p(x) = 1 - |x| \qquad (10.1)$$

auftreten (Dreiecksverteilung). Das Interessante bei dieser Methode ist ihre (fast) universelle Anwendbarkeit auf praktisch alle Arten von Verteilungen, wobei diese stetig oder nicht stetig sein, aber keine Singularitäten aufweisen dürfen. Vor allem ist bei dieser Methode vom Benutzer kein Rechenaufwand gefordert, und die Verteilung $p(x)$ muß auch nicht auf 1 normiert sein.

Ausgangspunkt ist folgende Überlegung: $p(x)$ sei zwischen den x-Werten a und b definiert. Man zeichnet jetzt den Graphen dieser Verteilung und das umgebende sogenannte Minimax-Rechteck, dessen Ecken durch die Punkte

$$(a, Min(p(x))), \ (a, Max(p(x))), \ (b, Min(p(x))), \ (a, Max(p(x)))$$

gegeben sind, in ein zweidimensionales xy-Koordinatensystem. Wählt man dann mit der gleichverteilten Zufallsvariable $random$ durch die Gleichungen

$$x = a + random \times (b - a) \qquad (10.2a)$$
$$y = Min(p(x)) + random \times \big(Max(p(x)) - Min(p(x))\big) \qquad (10.2b)$$

zufällige Punkte (x, y) innerhalb des Minimax-Rechecks aus, so sind diese ebenfalls gleichverteilt.

Der Graph $(x, p(x))$ teilt das Minimax-Rechteck in zwei Teile. Eine $p(x)$ entsprechende Zufallsverteilung von x erhält man dann, wenn man einfach die Auswahl (10.2) sooft wiederholt, bis für den ausgewählten Punkt (x, y) die Bedingung $y < p(x)$ erfüllt ist und dann x als entprechende Zufallsgröße verwendet, da die Wahrscheinlichkeit, bei diesem Verfahren einen Punkt im Intervall $[x; x + dx]$ zu wählen, dann gerade durch $p(x)$ gegeben ist.

Die Effektivität dieses Verfahrens ist durch das Verhältnis der durch $(x, p(x))$ getrennten Flächen innerhalb des Minimax-Rechtecks bestimmt. Im Fall der Verteilung (10.1) ist dieses Verhältnis gerade 1:1, und damit wird die Auswahl (10.2) im Mittel zweimal durchgeführt werden müssen. Das Verfahren wird also in dem Maße effektiver, in dem die Akzeptanzfläche im Vergleich zur Ablehungsfläche wächst.

Durch eine Modifikation kann das Verfahren jedoch effektiver gestaltet werden, wobei diese in der Verwendung eines Hybridverfahrens aus dem gerade beschriebenen und dem jetzt folgenden besteht.

Das zweite Verfahren zur Erzeugung von nicht gleichverteilten Zufallszahlen transformiert die gleichverteilte Zufallsgröße y in eine der jeweiligen Wahrscheinlichkeitsverteilung entsprechende Zufallsgröße x. Die Methode zur Bestimmung einer solchen Transformation beruht auf einem Verfahren, das aus der Theorie der Monte-Carlo Integration stammt (KOO85).

Theorem:
Sei $f(t)$ die gewünschte Verteilungsfunktion und

$$F(x) = \int_{-\infty}^{x} f(t)\, dt \qquad (10.3)$$

10.1 Randomfunktionen

eine für $x \to \infty$ endliche Funktion von x. Dann gilt nach eventueller Einführung einer Normierungskonstanten N

$$y(x) = \frac{1}{N} F(x) \qquad ; 0 \leq y \leq 1 \tag{10.4}$$

mit $y(-\infty) = 0$ und $Y(+\infty) = 1$.
Ist nun y eine gleichverteilte Zufallsgröße, dann liefert die Funktion $y = F^{-1}(Ny)$ eine Zufallsgröße, die der Verteilung $f(t)$ gehorcht.
Da $f(t)$ eine Verteilungsfunktion sein soll, muß sie für alle t positiv sein. Damit ist aber $F(x)$ eine streng monoton wachsende Funktion von t und folglich invertierbar. Nach Voraussetzung ist

$$\lim_{x \to \infty} F(x) = N = const \tag{10.5}$$

und $y(x)$ demzufolge eine normierte Funktion mit den geforderten Eigenschaften. Mit (10.3) und (10.4) gilt andererseits

$$\frac{dy}{dx} = \frac{1}{N} f(x). \tag{10.6}$$

Die Bedeutung von (10.6) wird klar, wenn man die linke Seite mit P erweitert

$$\frac{dy}{P} \frac{P}{dx} = \frac{1}{N} f(x), \tag{10.7}$$

wobei P die Wahrscheinlichkeit dafür sei, daß man bei einer Simulation der gleichverteilten Zufallsgröße y einen Wert zwischen y_0 und $y_0 + dy$ erhält. Dann stellt die Größe

$$\rho_y = \frac{P}{dy} \tag{10.8}$$

eine Wahrscheinlichkeitsdichte dar.
Da y eine gleichverteilte Zufallsgröße sein soll, muß ρ_y eine konstante Größe sein. Man definiert dann analog zu (10.8) die Größe

$$\rho_x = \frac{P}{dx} \tag{10.9}$$

als die Wahrscheinlichkeitsdichte der Zufallsgröße x. Hierbei ist entscheidend, daß sowohl in (10.9) als auch in (10.8) die gleiche Wahrscheinlichkeit P auftritt. Der Unterschied besteht darin, daß die Verteilungen jeweils verschieden weit streuen, nämlich um dy in (10.8) und um dx in (10.9).
Mit Hilfe von (10.8) und (10.9) kann Gleichung (10.7) in der Form

$$\rho_x = f(x) \left(\frac{1}{N} \rho_y \right) \tag{10.10}$$

geschrieben werden. Die Zufallsgröße x, definiert durch (10.4), gehorcht somit der Verteilung $f(x)$, da die Größe ρ_y/N eine Konstante ist.
Mit diesem Verfahren kann also immer dann eine Zufallsverteilung $p(x)$ erzeugt werden, wenn die Verteilungsfunktion $p(x)$ integrier- und invertierbar ist.

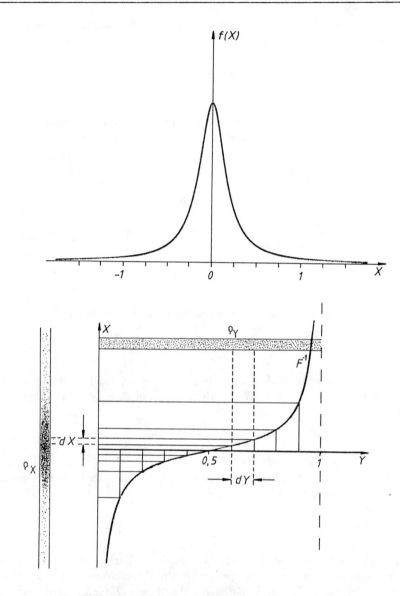

Bild 10-1 *a) Die geforderte Verteilung f(x)   b) Die gesuchte Transformation $F^{-1}(Ny)$*

Für den Fall der Dreiecksverteilung (10.1) berechnet man

$$y(x) = \int_{-1}^{x} p(t)dt = x + \frac{x^2}{2} + \frac{1}{2} \qquad \text{für } x < 0 \qquad (10.11a)$$

$$y(x) = \frac{1}{2} + \int_{0}^{x} p(t)dt = x - \frac{x^2}{2} + \frac{1}{2} \qquad \text{für } x > 0 \qquad (10.11b)$$

Beide Gleichungen können problemlos invertiert werden, und es ergibt sich, da $p(x)$ bereits auf 1 normiert ist:

$$x = -1 + \sqrt{2y} \qquad \text{für } x < 0 \qquad (10.12a)$$

$$x = 1 - \sqrt{2(1-y)} \qquad \text{für } x > 0 \qquad (10.12b)$$

Die nach diesem Verfahren erhaltene Zufallsverteilung ist mit der nach dem Minimax-Verfahren erhaltenen identisch, allerdings muß jetzt nurmehr einmal die Zufallsgröße $y = random$ bestimmt werden. Das Verfahren ist also *im Prinzip* effektiver als das erste, da keine Wiederholungsversuche unternommen werden müssen. Tatsächlich ist es bei dem behandelten Beispiel jedoch so, daß allein die Wurzelberechnung soviel Zeit verschlingt, daß das erste Verfahren schneller arbeitet. Außerdem kann nur eine sehr beschränkte Zahl von Funktionen auf so elementare Weise integriert und invertiert werden.

Als letztes Verfahren soll jetzt noch kurz ein aus beiden Verfahren entstandenes Hybridverfahren besprochen werden. Man benötigt dazu eine im gesamten Definitionsbereich von $p(x)$ einfach zu integrierende und zu invertierende Funktion $f(x)$, die überall innerhalb des Definitionsbereichs die Ungleichung $f(x) \geq p(x)$ erfüllt. Nach dem zweiten Verfahren ermittelt man dann eine der Verteilung $f(x)$ gehorchende Zufallsgröße x, zu der man nach (10.2b) noch die Zufallsgröße y bestimmt. Dabei verwendet man aber anstelle von $Max(p(x))$ den Wert $f(x)$. Man akzeptiert dann gemäß dem ersten Verfahren den Zufallswert x, wenn der Punkt (x,y) die Bedingung $y < p(x)$ erfüllt.

Daß dieses Verfahren tatsächlich funktioniert, ist auf den ersten Blick nicht ganz einleuchtend. Man kann sich aber leicht von seiner Richtigkeit überzeugen, indem man $f(x) = p(x)$ setzt. In diesem Fall werden nämlich einfach alle Punkte akzeptiert.

Der Vorteil des Hybridverfahrens liegt in der Steigerung der Effizienz des Minimax-Verfahrens, indem die Ablehnungsfläche je nach Wahl von $f(x)$ minimiert wird.

10.2 Unit RNDOM

Die Unit RNDOM enthält zunächst einmal die nach den beiden oben besprochenen Verfahren (das Hybridverfahren wurde nicht mehr programmiert) geschriebenen Funktionen TRIANGLE und TRIANGLE2. Die sonst noch enthaltenen Verteilungen wurden sämtlich nach dem zweiten Verfahren erstellt und werden im Anschluß an das folgende Listing besprochen.

```
Unit RNDOM;

interface

function TRIANGLE: double;
function TRIANGLE2: double;
function TAN (x: double) :double;
function EXP_RND (lambda:double):double;
function GAUSS_RND (m,s: double): double;
function LORENTZ_RND (m,Gamma: double):double;

implementation
```

```
function TRIANGLE: double;

var x,y:double;

  function TRIA(x: double): double;
  begin
   x := abs(x);
   if x<1 then tria := 1-x else tria := 0;
  end;

begin
 repeat
  x := 2*random-1;
  y := random;
 until y<tria(x);
 triangle := x;
end;

function TRIANGLE2: double;
var y: double;
begin
 y := random;
 if y<0.5 then triangle2 := -1+sqrt(2*y)
 else triangle2 := 1-sqrt(2*(1-y));
end;

function TAN (x: double) :double;
var h: double;
begin
 h := sin(x);
 if h=0 then
  tan := cos(x)*1E290
 else tan := cos(x)/h;
end;

function EXP_RND (lambda:double):double;
begin
 if lambda<>0 then
  exp_rnd := -1/lambda*ln((1-random))
 else exp_rnd := random;
end;

function GAUSS_RND (m,s: double): double;

var r1,r2: double;

begin
 r1 := sqrt(-2*ln(random));
 r2 := random;
 gauss_rnd := r1*cos(2*pi*r2)*s+m;
end;

function LORENTZ_RND (m,Gamma: double):double;
```

10.2.1 Die Exponentialverteilung

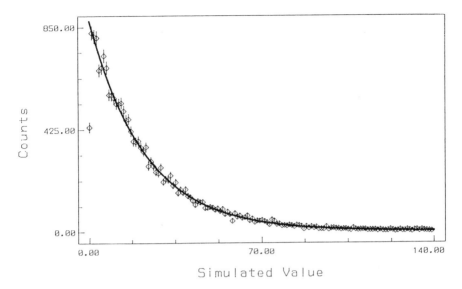

Bild 10-2 *Simulierte Exponentialverteilung mit gefitteter Modellfunktion*

```
begin
  Gamma := abs(Gamma);
  lorentz_rnd := m+0.5*Gamma*tan(pi*random-pi/2);
end;

end.
```

10.2.1 Die Exponentialverteilung

Gesucht ist die Transformation, die aus der gleichverteilten Zufallsgröße y eine Zufallsgröße x mit der Verteilung $f(t) = e^{-\lambda t}$ für $t \geq 0$ macht. Mit (10.3) erhält man für die unnormierte Größe $\mathcal{Y}$:

$$\mathcal{Y}(x) = \int_0^x e^{-\lambda t} dt = \frac{1}{\lambda}\left(1 - e^{-\lambda x}\right) \tag{10.13}$$

Die Randbedingung $y(0) = 0$ ist automatisch erfüllt. Um die Randbedingung $y(\infty) = 1$ sicherzustellen, überprüft man das Verhalten von $\mathcal{Y}(x)$ für $x \to \infty$. Es gilt

$$\lim_{x \to \infty} \mathcal{Y}(x) = \frac{1}{\lambda}. \tag{10.14}$$

Damit ergibt sich nach (10.4) für x die Bestimmungsgleichung

$$y = 1 - e^{-\lambda x}. \tag{10.15}$$

Durch Invertieren dieser Gleichung erhält man somit die Transformationsvorschrift

$$x = -\frac{1}{\lambda}\ln(1 - y). \tag{10.16}$$

Bild 10-2 zeigt eine Simulation einer solchen Verteilung. Wie man der unten stehenden Tabelle entnehmen kann, ergibt sich bei einem Fit an die simulierten Werte eine gute Übereinstimmung zwischen gewünschten und erhaltenen Werten.

Parameter	Gewünschter Wert	Fit-Wert	Fit-Fehler
λ	0.0435	0.043848	0.00047

10.2.2 Die Lorentzverteilung

Die Lorentzverteilung ist in der Physik von erheblicher Bedeutung, da sie die natürliche Form einer Spektrallinie wiedergibt. Sie ist definiert durch

$$f(t) = \frac{\left(\frac{\Gamma}{2}\right)^2}{t^2 + \left(\frac{\Gamma}{2}\right)^2}. \tag{10.17}$$

Wie man sich leicht überzeugen kann, gilt für diese

$$f(0) = 1 \quad \text{und} \quad f\left(\frac{\Gamma}{2}\right) = \frac{1}{2}.$$

Die Größe Γ wird deshalb als die Halbwertsbreite der Verteilung bezeichnet. Für unsere Zwecke ist es ausreichend, eine Verteilung der Form

$$f(t) = \frac{1}{t^2 + a^2} \tag{10.18}$$

zu betrachten, da der Faktor $\Gamma/2$ sowieso der Normierung zum Opfer fallen würde. Mit (10.3) ergibt sich für die unnormierte Größe $\mathcal{Y}(x)$

$$\mathcal{Y}(x) = \int_{-\infty}^{x} \frac{1}{t^2 + a^2} dt = \arctan\left(\frac{x}{|a|}\right) + \frac{\pi}{2}. \tag{10.19}$$

Die Betrachtung des Verhaltens von $\mathcal{Y}(x)$ für $x \to \infty$ liefert

$$\lim_{x \to \infty} = \pi \tag{10.20}$$

und damit lautet die Bestimmungsgleichung

$$y = \frac{1}{\pi}\left(\arctan\left(\frac{x}{|a|}\right) + \frac{\pi}{2}\right). \tag{10.21}$$

Daraus folgt durch Invertieren dieser Gleichung dann wieder die Transformationsgleichung für x.

$$x = |a|\tan\left(\pi y - \frac{\pi}{2}\right) \tag{10.22}$$

10.2.3 Die Gaußverteilung

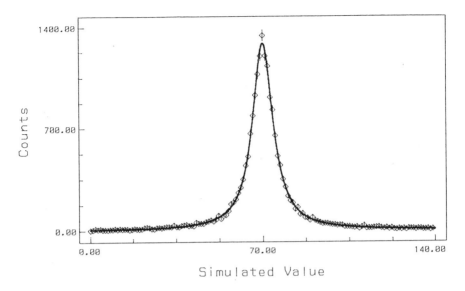

Bild 10-3 *Simulierte Lorentzfunktion mit gefitteter Modellfunktion*

Durch Addition eines festen Parameter μ kann der Mittelpunkt der Verteilung an jeden beliebigen Ort verschoben werden.

Parameter	Gewünschter Wert	Fit-Wert	Fit-Fehler
μ	70.0	70.025491	0.048311
Γ	10.0	9.83447	0.115312

10.2.3 Die Gaußverteilung

Die Gaußverteilung ist die wohl am häufigsten benötigte Form einer Wahrscheinlichkeitsverteilung. Sie ist gegeben durch

$$f(t) = \frac{1}{\sqrt{\sigma}} \exp\left(-\frac{t^2}{2\sigma^2}\right) \qquad (10.23)$$

Es gibt eine Vielzahl von Möglichkeiten, eine Gaußverteilung zu erzeugen (KOO86). Man kann z.B. versuchen, durch eine numerische Inversion der Errorfunktion erf(x) eine normalverteilte Wahrscheinlichkeitsverteilung zu erzeugen. Eine andere, sehr effiziente Methode findet sich bei (KOO86, HER84a).

Betrachtet sei eine Gaußverteilung in 2 Dimensionen.

$$f(t_1, t_2) = \exp\left(-\frac{1}{2}\left(t_1^2 + t_2^2\right)\right) \qquad (10.24)$$

Dann gilt analog zu (10.3) die 2-dimensionale Differentialbeziehung

$$dF(x_1, x_2) = \exp\left(-\frac{1}{2}\left(x_1^2 + x_2^2\right)\right) dx_1\, dx_2 \qquad (10.25)$$

Verwendet man anstelle der kartesischen Koordinaten die Polarkoordinaten

$$r = \sqrt{x_1^2 + x_2^2} \tag{10.26a}$$

$$\theta = \arctan\left(\frac{x_2}{x_1}\right), \tag{10.26b}$$

so wird daraus

$$dF(r,\theta) = \exp\left(-\frac{r^2}{2}\right) r\,dr\,d\theta \tag{10.27}$$

oder, mit der Substitution $u = r^2/2$,

$$dF(u,\theta) = e^{-u} du\,d\theta. \tag{10.28}$$

Erzeugt man also u mit einer Exponentialverteilung mit Werten von 0 bis ∞ und θ mit einer gleichmäßigen Verteilung zwischen 0 und 2π, so erhält man durch die Rücktransformation von (10.27) die zwei normalverteilten Zufallsgrößen x_1 und x_2.

$$x_1 = \sqrt{2u}\cos\theta \tag{10.29a}$$
$$x_2 = \sqrt{2u}\sin\theta \tag{10.29b}$$

Eine Gaußverteilung mit Mittelwert μ und Standardabweichung σ erhält man, wenn man eine der beiden Zufallsgrößen x_1 oder x_2 auswählt, mit σ multipliziert und μ addiert. Dieses Verfahren ist unter dem Namen Box-Muller-Transformation bekannt.

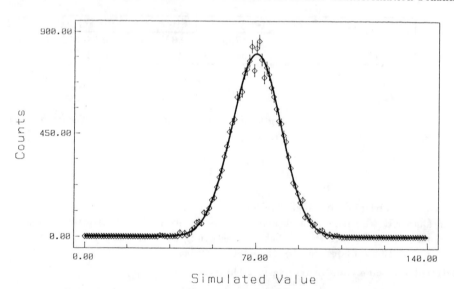

Bild 10-4 *Simulierte Gaußverteilung mit gefitteter Modellfunktion*

Parameter	Gewünschter Wert	Fit-Wert	Fit-Fehler
μ	70.0	69.991629	0.069308
σ	10.0	9.900810	0.050074

10.3 Monte-Carlo Simulationen

Eines der wichtigsten und zugleich in der Programmierung einfachsten Simulationsverfahren ist die Monte-Carlo Simulation nach Metropolis *et. al.* (MET53). Ich werde hier nur eine kurze Ableitung der dafür nötigen Gleichungen geben, aber keine Programmbeispiele mehr behandeln, da diese aufgrund des einfachen Algorithmus leicht von jedem selbst programmiert werden können und in der Regel mehr verschleiern als sie zeigen.

Betrachtet sei ein Ensemble $\vec{r}^N = (\vec{r}_1, \vec{r}_2, \ldots, \vec{r}_N)$ wechselwirkender Teilchen, die den Bewegungsgleichungen der klassischen Mechanik genügen sollen. Die Wechselwirkungen sollen bekannt und berechenbar sein, und somit kann auch der statistische Erwartungswert der Gesamtwechselwirkungsenergie $<U>$

$$<U> = \int U(\vec{r}^N) \rho(\vec{r}^N) d\vec{r}^N \qquad (10.30)$$

bestimmt werden, wobei $\rho(\vec{r}^N)$ die Wahrscheinlichkeitsdichte des klassischen statistischen Ensembles, die sogenannte kanonische Verteilung ist.

$$\rho(\vec{r}^N) = \frac{e^{-U(\vec{r}^N)/kT}}{Z_N} \qquad (10.31)$$

Hierbei ist Z_N die sogenannte Zustandssumme

$$Z_N = \int e^{-U(\vec{r}^N)/kT} d\vec{r}^N. \qquad (10.32)$$

Diese Integrale sind schwer zu lösen, da man natürlich nicht nur an Lösungen für kleine Teilchenzahlen N, sondern vor allem am makroskopischen Grenzfall $N \to \infty$ interessiert ist. Ist die Teilchenzahl beispielsweise 20, so hat man bereits ein Integral mit 60 Dimensionen zu lösen – ein praktisch nicht zu bewältigendes Problem. Zudem sind die Integrale in der Regel sehr schlecht konditioniert, da sie im überwiegenden Teil des Gesamtvolumens *de facto* gleich Null und nur in der Nähe der Teilchen wesentlich von Null verschieden sind. Es ist daher praktisch unmöglich den thermodynamischen Gleichgewichtszustand direkt zu berechnen.

Der Metropolis-Algorithmus geht daher einen anderen Weg um diesen zu bestimmen. Es handelt sich dabei in der Regel nicht um eine spezielle Konfiguration, gegen die das System konvergieren soll, sondern im Gegenteil um eine Vielzahl von gleichwertigen Konfigurationen, die im Gleichgewicht möglich sind. Gerade im thermischen Gleichgewicht existieren ja besonders viele mögliche Konfigurationen, da hier auch die Entropie, die nach dem ersten Hauptsatz der Thermodynamik eng mit der Zahl der möglichen Konfigurationen in einem bestimmten Zustand verbunden ist, maximal wird.

Wenn die Wechselwirkungsenergie einer *beliebigen* Konfiguration $\vec{r}_i{}^N$ des i-ten Zustands des Ensembles durch $U(\vec{r}^N)$ gegeben ist, so ist nach (10.31) der unnormierte thermodynamische Gewichtsfaktor $p(i)$ dieses Zustands gegeben durch

$$\exp(-U(\vec{r}_i{}^N)/kT) = \exp(-U(i)/kT),$$

da die Energie für alle Konfigurationen eines Zustands definitionsgemäß gleich ist. Man bezeichnet $p(i)$ auch oft als die „Populationsdichte" des Zustands (i).

Der Metropolis-Algorithmus ist jetzt ein sogenanntes Random-Walk-Verfahren. Dabei wird aus der momentanen Konfiguration $\vec{r}_i{}^N$ zufällig das Teilchen $\vec{r}_k$ ausgewählt und an eine neue Position $\vec{r}_k + \vec{\delta}$ verschoben. Die so erhaltene neue Konfiguration $\vec{r}_j{}^N$ wird dann, wenn sie bestimmte noch zu besprechende Bedingungen erfüllt, als Folgekonfiguration $\vec{r}_{i+1}{}^N$ gewählt und ansonsten abgelehnt. Bei der so entstandenen Kette von Konfigurationen handelt es sich um eine sogenannte Markow-Kette, das heißt, die Konfigurationsänderung von der i-ten zur $(i+1)$-ten Konfiguration hängt nicht von ihren Vorgänger-Änderungen ab.

Die Frage ist jetzt, unter welchen Umständen $\vec{r}_j{}^N$ als Folgekonfiguration zu akzeptieren und unter welchen sie abzulehnen ist, damit sich das Gesamtsystem in Richtung einer Gleichgewichtskonfiguration bewegt.

Der Übergang von der Konfiguration $\vec{r}_i{}^N$ zur Konfiguration $\vec{r}_j{}^N$ finde mit der Wahrscheinlichkeit P_{ij} statt. Dabei muß P_{ij} den Minimalbedingungen

$$P_{ij} \geq 0 \quad \text{und} \quad \sum_{j(i \neq j)} P_{ij} = 1 \qquad (10.33)$$

genügen. Die Konfiguration $\vec{r}_i{}^N$ soll jetzt mit der (unnormierten) Wahrscheinlichkeit

$$p(i) = e^{-U(i)/kT} \qquad (10.34)$$

auftreten. Dann müssen die Konfigurationänderungen, wenn sie diese Wahrscheinlichkeiten nicht verschieben sollen, die Beziehung

$$\sum_i e^{-U(i)/kT} P_{ij} = e^{-U(j)/kT} \qquad , j \neq i \qquad (10.35)$$

erfüllen. Diese Gleichung kann leicht verstanden werden, wenn man sich vor Augen hält, daß $p(i)$ als die statistische Populationsdichte der Zustands (i) angesehen werden kann. (10.35) ist dann im Grunde nicht anderes als eine Kontinuitätsgleichung für die Populationsdichten. Sie besagt, daß die Übergangswahrscheinlichkeiten gerade so gewählt werden müssen, daß der Populationszufluß $\sum_i p(i) P_{ij}$ aus allen möglichen Zuständen (i) in den Zustand (j) gerade so groß sein darf, daß letzterer wieder mit der Populationsdichte $p(j)$ auftritt.

Man kann sich durch Einsetzen jetzt sofort überzeugen, daß eine Möglichkeit, dies sicherzustellen (beileibe nicht die einzige!) gerade die Forderung der mikroskopischen Reversibilität (MET53,ADA83,KOO86))

$$e^{-U(i)/kT} P_{ij} = e^{-U(j)/kT} P_{ji} \qquad (10.36)$$

ist. Durch Umformen sieht man sofort, daß dies auch die Gleichung des detaillierten Gleichgewichts ist.

$$P_{ij} = P_{ji} e^{-(U(j)-U(i))/kT} \qquad (10.37)$$

In diesem Fall gilt nämlich gerade, daß die Änderung der Populationsdichte $\Delta p(j)$ durch Abfluß in und Zufluß aus dem j-ten Zustand gegeben ist durch

$$\Delta p(j) = p(i) P_{ij} - p(j) P_{ji} = p(j) P_{ij} \left[\frac{p(i)}{p(j)} - \frac{P_{ji}}{P_{ij}} \right]$$

10.3 Monte-Carlo Simulationen

und somit Null ergibt.

Man definiert jetzt die sogenannte Metropolis-Funktion für die Konfiguration $\vec{r}_j{}^N$ durch

$$M(U(j) - U(i)) = M(\delta U) = Min\left[1, e^{-\delta U/kT}\right] \quad (10.38)$$

und damit das Kriterium, daß $\vec{r}_j{}^N$ als Folgekonfiguration $\vec{r}_{i+1}{}^N$ mit der Wahrscheinlichkeit $M(\delta U)$ akzeptiert werden muß. Das heißt, die Übergangswahrscheinlichkeit P_{ij} ist durch $M(\delta U)$ und P_{ji} durch $M(-\delta U)$ gegeben. Diese erfüllen somit die Bedingung (10.37).

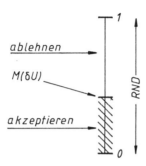

Bild 10-5

Verwendet man die Random-Funktion des Compilers, so erhält man gleichverteilte Zufallszahlen zwischen 0 und 1, das heißt, ein Wert kleiner als $M(\delta U)$ tritt gerade mit der Wahrscheinlichkeit $M(\delta U)$ auf. Ist die Energieänderung δU negativ, so ist $M(\delta U)$ immer 1 und die gewählte Konfiguration wird als Folgekonfiguration akzeptiert. Dadurch sinkt die Gesamtenergie des Systems, und der Übergang ist somit sicher ein Schritt in Richtung thermisches Gleichgewicht. Anders sieht es aus, wenn δU positiv ist. In diesem Fall ist $M(\delta U)$ gerade $\exp(-\delta U/kT)$ und $\vec{r}_j{}^N$ wird nur noch mit wesentlich geringerer Wahrscheinlichkeit akzeptiert.

Eine der wesentlichsten Eigenschaften des Metropolis-Algorithmus ist, daß er ausdrücklich auch Konfigurationsänderungen zuläßt, die zu einem Anwachsen der Gesamtenergie führen, allerdings nur mit einer Wahrscheinlichkeit, die der thermischen Populationsdichte dieser Zustände entspricht. Es sei aber darauf hingewiesen, daß Rückschlüsse auf das dynamische Verhalten eines Systems beim Übergang vom Nichtgleichgewicht ins Gleichgewicht aus dem Metropolis-Verfahren in der Regel nicht oder nur eingeschränkt möglich und somit mit Vorsicht zu geniesen sind.

Das Metropolis-Verfahren kann für eine Vielzahl von Simulationen eingesetzt werden. Das bekannteste Beispiel ist das zweidimensionale Ising-Modell eines Ferromagneten (REI85,KOO86). Darin wird der für den Ferro- bzw. Antiferromagnetimus verantwortliche Spinaustauschterm des Hamiltonoperators durch den Ausdruck

$$H_{spin} = -J \sum_{<ij>} S_z^{(i)} S_z^{(j)} \quad (10.39)$$

gegeben. Der Gesamthamilton ist dann

$$H_{int} = H_{spin} - B \sum_i S_z^{(i)}. \quad (10.40)$$

Die Notation $<ij>$ soll andeuten, daß sich die Summe im Spin-Hamilton über alle Spin-Paare erstrecken soll. Ist die Austauschwechselwirkung J positiv, so tendieren die Spins dazu, sich in die gleiche Richtung auszurichten (Ferromagnetismus), während sie im Fall eines negativen J dazu tendieren, sich antiparallel einzustellen (Antiferromagnetismus). Der zweite Term in (10.40) beschreibt dann die Wechselwirkung der magnetischen Momente der Spins mit einem externen magnetischen Feld.

In der Regel summiert man in (10.39) nur über Paare nächster Nachbarn (NN). In diesem Fall können, falls die Spins ein quadratisches Gitter bilden, die möglichen Energien des Spins an der Position (i,j) in der Form

$$U(i) = 2S_z^{(i,j)}(Jf + B); \quad f = S_z^{(i+1,j)} + S_z^{(i-1,j)} + S_z^{(i,j+1)} + S_z^{(i,j-1)}$$

geschrieben werden.

Beginnt man mit einer zufälligen Konfiguration, so produziert eine Metropolis-Simulation bereits innerhalb weniger Zyklen (1 Zyklus = alle Spins wurden einmal behandelt) die experimentell bekannte Domänenbildung. Das Problem bei der Simulation ist dabei, in welcher Reihenfolge die Gitterplätze ausgewählt werden. Beim Ising-Modell können hierbei keine Unterschiede im Resultat festgestellt werden, wenn einmal das Gitter zeilenweise von oben nach unten abgearbeitet, und einmal die Plätze zufällig ausgewählt werden.

Anders sieht es da schon aus, wenn man nach der Metropolis-Methode beispielsweise eine Diffusion von Teilchen auf einem quadratischen Gitter simulieren will. Hier würde durch ein zeilenweises Abarbeiten eindeutig eine Vorzugsrichtung vorgegeben, die die Ergebnisse der Simulation verfälschen würde. Das normale „Hard-Core"-Diffusionsmodell ist eines der einfachsten dynamischen Modelle, die sich auch nach dem Metropolis-Algorithmus behandeln lassen. Die „Hard-Core"-Wechselwirkung äußert sich dabei nur darin, daß bereits besetzte Plätze nicht angesprungen werden können. Jedes Teilchen darf dann im Rahmen eines Zyklus mit einer Wahrscheinlichkeit von $P = 1/4$ versuchen in eine der 4 möglichen Richtungen auf einen benachbarten Gitterplatz zu springen. Ist der Platz besetzt, so ist infolge der „Hard-Core"-Wechselwirkung die Energieänderung $\delta U = +\infty$ und damit $M(\delta U) = 0$ und der Sprung wird abgelehnt. Ist der Platz unbesetzt, so ist $\delta U = 0$ und somit wird der Sprung in jedem Fall akzeptiert.

Die beiden oben genannten Modelle werden gerne als Demonstrationsfälle verwendet, da in beiden Fällen analytische Ausdrücke für die Ergebnisse bekannt sind. Im Fall des zweidimensionalen Ising-Modells sind dies die Onsager-Gleichungen (KOO86), und im Fall des Diffusionsmodells die normalen zweidimensionalen Diffusionsgleichungen und die Einstein-Relation.

Anhang A: Die Versionen Turbo Pascal 4.0/5.0

In den Compilerversionen 4.0 und 5.0 von Turbo Pascal sind einige einschneidende Änderungen vorgenommen worden, die dazu führen, daß fast kein einziges Programm der Version 3.0 noch lauffähig ist. Die Compilerversionen 4.0 und 5.0 sind dann allerdings wieder praktisch 100% compatibel, wobei die Version 4.0 eigentlich wie eine halbfertige Version der Version 5.0 erscheint, was sich schon in der identischen Kopfzeile des Editors zeigt, wo in der Version 4.0 bereits der Platz für die Debug-Optionen der Version 5.0 freigehalten ist. Es verwundert daher nicht, daß die Version 4.0 noch eine ganze Anzahl von Fehlern enthält, die in der Version 5.0 jetzt (hoffentlich!) beseitigt sind. Die in diesem Buch abgedruckten Programme sind sämtlich unter der Version 4.0 erstellt worden und laufen unverändert unter der Version 5.0.

Im wesentlichen sind bei den folgenden Punkten gegenüber der Version 3.0 größere Modifikationen aufgetreten und müssen bei der Anpassung von 3.0-Programmen beachtet werden:

- External-Files → Object-Files
- Include-Files → Units (in der Regel; manchmal kann der Gebrauch von Include-Files nach wie vor nicht umgangen werden.)
- File-Handling: Direktzugriff auf die DOS-Filemanagement-Variablen jetzt möglich.
- Textfiles: Geänderte Pufferzuweisung; muß nach **reset** oder **rewrite** erfolgen.
- **Blockread**, **Blockwrite**: Länge des Blocks kann jetzt direkt angegeben werden.
- Real-Zahlen → Double-Zahlen (in der Regel). Geänderte Variablenübergabe an Prozeduren über den 8087-Stack. **Vorsicht:** Es können jetzt relativ schnell 8087-Stack-Überlauffehler auftreten, vor allem in langen Zeilen. Abhilfe: Etwas mehr Klammern setzen führt zu häufigerem Zwischenspeichern der Ergebnisse und Leeren des Stacks.
- Druckerausgabe: Ansprache aller DOS-Drucker jetzt unter Zuhilfenahme der DOS-Routinen möglich. Fehler führen zu Programmabbruch! Printer-Unit: Fehler in der **write**-Routine: Nach 255 Zeichen wird automatisch ein CR/LF ausgeführt → Störungen z.B. bei Hardcopy.
- DOS-Befehle jetzt in der Regel direkt ansprechbar.

Anhang B: Kurzübersicht der ARA-Befehle

Sämtliche ARA-Befehle arbeiten nur auf EGA- oder VGA-Karten.

procedure DISABLE;
   Setzt ARA außer Betrieb.

procedure EGAHIRES;
   Schaltet auf EGA-Modus.

procedure ALPHAMODE;
   Schaltet auf Textmodus.

procedure SELECT_PAGE(p: integer);
   Wählt Grafikseite (0/1).

procedure SELECT_COLORS(s: pal_select);
   Wählt eine aus 6 verschiedenen Standardpaletten.

procedure EGAPALETTE(clog,ctrue: integer);
   Setzt Farbregister clog auf die Farbe ctrue.

procedure GRAPHWINDOW(x1,y1,x2,y2: integer);
   Setzt Grafikfenster mit den Eckpunkten (x_1, y_1) und (x_2, y_2). Der Nullpunkt des Koordinatensystems wird an die linke obere Ecke des Fensters verschoben.

procedure MOVEP(x,y: integer);
   Bewegt imaginären Zeichenstift an die Position (x, y).

procedure RELDRAW(x,y,color: integer);
   Zieht Linie vom letzten durch MOVEP oder durch RELDRAW gezogenen Punkt zum Punkt (x, y).

procedure COPYPLANES(From_p,To_p: integer);
   Kopiert eine Grafikseite auf eine andere.

procedure BOX(x1,y1,x2,y2,color:integer);
   Zeichnet Rechteck mit den Eckpunkten (x_1, y_1) und (x_2, y_2).

function POINT_COLOR(x,y: integer):integer;
   Liefert die Farbe des Punktes (x, y).

procedure PLOT(x,y,color: integer);
   Zeichnet einen Punkt an der Stelle (x, y).

procedure DRAW(x1,y1,x2,y2,color: integer);
   Zeichnet eine Linie von (x_1, y_1) nach (x_2, y_2). Farbcodierung: Low-Byte: gezeichnete Farbe; High-Byte: Zeichenart (0: Normal, 1: OR, 2: AND, 3: XOR, 4: Linestyle (Kombinationen möglich))

procedure ELLIPSE(mx,my,a,b,color:integer);
   Zeichnet eine geschlossene Ellipse mit dem Mittelpunkt (m_x, m_y) und den Halbachsen a und b.

procedure CIRCLE(mx,my,r,color: integer);
   Zeichnet einen Kreis mit Radius r um (m_x, m_y).

Anhang B: Kurzübersicht der ARA-Befehle

`procedure FILLSCREEN(color: integer);`
Füllt den Bildschirm mit einer Farbe. Eventuelll vorhandene Grafiken werden gelöscht.

`procedure WRITE_GRAPH_TO(page: integer);`
Alle folgenden Grafikbefehle werden auf die Grafikseite page ausgegeben. Diese muß nicht mit der aktiven identisch sein. Vom Textmodus aus möglich.

`procedure EGADISPLAY(page: integer);`
Schaltet auf die Grafikseite page ohne diese zu löschen. Dieser Befehl ist auch vom Textmodus aus möglich.

`procedure HLINE(x1,y,x2,color: integer);`
Zeichnet eine horizontale Linie von (x_1,y) nach (x_2,y). Wesentlich schneller als DRAW, aber nur normaler Zeichenmodus möglich!

`procedure HFILL(x1,y1,x2,y2,color: integer);`
Füllt das Rechteck mit den Eckpunkten (x_1,y_1) und (x_2,y_2) mit einer bestimmten Farbe. Eventuell vorhandene Grafiken werden gelöscht.

`procedure FILL(x,y,color: integer);`
Füllt eine beliebige Fläche mit einer bestimmten Farbe.

`procedure DRAWPOLY(var d; N,color: integer);`
Zeichnet ein Polygon. d ist ein Pointer auf ein (`screenpoint: record x,y: integer end;`)-Feld, N die Zahl der vorhandenen Punkte.

`procedure DRAW_3_CURVE(var d; color:integer);`
Bezier-Anfangsstück. d ist ein Pointer auf ein (`screenpoint: record x,y: integer end;`)-Feld, das mindestens 3 Punkte enthalten muß.

`procedure DRAW_4_CURVE(var d; color:integer);`
Bezier-Mittelstück. d ist ein Pointer auf ein (`screenpoint: record x,y: integer end;`)-Feld, das mindestens 4 Datenpunkte enthalten muß.

`procedure DRAW_C_CURVE(var d; N,color:integer);`
Zeichnet geschlossenes Bezierpolygon über N Datenpunkte. d ist ein Pointer auf ein (`screenpoint: record x,y: integer end;`)-Feld, das N Datenpunkte lang ist.

`procedure GWRITE(s:str128; x,y,color,dir: integer);`
Schreibt einen String an einer beliebigen Stelle im Grafikmodus in der Richtung dir. dir=1:normale Schreibrichtung; 2,3,4: entsprechende Rotation um $90°$ im mathematisch positiven Sinn.

`procedure LOGO(x,y,color: integer);`
Liefert das ARA-Logo an einer bestimmten Bildschirmstelle.

`procedure PLOTEGA;`
Hardcopy der als aktuell deklarierten Grafikseite. Das muß nicht die aktive Grafikseite sein (vgl. WRITE_GRAPH_TO).

`procedure LOAD_EGA(filename: str128);`
Lädt Grafik von Diskette.

`procedure SAVE_EGA(filename: str128);`
Speichert Grafik auf Diskette.

procedure CLEAR_PLANES(b: integer);
  Löscht eine bestimmte Farbebene.

procedure EGA_OUT(port,word: integer);
  Ausgaberoutine für EGA-Ports.

procedure ENABLE_WRITE_PLANES(b: integer);
  Definiert die Farbebenen, auf die die folgenden direkten Bytespeicherungen geschrieben werden.

procedure ENABLE_READ_PLANES(b: integer);
  Definiert die Farbebene, von der die folgenden Bytes gelesen werden sollen.

procedure SET_PALETTE(var pal_pointer);
  Setzt die gesamte Palette auf vom Benutzer definierte Werte. pal_pointer muß ein Bytearray [0...16] of byte sein.

procedure GET_ACT_PAL(var pal_pointer);
  Umkehrung von SET_PALETTE. Liefert die aktuelle gesetzte Palette.

procedure SET_LINESTYLE(w: word);
  Definiert den Linestyle einer Linie, so wie diese in DRAW verwendet werden soll.

procedure SET_C(var x,y,stat: integer; col: integer);
  Setzt Mouse-Cursor auf den EGA-Bildschirm. Nach Tastendruck enthalten x und y die Position des Cursors und stat den Status der Maus.

procedure WAIT_BUTTON_RELEASE;
  Tastatur-Entprellungsroutine des Mouse-Cursors.

procedure SET_CURSOR_FACE(var byte_array_14_pointer);
  Definiert Aussehen des Mouse-Cursors.

procedure RESET_CURSOR_FACE;
  Setzt Aussehen des Mouse-Cursors auf Standardwert zurück.

procedure ARC_ELLIPSE(mx,my,a,b,start_ang,end_ang,color:integer);
  Zeichnet Ellipsenbogen vom Winkel start_ang zum Winkel end_ang.

procedure ARC_CIRCLE(mx,my,r,start_ang,end_ang,color: integer);
  Zeichnet Kreisbogen vom Winkel start_ang zum Winkel end_ang.

procedure SEG_ELLIPSE(mx,my,a,b,start_ang,end_ang,color:integer);
  Zeichnet Ellipsensegment vom Winkel start_ang zum Winkel end_ang.

procedure SEG_CIRCLE(mx,my,r,start_ang,end_ang,color: integer);
  Zeichnet Kreissegment vom Winkel start_ang zum Winkel end_ang.

procedure GET_START_END(var xs,ys,xe,ye: integer);
  Liefert Start- und Endpunkt des letzten Ellipsen- oder Kreisbogens, der mit ARC_ELLIPSE, ARC_CIRCLE, SEG_ELLIPSE oder SEG_CIRCLE gezeichnet wurde.

procedure G_TEXTCOLOR(color:byte);
  Definiert Textfarbe für normales Schreiben im Grafikmodus mit G_WRITE(LN) (Analog zu textcolor im Textmodus).

procedure G_GOTOXY(x,y: byte);
  Bestimmt die Position des Textcursors im Grafikmodus (Analog zu gotoxy im Textmodus).

function G_WHEREX : integer;
Liefert die x-Position des Textcursors im Grafikmodus (Analog zu `wherex` im Textmodus).

function G_WHEREY : integer;
Liefert die y-Position des Textcursors im Grafikmodus (Analog zu `wherey` im Textmodus).

procedure G_WRITE(s:str255);
Schreibt String an der gegenwärtigen Cursorposition im Grafikmodus ohne CR/LF (Analog zu `write` im Textmodus).

procedure G_WRITELN(s:str255);
Schreibt String an der gegenwärtigen Cursorposition im Grafikmodus mit CR/LF (Analog zu `writeln` im Textmodus).

procedure G_WINDOW(xu,yu,xl,yl: byte);
Definiert Textfenster im Grafikmodus (Analog zu `window` im Textmodus).

procedure G_CLRSCR;
Löscht Textfenster im Grafikmodus (Analog zu `clrscr` im Textmodus).

Anhang C: TPLOT2

In einigen Programmen, die Daten grafisch ausgeben, finden sich Befehle, die eine Ausgabe dieser Daten auf einen Plotter erlauben. Die vorkommenden Befehle sind in der **Unit TPLOT2** zusammengefaßt. Da es sich dabei um plotterspezifische Befehle handelt, wurde dies Unit nicht im Text abgedruckt. An dieser Stelle soll deshalb auch nur eine Kurzbeschreibung dieser Befehle angeführt werden, die einen Transfer auf jeden Plotter erlauben sollten.

Die Befehle wurden ursprünglich für einen Epson HI-80 Plotter bei Verwendung von DIN-A4-Papier geschrieben. Die maximale Auflösung beträgt 2670 Punkte in der Höhe und 1920 Punkte in der Breite, was einem Punktabstand von 0.1 mm in beiden Richtungen entspricht.

procedure INIT_PLOTTER;
  Initialisiert den Plotter und schaltet auf normalen Plotterbetrieb.

procedure SELECT_CS(i: integer);
  Ermöglicht die Wahl eines Standardkoordinatensystems.
  i=1: x-Achse 2670 Punkte
       y-Achse 1920 Punkte
       Nullpunkt linke obere Ecke der Seite
  i=2: x-Achse 1920 Punkte
       y-Achse 2670 Punkte
       Nullpunkt linke obere Ecke der Seite

procedure SELECT_PEN(i: integer);
  Wählt den Stift mit der Farbe i aus. Möglich sind i=1..4.

procedure PBOX(x1,y1⁻,x2,y2: integer);
  Plotterfunktion BOX.

procedure PMOVE(x,y: integer);
  Plotterfunktion MOVEP.

procedure PRELDRAW(x,y: integer);
  Plotterfunktion RELDRAW.

procedure PWINDOW(x1,y1,x2,y2: integer);
  Plotterfunktion GRAPHWINDOW.

procedure PDRAWSTRING(s: str255);
  Plotterfunktion DRAWSTRING. Schreibt einen String s an der gegenwärtigen Stiftposition. Positionierung erfolgt mit PMOVE.

procedure CHARSIZE(h,b: byte);
  Bestimmt die Größe (Höhe h, Breite b) eines Zeichens in Punkteinheiten.

procedure CHARDIR(i: integer);
  Definiert den Winkel der Schreibrichtung im mathematisch positiven Sinn bezüglich der x-Achse. Beispiel: i=900 → Winkel = 90.0°.

procedure WRITEMODE;
  Schaltet den Plotter auf Schreibmodus. Er arbeitet dann compatibel zum EPSON RX/FX 80 wie ein normaler Drucker.

procedure PLOTMODE;
　　Schaltet den Plotter wieder auf Plottermodus.

Anhang D: VCHARS.BIN

Das folgende Listing ist der Inhalt der Datei VCHARS.BIN, in der der Vektorzeichensatz definiert wird. Das Listing ist so aufgebaut, daß es mit der Anzeige des DOS-Programms DEGUG identisch ist, die man erhält, wenn man die Datei im Debug-Modus (D) ab dem Offset 100h betrachtet. Sie kann mit diesem Programm auch leicht im Editiermodus (E) wieder eingegeben und gespeichert werden.

Bis zur Trennlinie enthält das Listing die Offset-Tabelle **CHAROFS**, danach den 1k**Byte** langen Inhalt von **VCHAR**.

```
00 00 00 00 00 00 00 00 -- 00 00 00 00 00 00 00 00
00 00 00 00 00 00 00 00 -- 00 00 00 00 00 00 00 00
00 00 00 00 00 00 00 00 -- 00 00 00 00 00 00 00 00
00 00 00 00 00 00 00 00 -- 00 00 00 00 00 00 00 00
00 00 01 00 07 00 11 00 -- 1D 00 2D 00 44 00 51 00
5A 00 5F 00 64 00 6D 00 -- 73 00 7A 00 7D 00 83 00
86 00 93 00 97 00 9F 00 -- AE 00 B3 00 BD 00 CA 00
CE 00 E1 00 EE 00 FA 00 -- 07 01 0B 01 11 01 15 01
21 01 34 01 3B 01 49 01 -- 52 01 5A 01 62 01 69 01
74 01 7D 01 86 01 8F 01 -- 98 01 9C 01 A2 01 A7 01
B1 01 B9 01 C6 01 D1 01 -- DE 01 E4 01 EB 01 F1 01
F9 01 FF 01 06 02 0B 02 -- 10 02 13 02 18 02 1C 02
1F 02 28 02 33 02 3F 02 -- 48 02 54 02 5F 02 67 02
76 02 7F 02 85 02 8D 02 -- 96 02 99 02 A8 02 B1 02
BB 02 C7 02 D3 02 DA 02 -- E7 02 EF 02 F8 02 FC 02
02 03 08 03 0E 03 13 03 -- 1D 03 23 03 2D 03 34 03

FF 30 35 FE 37 39 FF 10 -- 12 20 10 FE 40 42 50 40
FF 20 19 FE 50 49 FE 03 -- 63 FE 06 66 FF 30 39 FE
62 51 11 02 03 14 54 65 -- 67 58 18 07 FF 10 01 02
13 23 32 31 20 10 FE 46 -- 37 38 49 59 68 67 56 46
FE 09 60 FF 69 12 11 20 -- 30 41 42 06 08 19 39 65
FF 20 22 42 40 20 FE 42 -- 33 FF 40 23 26 49 FF 20
43 46 29 FF 31 39 FE 03 -- 67 FE 07 63 FF 32 38 FE
05 65 FF 3B 49 47 27 29 -- 49 FF 05 65 FF 27 29 49
47 27 FF 0B 60 FF 10 02 -- 07 19 59 67 62 50 10 FE
07 62 FF 12 30 39 FF 02 -- 10 50 61 63 09 69 FF 01
10 50 61 63 54 24 FE 54 -- 65 68 59 19 08 FF 67 07
50 59 FF 60 00 04 54 65 -- 68 59 19 08 FF 61 50 10
01 08 19 59 68 65 54 14 -- 05 FF 00 60 29 FF 10 01
03 14 05 08 19 59 68 65 -- 54 63 61 50 10 FE 14 54
FF 08 19 59 68 61 50 10 -- 01 04 15 55 64 FF 22 24
44 42 22 FE 27 29 49 47 -- 27 FF 22 24 44 42 22 FE
3B 49 47 27 29 49 FF 52 -- 05 58 FF 03 63 FE 06 66
FF 02 55 08 FF 02 01 20 -- 40 61 63 34 36 FE 38 39
FF 49 29 06 03 11 20 40 -- 51 57 67 FE 53 33 25 26
```

Anhang D: VCHARS.BIN

```
37 47 56 FF 09 30 69 FE -- 16 56 FF 00 09 59 68 65
54 63 61 50 00 FE 04 54 -- FF 62 50 10 02 07 19 59
67 FF 00 09 49 67 62 40 -- 00 FF 60 00 09 69 FE 04
54 FF 60 00 09 FE 04 54 -- FF 62 50 10 02 07 19 59
67 65 35 FF 00 09 FE 04 -- 64 FE 60 69 FF 10 50 FE
30 39 FE 19 59 FF 50 57 -- 49 19 08 FE 30 60 FF 00
09 FE 06 60 FE 24 69 FF -- 00 09 69 FF 09 00 34 60
69 FF 09 00 69 60 FF 10 -- 02 07 19 59 67 62 50 10
FF 09 00 50 61 63 54 04 -- FF 10 02 07 19 59 67 62
50 10 FE 47 6B FF 09 00 -- 50 61 63 54 69 FE 04 54
FF 61 50 10 01 03 14 54 -- 65 68 59 19 08 FF 00 60
FE 30 39 FF 00 07 19 59 -- 67 60 FF 00 03 39 63 60
FF 00 03 19 33 59 63 60 -- FF 00 69 FE 09 60 FF 00
35 39 FE 35 60 FF 00 60 -- 09 69 FF 40 20 29 49 FF
00 69 FF 20 40 49 29 FF -- 03 30 63 FF 0B 9B FF 20
22 32 30 20 FE 22 33 FF -- 04 13 43 54 59 19 08 06
25 55 FF 00 09 FE 04 13 -- 43 55 57 49 19 08 FF 54
43 13 05 07 19 49 58 FF -- 50 59 FE 54 43 13 05 07
19 49 58 FF 06 56 55 43 -- 13 05 07 19 49 58 FF 50
30 21 29 FE 03 53 FF 53 -- 5A 4B 1B 0A FE 54 43 13
05 06 18 48 57 FF 00 09 -- FE 05 23 43 54 59 FF 30
31 FE 33 39 FF 30 31 FE -- 33 3A 2B 0B FF 00 09 FE
06 53 FE 25 59 FF 30 39 -- FF 03 09 FE 04 13 23 34
39 FE 34 43 53 64 69 FF -- 03 09 FE 05 23 43 54 59
FF 13 05 07 19 49 57 55 -- 43 13 FF 03 0B FE 04 13
43 55 56 48 18 07 FF 53 -- 5B FE 54 43 13 05 06 18
48 57 FF 13 19 FE 15 33 -- 53 FF 54 43 13 04 05 16
46 57 58 49 19 08 FF 21 -- 28 39 59 FE 03 53 FF 03
08 19 39 57 FE 53 59 FF -- 03 39 63 FF 03 19 34 59
63 FF 03 59 FE 09 53 FF -- 0B 53 FE 03 28 FF 03 53
09 59 FF 50 40 31 34 25 -- 36 39 4A 5A FF 30 34 FE
37 3B FF 10 20 31 34 45 -- 36 39 2A 1A FF 01 10 20
42 52 61 FF EE FF 00 00 -- 00 00 00 00 00 00 00 00
00 00 00 00 00 00 00 00 -- 00 00 00 00 00 00 00 00
00 00 00 00 00 00 00 00 -- 00 00 00 00 00 00 00 00
00 00 00 00 00 00 00 00 -- 00 00 00 00 00 00 00 00
00 00 00 00 00 00 00 00 -- 00 00 00 00 00 00 00 00
00 00 00 00 00 00 00 00 -- 00 00 00 00 00 00 00 00
00 00 00 00 00 00 00 00 -- 00 00 00 00 00 00 00 00
00 00 00 00 00 00 00 00 -- 00 00 00 00 00 00 00 00
00 00 00 00 00 00 00 00 -- 00 00 00 00 00 00 00 00
00 00 00 00 00 00 00 00 -- 00 00 00 00 00 00 00 00
00 00 00 00 00 00 00 00 -- 00 00 00 00 00 00 00 00
00 00 00 00 00 00 00 00 -- 00 00 00 00 00 00 00 00
00 00 00 00 00 00 00 00 -- 00 00 00 00 00 00 00 00
```

Anhang E: STHVOR.SEQ

```
1  30  30   1 120.53  120.48   55.37 55.42 200 2341
  118 148 148 133 118  88  74  88  88 103  59  44  44  44  59
   59  59  59  44  29  44  29  29  29  59 103  88  88  88  44
  118 133 118 118 118 103  88 103  88  74  59  59  74  74  74
   88  88  88 103 103  88  59  44  74  88 118 133 133 118 103
  118 118 118 118 103 103 103 103  88  74  74  74  74  88 103
   88  88 103 103 118  88  74  88 103 118 133 133 133 133 103
  118 118 118 118 103 103 103 103 103 118 103  88 133 133
  133 103 103 118 118 118 118 118 133 148 148 103  74  59
  118 133 133 118 118 118 133 148 148 133 133 133 148 177
  162 148 133 148 162 162 148 148 133 133 133 118  88  74  74
  118 133 148 148 133 133 148 148 162 162 148 148 148 177 192
  177 177 148 162 177 177 162 148 133 133 118 103  88  74  74
  133 148 148 148 148 148 177 162 177 177 177 162 177 207 207
  192 192 177 177 177 177 162 148 133 118 118  88  88 103  74
  148 148 148 162 162 162 162 177 192 192 192 192 207 207 192
  177 148 133 177 192 207 177 162 162 148 133  88 103 103  74
  148 148 162 162 177 177 177 207 207 207 207 222 222 207 192
  177 162 162 207 222 222 207 177 177 162 133 103 118 118 118
  148 162 162 177 192 207 222 237 237 237 251 251 237 237 222
  207 192 162 222 237 237 222 222 192 192 162 133 133 133 118
  177 177 192 207 207 207 222 251 281 296 296 325 340 311 281
  251 237 251 251 251 266 266 251 237 207 207 192 162 148 148
  177 192 207 207 222 222 237 281 281 296 340 340 370 370 370
  355 355 325 296 281 281 281 266 251 237 222 207 192 162 162
  192 207 207 237 237 251 281 281 281 340 385 414 444 474 474
  429 444 429 414 400 385 414 414 340 281 266 222 192 192 162
  207 222 222 237 266 281 296 296 325 400 414 444 533 562 577
  562 562 548 503 474 474 503 474 311 281 266 237 207 207 192
  207 222 222 237 266 281 296 325 340 400 444 459 548 577 607
  607 622 607 548 533 474 488 400 325 281 266 237 237 207 192
  222 207 207 237 251 266 311 325 340 385 444 474 548 622 681
  755 740 666 548 562 459 414 400 340 296 281 237 237 222 192
  207 207 207 251 251 266 281 311 340 385 444 518 592 637 681
  800 770 666 577 533 459 400 370 325 296 281 251 237 222 192
  133 192 207 251 251 266 266 311 340 385 488 548 607 637 666
  800 681 637 548 518 444 370 340 325 311 281 251 222 207 192
  207 237 266 281 266 266 281 340 370 400 474 533 577 622 622
  666 651 607 533 518 414 340 325 325 296 281 251 192 192 148
  237 251 281 296 281 281 296 340 370 400 444 488 503 548 577
  592 592 533 488 444 385 340 311 266 251 237 207 192 162 133
  266 251 281 296 281 281 311 340 370 385 429 444 459 459 474
  533 548 459 444 385 370 311 311 266 237 222 192 192 177 162
```

```
237 222 222 296 281 281 311 340 340 355 385 385 414 400 400
444 429 414 370 355 325 311 296 266 266 251 237 237 222 222
237 237 251 222 237 251 311 296 311 325 340 340 325 325 325
355 355 340 325 296 296 281 266 266 251 237 237 222 207 222
237 251 251 222 207 237 296 281 281 296 281 281 296 311 311
296 311 296 281 266 266 266 251 251 237 237 237 207 207 207
162 177 177 148 192 222 281 237 251 251 251 251 266 281 266
266 266 251 251 237 222 222 207 192 192 192 177 192 192 162
 88 118 103 148 177 177 266 237 237 237 237 251 251 251 237
251 251 237 237 222 222 207 192 222 192 192 177 177 177 148
103 148 207 222 222 222 281 251 237 237 237 237 251 237 237
251 251 237 222 222 237 207 192 237 207 192 177 177 162 133
162 222 222 281 296 296 325 296 251 222 237 237 222 222 222
222 222 222 207 207 222 207 192 237 177 177 162 162 162 133
177 192 222 251 222 207 207 222 222 192 192 207 192 192 192
192 192 177 177 177 192 177 162 148 162 162 148 148 162 118
177 192 207 222 207 192 177 207 207 192 192 192 192 192 192
177 177 162 162 162 162 148 148 133 133 148 148 148 162 118
148 207 222 266 237 207 192 192 192 207 207 207 192 192 192
177 177 177 177 177 162 162 162 133 133 133 148 148 148 118
```
Longitude (W)
Altitude (N)
Height [Meters]
Mount St.Helens b.e.
END.

Literaturverzeichnis

Nicht alle hier aufgeführten Werke werden auch tatsächlich im Text zitiert. Sie haben jedoch bei der Erarbeitung der einzelnen Themen zum Teil wesentlich zum Verständnis beigetragen. Allen Autoren sei auf diesem Wege gedankt.

Markus Weber

(ABR70)   M.Abramowitz, I. Stegun: Handbook of Mathematical Functions; 7. Auflage; Dover Publications, Inc.; New York (1970)

(ADA83)   D. Adams: An Introduction to Monte Carlo Simulation Techniques; in: J.W. Perram (Ed.): The Physics of Superionic Conductors and Electrode Materials; NATO ASI Series; Series B:Physics; Vol.92; Plenum Press; New York, London (1883)

(BLO76)   P. Bloomfield: Fourier Analysis of Time Series: An Introduction; John Wiley and Sons; New York (1976)

(BLO84)   A. Bloch:Murphy's Law - Book Two: More reasons why things go wrong; Methuen London Ltd.; London (1984)

(BRE65)   E. Bresenham: Algorithm for Computer Control of Digital Plotter; IBM Syst. J.; 4(1) (1965)

(BRE77)   J.E. Bresenham: A Linear Algorithm for Incremental Display of Circular Arcs; Communications of the ACM; 20 (2); February (1977)

(BRO83)   I.N. Bronstein, K.A. Semendjajew: Taschenbuch der Mathematik; 20. Auflage; Verlag Harri Deutsch; Thun, Frankfurt/Main (1983)

(BUT85)   T. Butz; Priv. Mitteilung (1985)

(COU68)   R. Courant, D. Hilbert: Methoden der Mathematischen Physik I; Springer-Verlag; Berlin, Heidelberg, New York. Tokyo (1968)

(DAN71)   C. Daniel, F.S. Wood: Fitting Equations to Data; Wiley Interscience; New York, London, Sydney, Toronto (1971)

(DUR60)   J. Durbin: The fitting of time seires modells; Rev. Inst. Int. de Stat.; Vol.28; S.233 (1960)

(EAD71)   Eadie, Drijard, James, Roos, Sadoulet: Statistical Methods in Experimental Physics; North Holland Publishing Company; Amsterdam, London (1971)

(EDM60)   A.R. Edmonds: Drehimpulse in der Quantenmechanik; 2. Auflage; Bibliographisches Institut-Mannheim (1960)

(EIS69)   M. Eisen: Introduction to Mathematical Probabilty Theory; Prentice Hall Inc.; New Jersey (1969)

(FEY88)   R.P.Feynman: Sie belieben wohl zu scherzen, Mister Feynman!; R.Piper Gmbh & Co. KG, München (1987)

(FLA84)   H. Flanders: Scientific Pascal; Reston Publishing Company, Inc.; Reston, Virginia (1984)

(FOL84)   J.D. Foley, A. Van Dam: Fundamentals of Interactive Computergraphics; Addison-Wesley Publishing Comp., Inc.; Reading, Mass. and London (1984)

(GAU69)   W. Gautschi in: Collected Algorithms from CACM; 363-P1-R1 (1969)

(GER82)   Gerthsen, Kneser, Vogel: Physik; 14. Auflage; Springer-Verlag; Berlin, Heidelberg, New York, Tokyo (1982)

(GOL83)	H. Goldstein: Classical Mechanics; 7. Auflage; Addison-Wesley Publishing Company, Inc.; Reading, Mass. and London (1983)
(HAR83)	S. Harrington: Computer Graphics, A Programming Approach; McGraw-Hill International Book Company; Auckland, London (1983)
(HEI81)	Heigl, Feuerpfeil: Stochastik; Bayerischer Schulbuchverlag; München (1981)
(HER84a)	D. Herrmann: Wahrscheinlichkeitsrechnung und Statistik; 2. Auflage; Friedrich Vieweg und Sohn; Braunschweig/Wiesbaden (1984)
(HER83)	D. Herrmann: Numerische Mathematik; Friedrich Vieweg und Sohn; Braunschweig /Wiesbaden (1983)
(HER84b)	D. Herrmann: Datenstrukturen in Pascal und BASIC; Friedrich Vieweg und Sohn; Braunschweig/Wiesbaden (1984)
(HER84c)	D. Herrmann: Programmierprinzipien in BASIC und Pascal; Friedrich Vieweg und Sohn; Braunschweig/Wiesbaden (1984)
(HER85)	D. Herrmann: Angewandte Matrizenrechnung; Friedrich Vieweg und Sohn; Braunschweig/Wiesbaden (1985)
(HOF85)	T.v.Hoffmann: Graphic Enhancement; in: PC Tech Journal, Ziff-Davis Publishing Company; New York; April (1985)
(JAC62)	J.D. Jackson: Classical Elektrodynamics; 2nd. Edition; John Wiley and Sons, New York, Toronto (1962)
(JAY82)	E.T. Jaynes: On the Rationale of Maximum-Entropy Methods; Proceedings of the IEEE; Vol.70; No.9; S.939 (1982)
(JEN68)	G.M. Jenkins, D.G. Watts: Spectral Analysis and Its Applications; Holden-Day, San Francisco CA (1968)
(KAI66)	J.F. Kaiser: System Analysis by Digital Computer; Edited by: F.F. Kuo; John Wiley and Sons, Inc.; New York, London, Sydney (1966)
(KAY81)	S.M. Kay, L.M. Marple, jr.: Spectrum Analysis - A modern Perspective; Proceedings of the IEEE; Vol.69; No.11; S.1380 (1981)
(KOO86)	S.E. Koonin: Computational Physics; The Benjamin/Cummings Publishing Company, Inc.; Menlo Park, California (1986)
(KUZ65)	P.I. Kuznetsov, R.L. Stratonovich, V.I. Tikhonov:Nonlinear Transformations of Stochastic Processes; Pergamon Press; Oxford, London, Edinburgh, New York, Paris (1965)
(LAM80)	Lambacher, Schweizer: Wahrscheinlichkeitsrechnung und Statistik;Ernst Klett Verlag, Stuttgart (1980)
(LAR85)	W.E. Larimar, R.K. Mehra: The Problem of Overfitting Data; Byte; McGraw-Hill International Book Company; Auckland, London, Oktober (1985)
(LED78)	C.M. Lederer, V.S. Shirley (ed.): Table of Isotopes; 7. Auflage; John Wiley and Sons, Inc.; New York, London, Sydney (1978)
(LIN61)	J.W. Linnik: Methode der Kleinsten Quadrate in Moderner Darstellung; VEB Deutscher Verlag der Wissenschaften; Berlin (1961)
(LOE63)	M. Loève: Probability Theory; D. Van Nostrand Company, Inc.; Princeton, New Jersey (1963)
(MAN67)	J. Mandel: The Statistical Analysis of Experimental Data; Interscience Publishers; New York, London, Sydney (1967)
(MAR63)	D.W. Marquardt: An Algorithm for Least-Squares Estimation of Nonlinear Parameters; J. Soc. Indust. Appl. Math. Vol.II, No. 2, Juni (1963)
(MES85)	A. Messiah: Quantenmechanik; Bd.1 und 2; 2.Auflage; Walter de Gruyter; Berlin, New York (1985)
(MET53)	N. Metropolis, A. Rosenbluth, M. Rosenbluth, A. Teller, E. Teller; J. Chem. Phys. 21, p.1087 (1953)

(MIC83) Microsoft Corporation: MS-DOS Operating System: Programmer's Reference Manual; Bellevue, WA 98004 (1983)

(MOS86) S.L.Moshier: Computer Approximations; Byte; McGraw-Hill International Book Company; Auckland, London, April (1986)

(OPP75) A.V. Oppenheimer, R.W. Schafer: Digital Signal Processing; Prentice-Hall; Englewood cliffs NJ (1975)

(PEI84) H.O. Peitgen, P.H. Richter: Morphologie komplexer Grenzen; Austellungskatalog; Ed.: Forschungsgruppe „Komplexe Dynamik", Universität Bremen (1984)

(PEI86) H.O. Peitgen, P.H. Richter: The Beauty of Fractals; Springer-Verlag; Berlin, Heidelberg, New York, Tokyo (1986)

(PRE86) W.H. Press, B.P.Flannery, S.A. Teukolsky, W.T. Vetterling: Numerical Recipes; Cambridge University Press; Cambridge, New York (1986)

(ROG75) J.D. Rogers, A. Vaquez: Data Reduction in Perturbed Angular Correlation Experiments; Nuclear Instruments and Methods 130; North Holland Publishing Co. (1975)

(REI85) F. Reif: Statistische Physik und Theorie der Wärme; 2. Auflage; Walter de Gruyter; Berlin, New York (1985)

(SCH87) E.W. Schmid, G. Spitz, W.Lösch: Theoretische Physik mit dem Personal Computer; Springer-Verlag; Berlin, Heidelberg, New York, Tokyo (1987)

(SHE59) H. Sheffé: The Analysis of Variance; John Wiley and Sons, Inc.; New York, London, Sydney (1959)

(SPE76) Spectral Dynamics Corporation: Signal Analysis using Digital Techniques; P.O. Box 671; San Diego, California 92112 (1976)

(STO83) J. Stoer: Einführung in die Numerische Mathematik I; 4. Auflage; Springer-Verlag; Berlin, Heidelberg, New York, Tokyo (1983)

(STO78) J. Stoer, R. Bulirsch: Einführung in die Numerische Mathematik II; 2. Auflage; Springer-Verlag; Berlin, Heidelberg, New York, Tokyo (1978)

(TRE88) J.Trento: Die NASA Story; in: GEO 7/1988, Verlag Gruner + Jahr AG & Co.; Hamburg (1988)

(TUC62) H.G. Tucker: An Introduction to Probability and Mathematical Statistics; Academic Press, London (1962)

(VÖL85) P.P. Völzing: MS-DOS im Detail; IWT-Verlag GmbH; Vaterstetten (1985);

(VOR82) E.P. Vorndran: Entwicklungsgeschichte des Computers; VDE-Verlag GmbH; Berlin, Offenbach (1982)

(WEB85) M. Weber: 3-D-Grafik, Theorie und Praxis; IWT-Verlag GmbH; Vaterstetten (1985)

Sachregister

Abakus	1
Absolute Speicherung	40
Actual_Directory	54,56
Actual_Drive	54,60
Adj_Sc_Not	97
Adresse	
-Speicherplatz-	9
-Hauptspeicher-	9
AGet	51,53
Akkumulator AX	12
Alphanumerischer Modus	38
Analyse_String	54,61
AND	26
ARA	15,38,85,302
ARG	179,190
ARMA	233
ASet	51,53
Ausgleichrechnung	244
Autokorrelationsfunktion	231
Autoregressiver Filter AR	233
Autoscaling	88
Basepointer BP	11
Base Register BX	12
Basis	174
B_Draw3Curve	85
B_Draw4Curve	85
Bernstein-Polynom	80
BESj	179,198
BESn	179,198
sphärische Besselfunktionen	198
Bezier-Interpolation	80
Unit BEZIER	85
BIOS	7
Bit	8
Bitmuster	42
Blackman-Tukey-Verfahren	232
Bresenham-Algorithmus	72
Bytes	8
Bytes_free	54
CAdd	179,190
CConj	179,190
CDiv	179,190
CExp	179,191
Change_Directory	54,61
Check_Printer_On	20,29
Cholesky-Verfahren	205
ClearStack	47,50
CMul	179,190
CNeg	179,190
Codesegment CS	10
Unit COMPLX	178
CON	32
Unit CONT	155
Count Register CX	12
CPot	179,191
CSub	179,190
CSqr	179,190
CRT	32,64
Cursor	38
CVal	179,190
Data Register DX	12
Date	20,24
Datensegment DS	10
Delete	40
Destination Index DI	10
Determine_Screenpoints	136
Dezimalstellen	174
DHIDE4	109
Unit DDir	54
Dir	54,62
Drehimpuls	196
Do_Fit	267
Doubleword DWord	8
DrawPV	116
Draw_PV_String	116
DrawString	33,43
Draw_V_String	43,46
Draw_XY_Graph	90
Draw3Curve	303
Draw4Curve	303
Doublezahl	9
DWig	179,196
Edit_String	33,38
Eichinvarianz	256
Eichtransformationen	78
Eigenwert	208

Sachregister

Ellipse 72
Enable_VCHARS 43,46,115
Errorfunktion erf. 191
Erfc 179,191
Eulersche Formel 191
EvlMEM 211
Exponentialverteilung 293
External-File 14
Extrasegment ES 11

Faltungsprodukt 193
Fehlerfortpflanzung........... 176
Fehlermatrizen 260
Fehlerschätzungen............. 262
Felder 13
FExp 179,191
FFT 211
FFT 211,225
Unit FFTMEM 211
lineare Filter 233
Fit 244
Unit FIT2 276
Unit FITPARA 271
Flag 12
Floating-Point-Zahl 9,173
Format_Num_String 18
Fourier-Reihe 217
Fouriertransformation 211,219

Gauss 199
Gauß-Verfahren 204,245
Gaußverteilung 295
G_Circle 71,80
G_Ellipse 71,80
Gleitkommadarstellung 9,173
Gradientenverfahren 251
Unit GRAPRIM 70
Grafikkarte
  CGA 64
  EGA 65,70
  Hercules 66
  VGA 65
Unit GRAPRIM 70
Grenzlinien 147
HDraw 110,113
HEX 20,25
Hexadezimalsystem 25
Hidden Lines 106
Höhenlinien 146

Hypothese 244
Im 179
Include-Files 15
Incr_Res 211
Init_Borders 110
Insert 39
Instruction-Pointer IP 10
Integer 9
Interrupt 15
Unit ISTACK 47,155
ISTR 18
IO 179,195
Jacobi 199
Jacobi-Rotationen............ 208
Kaiser-Bessel-Wichtung 194
Kontrollen 264
Korrelations
  -funktion 230
  -koeffizient 262
  -matrix 260
Kreis 74
Kugelflächenfunktionen 196
Lagrange
  -, Interpolationsformel von 249
  -multiplikatoren 253
Laurentreihe 230
Least Significant Byte LSB 12
Least-Squares Fit 229,244
Legendre Polynome 196
Levinson-Durbin-Algorithmus ... 235
Longinteger 9
Lorentzverteilung 294
Mantisse 174
Mant_Exp10 97
Maschinengenauigkeit 176
Maschinenzahl............... 174
Unit MATRIX 199
MEM 229,237
MEMCof 211
Unit MENUESTR 32
Minimalisierungsmethoden
  -Gradientenverfahren 252
  -Taylorverfahren 251
Modellfunktion 245
Modify 54,62
Monte-Carlo Methode 287,297
Most Significant Byte MSB 12

Sachregister 317

MovePV 115
Moving-Average 233
Netzgrafiken 102
OBJ-File 15,51
Odd/Even-Betrieb 66
OR (ODER) 26
Offset 9
freie Parameter (Fit) 270
Unit PARA3D 132
Plm 179,196
Plot3D 138
Pointer 10
Polygonglättung 81
Polygonzug 81
Polynom
 -interpolation 249
 ,trigonometrisches 217
Pop 11,47,50
Pot 179,191
Unit PRINT 29
Push 11,47,50
PWRITE 29
PWRITELN 29
Randomfunktionen 287
Unit RNDOM 291
Re 179
Realzahlen 9
Realteil 179
RelDrawPV 115
Relaxationsparameter 258
Remove_Stack 47,50
Renormierung 256
REORD 212
Rotationsmatrix 102
RSTR 18
RTrunc 98
SCALAWR5 114
Scale_and_Write 115
SC_Text 97
SCHLUMPF 148
Segment 9
Set_Actual_Drive 54,61
Set_Dim 51,53
SetUpStack 47,50
Sidelobe 194,225
SHL 27
SHR 27

Sichtbarkeitsgrenze 107
Source Index SI 10
Stack 11
Stacksegment SS 11
Stackpointer SP 11,47
STRI 18
STRR 18
Tastaturreturn-Code 39
Taylorreihe 251
Taylorverfahren 251
Time_Diff 20,24
Time_of_Day 20,23
Unit TGRAPH 89
Unit THEORY 274
Unit THREED 133
Unit TPLOT2 136,306
Tschebyschew-Verfahren 247
Unit TYPES 17
Units 16
UpString 20,28
Unit UTIL 20
Unit VARFIELD 51,106
Variablenübergabe 13
Varianz 263
Unit VCHAR 43
VCHARS 308
Video I/O 67
Wahrscheinlichkeitsdichte 289
Wichtung (Fit) 258
Wichtung (FFT) 225
Wiener-Chintchin-Theorem ... 231
Wigner-Symbole 196
W_KBf 179,194
Wofz 179,194
Word 8
XOR 27,39
Ylm 179,196
Yule-Walker-Gleichungen 235
Z_Complex 179,189
Zeichensatz (Font) 42,45
Zentralprojektion 104
Zero-Padding 228
Zufallszahl 287

Vieweg GraphikManager: ARA

Ein kompaktes speicherresidentes Graphikprogramm für die EGA-Graphikkarte von Markus Weber.

1989. VI, 58 Seiten mit einer 5 1/4"-Diskette für den IBM PC XT/AT und Kompatible mit einer EGA-Karte und mind. 256 KB Hauptspeicher. Mit MS-DOS ab Version 2.00 und einer linkbaren Programmiersprache. Gebunden DM 98,–
ISBN 3-528-02806-8

Der Vieweg GraphikManager ARA umfaßt die wichtigsten Graphikpakete, die man für den Aufbau professioneller Schaubilder benötigt und belegt sehr wenig Speicherplatz (13 KB). Alle Routinen von ARA können von linkbaren Programmiersprachen eingebunden werden. Der Vieweg GraphikManager ist z. B. mit Assembler, Turbo Pascal 4.0 und 5.0 und C ohne Problem zu verwenden. Dies wird an einem Beispielprogramm in C anschaulich demonstriert. Ein professioneller GraphikManager für den engagierten Programmierer!

Zur Reihe Software bei Vieweg:

Vieweg Software ist sowohl für den professionellen als auch für den engagierten privaten PC-Benutzer. Jedes Paket der Reihe *Vieweg Software* basiert auf praktischen Anwendungen, die im betrieblichen Alltag funktionstüchtig und effektiv zum Einsatz kommen. Damit werden dem Anwender immer funktionsgerechte, lauffähige und arbeitserleichternde Tools zur Verfügung gestellt.

Vieweg Software lebt einerseits vom Dialog zwischen Anwender und Entwickler und unterliegt andererseits der ständigen Fortentwicklung. Tips, Hinweise, Verbesserungsvorschläge etc. werden geprüft und gegebenenfalls in das existierende Software-Paket aufgenommen. Somit entwickelt sich eine neue Publikations-Kategorie: die USER SUPPORTED SOFTWARE.

Markus Weber ist Dipl.-Physiker und Software-Experte.

Vieweg Verlag · Postfach 58 29 · D-6200 Wiesbaden 1